G R A V I T A R E

LAND of TEARS

The Exploration and Exploitation
of Equatorial Africa

泪之地

殖民、贸易与非洲全球化的残酷历史

ROBERT HARMS

［美］罗伯特·哈姆斯 ——— 著

冯筱媛 ——— 译

SPM 南方传媒 广东人民出版社

· 广州 ·

图书在版编目（CIP）数据

泪之地：殖民、贸易与非洲全球化的残酷历史 /（美）罗伯特·哈姆斯著；冯筱媛译. —广州：广东人民出版社，2022.3（2023.11重印）
（万有引力）
书名原文: LAND OF TEARS：THE EXPLORATION AND EXPLOITATION OF EQUATORIAL AFRICA
ISBN 978-7-218-15640-8

Ⅰ.①泪… Ⅱ.①罗… ②冯… Ⅲ.①非洲—近代史 Ⅳ.①K404

中国版本图书馆CIP数据核字（2022）第004114号

LEI ZHI DI：ZHIMIN、MAOYI YU FEIZHOU QUANQIUHUA DE CANKU LISHI
泪之地：殖民、贸易与非洲全球化的残酷历史
［美］罗伯特·哈姆斯　著　冯筱媛　译　　　　版权所有　翻印必究

出 版 人：肖风华

丛书策划：施 勇　钱 丰
责任编辑：陈 晔　张崇静
特约编辑：皮亚军
营销编辑：龚文豪　张静智
责任技编：吴彦斌　周星奎

出版发行：广东人民出版社
地　　址：广州市越秀区大沙头四马路10号（邮政编码：510199）
电　　话：（020）85716809（总编室）
传　　真：（020）83289585
网　　址：http://www.gdpph.com
印　　刷：广州市岭美文化科技有限公司
开　　本：889毫米×1194毫米　1/32
印　　张：17　字　数：392千字
版　　次：2022年3月第1版
印　　次：2022年3月第1次印刷　2023年11月第4次印刷
著作权合同登记号：19-2021-275号
定　　价：98.00元

如发现印装质量问题影响阅读，请与出版社（020-85716849）联系调换。
售书热线：（020）87716172

在这泪之地又刮起了大风

伴随着赤色的闪电

于是我的神经昏乱

如睡着了一样

——《神曲·地狱篇》

目 录

序　言

　　从小型飞机上俯瞰，刚果盆地热带雨林宛如一张密不可透的绿色地毯。然而仔细观察就会发现，它由三层不同的植被组成：中间是树冠层，由 100—150 英尺高的树木组成；向上延伸是露生层，露生层的树木穿透了树冠层，已经可以见到阳光，到达 200 英尺的高度；树冠层下是小型阔叶树木的下层植被，依靠吸收到达这里的少量阳光生长。雨林植被十分茂密，树冠层的一滴雨水落至地面，竟需要十分钟之久。

　　身处雨林，景观则大不相同。探险家戴维·利文斯通[①] 在 1870 年如此写道："这里的树太高了，以至于上好的猎枪也完全伤不着树顶的鹦鹉或者珍珠鸡。而且他们紧挨着生长，十分密集，以至于我可以听见 50 码外大猩猩的低吼声，却看不到它们。"（刚果盆地热带）雨林最显著的特点是缺少阳光。记者兼探险家亨利·莫顿·斯坦利[②] 在 1876 年初入这片雨林时就写道："我们愈加靠近阴冷而黑森森的米坦巴（Mitamba）森林，最终告别阳光和光明，进

---

　　① 戴维·利文斯通（David Livingstone，1813—1873），英国探险家、传教士，维多利亚瀑布和马拉维湖的发现者，非洲探险的最伟大人物之一。（本书脚注皆为译者注。）

　　② 亨利·莫顿·斯坦利（Henry Morton Stanley，1841—1904），记者和探险家，以寻找戴维·利文斯通的事迹及帮助比利时国王利奥波德二世建立刚果殖民地而闻名的非洲探险家。

2　入了这片森林……头顶，枝繁叶茂，层层叠叠，完全遮挡住了阳光。不知道今天究竟是阳光明媚，还是昏暗、雾蒙蒙、阴郁的一天，因为我们前行在微弱但庄严的暮色中。"[1]

刚果盆地热带雨林形成了一条 600 英里宽的带状地带，沿着北纬 4° 和南纬 5° 之间的赤道向东西方向延伸。它始于大西洋东海岸，向东延伸了近 1500 英里，直至艾伯丁裂谷（Albertine Rift）的山脉和湖泊。来自大西洋的雨云翻山越岭，到这里已经蒸发掉了仅有的水分，因此热带雨林地形在这里戛然而止。刚果盆地雨林覆盖了刚果（金）、刚果（布）、加蓬、喀麦隆、赤道几内亚和中非的部分地区，面积近 80 万平方英里，几乎与美国密西西比河以东的领土一样大。它是世界第二大热带雨林，仅次于亚马孙雨林。[2]

3　刚果盆地热带雨林最早的原住民是一群身材矮小、皮肤呈红褐色的人，他们通常被称作俾格米人（Pygmies）——尽管他们用"姆布提"（Mbuti）或"巴卡"（Baka）等特定的民族标签称呼自己。他们出没于暮色的森林，以采集和狩猎为生。大约 5000 年前，一支来自西北方的族群迁移至此，这些人身材更高、皮肤黝黑，从事农业为生。他们原本居住于天然的林间空地，但后来不断扩张自己的领土，特别是在公元前 500 年左右掌握冶铁技术后。最早定居在雨林的农民拥有共同的语言和文化传统，但随着他们的分散，祖先流传下来的语言分裂成大约 150 种紧密相关但又不同的语言。同时，社会文化身份又细分为约 450 个独立的族群。19 世纪末，欧洲探险家们第一次穿越雨林的途中遇到了充满多样性的语言和种族特征，这其实就是一种共同的语言和文化传统发生历史变异的最佳体现。[3]

这一共同传统在森林的政治组织中尤为明显。与非洲南部草原的大帝国、王国和酋邦（chiefdom）或非洲大湖地区的山地王国相比，具有灵活的领导和权威形式的小规模的政治单位才是丛林社会的显著特点。大多数情况里，一个单独的村庄，甚至一个村庄的一部分可以构成最大的政治单位，其领导者往往是一个白手起家的"大人物"，而不是世袭的酋长。历史学家兼人类学家简·范西纳（Jan Vansina）认为，正是这种独特的政治组织形式，将丛林民族与其生活在山区和草原上的邻居们区别开来。[4]

几个世纪以来，地理因素共同阻止了外来人口进入刚果盆地热带雨林。欧洲船只在15世纪80年代就首次抵达非洲西海岸的刚果河河口，但约200英里长的急流阻止了他们逆流向上；与大西洋海岸平行的崎岖的水晶山脉（Crystal Mountains）也阻止了他们从陆路进入内陆的企图。在热带雨林的东部边缘，沿着艾伯丁裂谷的山脉和湖泊将它与向东延伸至印度洋的稀树草原隔离开来。然而，这种孤立也并非完全。在大西洋奴隶贸易时期（1500—1870年），不计其数的丛林居民被贩卖至大西洋海岸。他们或是在当地战争中被俘，或因犯罪、欠债而沦为奴隶，沿贸易路线几经易手。枪炮、黄铜和布匹则沿着同样的路线逆向进入刚果雨林。在此期间，欧洲奴隶贩子从未远离他们沿海的飞地。[5]

不过，到19世纪末，刚果盆地雨林相对与世隔绝的状态，被入侵者们从东西两个方向打破了。从东非海岸方向而来的阿拉伯商人和斯瓦希里商人——桑给巴尔苏丹（the sultan of Zanzibar）的臣民——来这里寻找象牙和奴隶。紧随其后的是一批寻找尼罗河源头的英国探险者们，欧洲人最初曾把刚果河误作为尼罗河，对尼罗河源头的探寻最终促使亨利·莫顿·斯坦利在 1877 年沿着刚果河顺流而下，一直走到了大西洋。来自西方的渗透则始于意大利探险家皮埃尔·萨沃尼昂·德·布拉柴 ①，他于同年在法国政府的支持下，穿过水晶山脉，进入刚果河的分水岭。于此同时，当时效力于比利时国王的斯坦利于 1879 年回到刚果河河口，这回他的任务是在险滩周围修建一条货运马路。

这些探索为掠夺刚果热带雨林的人力和自然资源打开了闸门。商人们进入雨林，肆意掠夺雨林的馈赠——象牙、俘虏和橡胶。他们或效力于桑给巴尔苏丹，或受比利时国王或法国政府的统治。平民被鞭打、奴役、监禁甚至枪毙；村庄被弃；土地荒废；由于缺乏治疗，常见的肠道和呼吸道疾病变得致命。人们为了逃离武装掠夺者躲进了森林，社会结构和政治制度分崩离析。1905 年，比利时和法国派出的独立调查委员会发现，刚果盆地雨林的原住民是地球上被剥削得最残酷的民族之一。在短短 30 年的时间里，入侵者将刚果盆地热带雨林从一个"未闻之地"（terra incognita）变成了但丁《神曲·地狱篇》（Inferno）中的"泪之地"。⁶

1880—1900 年欧洲帝国主义者对刚果盆地雨林的殖民占领，是历史学家所称的"瓜分非洲"（The Scramble for Africa）这一宏观进程的一部分。这也是欧洲帝国主义 400 年扩张进程的最后阶段。16—17 世纪，西班牙、葡萄牙、英国、荷兰和法国在世界各地抢占殖民地，以垄断市场和殖民。但非洲在很大程度上被排除在这一

6

---

① 皮埃尔·萨沃尼昂·德·布拉柴（Pierre Savorgnan de Brazza，1852—1905），法国探险家，原籍意大利，刚果共和国首都布拉柴维尔的创建者。

进程之外，一方面由于非洲热带地区的疾病和环境对欧洲人来说是致命的，另一方面由于欧洲人只是把热带非洲看作一个奴隶贸易的人力蓄水池。[7]

19世纪初，英国和法国占领了非洲北部和南部的领土，这两个地区都是他们熟悉的地中海气候。他们选择避开非洲热带地区，仅通过沿海的小飞地进行贸易。1870年，欧洲人只控制了非洲大陆的十分之一。19世纪欧洲的三大历史事件促成了欧洲于80年代开启"瓜分非洲"的行动。其一，大西洋奴隶贸易的终结促使欧洲人专注于更合法的商业形式；其二，欧洲工业革命激发了对新原材料产地和新市场的探索；其三，医学的进步使欧洲人在非洲热带环境中的生存变得更容易。在随后对非洲大陆的瓜分中，欧洲人与桑给巴尔苏丹的阿拉伯人和奥斯曼帝国的土耳其人展开了竞争。[8]

虽然对非洲偏远地区属地的边界调整和军事远征一直持续到第一次世界大战前夕，但欧洲对非洲的大部分领土要求是在1885年至1890年的六年间提出的。引发这场争夺的导火索是1884—1885年的柏林会议（Berlin Conference），会议旨在将刚果河流域划分给法国、葡萄牙和"刚果自由邦"（比利时国王利奥波德二世的私人领地）。会议并没有像一些人所声称的那样完成对非洲大陆的"纸上瓜分"，但它成功地实现了其更聚焦的目标，即把刚果河流域划分给欧洲各国，并为日后提出领土要求、瓜分非洲提供合法性。

从21世纪的视角观之，工业化的欧洲国家最终征服赤道、殖民非洲似乎不可阻挡，但对当时当地的人们来说，似乎并非如此。1885年1月，当欧洲列强加上美国和奥斯曼帝国在柏林召开会议时，两场基于非洲的扩张主义运动似乎取得了战果。在苏丹

7

（Sudan），一位自称为马赫迪（Mahdi）的先知领导了一场伊斯兰革命来驱逐埃及人和奥斯曼土耳其人。[①] 在刚果盆地，绰号"蒂普·蒂普"（因其枪声而得名）的非洲裔阿拉伯商人和国家缔造者哈米德·本·穆罕默德[②]扬言要征服延伸至大西洋的刚果河谷，欧洲人明白无力阻止他。虽然蒂普·蒂普最终放弃了，但他的威胁揭示了极大地改变了非洲历史进程的关键节点。对于本书中的主人公来说，19世纪晚期似乎是一个一切皆有可能，但一切又皆无定论的时代。

19世纪90年代早期，三股不同的殖民势力在刚果盆地雨林攫取资源。来自东非海岸的阿拉伯商人和斯瓦希里商人组成的联盟控制着被称为马涅马（Manyema）的雨林东部，他们的武装商队在乡间搜刮象牙和俘虏。马涅马由几大贸易商组成的松散且不断变化的联盟管理，每一方都声称拥有自己专属的贸易和掠夺领地。法国政府控制着被称为法属刚果（French Congo）的雨林西部，这个地区

①　马赫迪起义（1881—1898）是由苏丹民族英雄马赫迪领导的反抗英埃统治的斗争。这场起义是非洲近代反帝斗争史上的重要篇章，马赫迪也被苏丹人民尊为"独立之父"。

②　哈米德·本·穆罕默德（Hamid bin Muhammad，约1830—1905），即"蒂普·蒂普"（Tippu Tip），非洲地区的象牙和贩奴商人。生于桑给尔，父亲是阿拉伯人，母亲是非洲黑人。早年随父赴坦桑尼亚西部经商。约1850年独立从事贩奴活动，后组建武装商队，以扩大其势力范围。19世纪60年代侵入赞比亚东北部，掠得大批象牙。后又进入刚果盆地，占领刚果（金）东部，建立起贸易统治的总部，并继续向外扩张。80年代时已事实上成为刚果（金）东部的统治者，1882年与桑给尔苏丹谈判，成为桑给尔在刚果（金）的代理人。1885年，比利时国王利奥波德二世向东部扩张势力。次年，他与利奥波德二世发生冲突，1894年被迫放弃对刚果（金）东部的统治，携带大批财物返回桑给尔，定居该地直至去世。在其统治刚果（金）东部期间，曾倡导发展斯瓦希里语为通用语。

在法国的帝国利益版图中处于较低顺位。相应地，法国不愿意在这块殖民地加大投资，倾向于保护贸易路线，并屯兵扩大殖民地边界。

在东部的马涅马和西部的法属刚果之间是"刚果自由邦"（Congo Free State），它成立于 1885 年，是比利时国王利奥波德二世（King Leopold Ⅱ）的私人领地，其属性与东西二邻不同。在最初尝试自由贸易之后，利奥波德二世发展了一套体系——将大片领土（通常较比利时本土大得多）授予比利时公司和英比公司，这些公司拥有私人军队，迫使原住民攫取森林中最宝贵的资源；当人民反抗这些强制措施时，刚果自由邦的军队将会介入支持这些公司。

三种截然不同的剥削方式和殖民势力的相互作用，构建了赤道非洲最早的殖民统治体系。亨利·莫顿·斯坦利为建立刚果自由邦奠定了基础；哈米德·本·穆罕默德（蒂普·蒂普）创建了马涅马帝国（Manyema Empire）；皮埃尔·萨沃尼昂·德·布拉柴几乎是单枪匹马创建了法属刚果。这三个人的身份都很复杂，所效忠的对象也在不断变化。斯坦利是在威尔士出生的记者和探险家，但自称为美国人，后来又为比利时国王效力。蒂普·蒂普是桑给巴尔商人，非洲和阿拉伯混血，先后宣誓效忠于桑给巴尔苏丹和比利时国王。布拉柴是来自教皇国（Papal States）的意大利人，为法国建立了一个殖民地，后来改信伊斯兰教，住在阿尔及利亚（Algeria）。9

这三人探险非洲的目标大不相同，他们与所经历之地的非洲人民也有着截然不同的关联。蒂普·蒂普缓慢地穿越这片土地，用诡计和武力融入当地的政治生态；斯坦利行动迅速，不顾一切地为他的欧洲和美国赞助人攫取利益。与之相比，布拉柴走得很慢，试图在漫游中了解当地居民。19 世纪 90 年代，当这三位非洲探险的奠基者离开赤道非洲之后，当地居民的命运就此落在后来的殖民官僚、贪婪的特许公司和武装贸易集团手中。

到 1900 年，刚果盆地热带雨林的三个区域几乎都改造套用了利奥波德国王的那套殖民贸易体系。在马涅马，刚果自由邦驱逐了阿拉伯大商人，但没有引进欧洲的特许经营公司，而是雇佣了阿拉伯人和斯瓦希里人作为代理人收集象牙和橡胶，同时保留了先前阿拉伯剥削体系的某些元素。在法属刚果，法国特许公司试图效仿刚果自由邦的做法，但由于投资和军事支持水平较低，没有那么成功。法国政府称他们的橡胶收集体制与刚果自由邦的完全不同，尽管相似之处显而易见。

大量历史文献将阿拉伯地区、法属刚果和刚果自由邦三者视为各自孤立，拥有独立的历史。与之相比，本书将这三种殖民征服视作一个过程的不同方面，这一过程便是全球经济发展新需求和强国对抗更迭下的殖民史。斯坦利、布拉柴和蒂普·蒂普相互交织的职业生涯即是例证。如果没有来自蒂普·蒂普巨大的帮助，斯坦利不可能取得成功。斯坦利和布拉柴之间激烈的公开竞争也深刻影响了法国在赤道非洲殖民主张的性质和时机，影响了柏林会议格局。蒂普·蒂普与布拉柴素未谋面，但不愿与法国人为敌，这也是他决定不带领马涅马军队沿刚果河进入大西洋东岸的原因。将整个刚果盆地雨林作为分析的基本对象，而不是局限于某个特定的殖民地或帝国势力，我们可以看到帝国之间不同的利益诉求和行事方式是如何相互交织并影响彼此的。[10]

本书中关于帝国主义剥削的叙述建立在两个截然不同的背景之下，这两种背景都超越了民族历史的界限。一个是世界经济和帝国竞争的全球背景。与最近更强调暴力征收橡胶的论调相较，本书还强调了对象牙的搜寻。最初吸引阿拉伯商人和欧洲商人进入刚果盆地雨林的是象牙，而不是橡胶。直到象牙储备日渐枯竭，人们转而找寻橡胶才变得更加迫切。在外交方面，英国、法国、葡萄牙、德国和美国等大国，更关注自身在世界市场的位置以及彼此间的关系，而不是建立与非洲的联系。

第二个背景是由热带雨林的生态系统及原住民的文化所界定的。面对入侵者，刚果盆地雨林的人们不得不做出艰难的抉择。是欢迎还是反对？是默许还是抵制他们的要求？这里独特的小规模政治组织形式之所以维持了几个世纪之久，是因为冲突通常发生在大小大致相同的政治组织间，其最终目的是达成决议或者恢复原状，而不是征服和掠夺。丛林居民们与外来者的对峙，让整个系统都受到了严重威胁。这些外来者提出了无限的要求，并准备了足够的火力将原住民消灭。1870 年，戴维·利文斯通跟随一支阿拉伯 / 斯瓦希里的象牙商队来到刚果盆地雨林。他把这些居民比作"狮子面前的小狗"。[11]

在刚果河流域早期殖民主义的历史中，有三个主题常被忽视。第一是非洲内部的奴隶贸易和欧洲的反奴隶制运动两者的影响。虽然跨大西洋奴隶贸易在 1870 年已经终止，但非洲内部面向尼罗河和印度洋的奴隶贸易继续给桑给巴尔丁香种植园、开罗的富裕家庭、阿拉伯半岛的椰枣种植园以及奥斯曼帝国境内的各个地方供应奴役劳工。反对奴隶贸易的民族主义斗争动员了英国和欧洲大陆的人道主义者，他们游说海军封锁东非海岸，并成立了一支私人十字军以对抗非洲内陆的阿拉伯奴隶贩子。与此同时，英国和比利时的

11

反奴隶制势力悄然成为利奥波德二世帝国主义体系的盟友，这些计划常常被解释为反奴隶制行动。奴隶制和反奴隶制就这样被编织进了帝国主义的话语体系中。[12]

第二，资源的枯竭。入侵者主要为剥夺热带雨林最宝贵和最易获得的资源而来。东非的大象屠杀形成了一个不断移动的象牙贸易边界，它吸引了桑给巴尔的阿拉伯商人和斯瓦希里商人进入刚果盆地雨林，后来又诱惑欧洲象牙商人从西部进入雨林。同样地，欧洲橡胶特许经营公司的诸多暴行扮演了致使热带雨林橡胶藤耗竭的幕后推手。象牙和橡胶贸易边界在这段时期一直在移动，使得该地区也一直处于动荡之中。

第三，非洲当地对阿拉伯象牙捕猎商队和欧洲橡胶特许经营公司的抵制。在蒂普·蒂普的一名高级副手动员当地军队反对蒂普·蒂普之后，阿拉伯象牙和奴隶贸易商才被赶出马涅马。在刚果自由邦和法属刚果，欧洲的人道主义改革者最终成功推行了行政改革，但他们的努力对当地的情况几乎没有立竿见影的影响。当地的非洲人民只能通过逃跑、反抗或毁坏橡胶树来解放自己，所有这些都削减了橡胶公司的利润。人们只能猜测，如果没有非洲内部人民激烈而持久的抵制，欧洲的改革努力是否会取得成功？

非洲殖民不同历史进程的亲历者为读者了解热带雨林受掠夺和雨林原住民受迫害的遭遇提供了多维度的视角。这群亲历者成分多元，包括：苏格兰传教士兼探险家戴维·利文斯通，他与第一波阿拉伯商队和斯瓦希里商队一同进入刚果雨林；比利时象牙采购商阿方斯·万格尔（Alphonse Vangele），他曾为刚果自由邦工作；英国传教士约翰（John）和爱丽丝·哈里斯（Alice Seeley

Harris），他们揭露了英国 – 比利时印度橡胶公司（Anglo-Belgian India Rubber Company，Abir）的罪行；法国小说家安德烈·纪德，他目睹了法属刚果不断发生的暴行。还有如红衣主教拉维热里（Cardinal Lavigerie）在欧洲发起反奴隶贸易运动，以及罗杰·凯斯门特[①]在英国进行刚果改革运动，诸如这些发生在欧洲的人道主义运动都试图去影响赤道非洲的发展。

纵观全球经济势力对赤道非洲的影响，不少历史亲历者为这一事件提供了深刻的见解。如来自罗德岛的经营象牙贸易的乔治·切尼（George Cheney），将其利润投资于康涅狄格州的钢琴键工厂；而亨利·谢尔顿·桑福德（Henry Shelton Sanford）是一位美国企业家，大部分时间居住在比利时。在他们身后斡旋的是比利时国王利奥波德二世。他虽从未踏足刚果河流域，但主导建立了刚果自由邦，这个私人拥有的领地比比利时国土大 75 倍以上。一些历史学家把利奥波德二世描绘成一个异常邪恶的天才，但如果不是来自不同国家的探险家、商业利益集团、国家政府和反奴隶贸易人道主义者从旁协助，他的刚果计划是不可能成功的。[13]

踏入赤道非洲这片土地的人以日记、书信、公文、演说、游记和自传等形式将其所见所闻公之于众。除了一小部分非洲原住民的口述史材料和来自阿拉伯商人书面记录的历史外，资料来源主要还是参与刚果盆地热带雨林殖民的欧洲人。绝大多数欧洲探险家都信仰社会达尔文主义，心中有一种隐隐的种族优越感，但它们以不同

13

---

① 罗杰·凯斯门特（Roger Casement），爱尔兰独立运动家。1892—1903 年在英国驻葡属东非（莫桑比克）、安哥拉和刚果自由邦领事处任职。

的方式、不同的程度体现。例如，菲利普·奥古阿尔神父（Father Prosper Philippe Augouard）把巴特克人（Teke people，Bateke 为 Teke 复数形式）描述为"食人族"，说他们看起来像"真正的野蛮人"，这展现了他粗暴的种族主义思想。但是其他旅行家的观点则复杂一些。斯坦利声称自己"没有种姓、肤色、种族或国籍的偏见"，却将住在马涅马边境的居民称为"堕落的人类标本"。不过，到他离开那个村子的时候，他的想法已经改变了，并为"之前傲慢的感想"表示歉意。相似地，戴维·利文斯通在书中承认了自己对种族偏见的挣扎，他写道："任何一个长期生活在他们中间的人，都会忘记他们是黑人，会觉得他们就是同胞。"而鉴于作者身份和背景的巨大差异，每一条描述都必须结合相应的语境来评价。[14]

旅行家们的记述既是一种历史记录，又是对民族、地方和事件带有立场的历史建构，非洲历史学家用两种不同方法来使用这些材料。第一种是阅读欧洲文献史料，从中挖掘关于非洲的记录，并试图揭示欧洲人记录的信息中暗含的非洲人的声音。传记作家阅读探险者的记述是为了了解他们所做的事情，以及这些行为揭示的人物性格和成就，而非洲历史学家面对同样的史料，了解的则是这些探险家们看到了什么，他们的非洲东道主和同伴告诉了他们什么。探险家们在穿越非洲大陆时的所见所闻往往比他们做了什么更为重要。[15]

另一种方法是文学的角度——将旅行者们的游记作为特定历史语境下的形象表征来解读。丹麦文学评论家弗里茨·安德森（Frits Andersen）认为，旅行家们关于刚果盆地雨林的各种作品表达的共同点是"黑暗"的形象，这将该地区污名化为一个不适用规范、法

14

律和规则的例外之地。亨利·莫顿·斯坦利的游记《暗黑非洲》（*In Darkest Africa*）和约瑟夫·康拉德[①]的自传式小说《黑暗的心》（*Heart of Darkness*）等书的书名中都强调了这一形象，而未经证实的非洲"食人"故事和欧洲人实施恐怖暴行的真实记录更加强了这一形象。1906年，一组名为《刚果暴行》（*Congo Atrocities*）的幻灯片声称非洲"食人族"的存在，还展示了欧洲恐怖主义的例子，英国观众震惊之余也充满好奇。对欧洲人来说，它们都是弥漫在刚果盆地雨林中关涉生存之"黑暗"的表现。[16]

　　本书的分析试图从旅行家的丰富的记述中抽丝剥茧，而不陷入他们的预设立场之中。这些文字中所描述的恐怖，不过是阿拉伯和欧洲企业蓄意煽动的，目的是在日益全球化的世界经济中扩增利润。如果说有一种看不见的势力操纵着雨林，那必将是普遍存在的贪婪和对权力的欲望。历史上与全球市场的相对孤立、分散的政治组织架构，造就了丛林社会的独有特质，而这也让他们更容易受到持枪入侵者的剥削。

　　已故人类学家兼历史学家简·范西纳在他经常被低估的创新性著作《雨林之路：迈向赤道非洲政治传统的历史》（*Paths In the Rainforests: Toward a History of Political Tradition In Equatorial Africa*）中指出，热带雨林居民共有的文化传统以其千变万化的形式在赤道非洲繁盛了数千年，但在殖民占领的重压下，这一文化传统竟在短短几十年间土崩瓦解。范西纳只对这一破坏做了简短的总结，但在

---

① 约瑟夫·康拉德（Joseph Conrad，1857—1924），英国作家。1890年，康拉德驾船驶往刚果。《黑暗的心》是他最负盛誉的小说，于1902年完成，描写在刚果河上航行的见闻。

他看来，这个过程分为两个阶段。首先是在殖民征服和商业剥削的
15 压力下，丛林社会的崩溃；接着是欧洲根据自己的意愿管理和统治
非洲社会，强行对其进行重建的过程。[17]

本书探讨了这一过程的第一阶段。丛林社会的瓦解是各种个
人、商业集团、组织和政府的行为与互动一步步共同作用的结果，
各主体都在其中为最大化追求自身利益而追逐。它探讨了活跃的全
球势力和所涉主要人物如何相互交织并导致非洲丛林社会的崩溃。
最重要的是，本书探讨了人道主义与贪婪、发展与破坏、全球需求
与地区利益之间复杂的相互作用，所有这些都给刚果盆地热带雨林
的人民带来了无法言说的悲剧。

第一章

马涅马

坦噶尼喀湖（Lake Tanganyika）位于非洲大陆的内陆地区，距 17
大西洋约 1500 英里，距印度洋约 750 英里。它是世界上最狭长的
淡水湖，南北方向延伸约 410 英里，而最宽处不超过 45 英里，有
的地方只有 10 英里宽，掩隐在被地质学家称为艾伯丁裂谷的南端。
裂谷如此之深，以至于这个湖的平均深度达约 1870 英尺，最深处
接近 5280 英尺。环绕山谷西侧的山脉顶部积雪覆盖，高达近 1.7
万英尺，形成了一道天然的屏障，使得西面的气候和生态系统与东
面截然不同。当雨云从西边过来时，它们在爬升过程中蒸发掉很多
水分。因此，在艾伯丁裂谷以西，热带雨林植被占据主导地位，而
在东部则主要是干湿季分明的热带草原。[1]

19 世纪，贸易城镇乌吉吉（Ujiji）在坦噶尼喀湖东岸发展起来。
商队从此穿越东非大草原，到达印度洋沿岸的巴加莫约 ①，商队路
线蜿蜒近 1000 英里。1858 年，英国探险家理查德·伯顿 ② 到达乌
吉吉时，失望地看到"只有几个零散的棚屋被高粱和甘蔗包围着"。 18
一张德国地图将此处标注为"die Stadt Ujiji"（即 the city Ujiji，意

———————

① 巴加莫约（Bagamoyo），坦桑尼亚最古老的城市之一，濒桑给巴尔海峡，
近鲁伏河口。19 世纪时，巴加莫约成为东非的奴隶贸易中心。"巴加莫约"在斯瓦
希里语中意为"把你的心留下"。

② 理查德·弗朗西斯·伯顿爵士（Sir Richard Francis Burton，1821—1890），
英国探险家、语言学家、人类学家。他是第一个发现坦噶尼喀湖的欧洲人。

为乌吉吉城），使他误以为那里会是一个有码头和市场的大城镇。然而，他发现，所谓的码头只不过是一块可以从杂草丛生的草地空隙中辨认出的平地。离湖岸 100 码的地方是集市——人们在一大片露天空地上买卖着各种各样的东西。来往的商队只是在这里采购贸易商品、鱼干和食品，然后尽可能地迅速掉头离开，因此这个城镇一直没有发展起来。[2]

这条贸易路线的东端是坐落在印度洋上的桑给巴尔的一个小岛。它只有 65 英里长，19 英里宽，距离巴加莫约港只有 22 英里。12 世纪或更早的时候，这里居住着讲斯瓦希里语的居民，他们信奉伊斯兰教，住在沿海城镇，与广阔的印度洋世界保持着商业交往。在 18 世纪，桑给巴尔和邻近的姆里马海岸（Mrima Coast）受到阿曼苏丹国（位于阿拉伯半岛波斯湾口处）的控制，阿曼的阿拉伯商人开始迁移到桑给巴尔和姆里马海岸，加入到这些讲斯瓦希里语的土著商人的行列中。时光流逝，通婚使得两个穆斯林商人群体开始融合，许多阿曼阿拉伯人的斯瓦希里语似乎比阿拉伯语讲得更好。

欧洲的旅行家通常将那些身着阿拉伯式长袍，信仰伊斯兰教的商队商人统称作阿拉伯人。但传教士兼探险家的戴维·利文斯通则使用各种名词来描述他在旅行中遇到的各类商人：阿拉伯人、非裔阿拉伯人、非裔混血阿拉伯人、深海岸阿拉伯人、近海岸阿拉伯人、混血海岸阿拉伯人、非裔斯瓦希里阿拉伯人。他的命名暗示了被归于"阿拉伯人"（Arab）一词下不同人群身份的多样性。利文斯通曾经把桑给巴尔商队的商人哈米斯·瓦德·姆塔阿（Khamis wad Mtaa）称为"非裔斯瓦希里阿拉伯人"，但是著名的阿拉伯商

队商人蒂普·蒂普坚持认为哈米斯不是阿拉伯人。对利文斯通来 19
说，成为一个"阿拉伯人"是宗教、服饰和生活方式的问题，但对
蒂普·蒂普来说，这关乎家族谱系和社会地位。[3]

来自印度洋的季风使桑给巴尔岛成为帆船队的一个理想的停靠
点。在 19 世纪，它吸引了来自古吉拉特邦（Gujarat）、阿曼、汉堡、
利物浦、马萨诸塞州和罗德岛等遥远地区的船只。19 世纪 30—40
年代，英国、德国、法国和美国在桑给巴尔岛常设领事馆，确立了
桑给巴尔岛在西印度洋贸易的中心地位。亨利·莫顿·斯坦利在
1871 年以《纽约先驱报》（New York Herald）记者的身份来到桑给
巴尔，把这里称为东非的巴格达，"这个大市场吸引了来自非洲内
陆的象牙贸易商"。他了解到，在桑给巴尔使用 5000 玛丽娅·特
蕾莎元购买的商品可以在乌吉吉卖 15000 玛丽娅·特蕾莎元[①]。回
程时，他们在乌吉吉购买的每 35 磅价值 20 玛丽娅·特蕾莎元的象
牙，在桑给巴尔则价值 60 玛丽娅·特蕾莎元。[4]

1825 年之前，桑给巴尔只是简单地出口象牙，这些象牙来自
非洲内陆的酋长和商人之手。但是，接下来的 25 年里，由来自桑
给巴尔的阿拉伯商人和斯瓦希里商人组成的、并由居住在桑给巴尔
的印度商人资助的商队开始进入非洲内陆寻找象牙。东非大草原满
布舌蝇，这些舌蝇传播着对牛、马和驮畜等都是致命的牛锥虫病，
因此商队依靠人力搬运工来运送物资和商品。1825 年至 1875 年，
欧洲和美国对象牙的需求不断增长，导致象牙价格上涨了 400%，

---

① 玛丽娅·特蕾莎元（Maria Theresa dollar，MT），正面图案为玛丽娅·特
蕾莎女王，1780 年特蕾莎去世后，为纪念她而发行，是哈布斯堡王朝铸造的在西印
度洋地区流通的银质货币。

为长途旅行的大型商队提供装备变得有利可图。最迅猛的增长发生在 1867—1873 年，当时桑给巴尔岛的象牙在英国的公开销售价格飙升了 70%。19 世纪 50 年代，桑给巴尔每年出口约 20000 根象牙，即每年屠杀 10000 头大象，但是到 1875 年，仅是供应到英国的象牙，就需要每年屠杀约 44000 头大象。[5]

坦噶尼喀湖西南地区见证了象牙边界向内陆推移之迅速，1867 年戴维·利文斯通正游行此处。4 月 1 日，他在日记中写道："我们周围到处都是大象。"一个月后，他又写道："这是一个叫姆瓦米（Mwami）的地方，到处都是大象，但很少被宰杀。它们在园地里肆无忌惮地吃着高粱，造成很大的破坏。"12 月，他在给英国外交大臣克拉伦登伯爵（Lord Clarendon）的信中写道："大象有时会吃掉当地人的庄稼，并在村寨外拍打它们的大耳朵。"然而，10 年后，皇家地理学会（Royal Geographical Society）的约瑟夫·汤姆森（Joseph Thomson）经过这片区域时，大象已经不见了。他在长达 14 个月的中非湖区探险中竟没有看到哪怕一头大象。[6]

19 世纪，象牙边界从海岸向内陆后退，商队也向东非内陆腹部步步深入。1830 年左右，阿拉伯商人第一次到达塔波拉（Tabora），1850 年后，越来越多的阿拉伯商人到这里定居。英国探险家理查德·伯顿在 1857 年将塔波拉描述为"商人的聚集地和商队的起航点，商队从这里向非洲中部热带地区发散"。位于尼亚姆韦齐（Nyamwezi）部落领地的中心，塔波拉也是商队雇佣搬运工的中心地区。为了赚钱、结婚以及闯荡世界成为见多识广的人，年轻的尼亚姆韦齐男人选择从事搬运工的工作，参加商队成为了他们的一种成人仪式。一些尼亚姆韦齐搬运工主要往来于塔波拉和海岸之间的商路，而另一些人则在塔波拉和更远的内陆地区之间工作。一支商队通常会带着一批搬运工从海岸出发前往塔波拉，然后雇佣另一批搬运工开始下一段旅程。从塔波拉向西行进的商队在 1840 年左右首次到达乌吉吉，因为他们认为那是一个不宜定居而危险的地方，所以他们最初仅限自己在旱季前往。[7]

19 世纪象牙贸易不断增长的同时，东非奴隶贸易也在扩张。19 世纪初，桑给巴尔丁香种植园的发展打破了荷兰东印度公司在世界范围内的垄断，该公司控制着印度尼西亚马鲁古群岛①上的丁香种植园。这种珍贵的香料因其烹饪、药用和芳香特性的价值，有时堪比黄金，价值连城。1840 年，阿曼苏丹将首都迁往桑给巴尔，阿曼阿拉伯人迁至桑给巴尔，从岛上说斯瓦希里语的原住民手中夺取土地，并开始使用奴隶劳工运营丁香种植园，由此掀起了一场"丁香热"（clove mania）。1840 年，桑给巴尔大约有 1.7 万名奴隶，到 19 世纪 50 年代，这个数字增长到 6 万到 10 万之间。[8]

桑给巴尔的奴隶可以分为四类。人数最多的一类是农村种植园奴隶，他们通常在周六至周三从日出工作到下午四点，周四和周五空出时间为自己种植粮食，并把剩余的粮食拿到城里去卖。第二类是城市奴隶，包括家庭佣人、日工、搬运工和工匠。他们经常被雇佣到不同的商行，在那里他们会清洁柯巴胶，破椰子，装卸货物，或者做木匠和泥瓦匠。完成一项工作后，他们和主人

22

---

① 马鲁古群岛（Maluku Islands），印度尼西亚东北部岛屿的一组群岛，又称香料群岛。

分摊工资。第三类是被奴役的切尔卡西亚人（Circassian）①、阿比西尼亚人（Abyssinian）②和美索不达米亚（Mesopotamian）的苏丹奴隶妾。她们虽然也是奴隶，但生活奢侈，其子女可以继承种植园，甚至继承苏丹王位。1856 年，赛义德二世·本·苏丹③去世，他所有的 18 个男性继承人都是奴隶妾之子。最后一类是包括作为武装警卫和贸易助理的可信赖的奴隶。他们在旅途中享有较多自由，有时可以晋升到有钱有势的职位。一个典型的例子是哈米斯·瓦德·姆塔阿，他在桑给巴尔长大，是富裕的拉赫曼（Abd al-Rahman Sodiq）家族的奴隶。他因在马赛人（Maasai）的部落开拓象牙贸易而成为一名成功的商队领袖，但在桑给巴尔，他仍然从属于他的主人。9

伴随着象牙贸易的进行，桑给巴尔成为西印度洋奴隶贸易的中心。1870 年的海关记录显示，平均每年有 2 万名俘虏进入桑给巴尔，其中有 1 万人要用来补充奴隶人口；其余的则由阿拉伯人拥有的阿拉伯三角帆船（dhow）运往红海、阿拉伯半岛、波斯湾以及西印度洋沿岸的其他目的地。19 世纪早期，英国人领导了反对大西洋奴隶贸易的斗争，于 1822 年和 1845 年强迫阿曼苏丹签订了限制这类奴隶帆船流动的条约。为此，英国派遣了一支皇家海军的反奴隶

23

---

① 切尔卡西亚，高加索西北部一地区。

② 阿比西尼亚，埃塞俄比亚旧称。

③ 赛义德二世·本·苏丹（Said II bin Sultan，1806—1856），阿曼阿勒布 - 赛义德王朝苏丹王，阿曼和桑给巴尔统治者。其设法与英、法、美等国发展贸易，增强经济实力。1840 年迁都桑给巴尔，致力经营桑给巴尔岛，将丁香引进该岛，后丁香成为该岛主要经济作物。他控制了在非洲从事奴隶和象牙贸易的阿拉伯商人。死后，其治下的领土实为英国人分割。

贸易中队到西印度洋去执行这些命令，但这个中队船只太少，因此实效有限。从 1845 年到 1860 年，沿东非海岸进行的有效的反奴隶贸易海上巡逻队通常只有一艘船组成，且从不超过 3 艘。正如希思海军上将（Admiral Heath）在 1871 年对下议院的一个特别委员会所说的那样："我们已经巡游了 25 年，无一建树。"[10]

一般来说，东非奴隶贸易的俘虏并非来自于前往塔波拉和乌吉吉地区的中心商路沿线。东非大草原上强大的酋长们成功地抵御了沿海来的奴隶贩子，而象牙商队正需要一条和平的贸易通道。相反地，俘虏主要来自马拉维湖[①]附近的地区，在更靠南的地方，尧人[②]的奴隶组织洗劫了当地的农业人口，把他们卖给驻扎在基尔瓦港（Kilwa）的奴隶商队，这些商队主要由沿海阿拉伯人和斯瓦希里人经营。在那里，俘虏们被装上阿拉伯三角帆船运到桑给巴尔。 24
因为在桑给巴尔奴隶市场上，俘虏的售价相对较低，而喂养和运送俘虏的长途运输成本又削减了其微薄的利润，因此，基尔瓦港的奴隶商队仅在沿岸 350 英里的区域活动，很少离开。1866 年，戴维·利文斯通从印度洋海岸到尼亚萨湖时遇到了几支奴隶商队，途中看到了奴隶贩子造成大量破坏的证据，但是在尼亚萨湖以西，他就没再见过沿海的奴隶贩子了。

与奴隶贸易商队徘徊在离海岸不远的地方形成鲜明的对比，象牙商队深入到内陆地区，那里象牙价格低廉。在旅途中，象牙商队也经常积累俘虏，这些俘虏来自他们与当地人的战事，或者他们购

①　马拉维湖（Lake Malawi），亦称尼亚萨湖（Lake Nyasa），非洲第三大湖泊，位于非洲东非大裂谷最南面。译名据原文所用名称译出。

②　尧人（Yao），非洲东南部的民族，主要分布在马拉维湖的东部和南部。

买的已在当地战争中被奴役的俘虏。许多欧洲人认为这些俘虏是用来把象牙运到海岸的，但通常情况并非如此。较大的象牙几乎由专业的搬运工运送，他们运入贸易货物，运出象牙。一支象牙商队一般有 500—1000 人，有些甚至多达 3000 人。按照通常的行进顺序，象牙搬运工走在最前面，接着是扛布和各类珠饰的挑夫，在他们后面是搬运日常用品的工人，最后是俘虏。奴隶通常带着沉重的叉状枷锁，被称为"奴隶轭"，这样一来他们就无法搬运货物。被奴役的妇女常被绕在脖子上的绳子拴在一起，这种安排使她们有足够的行动自由，可以携带补给品或小的象牙。[11]

象牙贸易以两种方式资助奴隶贸易。第一，桑给巴尔相对较高的象牙售价使大型商队深入遥远内陆变得有利可图且获利颇丰，因为他们可以既获取象牙，又得到俘虏。利文斯通的记录写道，向西远行越过尼亚萨湖的奴隶商队，只有带回象牙才有利润；否则，俘虏们会"吃尽一次旅行的所有利润"。第二与为商队提供资金的信贷约定有关。位于桑给巴尔的古吉拉特人、英国人、德国人和美国人的贸易商行向商队预支贸易货物，希望用象牙来偿还，不想要俘虏。当一支商队经过几年的长途跋涉回到桑给巴尔时，大部分的象牙都被送去贸易商行偿还贷款，而俘虏被拿去奴隶市场出售，成为商队商人自己的利润。远距离的奴隶贸易只有在象牙贸易能够支付商队的基本开支的情况下才有利可图。[12]

到 1869 年，东非象牙商队贸易的初级阶段渐进尾声。东非大草原上的大象日益稀少，阿拉伯和斯瓦希里的象牙贸易商转向了坦噶尼喀湖以西广阔的热带雨林。他们的目的地是被阿拉伯商人和斯瓦希里商人称作马涅马的地方，从坦噶尼喀湖的西岸一直延伸到卢阿拉巴河①，直线距离大约 240 英里，但是从山脉和雨林的蜿蜒小路穿行而过可能是这个距离的两倍。马涅马是一个被外来者强加的名字，在当地的班图语中没有类似的名称。许多旅行家认为马涅马的意思是"森林之地"，但一些欧洲人注意到班图语中与之相似的一词 "nyama"（意为"肉"），便毫无证据地声称这一词语暗指同类相食。[13]

因为象牙的利润极为丰厚，马涅马的象牙贸易迅速发展起来。在马涅马用价值 25 美分的铜币购买的象牙可以在桑给巴尔卖到 120 玛丽娅·特蕾莎元。正如利文斯通在给英国外交部的一封信中所指出的那样："廉价象牙的消息在乌吉吉引起了一种近似加利福尼亚淘金热的情形，我们很快就被一支数量达 600 支的火枪队超过，他们都渴望得到珍贵的象牙。"贸易商队从马涅马迅速踏上回程，一个商队携带多达 3.5 万磅的象牙。从 1867—1871 年，大量的象牙流入桑给巴尔，使得印度洋港口城镇巴加莫约的规模扩大了 3 倍。[14]

19 世纪 70 年代，一些阿拉伯和斯瓦希里的商队商人进入了马涅马，他们在卢阿拉巴河附近的城镇定居下来，这些城镇逐渐成为商业中心，为日后的扩张建立了新的据点。很快，亨利·莫顿·斯坦利和蒂普·蒂普也加入了他们的行列——这两位旅行家将改变刚果盆地雨林的经济和政治发展轨迹。与此同时，美国康涅狄格河下游的象牙切割厂正在扩大象牙质钢琴琴键的生产。在比利时布鲁塞尔举行的国际地理会议鼓励了欧洲人对非洲进行更多的探索，也增

26

---

① 卢阿拉巴河（Lualaba River）是刚果河的上游，发源于东非大裂谷的高地山区，向北流出博约马瀑布后始称刚果河。

加了对东非奴隶贸易的反对声浪。这些经济和政治进展的影响，马涅马热带雨林的深处很快就可以感受到。

1

1876 年 6 月，坦噶尼喀湖，乌吉吉

1876 年 5 月，当亨利·莫顿·斯坦利抵达乌吉吉时，他租了一所阿拉伯风格的平顶房子，这种房子被称为坦贝（tembe）。从这里可以俯瞰市场和坦噶尼喀湖。大部分阿拉伯商人的坦贝都分布在南部。他将它们描述为"坚固、宽敞、平顶的黏土建筑，宽阔、凉爽的走廊通向公共道路"。最大的一个有 100 英尺长，25 英尺宽，14 英尺高，有一条宽阔的走廊，上面铺着豪华的地毯。北边是瓦温古瓦纳人（Waungwana，斯瓦希里商队商人）、瓦尼亚姆维齐人（Wanyamwezi，从塔波拉地区雇来的搬运工）、阿拉伯商人的私人奴隶、乌吉吉人（乌吉吉的原始居民）的棚屋。从 1869 年开始，这个小镇经历了快速的发展，当时它不再是商队路线的终点，而是成为了象牙商队向西穿过坦噶尼喀湖进入马涅马雨林的集结地。[15]

斯坦利要去马涅马完成传教士兼探险家戴维·利文斯通的遗愿——直到 1873 年去世前，利文斯通已经花了七年时间寻找尼罗河的源头。19 世纪末，欧洲人对地理知识的兴趣呈爆炸式增长，1870 年时尚且只有 12 个地理学会，到 1890 年已有 29 个。国际地理大会（International Geographical Congress）于 1875 年在巴黎举

行，吸引了来自 34 个国家的 1500 名与会者，会议以如何填补有关非洲内陆知识的空白为主题召开。关于寻找尼罗河源头的讨论占据了英国地理学界的主导地位。探险家约翰·汉宁·斯皮克[①] 发现尼罗河从维多利亚湖（Lake Victoria）向北流出，而他的同伴理查德·伯顿认为，尼罗河发源于西南方向 200 英里外的坦噶尼喀湖。戴维·利文斯通早先曾探索过赞比西河和尼亚萨湖，他认为尼罗河的最终源头是一个叫本巴（Bemba）的湖（后来被确认为班韦乌卢湖），位于坦噶尼喀湖的西南部。为了解开世界上最后一个地理之谜，皇家地理学会派利文斯通去寻找这个湖泊，并追踪它与尼罗河的联系。在短暂的孟买之行后，他于 1866 年 1 月 28 日抵达非洲。[16]

28

1867 年，利文斯通到达坦噶尼喀湖南岸时，他的探险队正处于崩溃的边缘。由于雇来的挑夫擅离，他的队伍只剩下他自己和九个被称为"纳西克男孩"（Nassick boys）[②] 的非洲男孩。随着携带的物资日渐匮乏难以交换食物，他向前来寻找象牙的阿拉伯和斯瓦希里商人寻求帮助和保护。8 月，他开始与实力雄厚的桑给巴尔象牙贸易商蒂普·蒂普一同前行。1867 年底，蒂普·蒂普回到桑给巴尔后，利文斯通先后与蒂普·蒂普的堂兄穆罕默德·本·萨利赫（Muhammad bin Salih）、穆罕默德的朋友和同僚穆罕默德·本·加

---

① 约翰·汉宁·斯皮克（John Hanning Speke，1827—1864），英国探险家。他曾深入非洲大陆，寻找尼罗河的源头，发现了世界第二大淡水湖、非洲第一大湖——维多利亚湖。

② "纳西克男孩"是几年前从东非奴隶贩子手中解救出来的，后来被送到孟买的纳西克教会学校。

里布（Muhammad bin Gharib）一起前往乌吉吉，到达马涅马的贸易城镇尼扬圭（Nyangwe）。[17]

  与阿拉伯和斯瓦希里象牙商队在班韦乌卢湖地区旅行的两年中，利文斯通还算大概地摸清了该部中非地区的河流和湖泊。从班韦乌卢湖流出的水体被命名为卢阿普拉河[①]，向北流入姆韦鲁湖（Lake Mweru）。从姆韦鲁湖出来后，它叫作卢武阿河[②]，向西北方向汇入卢阿拉巴河，又向北流进马涅马的热带雨林。关于卢阿拉巴河流入尼罗河这点，利文斯通是确定的，但他还不清楚卢阿拉巴河是在哪里及如何流入尼罗河的。因此，他跟随穆罕默德·本·加里布的象牙商队前往乌吉吉，并随其继续前往马涅马。1871 年 3 月，利文斯通到达了卢阿拉巴河岸的贸易城镇尼扬圭。但是经过四个月的努力，他还是没能找到一条可以顺流而下的独木舟。[18]

  一方面因源头的探索缺乏进展而感到气馁，另一方面又为象牙与奴隶贸易边界处没完没了的战事感到厌恶，利文斯通迷上了他从两个斯瓦希里铜商那里听说的传言。他们告诉利文斯通，班韦乌卢湖西南方向有四个水源，相距不到十英里，其中两个向北流，两个向南流。这段描述唤起利文斯通儿时对希腊历史学家希罗多德（Herodotus）的记忆。希罗多德在公元前 5 世纪到访过埃及。密涅瓦（Minerva）宝库的登记官告诉希罗多德关于尼罗河之源

---

  ① 卢阿普拉河（Luapula River）是刚果河的一部分，差不多整个河道是赞比亚和刚果（金）接壤的边界，连接班韦乌卢湖和姆韦鲁湖。

  ② 卢武阿河（Luvua River），是卢阿拉巴河的支流。自姆韦鲁湖北端流入陆地，向西北流经基安比（Kiambi）与卢阿拉巴河汇合，从基安比以下有 160 公里（100 哩）通航浅水船。

（Fountains of the Nile）的故事，一半的水向北流入埃及，一半向南流入埃塞俄比亚。希罗多德本人对这个故事持怀疑态度，并怀疑历史抄写员是否"说出了事实的真相"，但是利文斯通相信他确已偶然到达了希罗多德所谓的尼罗河之源。因此，他放弃了沿着卢阿拉巴河向北走，转而回到乌吉吉补充补给，组织前往班韦乌卢湖的新探险。到 1871 年 7 月 20 日他离开尼扬圭时，利文斯通已经与象牙和奴隶商队生活和旅行了超过四年的时间。

资助利文斯通的阿拉伯商人和斯瓦希里商人，以及在当地招待他的非洲酋长们一直不太清楚利文斯通为什么来这儿。维多利亚时代寻找尼罗河源头的迷恋对他们来说完全讲不通。当地的一个酋长曾问他为什么远道而来却不带货物交易，利文斯通回答说，他希望让世界更多地了解这个国家和它的人民。他告诉酋长："我们都是上帝的孩子，人们应该更了解彼此。"即使是已经非常了解利文斯通的蒂普·蒂普，也觉得他的旅行目的令人费解。蒂普·蒂普曾经问道："他直到自己年迈难行还在年复一年地寻找的东西究竟是什么？他没有钱，从来没有给过我们任何人任何东西；他也不买象牙和奴隶；然而他比我们都走得更远。这一切都为了什么呢？"[19]

1871 年 10 月，利文斯通回到乌吉吉后不久，就遇到了《纽约先驱报》派来寻找他的亨利·莫顿·斯坦利。利文斯通这样描述这次相遇："苏西（Susi）以最快的速度跑过来，气喘吁吁地说：'一个英国人！我看到他了！'并冲过去迎接他。商队前头的美国国旗标明了这个陌生人的国籍。成捆的货物、锡制浴缸、大水壶、炊具、帐篷等，让我得出结论：'这一定是个奢侈的旅行家，不像我发愁接下来该怎么办。'他是《纽约先驱报》的旅行记者亨利·莫

30

顿·斯坦利。"[20]

在利文斯通与阿拉伯、斯瓦希里的奴隶和象牙商人一起旅行的四年中，他在解决尼罗河源头之谜上没有任何进展，因为他根本不知道，他压根不在尼罗河分水岭。不过，在跟随阿拉伯贸易商队旅行的途中，利文斯通对东非奴隶贸易之运作、惯例和恐怖有了前所未有的了解。在从印度洋海岸到尼亚萨湖的途中，他每隔一段时间就会发现一些俘虏的尸体，这些俘虏有的因为身体虚弱无法继续行走而被杀害，有的因为生病而被遗弃，死在路上。在尼亚萨湖以西的地区，利文斯通的老主顾蒂普·蒂普和穆罕默德·本·加里布的象牙商队中有大量的俘虏都来自与当地居民的敌对冲突，但利文斯通仍然认为这些商人是人道地对待俘虏的"绅士奴隶贩子"。他把进入马涅马的乌吉吉商人放在一个完全不同的类别。"这是最恶劣的奴隶贩子的巢穴，"他在日记中写道，"乌吉吉的奴隶贩子，就像基尔瓦人和葡萄牙人一样，是最卑鄙的。在这里没有贸易，只有一个谋杀体系。他们掠夺、绑架，每一次贸易都不过是一次侵略。"[21]

在斯坦利的鼓励下，利文斯通给《纽约先驱报》的创始人戈登·贝内特（Gordon Bennett）写了一封长信，描述了东非奴隶贸易的运作和影响。最终斯坦利乘法国邮船把信带到了法国马赛，在那里花费2000美元通过电报发给了《先驱报》。1872年7月26日，《先驱报》用占报纸一页半的版面刊登了这封信，并与多家报纸分享，以期他们能对支付这笔电报费用有所帮助。在英国，号称"世界上最大、最好、最便宜的报纸"的伦敦《每日电讯报》（*Daily Telegraph*）于7月29日刊登了这篇文章，其他英国报纸也纷纷转载。这篇文章发表的时候，英国反奴隶制协会（British Anti-Slavery Society）正在发起一场运动，敦促政府采取进一步行动，阻止西印度洋上阿拉伯人经营的奴隶贸易。利文斯通的信显然产生了一定的影响，英国女王 8 月 10 日在议会的年度演讲中呼吁政府"采取措施，为更有效地处理非洲东海岸的奴隶贸易铺平道路"。[22]

十个月后，面临着英国海军对该岛实施全面封锁的威胁，桑给巴尔苏丹被迫与英国签署了一项条约，条约要求桑给巴尔苏丹立即停止桑给巴尔岛对非洲奴隶的海上贸易，关闭桑给巴尔岛的奴隶市场，保护从帆船中解放出来的俘虏。尽管该条约迫使了这些奴隶帆船改变航线，以规避增强的英国海军巡逻，但并没有使印度洋奴隶贸易总量明显减少。尽管 1860 年至 1890 年英国海军登上了大约 1000 艘帆船，释放了大约 12000 名俘虏，但对非洲奴隶的走私活动一直持续到 19 世纪末。尽管如此，英国废奴主义者将桑给巴尔反奴隶制条约视作他们事业取得胜利的一个珍贵时刻，并且他们赞扬利文斯通的贡献。[23]

在斯坦利和利文斯通一起度过的四个月里，斯坦利对这位大哥产生了深厚的感情。斯坦利在著作中将利文斯通描绘成维多利亚时代的圣徒，而斯坦利本人也将利文斯通视为他寻找已久的父亲的形象。斯坦利于 1841 年出生在威尔士（Wales）登比（Denbigh），母亲未婚，圣希拉里教堂（St. Hilary's Church）的出生登记册上直接将其列作"约翰·罗兰兹，私生子"（John Rowlands, Bastard）。他很小的时候便被母亲抛弃了，之后在贫民习艺院里长大，并在那里接受了基础教育。17 岁时，斯坦利在一艘从利物浦开往新奥尔良的美国棉花船上当初级水手，并以当地棉花航运巨头亨利·霍普·斯坦利（Henry Hope Stanley）的名字给自己取名亨利·斯坦利，并编造了一个老斯坦利在私人仪式上收养他的故事。美国南北战争期间亨利·莫顿·斯坦利在南方联盟军和北方联邦军中服役，之后，他寻到了一份记者的工作，曾报道边境战争和科罗拉多淘金热。这之后，斯坦利成为了《纽约先驱报》的外派通讯员。在乌吉吉，他终于找到了他一生都在寻找的"父亲"。斯坦利写道："当我因弛张热徘徊在生死之间时，他像父亲一样照顾我。"多年后，他还写道："透过非洲空气中氤氲弥漫着的朦胧模糊的热气，我似乎总可以看到利文斯通苍老的面庞，慈父般地激励着我。"[24]

　　1872年3月，和斯坦利分别后，利文斯通在斯坦利提供的商队的帮助下，向西南方向出发前去班韦乌卢湖寻找尼罗河之源。1873年5月1日，在班韦乌卢湖畔，利文斯通因发烧和肛门出血去世，至死都没有找到传说中的尼罗河之源。他的非洲仆人取下他的器官，用盐和烟熏的方法对他的遗体进行防腐处理后缝进一个浸过柏油的帆布袋里，将其带到印度洋沿岸的巴加莫约。在那里，他的遗体被装上一艘英国军舰，运回英国。1874年4月16日，利文斯通的遗体抵达英格兰南安普敦的码头。前来迎接的显贵中就有亨利·莫顿·斯坦利。

　　英国公众并不在意利文斯通与阿拉伯象牙商和奴隶贸易商一起旅行的四年经历，将他誉为反对东非奴隶贸易的斗士。1874年4月18日，在威斯敏斯特教堂（Westminster Abbey）举行的葬礼上，威斯敏斯特的主任牧师谈到，利文斯通那"燃烧的愤怒和坚定的决心"揭露并给予了奴隶贸易致命一击。"他像一卷致命的蛇一样奋

33

力与奴隶贩子搏斗，"牧师缓慢而庄重地吟诵，"对方亦将他视作一个最令人敬畏的敌人。彼此都抗争到底，就这样，他拼尽全力。"利文斯通的墓上刻着一段引言，来自他于1872年4月写给《纽约先驱报》创始人詹姆士·戈登·贝内特的一封未寄出的信。利文斯通在信的结语中写道："我从不畏惧孤独，愿天堂的祝福恩泽每一个帮助治愈世界伤痛的人，美国人、英国人或者土耳其人……"[25]

1875年，在说服了伦敦《每日电讯报》和《纽约先驱报》共同赞助后，斯坦利重返非洲，继续利文斯通对尼罗河源头未竟的探索。尽管他个人对利文斯通有子女般的崇敬，但他的行动路线表明，他从未把利文斯通关于尼罗河之源的理论当回事。斯坦利并没有向西南前往班韦乌卢湖，而是朝西北方向去了维多利亚湖，以检验斯皮克关于尼罗河发源于维多利亚湖北端的见解是否正确。然后他去了坦噶尼喀湖，在那里他证实了维恩·洛维特·卡梅伦①1874年的发现，即坦噶尼喀湖在出口向西流向卢阿拉巴河，而不是向东北流向维多利亚湖。接下来，斯坦利要解决的是最大的难题——卢阿拉巴河的流向。为此，他必须去马涅马，去尼扬圭——那个迅速发展成为卢阿拉巴河上主要商业中心的边境贸易小镇。

基于他之前作为一名年轻记者活跃在科罗拉多州金矿小镇的经历，斯坦利本能地理解了马涅马的象牙贸易与美国西部蛮荒地区之间的相似之处。他写道："到马涅马用俗艳的珠子交换珍贵象牙的狂热，与驱使人们去加利福尼亚、科罗拉多、蒙大拿和爱达荷州的 34

---

① 维恩·洛维特·卡梅伦（Verney Lovett Cameron, 1844—1894），英国探险家。1872年，他受皇家地理学会的资助，指挥探险队去中非救助戴维·利文斯通。

峡谷和砂矿地，把金块运到澳大利亚，把钻石运到开普殖民地^①的狂热是一样的。马涅马现在就是阿拉伯人和瓦姆里玛（*Wamrima*，意即沿海的）部落的黄金国（El Dorado）。"斯坦利还掌握了象牙贸易的市场行情。在马涅马以每磅 1 便士的价格购买的象牙，在桑给巴尔的售价为每磅 1.42—1.71 玛丽娅·特蕾莎元。斯坦利 1871 年曾指出："自从卡拉瓦（Karagwah）、乌干达、乌菲帕（Ufipa）和马隆古（Marungu）这些古道逐渐弃用后，仅仅四年时间，第一批阿拉伯人从马涅马不仅带回了数量丰富的象牙，还带回了消息——在那里象牙数量惊人。"²⁶

斯坦利的商队于 1876 年 8 月 25 日离开乌吉吉，向西前往尼扬圭。15 个月前，斯坦利从巴加莫约出发时的队伍有 356 人，途中或自然死亡或被遗弃，如今竟仅有 132 人存活，斯坦利的 3 名白人同伴中也有 2 人死亡。曾有几个阿拉伯商人主动提出带着他们的武装贸易团队与斯坦利同行，但斯坦利拒绝了，因为乌吉吉商人在马涅马的名声太差。斯坦利幸运地做对了这个决定，他的商队在从乌吉吉到尼扬圭整整两个月的旅程中没有受到威胁或侵扰。

2
1876 年 9 月 12 日，王宫，布鲁塞尔

斯坦利离开乌吉吉前往马涅马约三周后，在比利时布鲁塞

---

① 开普殖民地（Cape Colony，1806—1910）曾是英国的一个殖民地，位于现在的南非境内，包括开普敦及其邻近地区，现在为南非开普敦。

尔王宫召开了一次国际性会议。虽然布鲁塞尔地理学会议（The 　35
Brussels Geographical Conference）这个名字本身平平无奇，但它
的会议议程可远比它的名字更有野心。与会代表团来自六个欧
洲强国：英国、法国、意大利、德国、奥匈帝国和俄国，以及比
利时——它比马里兰（Maryland）还略小一些。英国代表包括：
伟大的废奴主义者托马斯·福韦尔·巴克斯顿（Thomas Fowell
Buxton），1873 年与桑给巴尔苏丹谈判签署反奴隶贸易条约的
巴特尔·弗里尔（Bartle Frere），英格兰海军上将利奥波德·希
斯（Leopold Heath）——他曾负责指挥印度洋上反奴隶贸易的
皇家海军中队，来自利物浦的航运大亨威廉·麦金农（William
Mackinnon），以及探险家维恩·洛维特·卡梅伦，他在 1874—
1875 年从东到西穿越了非洲大陆。德国的代表是两位德国最伟大
的探险家——古斯塔夫·纳赫蒂加尔（Gustav Nachtigal）和格奥尔
格·施魏因富特（Georg Schweinfurth），以及柏林地理学会（The
Berlin Geographical Society）会长。法国代表团包括巴黎地理学会
（The Paris Geographical Society）会长和贡比涅侯爵（Marquis de
Compeigne），他曾沿大西洋海岸附近的奥果韦河（Ogowe River）
进行过一些初步的探索。总而言之，与会的代表均是探险家、纸上
谈兵的地理学家和反奴隶贸易的活动家。[27]

在开幕式上，利奥波德二世解释说，会议之所以选在布鲁塞尔
举行，是因为比利时是一个中立国家且位于欧洲中心。他对代表们
说："当然，将大家邀请至布鲁塞尔，并非出于私心……不，各位
绅士，比利时虽小，但她很幸福，并满足于现今的命运。我没有任
何其他的野心，只想好好报效我的祖国。"随后，他用宏大而又无

其实际意义的措辞概述了会议的目的："今天将我们聚集在一起的议题值得人类朋友关注。揭开地球上仅存的、尚未被现代文明之光照耀的地区的迷雾，刺破笼罩在人民上空的黑暗。在这个进步的时代，这是一场亟待进行的圣战。"他继续说下去，逐渐指明他说的是赤道非洲地区。

36 　　利奥波德二世发表此番演讲时，距离比利时通过天主教起义脱离新教荷兰成为一个独立国家，仅仅过去了46年。比利时的独立付出了沉重的代价：欧洲主要强国于1839年同意承认比利时的边界，但夺走了卢森堡和林堡（Limburg）各一半的领土，并且由于与荷兰的决裂，比利时失去了进入亚洲市场的机会——亚洲市场主要由荷兰东印度公司管理。利奥波德二世在继承父亲的王位之前甚至曾谋划通过进攻荷兰或入侵莱茵兰（Rhineland）来"壮大比利时"，不过后来他认为这些想法不切实际而放弃了。取而代之的，他更专注于通过殖民扩张来扩大国土。他写道："我们要在那遥远的彼岸，找回曾经失去的省份。"[28]

　　1865年12月，利奥波德二世继位成为比利时第二任国王。但他早已开始谋划探险海外。他的第一个目标是中国。"我的梦想是创建一家总部设在布鲁塞尔的全球性比利时公司，中国之于我们（的公司），即像是印度次大陆之于英国东印度公司一样。"由于找不到投资人，利奥波德二世放弃了这个计划，转而试图购买南太平洋婆罗洲岛（Borneo Island）的一部分，但荷兰人拒绝了他的提议。之后，利奥波德二世又试图创建一家私人公司，将菲律宾从西班牙手中租赁90年，从而进入中国和日本市场，但是遭到了西班牙的拒绝。1875年7月，利奥波德二世与英国人商议在新几内亚岛（New Guinea）建立殖民地。此时的利奥波德二世早已放弃了说服比利时政府对他的殖民探险有所兴趣。这些都是他的个人计划，他通过自己出众的说服力、个人的财产和国王的身份，以及比利时政府内屈指可数的几个忠于他的官员来实行这些计划。利奥波德二世极尽严格保密地进行所有谈判，所以当他在布鲁塞尔地理学会议上把自己说成是一个别无所图的人道主义者时，与会代表们没有质疑。[29]

到底是什么促使一个欧洲小国的国王如此积极地参与殖民冒险？历史学家们长期以来争论不休。比利时历史学家让·斯丹热（Jean Stengers）认为，利奥波德二世的帝国主义是"最纯粹形式的帝国主义经济"。让·斯丹热主张，比起个人的贪婪或欲望，利奥波德二世的动机更多地来自于海外领土为欧洲国家提供了更多经济机遇的信念。利奥波德二世十分崇拜荷兰殖民帝国，荷兰在东印度群岛（East Indies）的殖民统治为荷兰财政带来了巨额利润。1830年后，比利时被迫与这些市场隔绝，这位国王一心想要建立一个类似东印度公司的实体，从而让比利时更加富裕。但另一位比利时历史学家文森特·维亚尼（Vincent Viaene）则指出，利奥波德二世的殖民设计还涉及政治的、社会的和民族主义的维度，为比利时制造商品提供市场的殖民地，还将为比利时工厂的工人带来工作，而殖民地行政人员和军事官员的需求还将为比利时的中产阶级提供就业机会。此外，拥有殖民地将把"小比利时"变成帝国大都会，布鲁塞尔将成为一个帝国的首都，拥有宽阔的林荫大道和宏伟的纪念碑。这正是利奥波德二世谈到的要把比利时从杂货商和律师的国度转变成一个"帝国民族"的原因。[30]

远东殖民计划无果而终，利奥波德二世将目光转向了非洲。1875 年 8 月 22 日，他写信给外交部的心腹兰贝蒙特男爵（Baron Lambermont）："目前，无论是西班牙、葡萄牙还是荷兰都不打算出售。我会单独询查在非洲是否可以有所作为。"利奥波德二世最感兴趣的是非洲的赤道地区，一部分原因是这些地区基本上尚未开发。随着会议的临近，这位国王了解到斯坦利正在探索卢阿拉巴河。在 1876 年 5 月，利奥波德二世曾到伦敦匿名拜访过卡梅伦，所以也知道卡梅伦关于卢阿拉巴河流入刚果河的理论。（1875 年）8 月初，利奥波德二世派了一名代表参加了巴黎国际地理科学大会（International Congress of Geographical Sciences）。因此，利奥波德二世得知由皮埃尔·萨沃尼昂·德·布拉柴带领的法国探险队正在探索奥果韦河，以期找到一条连接大西洋和非洲心脏地带的更便捷的路线。[31]

在布鲁塞尔地理学会议开幕前一个月，利奥波德二世给比利时代表团写了一封密信。信中并没有地理方面的内容，而关注了非洲内部的奴隶贸易。据他估计，非洲每年有超过 10 万人沦为奴隶。成立一个国际性的组织来治愈非洲的伤痛是欧洲国家的责任。这个国际组织总部应设在比利时，并在各成员国设立分支机构，在各个国家筹集资金，为科学研究和欧洲探险者建立一系列相互联系的站点。虽然大部分资金将来自各成员国，但比利时的执行委员会将总体负责这一项目的管理。[32]

会议秘书埃米尔·班宁（Emile Banning）在会上报告中详细阐述了反对奴隶制的问题。他说："英国为结束海上奴隶贸易所做的努力是值得称赞的。但在今天，人们普遍认为，奴隶贸易只有在实际进行的场景下才能被摧毁。"他正是在提议打击非洲陆地上的奴隶贸易。他还写道:"将科学、基督教、商业和文明带入非洲,这是唯一能够彻底废除奴隶贸易的系统性方法"。[33]

鉴于比利时从未参与过大西洋奴隶贸易,也没有反奴隶运动的传统,我们只能推测为什么利奥波德二世会如此重视反奴隶制。一个可能的原因是,反奴给了地理大会一个人道主义高度的目标,这激发了与会者的热情。第二个原因是为了赢得英国人的支持。英国 39 在 19 世纪上半叶带头镇压了大西洋奴隶贸易,并且是攻击非洲东海岸奴隶贸易的唯一一个海上强国。毫无疑问,英国代表团中有反对东非奴隶贸易的主要活动家。利奥波德二世后来承认,强调反对奴隶制主要是为了吸引英国的支持。[34]

9 月 12 日,各国与会代表齐聚布鲁塞尔王宫,利奥波德二世概述了会议的三个目标。第一个目标是划定两个行动基地———一个在桑给巴尔对面东非海岸,另一个在刚果河河口。南纬 6° 这条线从这两地附近穿越,显然,利奥波德二世实际上把活动区域界定在从大西洋延伸到印度洋的赤道非洲的广阔地带。第二个目标是确定通往非洲内陆的路线,沿着这条路线建立一系列的研究站和接待站,这些地方将成为镇压非洲奴隶贸易的前线。第三个目标是建立一个国际组织,由一个执行委员会负责监督各站点和管理各成员国委员会的工作。利奥波德二世告诉与会代表们,他们正在进行一场"与这个进步时代相称的圣战"。他会非常高兴,如果"布鲁塞尔成为这场文明运动的总指挥部"。

9 月 14 日会议结束时,参会代表们已经正式通过了利奥波德二世的所有主要想法,利奥波德二世早先在其机密备忘录中概述

过这些想法。活动范围是从大西洋岸到印度洋岸、赤道南北 10°
之间的非洲广阔地带。会议并没有明确拟定设在内陆的站点位置，
但特别提到了乌吉吉和尼扬圭是可能的站点位置。会议还同意成
立一个国际中非探索和文明委员会（International Commission of
Exploration and Civilization of Central Africa），由各成员国派出两
名代表组成，并组织一系列成员国委员会，其主要任务是谋求利益
和筹集资金。该组织将由执行委员会管理，执行委员会由一位经会
议选出的主席和四名成员组成。会上，巴特尔·弗里尔提议利奥波
德二世应当被选为主席，代表们报以热烈的掌声。

　　比利时是第一个设立并实际运作废除奴隶贸易和开放中非国
际协会（The International Association for Abolition of the Slave Trade
and Opening up Central Africa）成员国委员会的成员。11 月 6 日，
利奥波德二世在王宫向成员国委员会的成员们发表演讲，首先谈到
的便是奴隶制问题。他宣称："在非洲大陆，相当大一部分地区仍
然广泛存在的奴隶制是一个正在溃烂的创口，所有文明国家的朋友
都希望看到它被消灭。" 利奥波德二世告诉与会代表，他们正在
建立 "一个国际联盟，以制止这种令人发指的买卖，并撕裂仍然笼
罩在中非上空的黑暗，它是我们所在的这个时代的耻辱"。他还解
释了打击非洲内部奴隶贸易的具体策略："我们相信，如果我们成
功地沿奴隶贩子的商路开辟道路并建立站点，这种可憎的买卖必将
迎来终结。"但他没有解释，仅仅由少数欧洲人组成的接待站点如
何能实现这一目标。[35]

　　成员国委员会很快在许多欧洲国家成立，甚至包括那些没有被
邀请参加布鲁塞尔会议的国家。在 10 月 16 日的一次特别会议上，

巴黎地理学会批准成立法国成员国委员会。法国委员会保持一定程度的独立，主要支持与布鲁塞尔协会无关的法国项目。12月，德国成立了名为德国非洲协会（German African Society）的成员国委员会。荷兰、俄罗斯、奥地利、意大利、瑞士、西班牙和葡萄牙也都在1877年初成立了成员国委员会。1877年5月22日，在纽约举行的美国地理学会会议上，美国成员国委员会成立。决议中写道："美国地理学会赞同比利时国王陛下提出的对非洲内陆的探索发现和文明开化以及禁止奴隶贸易的计划。"该协会任命前美国驻比利时大使亨利·谢尔顿·桑福德（Henry Shelton Sanford）为驻布鲁塞尔国际委员会代表。[36]

在英国，皇家地理学会试图组建利奥波德国王国际协会（King Leopold's International Association）的成员国委员会时，遭到了英国外交部和内政部的反对。内政部指出，制止非洲内部的奴隶贸易需要各国政府的努力，这远远超出了任何私人组织的能力。经过激烈的辩论，皇家地理学会决定退出利奥波德二世的协会，这一事态发展促使利奥波德二世重新反思他对遏制奴隶贸易的强调。就在布鲁塞尔会议之后，这个组织被命名为废除奴隶贸易和开放中非国际协会。然而，英国一撤出，利奥波德二世就放弃了对奴隶贸易的强调，转而采用了"国际非洲协会"（International African Association）这一相对中立的名称。利奥波德二世利用一个有着科学和人道主义抱负而定义模糊的国际组织来推进他自己在非洲的计划，虽然计划的议程本身还没有实际执行。[37]

3

1876 年 10 月，马涅马地区

1876 年 10 月，当斯坦利穿过马涅马向尼扬圭艰苦跋涉时，他注意到戴维·利文斯顿在 1871 年描述的"蛮荒西部"开始被组织成一个以一种新的政治权威形式为支撑的常态化的贸易和贡品体系。10 月 17 日，斯坦利在他的日记中写道："我们在卡松戈（Kasongo）遇到了两个瓦温古瓦纳（即斯瓦希里商队的商人），他们给我们带来一个消息：在途经马涅马去卡塞萨（Kasesa）的路上，一整支商队因背叛和离开蒂普·蒂普而被报复性屠杀。"斯坦利的记录清楚地表明，在马涅马实际建立新政治秩序的主要人物是桑给巴尔象牙贸易商蒂普·蒂普。

穆尔吉比（El Murjebi）家族的哈米德·本·穆罕默德，即后来被称为蒂普·蒂普的这位，通常被认为是阿拉伯人，但他的外表有着明显的混血特征，他的面部特征和深色皮肤让很多欧洲人觉得他更像非洲人，而不是阿拉伯人。比利时中尉阿方斯·万格尔写道："与普遍的看法相反，蒂普·蒂普不是阿拉伯人；他是来自桑给巴尔的混血儿，具有纯正的黑人特征。"奥地利探险家奥斯卡·伦兹（Oscar Lenz）博士观点相似："他不是纯粹的阿拉伯人；他的肤色很黑，又不是真正的黑人。"按照蒂普·蒂普自己的说法，他的曾祖父从阿曼来到东非，在桑给巴尔对面的姆里马海岸定居下来，他的曾祖母的母亲是非洲人，父亲是阿曼阿拉伯人。这也许就是萨利姆·本·穆罕默德（Salim bin Muhammad）——蒂普·蒂普的高级副手之一（有人说是他的妹夫）——声称蒂普·蒂普的父亲是阿拉伯混血的原因。[38]

蒂普·蒂普的母系血统很难追溯。据蒂普·蒂普的朋友兼传记作者海因里希·布罗德（Heinrich Brode）说，蒂普·蒂普的母亲出生于马斯喀特（Muscat）一个著名的阿曼阿拉伯家庭，后移民到了桑给巴尔。蒂普·蒂普自己讲述的他的外祖父的故事更为复杂。他的外祖父是一个来自姆里马海岸的商人，他远行到非洲内陆，从泰泰拉（Tetela）买了一个被奴役的女孩达里蒙巴（Darimumba）成为他的妾室。达里蒙巴为他生了一个女儿，名叫宾特·哈比卜（Bint Habib），哈比卜后来嫁给了蒂普·蒂普的父亲，成为蒂普·蒂普的母亲。蒂普·蒂普回忆说，他的祖母达里蒙巴在他小时候曾给他讲过泰泰拉的故事。第三个版本来自萨利姆·本·穆罕默德，他声称蒂普·蒂普的生母是来自姆里马海岸的一名被奴役的非洲妇女。[39]

蒂普·蒂普这样混血的的外表有时会使他在与欧洲人打交道中处于不利地位，因为那个时代的欧洲人会根据他们的种族偏见来理解世界。英国驻桑给巴尔领事查尔斯·埃利奥特（Charles Eliot）写道，蒂普·蒂普"带有典型的非洲人长相，一开始给人的印象像是一个低种姓混血儿；但这种印象很快被他彬彬有礼的得体举止和滔滔不绝的口才驱散了"。然而，在东非和中非内陆的那些年里，蒂普·蒂普的长相无疑是一种优势和一笔不小的财富，因为他不止一次地声称自己是非洲酋长的远亲，从而获得了更多特权。那时，蒂普·蒂普可以是非洲人，可以是阿拉伯人，这不过取决于他的实际需要。[40]

　　蒂普·蒂普在他生命的最后时期，使用阿拉伯字母的斯瓦希里语撰写了自传，他在桑给巴尔岛的朋友，德国医生海因里希·布罗德根据蒂普·蒂普的斯瓦希里语手稿和访谈中的一些细节，为他撰写了一部传记。这些都让我们对蒂普·蒂普有了更多的了解。蒂普·蒂普在自传中骄傲地将自己描绘成一名象牙贸易商，但从未提及奴隶贸易，这一做法显然让合作出版他自传和传记的欧洲人感到困惑。W. H. 惠特列（W. H. Whitely）在把蒂普·蒂普的自传从斯瓦希里语翻译成英语时，试图轻描淡写地贬低他的奴隶贸易活动。惠特列写道："有些人可能会因为蒂普参与了奴隶交易而感到为难，但这对他来说，正如人们所看到的，只是一个次要的考虑。"但英国驻桑给巴尔总领事查尔斯·埃利奥特耿直许多，他写道，"必须承认，蒂普·蒂普就是个奴隶贩子"，然后又故弄玄虚地补充说，"还有许多事情都难以言喻的"。[41]

44

　　蒂普·蒂普家族的历史反映了 19 世纪东非内陆商队贸易的发展。他的祖父曾是从桑给巴尔到塔波拉直至坦噶尼喀湖商路的开拓者之一。蒂普·蒂普的父亲穆罕默德·本·朱马（Muhammad bin Juma）自小在塔波拉长大，那儿是海岸和坦噶尼喀湖之间最重要的贸易中心，也是阿曼阿拉伯商队的内陆总部。据英国探险家理查德·伯顿说，"在很多情况下，商队在这里定居多年，他们的代理商和奴隶在全国各地旅行、收集交易物品时，他们仍负责管理自己的仓库"。阿拉伯人在塔波拉过得很舒服，甚至很奢华。他们的单层大房子外面有遮阴的阳台，里面有宽敞的庭院。他们定期从沿海地区获得商品、令人舒适的东西和奢侈品。一个富有的阿拉伯商人通常妻妾成群，还有许多奴隶。这些人有时还会接受各种手艺和技能的训练。[42]

经常移动的商队商人在多个地方拥有家庭是很常见的，每个家庭都有一个妻子负责。在塔波拉，蒂普·蒂普的父亲娶了芬迪·基拉（Fundi Kira）正室的女儿，芬迪·基拉是统治塔波拉所在地区的尼亚姆韦齐部落首领。芬迪·基拉让他的新女婿为他惊人的象牙储备做贸易代理人，给这场婚姻带来了经济上的回报。在桑给巴尔，穆罕默德·本·朱马与宾特·哈比卜·瓦尔迪（Bint Habib al-Wardi）结婚，据说蒂普·蒂普就是瓦尔迪在 1837 年到 1840 年的某个时间生下的。蒂普·蒂普在母亲位于桑给巴尔的家中长大，说斯瓦希里语，并学习了用阿拉伯字母书写。他的一生中，说斯瓦希里语比阿拉伯语更自如，在与阿拉伯人会面时，有时还要使用阿拉伯语翻译。[43]

18 岁时，蒂普·蒂普和父亲一起进行了第一次商旅，去到了塔波拉和乌吉吉。从那以后，他开始自己做贸易。1860 年，他从桑给巴尔的一个印度商人那里借来价值 1000 玛丽娅·特蕾莎元的商品，然后前往内陆购买象牙。他感到生意越来越不景气，就继续往内陆深处走，直到找到一个象牙资源丰富且价格低廉的地方。这次旅行带来了巨额利润。

1863 年，他开始了第二次旅行，蒂普·蒂普从桑给巴尔 20 个不同的印度商人那里借了价值 30000 玛丽娅·特蕾莎元的贸易商品。1867 年，他抵达坦噶尼喀湖西南部，进入了名叫恩萨马（Nsama）的酋长的领地。恩萨马拥有很多象牙，但名声却不怎么好，他为人奸诈、背信弃义，据说之前曾抢劫和杀害过许多过路的阿拉伯商人和斯瓦希里商人。蒂普·蒂普和他的随从进入恩萨马酋

45

长设防的城镇时，遭到了恩萨马士兵的伏击，这些士兵向蒂普·蒂普的队伍射箭攻击，并以密集的队形冲向蒂普·蒂普的队伍，但很快被蒂普·蒂普的近距离战斗步枪击毙。"他们像鸟一样死去"，蒂普·蒂普写道。在恩萨马的仓库里，他们没收了超 30 吨象牙和 30 吨的加丹加（Katanga）铜。在之后与恩萨马酋长的队伍的交锋中，蒂普·蒂普的队伍捕获了大约 1000 名俘虏。[44]

在与恩萨马的战争中，哈米德·本·穆罕默德获得了一个他毕生都为之自豪的绰号。正如他所描述的，"蒂普·蒂普这个名字是那些逃去乌伦古（Urungu）的当地人给我起的。他们说，他们见到太多瓦温古瓦纳人抢掠他们的货物，但没有一个人如蒂普·蒂普的枪声一般尖利得令人恐惧。我的名字'蒂普·蒂普'就因这枪声而来"。这个名字对他来说是如此重要，以至于他后来将自传起名为《哈米德·本·穆罕默德·穆尔吉比的故事——被称作蒂普·蒂普的人》（*The Story of Hamid bin Muhammed el Murjebi, Known as Tippu Tip*）。[45]

46　　　1867 年 7 月 29 日，蒂普·蒂普遇到了来坦噶尼喀湖南岸寻找本巴湖的利文斯通。显然，恩萨马和蒂普·蒂普之间的武装斗争阻碍了利文斯通的行程。30 年后，蒂普·蒂普是这样描述这次相遇的："我手下的一些人出去寻找敌人，中途，他们碰到了一个叫利文斯通的高大的英国伙计，他的名字叫戴维……一些人把他带到我的营地，而另一些人则继续与恩萨马的队伍战斗。至于利文斯通，他既没有货物也没有口粮。我和赛义德·本·阿里（Said bin Ali）收留了他。"蒂普·蒂普后来描述了他是如何帮助利文斯通的探险的："他需要带他去姆韦卢湖的向导。他去了又回来，然后急着要去卡曾贝（Kazembe）。我们给了他向导，并挑选了一个亲戚赛义德·本·哈勒凡（Said bin Khalfan）一直将他送到卡曾贝。"1867年12月，蒂普·蒂普离开此地返回桑给巴尔，将利文斯通托付给他的同伴和亲戚照顾和保护。至此之后，他再也没有见到过利文斯通。[46]

1870年初，蒂普·蒂普离开桑给巴尔，开始了他第三次长达12年的象牙贸易之旅。比较桑给巴尔两家商业机构的竞价后，他从桑给巴尔最富有的商人之一——印度穆斯林塔利亚·托潘（Taria Topan）那里赊购了价值5万玛丽娅·特蕾莎元的货物。蒂普·蒂普明显倾向于从穆斯林那里获得资金，也许是因为任何经济纠纷都可以根据伊斯兰教教法在伊斯兰法庭上解决，而印度的印度教徒则更可能向桑给巴尔的英国领事法庭（British Consular Court）寻求帮助。在托潘的资助下，蒂普·蒂普贸易之旅背后的资金链环绕西印度洋边缘从桑给巴尔一直延伸到古吉拉特邦。

许多桑给巴尔商人商队朝着马涅马前进，蒂普·蒂普却选择了一条不同的路线。他的第一个目的地便是他上一次所到之处——坦噶尼喀湖西南部。1867年，他在那里待了约一个月，恩萨马酋长被他击败。而此时，正在班韦乌卢湖地区寻找尼罗河之源的戴维·利文斯通听到了这样的传言："据说蒂普·蒂普在恩萨马的部落里采用高压手段，要求所有象牙都必须作为贡品运走。"从恩萨马酋长的领地向西南方前进，蒂普·蒂普来到了卡曾贝酋长的部落边界，在那里他发现道路已被卡曾贝的士兵封锁了。他决定像之前击败恩萨马一样击败卡曾贝。经过一个月的战斗，蒂普·蒂普的士兵进驻了卡曾贝的中心城镇，杀死了酋长，收获了大量的枪支、象牙和无数俘虏。这一地带最有权势、最令人畏惧的两个部落首领——恩萨马和卡曾贝，都被蒂普·蒂普击败了。[47]

蒂普·蒂普的下一步行动是向北前往位于马涅马西南的泰泰拉地区。他指出，在那里象牙卖得非常便宜，这明确地表明象牙商尚未涉足这个地区。他声称他的外祖母来自泰泰拉王室，曾被卢巴（Luba）人奴役，并卖给了蒂普·蒂普的外祖父，因此赢得了泰泰拉部落首领卡松戈·拉什（Kasongo Rushie）的好感。蒂普·蒂普的传记作者海因里希·布罗德认为这个故事是一个"精心编织的谎言"，但显然奏效了，卡松戈·拉什任命蒂普·蒂普为新的首领，并宣布所有的象牙都要直接带给他。在接下来的两个星期里，200只象牙被运到这里，每天还有两到三只象牙被运来。就像他曾对恩萨马酋长所做的一样，在这里，象牙是贡品，而不是商品。[48]

1874 年初，蒂普·蒂普带着他的商队向东北到达卢阿拉巴河和马涅马商业中心——贸易重镇尼扬圭。在这里，来自桑给巴尔的商人和姆里马海岸的商人长期以来矛盾与冲突不断，蒂普·蒂普被要求留下担任镇长。但蒂普·蒂普对前往东南 35 英里外的卡松戈更感兴趣，他的近亲穆罕默德·本·赛义德（Muhammad bin Said）住在那里，他也被称为博瓦纳·恩齐格（Bwana Nzige）。到达卡松戈后，蒂普·蒂普发现那里的阿拉伯商人和斯瓦希里商人们遇到了一些问题——当地人拒绝出售给他们足够的食物，还帮助商队的俘虏逃跑，对商队进行了有组织的抵抗。蒂普·蒂普自己也损失了 200 名俘虏，甚至一个也没能找回来，因为当地的村庄正在运作一种"地下铁路"，帮助逃脱的俘虏转移到很远的地方。

蒂普·蒂普在卡松戈与主要的阿拉伯商人和斯瓦希里商人们进

行了会面，他们请蒂普·蒂普全权负责解决这些问题。蒂普·蒂普
决定开战，与当地人战斗了 3 个月，直到他们投降，商人获得完全
的权威。阿拉伯商人让当地人为他们做需要的任何工作，所有象　　50
牙——即使是最小的——都必须作为贡品运来。不久，因为该地区
盛产大米，食物又变得充裕起来了。人们甚至从遥远的尼扬圭远道
而来购买大米，有时用象牙购买。蒂普·蒂普现在已然是卡松戈毫
无疑问的统治者，他的商业帝国也正在向政治帝国转变。[49]

4

1874—1876 年，美国康涅狄格州，艾沃里顿

康涅狄格州艾塞克斯（Essex）的 220 英亩土地由康斯托克切
尼公司（Comstock, Cheney & Co.）所有，这家制造商主要生产象
牙梳子、台球和钢琴琴键。这里迅速变成一个集商店、公寓、一排
供公司职员居住的哥特式房屋的公司式小镇。1874 年至 1876 年间，
该公司在福尔斯河（Falls River）沿岸建造了一座三层厂房和两座
两层厂房，统称为"下游厂房"（lower factory），用于象牙加工。
往上游四分之一英里处，它新建了一座三层建筑，被称为"上游厂
房"（upper factory），手工制作镶有象牙饰面的木质钢琴琴键。很
明显，这家公司正大举进军钢琴用象牙的生产。[50]

这家公司的名字就概括了工业化生产象牙制品的复杂程度。塞
缪尔·康斯托克（Samuel Comstock）从 1832 年起就开始从事象牙
生意，当时他与哥哥合伙开办了一家工厂，生产象牙梳子和牙签。

为了利用水力来驱动圆锯和其他机器，工厂建在福尔斯河沿岸，这条河不大，在4英里外汇入康涅狄格河（Connecticut River）。1847年，两兄弟的合作关系破裂，塞缪尔向上游迁移，争取水坝和用水权，包括开凿一条大沟渠，将河水引入工厂以满足生产制造需要。1851年，塞缪尔买下了与他的工厂毗邻的220英亩农田，

51 后来成为了他公司大楼的所在地。在收购期间，塞缪尔在经济上已是捉襟见肘，1853年只好向他的岳父借了1000美元。1860年，来自罗德岛州普罗维登斯（Providence）的象牙贸易商乔治·切尼（George Cheney）投资3500美元购买了塞缪尔公司四分之一的股份，这使得急需投资的塞缪尔获得了大笔资金。作为回报，他让切尼成为他正式的合伙人，并把他的企业更名为康斯托克切尼公司。

乔治·切尼最初是一个象牙商人。1850年，20岁的他作为"萨克拉门托号"（Sacramento）上的押运员（supercargo），即首席贸易商，第一次来到桑给巴尔。"萨克拉门托号"是罗得岛普罗维登斯的鲁弗斯·格林（Rufus Greene）拥有的几艘船之一。这次航行似乎不太成功，这艘船返回时还带着价值6000美元的未售出商品。船长约翰·康登（John Congdon）把这一切都归咎于乔治·切尼。船长在日志中写道："他经常谈起下一次航行……如果他们再将他作为押运员派遣，那将太失策了。他几乎什么也不卖，买东西时总要来询问我的判断。"但乔治·切尼不会被轻易解雇，因为他正在追求鲁弗斯·格林的女儿莎拉。1851年，他乘坐鲁弗斯·格林的一艘船返回桑给巴尔，但这一次他不再是押运员了，很难分辨他是否承担了任何实际的工作。[51]

1853年3月，切尼在新婚一周的妻子莎拉的陪伴下，开始了

他的第三次东非之旅。这对夫妇在桑给巴尔待了近两年，切尼在那里购买象牙、丁香和柯巴胶（一种用于制作清漆的树脂）；监管打包航运货物的临时雇工；并通过桑给巴尔海关办理清关手续。切尼还向深入内陆寻找象牙的斯瓦希里和阿拉伯商人出售成捆的梅里卡尼（*merikani*）———一种产自马萨诸塞州塞勒姆（Salem）的白色棉布，以及成桶的火药。到 1855 年 6 月 19 日离开桑给巴尔时，切尼已然成为一名老练的商人。

用马萨诸塞州的布料交换东非的象牙看起来似乎是一场非常体面的交易，但在光鲜的表面之下，这种交易与奴隶制有着深深的关联。马萨诸塞州的纺织厂用的棉花来自美国南部被奴役的非洲人，而东非的商队不仅运输象牙，还运输俘虏，用象牙的利润补贴奴隶贸易。前往桑给巴尔的新英格兰象牙贸易商非常了解这其中的联系，即使是普通的美国人也并非没有意识到象牙贸易不道德的影响。1844 年，塞勒姆的亚历山大·塞申斯牧师（Rev. Alexander Sessions）曾不得不否认有关美国驻桑给巴尔领事理查德·P. 沃特斯（Richard P. Waters）是奴隶贩子的传言。在给沃特斯领事的信中，塞申斯牧师试图淡化谣言的影响。他写道："不要让这种影射之语在你的头脑中占据了不恰当的重要地位。"[52]

1857 年，乔治·切尼随岳父鲁弗斯·格林前往桑给巴尔，开始了他第四次也是最后一次的贸易航行。两年来，这两个人购买象牙、柯巴胶和丁香，用鲁弗斯·格林的船运到普罗维登斯，然后把棉布、火药和其他新英格兰的产品卖给阿拉伯和斯瓦希里商队商人。格林对桑给巴尔良好的贸易环境十分满意。他在给美国助理国务卿弗雷德里克·苏厄德（Frederick Seward）的信中写道："所有

52

设施都允许常驻外国商行的代理人进入。我从来没有到过任何一个国家或城市，像桑给巴尔这样，外国人的人身或财产如此安全。我在那里住了两年，这期间我的贸易交易额超过了 20 万美元。"没有记录显示乔治·切尼在那次旅行中赚了多少钱，但在 1860 年 2 月或 3 月回到普罗维登斯的几个月后，他购买了塞缪尔·康斯托克（Samuel Comstock）象牙梳子制造公司四分之一的股份。[53]

　　很快，塞缪尔·康斯托克的农场逐渐发展成了一个商业小镇。在 1867 年到 1874 年之间，塞缪尔·康斯托克把他的大房子附近的土地卖给了公司的管理人员，以便沿着主干街道建造一长排哥特式房屋。1872 年，康斯托克建立了企业内部商店，出售食品杂货和日用百货，并在二楼设立了一个会场，供公司职能部门和公共活动使用。后来，男宿舍楼容不下所有男性工人了，公司将一幢以前的神学院大楼搬到了下游工厂附近，用作宿舍楼。之后，公司又为女员工新建了一栋宿舍楼。在 19 世纪 70 年代，这个公司有大约 45 名工人在下游工厂工作，每月消耗 9000 磅象牙；有 150 名工人在上游工厂制作木质钢琴琴键。[54]

　　乔治·切尼投入的资金，使得塞缪尔·康斯托克象牙梳子制造公司得以从生产象牙梳子和牙签，转向生产钢琴键和台球。从 1850 年到 1900 年，随着钢琴生产机械化程度的提高，欧洲和美国的钢琴产量增长了 10 倍之多，而销售价格却大大降低。1860 年美国制造业的官方统计数据中可以看出，有声望的美国家庭对钢琴的需求日益增长。数据显示，在一个拥有 3100 万人口的国家，每年可以生产 2.1 万架钢琴。1867 年 7 月《大西洋月刊》（*Atlantic Monthly*）一篇文章指出："几乎每一对生活体面的夫妇都认为，一

53

架钢琴的重要性并不亚于厨房用具。"[55]

19 世纪 30 年代，美国钢琴产业每年生产约 2500 架普通质量的钢琴，到了 19 世纪 40 年代，乔纳斯·查克林（Jonas Chickering）在波士顿的工厂对钢琴制造技术进行了改进——在木质外壳里隐藏了一个一体式的铸铁框架，使得美国钢琴制造业进入了大繁荣时代。查克林的旧厂房在 1852 年被烧毁，该公司新建了一座五层楼的建筑取而代之，这栋建筑成为了当时美国最大的工业建筑物。1853 年，一位名叫亨利·施坦威（Henry Steinway）的德国移民和他的儿子们在纽约市开了一家小型钢琴制造作坊。和乔纳斯·查克林一样，施坦威使用了铸铁框架，但他用不同的方式把琴弦连起来，增加了琴弦的张力，让它们在响板上产生更好的共鸣，改进了音质。几年之内，施坦威钢琴开始出现在各大音乐厅。1861 年，一架施坦威钢琴随纽约爱乐乐团首次亮相。[56]虽然施坦威和查克林在钢琴设计方面有很多不同，但他们都认为白色的钢琴键上应该镶饰象牙，而一些美国制造商仍然使用珍珠母或玳瑁。镶饰象牙的钢琴琴键给人一种光滑但稍微有点粘性的触感，是音乐会钢琴演奏者的首选。

象牙的另一个快速增长的用途是制作台球。纽约市的迈克尔·费兰（Michael Phelan）是当时美国最优秀的台球手之一，1850 年，他指出，在他的职业生涯期间，台球室和台球手数量经历了惊人的增长。台球曾经是富人的专属娱乐活动，而今城市中台球室的增多，使得收入不那么高的人也加入到玩台球的行列，让台球逐渐变得大众化起来。费兰回忆，一度，整个纽约市可供使用的台球桌还不到 16 张，而到了 1850 年，已有 400 多张台球桌，在新

54

奥尔良、费城和波士顿也开了新的台球室。1858—1859年间，远如芝加哥的城市中，几乎每个酒吧中都置有至少一张台球桌，这充分证明了台球的普及和流行。[57]

距离康斯托克切尼公司4英里外的帕蒂兰德公司（Pratt, Read & Company）借鉴了康斯托克切尼公司的发展模式。帕蒂兰德公司位于康涅狄格州迪普河（Deep River）畔。1863年，帕蒂兄弟公司（Pratt Brothers Company）、朱利叶斯·帕蒂公司（Julius Pratt Company）和乔治·兰德公司（George Read Company）合并成立帕蒂兰德公司。当时，这三家公司都在生产钢琴琴键。合并后的公司在迪普河沿岸拥有三座大坝，再加上城镇水库，为其机器运作提供了充足的水力。随着钢琴琴键事业的蓬勃发展，1866年，帕蒂兰德新建立了一个更大的工厂。扩建项目的部分资金来自鲁弗斯·格林，他曾在1860年给帕蒂兄弟公司投资了一大笔钱，成为了公司董事。至此，这两家相互竞争的象牙公司以前所未有的程度联系在一起。

55　　总的来说，康斯托克切尼公司和帕蒂兰德公司几乎垄断了美国象牙质钢琴琴键的生产，它们也是象牙质台球和梳子的主要生产商。象牙贸易商乔治·切尼和鲁弗斯·格林的投资表明，桑给巴尔的象牙贸易与康涅狄格的象牙制品制造业日益纵向一体化。虽然切尼和格林对切割象牙或管理工厂知之甚少，但他们相当了解连接康涅狄格河谷和东非的全球化网络。而在这张网的另一端，阿拉伯人和斯瓦希里商队正在深入非洲腹地，寻找象牙和俘虏。

5

1876 年 10 月 5 日，马涅马地区，里巴－里巴

1876 年 10 月 5 日，亨利·莫顿·斯坦利穿过了分割向东流入坦噶尼喀湖和向西流入卢阿拉巴河两条水道的分水岭，他发现，这里的植被愈加丰富多样。树木有一百英尺高，藤蔓像钢索一样粗，荆棘像钢钩一样尖锐。他写道："在马涅马，大自然的美丽变得可怕起来，她展现出无比的力量。"在走过马涅马雨林南部边缘的村庄时，斯坦利还注意到，那些用编条篱笆泥筑的斜顶矩形棚屋在这里被高高的锥顶的柱状棚屋所取代，这种锥顶棚屋在坦噶尼喀湖东部十分常见。这个小小的对于一个过路的旅行者都显而易见的民族志细节是森林居民独特文化传统的象征之一。[58]

从坦噶尼喀湖一路到大西洋，居住着语言十分相近的族群，他们以当地的政治单元组织起来。这些族群中的领袖并不是世袭的酋长，他们通过发展社交网络和积累财富来展示其领导才能，从而成为领袖。斯坦利认识到，马涅马政治组织的形式与东非大草原上的大酋长国家或大湖地区的山地王国有显著的不同，这使得马涅马人在面对持枪的入侵者时处于不利地位。他写道："在坦噶尼喀湖和大洋之间，阿拉伯人不怎么抢掠，但在马涅马，当地人胆小而软弱，又被划分为若干弱小的部落，阿拉伯人就一如既往，肆无忌惮地进行劫持和绑架而不受约束。"[59]

居住在贸易路线以北的森林中的莱加人（Lega）是上述一般结论的一个主要例外。虽然他们也实行分散的政治制度，但一个称为

56

"布瓦米"（Bwami）的自发组织将各自独立的村庄联系在一起，在遭遇危险时可以及时召集勇士。1870年，穆罕默德·本·加里布的副手领导的一支贸易队伍抵达莱加，数千名勇士聚集起来对抗他们。领头的商人宣称："我们是来买象牙的，如果没有，我们就走。"但莱加人向他们射箭并回答说："不，你们是来送死的。"虽然这支商队开枪回击，打跑了莱加人，但此后，象牙商一般都避开莱加地区。[60]

布瓦米组织主要负责教授和维护莱加社会和政治生活的核心原则。想要进入布瓦米的青年男女必须请导师，并学习有关的箴言，这些箴言从超过一千条的箴言中摘选出来，凝结了布瓦米的哲学和道德准则。他们还学习如何解释抽象的雕塑和面具——它们是布瓦米教学用来辅助记忆的东西。为了提升在布瓦米组织中的级别，年轻的新成员必须寻找更高级别的导师，并动员亲属提供经济和道德上的支持来举办入会仪式。达到最高等级——金迪（Kindi）——是他们一生的追求，通常每个村庄只有一到两个人能获得。作为唯一被允许拥有象牙雕塑的布瓦米成员，金迪等级的持有者称自己为"内内穆兰巴"（*nenemulamba*），意思是"拥有象牙的人"，他们还戴着以大象尾巴上的毛发作顶的帽子。因此，莱加人认为把象牙卖给阿拉伯商人是一件难以置信的事情。[61]

1876年，斯坦利经过布瓦米村，十分欣赏当地铁匠的技艺和屋内藤条家具的工艺。虽然他不知道莱加创作抽象雕塑的传统，但还是注意到房子里"雕刻奇特的木片"和"精美的雕花木勺"。他没有看到任何象牙雕刻，因为它们通常被收藏起来，只有在布瓦米仪式上才会拿出来展示。斯坦利还注意到，莱加有"许多传统传

57

说"，它们代代相传，很明显是布瓦米谚语和道德哲学的典故。然而，令斯坦利失望的是，莱加人对外面的世界并不好奇。他在日记中写道："他们几代人都被囚禁在这森林里。这难以逾越的森林，正是使他们对外面的世界一无所知，而外面的世界也对他们同样不甚了解的唯一原因。它似乎是'森林王国'的同义词。"斯坦利不能理解的是，他们的文化和精神生活已十分丰富，外界没有什么可以提供给他们的了。[62]

在 19 世纪 60 年代阿拉伯象牙商队到来之前，除了显著例外的莱加以外，马涅马人对象牙的定价很低，甚至一文不值。之前猎杀大象是用来获取它们的肉。东非草原上的猎象者用长矛攻击大象，与之不同，马涅马热带雨林里的人们通常依靠一种陷阱来猎捕大象。陷阱由放置于地面的绳索与上方悬挂的一根一端镶着长矛头的沉重的木头组成。森林象经常沿着人类使用的森林小路行进，当大象的脚碰到绳索时，长矛就会由于木头的重量落下，刺入大象的脖子。虽然直象牙有时被用作门柱或杵，但大多数象牙只是藏在村庄或森林里。在大象曾经被杀的地方有时可以找到腐烂或被啮齿动物咬烂的象牙，这表明猎人们认为这些象牙不值得被带回村庄。

起初，由于象牙在马涅马并不值钱，第一批阿拉伯商人甚至可以用几串珠子就可以便宜地买到一根象牙，然后带到乌吉吉，在那里他们换取与象牙等重的珠子、粗黄铜丝和白棉布。然而，随着越来越多的来自乌吉吉的商人入侵马涅马，马涅马的象牙价格上涨，这里对更多的贸易商品也产生了需求。从桑给巴尔来的商队满载着在这里有很大需求的进口珠子直接过来。1870 年 10 月，桑给巴尔商人朱马·梅里卡尼（Juma Merikani）带领的商队带着大量的珠子

58

和铜到达了马涅马；三个月后，商人阿贝德·本·萨利姆（Abed bin Salim）带来了7000磅的珠子。[63]

相比之下，驻于乌吉吉的阿拉伯商人获取从桑给巴尔来的贸易货物的途径有限，所以他们诉诸其他手段获得象牙。穆罕默德·本·加里布的商队带来了早先在坦噶尼喀湖以南抓获的隆达①俘虏。穆罕默德曾计划用他们交换象牙，但马涅马人拒绝了，称他们是小偷和罪犯。由于贸易物资短缺，穆罕默德商队的一些人便将酋长扣为人质，直到村民拿出象牙支付赎金。其他商人则直接掠夺。1870年6月，利文斯通经过的9个村庄都惨遭乌吉吉象牙商的洗劫和烧毁。10月，他遇到了四个不同的贸易商队，它们都通过争斗获取象牙。利文斯通在日记中写道："掠夺和谋杀便是乌吉吉买卖的全部。"两年后，他在日记中将马涅马的象牙贸易这样总结："当象牙商离开乌吉吉向西进入马涅马时，问题不在于他们带了什么货物，而在于他们带了多少支枪和几桶火药。如果他们按比例拥有二三百支火枪和弹药，他们就认为成功是确定的。"[64]

1876年10月17日，斯坦利的商队到达了卢阿拉巴河，并开始沿着卢阿拉巴河向北前往尼扬圭。来到姆库万加（Mkwanga）村时，斯坦利遇到了两个来自蒂普·蒂普的城镇——卡松戈的桑给巴尔黑人，他们告诉斯坦利，当地村民屠杀了蒂普·蒂普的一个贸易伙伴，蒂普·蒂普离开去战斗了。第二天，10月18日，斯坦利来到几个阿拉伯人和斯瓦希里人居住的姆瓦纳曼巴（Mwana Mamba）镇。他被带到赛义德·马兹瑞（Said el-Mazrui）大院的阳台上。就在那

---

① 隆达人（Lunda），非洲中南地区一个民族。

里，斯坦利第一次见到了蒂普·蒂普。

斯坦利在日记中这样描述这次会面："阿拉伯人和当地人热烈欢迎了我。我见到了令人敬畏的哈米德·本·穆罕默德，即蒂普·蒂普，他非常英俊，肤色黝黑，不，深色皮肤，拥有阿拉伯血统，正当年纪，除了赛义德·本·哈比卜（Said bin Habib），他是第一个阿拉伯探险家。"关于这则记录，有两点值得注意。第一，斯坦利不知道如何形容蒂普·蒂普的肤色。他先写了"黑色"，然后把它改成了"深色"（dark）。第二，他承认蒂普·蒂普同为探险家。在《穿越黑暗大陆》（Through the Dark Continent）一书中，斯坦利详细描述了这次会面："他身材高大，蓄着黑胡子，肤色像黑人，正值壮年，身材笔直，动作敏捷，充满了活力和力量。他的脸看起来很聪明，两只眼睛机警地转动着，牙齿洁白而整齐。他拥有一大群年轻的阿拉伯侍从，他们将他尊为首领。他还带领着二十来个瓦温古瓦纳和雇来的搬运工瓦尼亚姆维齐人，他们在非洲跋涉了一千多英里。他带着一种教养良好的阿拉伯人的风度，用几乎是一种朝臣式的举止，欢迎我来到姆瓦纳曼巴。"[65]

蒂普·蒂普多年后关于那次相遇的记述讲述了斯坦利没有提及的一个故事。"一天下午，斯坦利出现了。我们问候了他并欢迎他的到来，送给他一所房子。第二天早上，我们去见他时，他向我们展示了一把枪，告诉我们：'这把枪可以装 15 发子弹。'那时，我们既不知道，更没有见过这样可以发射 15 发子弹的枪。我问他：'就从一个枪筒？'他回答说确实如此——从一个枪筒里射出来。所以我让他开枪给我看。听了这话，他走出去开了 12 枪，然后他拿起一把手枪开了 6 枪。回来后他坐在阳台上。我们很惊讶！我问他如何装子弹，他示意给我看了。"

蒂普·蒂普对斯坦利的这把温彻斯特 1866 型杠杆式步枪印象深刻，这种枪可以连续发射 15 发子弹而不需要重新装弹。这是美国内战期间在火器技术方面取得的众多进步之一。阿拉伯人和斯瓦希里人使用的毛瑟枪（musket）恐吓一下马涅马人尚可，而西方国家正在开发的连射步枪可是完全有能力让这些象牙贸易商完蛋。[66]

坐在赛义德·马兹瑞的阳台上，斯坦利问这些阿拉伯商人和斯瓦希里商人，为什么之前来过尼扬圭的两名英国探险家——利文斯通和卡梅伦没能买到独木舟探索卢阿拉巴河？商人们说，原因在于尼扬圭公认的首领——酋长姆温伊·杜甘比（Mwinyi Dugumbi）。杜甘比担心如果利文斯通和卡梅伦遭遇不测，英国驻桑给巴尔的领事将拿他是问，因此他干脆不允许他们购买独木舟。斯坦利并不相信事实如此。他推测，真正的原因是利文斯通和卡梅伦的搬运工害怕离开既定的商队路线、前往无人涉足的未知领域，所以他们同杜甘比以及其他阿拉伯商人在晚上密谋阻止了利文斯通和卡梅伦购买独木舟。

斯坦利坚信使命成功的关键是蒂普·蒂普。如果蒂普·蒂普和他的武装部队陪行他们足够久，在他们和阿拉伯贸易城镇之间找到一个条件良好的未知地区，这样搬运工们将会因为担心如果逃跑将无法安全返回故土而不得不留在探险队。于是，他向蒂普·蒂普请求其带着武装随从陪他行进 60 天，相应地，他将以 5000 玛丽娅·特蕾莎元作为报酬。斯坦利如此描述这次会面：蒂普·蒂普反对了，他说目前没有足够的人手，更何况他担心自己是否能活着回来。"你们白人可以抛弃自己的生命这样做，"蒂普·蒂普说，"我们阿拉伯人却没有理由。我们谨慎地、一点一点地前进来获取象牙和奴隶，这花费数年——我离开桑给巴尔已经九年了。但是你们白人只是寻找河流、湖泊和山脉，你们牺牲的生命没有任何理由，也没有任何目的。"[67]

蒂普·蒂普则有不同版本的描述。他指出，斯坦利开出了7000玛丽娅·特蕾莎元的价格让他陪同探险。作为回应，蒂普·蒂普向斯坦利展示了他丰富的象牙储备，并表示，仅仅7000玛丽娅·特蕾莎元并不能吸引他踏上这趟旅程。他对斯坦利说："出于善意，我或许会和你走；但绝不会是区区7000玛丽娅·特蕾莎元就诱惑我离开这里。"蒂普·蒂普的说法申明了一个关于地位和尊严的重要观点。如果蒂普·蒂普接受了斯坦利最初的提议，那么这就意味着他将受雇于斯坦利；而如果是出于友谊，那么他们就是平等的，反而是斯坦利欠了他一个人情。蒂普·蒂普最终同意了由斯坦利偿付他旅行开销之费用，但不希望有任何东西被理解为是对他所提供服务的"报酬"。根据斯坦利的日记，他们达成了一致，斯坦利将支付5000玛丽娅·特蕾莎元承担蒂普·蒂普的开销。[68]

协议达成后，蒂普·蒂普同意陪斯坦利走60天，随行的还有140名步兵、70名长矛兵，还有大约500名搬运工和营地随从。携带这些武装警卫一方面是为了抵御攻击，另一方面是为了恐吓有逃跑念头的搬运工。斯坦利大喜过望。他在日记中写道："蒂普·蒂普是进入非洲的阿拉伯人中最勇敢和富有冒险精神的，为了这次探险取得成功，在探索危险的地区时确保他提供帮助是我最正确的决定。现在，没有几个部落敢对我们的通过提出异议。"斯坦利清楚地知道，蒂普·蒂普决定着他探险的成败。[69]

62

　　分别前，斯坦利和蒂普·蒂普约定几天后在尼扬圭见。在向尼扬圭行进的四天中，斯坦利途经了一些被毁的村庄。这些村庄毁于阿拉伯商人为统治当地居民而进行的战斗。他估计现在那里的人口可能只有几年前的一半，另一半人或者被杀，或者成为奴隶，或者被迫迁走。斯坦利探险队的桑给巴尔人队长韦德·萨菲尼（Wade Safini）告诉他，八年前，这个地区满是田地、村庄、山羊和猪，"你自己看看现在这里是个什么样子"。[70]

　　在等待蒂普·蒂普到达尼扬圭的时候，斯坦利给《纽约先驱报》和伦敦《每日电讯报》写了一篇关于东非内陆奴隶贸易的长文。文中，他详细叙述了几次当地奴隶突袭的细节（他曾在日记中记录过），并引用了阿贝德·本·萨利姆——这位尼扬圭阿拉伯原住民的话说道，这样的劫掠每月发生 6—10 次。之后蒂普·蒂普也证实了这一大体情况。他对斯坦利说："奴隶的获得很容易。它们只需要收集。这就是姆温伊·杜甘比和姆塔加莫约（Mtagamoyo）的买卖。"[71]

　　对于在劫掠中被俘虏的人的遭遇，存在着不同的观点。斯坦利将其描述为从尼扬圭延伸到桑给巴尔的奴隶贸易网络，但是蒂普·蒂普看待马涅马的奴隶贸易活动的视角和论述则更加地方化。他指出，姆温伊·杜甘比和姆塔加莫约没有布料、珠子或商品。"他们通过抢劫获得象牙"，他告诉斯坦利，"他们左右攻击尼扬圭的平民百姓。12—15 名被抓的奴隶被以价值 35 磅象牙的价格卖掉。姆温伊·杜甘比有 100—120 名女性，姆塔加莫约有 60 名"。虽然劫掠来的许多人会被用来交换象牙，但有些会被留在卡松戈、尼扬圭和乌吉吉等贸易中心，充当阿拉伯商人和斯瓦希里商人的仆人、妻妾、搬运工和食品生产者。这一分析得到了英国驻桑给巴尔领事约翰·柯克（John Kirk）的支持，他报告说，桑给巴尔并不知道马涅马和坦噶尼喀湖的俘虏。[72]

斯坦利最后指出，1873年，英国与桑给巴尔苏丹签署的条约仅禁止了海上运输俘虏。他注意到，内陆的奴隶贸易也同样恶劣，他强烈谴责从事内陆奴隶贸易的苏丹臣民。"我指控他们从事这种违背人性、特别应受到谴责的交易——一种建立在暴力、谋杀、掠夺和欺诈基础上的交易。我指控他们从事只能用'陆上海盗'来称呼的交易，这种交易应该像公海上的海盗一样受到应有的惩罚。"写完那篇报道一周后，斯坦利的队伍离开了尼扬圭，在蒂普·蒂普的保护下继续行进，而蒂普·蒂普，也许就是最大的奴隶贩子。

6

1876年11月5日，马涅马地区，尼扬圭

从尼扬圭向北前行，将进入一个对斯坦利和蒂普·蒂普来说都是未知的领域。此前，阿拉伯人和斯瓦希里人的北方之行都宣告失败。姆塔加莫约是姆温伊·杜甘比（尼扬圭的首领）的首席贸易商，他组织了一次到莱加地区的陆上探险。这个商队的一名成员向斯坦利和蒂普·蒂普将莱加描述为"一片森林，在那里，无论穿行几天、几周或是几个月，也不会看到森林的尽头"。他说，森林里到处都是可怕的生物，如大蟒蛇、巨大的蚁群、豹子和大猩猩，那里的人们对外来的陌生人充满了敌意。阿拉伯人已经放弃了北行，因为他 64

们在三次尝试中损失了近 500 人。[73]

　　1876 年 11 月 5 日离开尼扬圭时，斯坦利的队伍共有 154 人，包括额外在尼扬圭招募的一些搬运工；而蒂普·蒂普的队伍总共约有 400 人，包括 100 名尼亚姆韦齐武装警卫，一些手持长矛的鲁加－鲁加（Ruga-Ruga）雇佣军，100 名持燧火枪的来自马涅马及周边地区的武装奴隶。蒂普·蒂普商队的人员构成表明，主要由尼亚姆韦齐搬运工和警卫构成贸易商队的时代已近尾声，队伍中由当地俘获的俘虏逐渐取代了原本的尼亚姆韦齐人。双方计划沿平行于卢阿拉巴河的陆地前进，以绕过两个已知的急流。因为尼扬圭本身地形开阔，刚开始的几英里路走起来还算容易。但往北只行进了十英里，他们便进入了无边无际的热带雨林。

　　斯坦利在 11 月 9 日的日记中写道："在无尽的森林和凶险的丛林里又辛苦了一天。我们的队伍不再是我引以为傲的紧密团结的军队，它松散而完全没有组织；每个人都各自竭尽所能以穿越丛林。"他还注意到，有时森林里太暗了，他甚至看不清自己在田野日记本上写的字。同样从未穿过雨林的蒂普·蒂普给出了惊人相似的描述："我们离开了尼扬圭向北穿越森林。那里的树木是如此巨大，除了耕地和村庄的空地，人们根本看不到太阳。泥泞的土地也让我们陷入了困境。"也许六年前利文斯通对热带雨林的描述最为生动："太阳就正正悬在头顶上方，但只有正午时才有几缕微弱的光线有幸降临，照亮这昏暗。雨水在由大象踏过而形成的死水潭中停留数月；落叶在潮湿的土壤里腐烂，令无数的细流变成浓茶的颜色。藤蔓如此之多，从细如一根鞭绳的，到壮似军舰锚链的，古老的道路是唯一的通道。大树横倒在路上像是一堵齐胸的高墙，随之

65

甩落下一大堆纠缠不清的藤蔓，绕开它开辟一条新路费时费力，过路的行人是绝不会这么做的。"[74]

11 月 19 日，探险队在激流的远端重新来到了卢阿拉巴河，并把斯坦利的 40 英尺长的划艇的各部分连在一起。从那时起，斯坦利和蒂普·蒂普与船员们一起乘船前行，而其他人则在河的西岸——森林不那么茂密的地方继续行进。斯坦利告诉他的随从，希望能遇到愿意卖独木舟给他的人。然而，住在河边村庄的人们不仅不卖，还试图阻止他们通行。第二天，斯坦利在日记中写道："无法说服当地人提供帮助，我们只好强行通过武力获得独木舟。"

斯坦利在《穿越黑暗大陆》一书中讲述道，他们发现了一些被遗弃的受损独木舟并对其进行修复，在水面上遭到一队独木舟袭击后，他们在一个晚上就缴获了 38 艘独木舟。不过，斯坦利的日记给人的印象是，独木舟是在下河的时候被缴获的。11 月 24 日，他写道："我派去搜寻探险队的年轻人遭到了一大群人的袭击，他们向这些年轻人投掷了四支长矛。年轻人们跑到河边，抓到一只独木舟才救了自己。"12 月 20 日，他写道："一次夜间探险收获了四艘大型独木舟。派遣了一支陆上探险队寻找敌人；一人受伤。我昨天杀了一个人，这个人可能是一个酋长，或颇具影响力。周围的人哭泣得很厉害，悲痛万分。从那以后，当地人彻底失去了勇气。"[75]

蒂普·蒂普对这次事件的描述与斯坦利的日记基本一致："我一再侵扰了当地人，俘获了一些独木舟和山羊……有一天，我得到了六七艘独木舟和不知道多少只山羊。我们继续往前一直走到与刚果河南部交汇的卡苏库河（Kasuku River）。到这时，我们已经弄到了足够的船只运送斯坦利和他的货物。我们在卡苏库停留了 12

66

天，那时斯坦利对我说：'现在你可以回去了，这四个月你已经帮了我很大的忙。不过，让我们再尽力弄到两艘足够大的独木舟，把我的驴子也带走。'我们在岛上彻夜未眠，埋伏等待着当地人到来，直到我们得到两艘足够大的独木舟。"[76]

由这二人的证词可知，他们闯过卢阿拉巴河，一路掠杀下去。这位欧洲的探险家和阿拉伯的象牙商人虽然目标截然不同，但他们似乎在战术问题上达成了一致。

斯坦利和蒂普·蒂普的最后一站是温亚恩雅拉（Vinya Njara）镇。探险队在独木舟上爆发了天花，他们本希望能在城里休养生息，但在接近城镇时却遭遇了箭袭，斯坦利的队伍中一人被射身亡，多人负伤。探险队在城外扎营，于第二天早晨发动进攻。镇民逃离后，斯坦利的队伍占领了小镇，并加强了防御以抵御反击。两天后，陆上队伍到达，防御力量进一步增强，并帮助驱赶了周围森林里的镇民。在接下来的一个星期里，他们占领了城镇，没有受到侵扰，病人和伤员或痊愈、或死亡。

1876 年 12 月 28 日，蒂普·蒂普举办了一个宴会，他的尼亚姆韦齐搬运工表演了告别舞，斯坦利和蒂普·蒂普就此道别。就像斯坦利旅程中的许多关键时刻一样，我们不知道事实上究竟发生了什么——因为这两人留下了截然不同的记录。斯坦利的日记记载，他给了蒂普·蒂普一张价值 2600 玛丽娅·特蕾莎元的期票，尽管早些时候他答应给予蒂普·蒂普的 140 个人 5000 玛丽娅·特蕾莎元以及承担食物支出，而任何以外的奖励都需完全出于自愿。蒂普·蒂普则声称，斯坦利最初答应给他 7000 玛丽娅·特蕾莎元。关于自愿的奖励也存在争议。斯坦利记录的其赠送的送别礼物有：

一个高脚银杯、一只木箱、一条金链、30 斗（*doti*，阿拉伯长度单位，即 120 码）布、2 弗拉西拉（*frasila*，阿拉伯重量单位，即 70 磅）珠子、6300 枚贝壳、1 支手枪、200 发子弹和 2 卷铜线。但是在蒂普·蒂普的自传中并没有提到这些礼物，但他回忆道，斯坦利答应给他一大笔钱、一块手表和其他礼物。在两人分别 12 年后，蒂普·蒂普曾对英国探险家詹姆斯·詹姆森（James Jameson）说，斯坦利答应送他手表、枪和其他礼物但是并没有兑现。当蒂普·蒂普向斯坦利抱怨时，斯坦利回答说，他已经通过桑给巴尔苏丹和蒂普·蒂普的债主塔利亚·托潘将枪和一套精致的西服带给蒂普·蒂普，但他们是以他们自己的名义送出，并没有把功劳算在斯坦利头上。[77]

斯坦利在记述他们的分别时将重点放在了报酬和礼物上，蒂普·蒂普则强调了另外一些事情。斯坦利的桑给巴尔搬运工曾拒绝继续前进并处于叛变的边缘。蒂普·蒂普与斯坦利协商后警告他们，如果有人企图背离斯坦利的队伍加入他的商队，蒂普·蒂普将会射杀他。蒂普·蒂普在 1881 年对比利时旅行家热罗姆·贝克尔（Jérôme Becker）和 1888 年对詹姆斯·詹姆森的所述几乎一模一样。1877 年 9 月 5 日，斯坦利给《纽约先驱报》的一篇长文间接证实了这一点。他写道："那是一段令人倍感焦虑的时期，在我们即将离别的时候，我担心会有叛乱。但我的年轻人们是可靠的，并且训练有素，在这个关键时刻不会抛弃我。"很明显，正是他们对蒂普·蒂普的恐惧，而不是什么忠诚或训练，才没让斯坦利的队员们逃跑。[78]

1876 年 12 月 28 日，斯坦利一行人继续沿着卢阿拉巴河前进：

40 英尺长的雪松划艇后面跟着 22 艘独木舟，桑给巴尔的搬运工们将这些独木舟命名为桑给巴尔岛的英国海军战舰，而斯坦利给它们起了"电讯号"（Telegraph）、"先驱号"（Herald）和"利文斯通号"（Livingstone）这样的名字。两天后，斯坦利在他的日记中写道："上帝保佑，我希望前面不会有大瀑布；两岸都是陡峭的山峦，这样的地方真是一个深渊。"5 天后，这支船队遇到了共 7 处瀑布中的第 1 处。在这延达 62 英里的瀑布处，卢阿拉巴河陡降 200 英尺。这一系列瀑布现在被称为博约马瀑布（Boyoma Falls），但在整个殖民时期则一直被称作"斯坦利瀑布"（Stanley Falls），因为斯坦利是以他自己的名字命名。[79]

当船队到达第 1 个瀑布时，他们不得不停下来。50 个人拿着斧子在森林里辟出一条长 1 英里、宽 20 英尺的路，以便可以拉着独木舟绕开前两个瀑布。这些独木舟出奇地重，因为它的底部原本就很厚，木头吸收了大量的水之后则变得更重了。斯坦利最大的独木舟（他于 1 月 2 日获得）长 85 英尺 3 英寸，重量肯定超过了 4 吨。而在接下来的 3 周里，这个过程还将重复 5 次。在到达最后一处瀑布时，他们建造了 200 码长的木轨，上面装有圆木滚轴，将独木舟拖过嶙峋的岩石。走这 62 英里，他们花了 22 天。[80]

穿越这 7 个瀑布时，斯坦利注意到卢阿拉巴河道有所改变。在 1877 年 1 月 3 日到 1 月 19 日之间，这条河向东北偏北方向流动，这表明它可能流入尼罗河。通过取沸点来计算海拔高度，斯坦利估计他们目前所处的海拔大约比尼罗河高出 100 英尺。然而第二天，这条河向正北流去，过了第 6 道瀑布后便转向西北偏北。1 月 24 日，又急转向西北偏西，离开了尼罗河方向。斯坦利计算出这里的海拔

68

高度为 1511 英尺，低于尼罗河。如果他的计算是正确的，那么卢阿拉巴河就不可能流入尼罗河。至此，斯坦利开始意识到，他身处的是刚果河的分水岭，而非尼罗河。

第二章

大西洋海岸的角逐

　　站在沿非洲大西洋海岸航行的船只上，可以看到汹涌的赭色 69
激流奔涌入碧蓝的海洋，从岸边直到 90 英里外的海面。那便是刚
果河，它以每秒 200 万立方英尺的流速注入海洋，是流量仅次于
亚马孙河的世界第二大河流。刚果河位于赤道以南 6°，其河口有
7 英里之宽，（船只）可以便捷地进入宽阔的刚果河。葡萄牙航海
家迪奥戈·康[①] 于 1482 年到达这里，使欧洲人知道了这个河口。
他在 1485 年返回时，驾驶着三艘卡拉维尔帆船[②] 沿着河口航行了
大约 100 英里，直到耶拉拉瀑布（Yellala Falls）阻断了他的去路。
在那里，迪奥戈·康在石头上刻下了一行铭文："杰出的葡萄牙国
王若昂二世[③] 的船只到此。——迪奥戈·康、佩罗·阿内斯（Pero
Anes）、佩罗·达科斯塔（Pero da Costa）。" 迪奥戈·康当然不
知道，阻挡他的这个瀑布只是绵延 200 英里的一系列瀑布和急流中
的第一个。

　　近四个世纪以来，没有一支欧洲探险队成功地越过急流，以

---

　　① 迪奥戈·康（葡萄牙语：Diogo Cão），葡萄牙探险家。15 世纪 80 年代沿
非洲西岸进行了两次航行，成为第一个发现并深入刚果河考察的欧洲人。

　　② 卡拉维尔帆船（caravel）：16 世纪西班牙人和葡萄牙人用的小吨位轻快
帆船。

　　③ 若昂二世（John II, King of Portugal, 1455—1495），葡萄牙阿维什王朝君主，
大航海时代的开创者。在位期间，他大力支持开辟通向印度的新航路。

致直到 19 世纪 70 年代，欧洲的非洲地图中间仍然有巨大的空白。

70　　1816 年，英国海军部（British Admiralty）派出了图基探险队（Tukey Expedition），他们沿着刚果河河口航行到耶拉拉瀑布处，将两艘 35 英尺长的划艇拆解，然后徒步绕过急流，探索刚果河上游。在穿越水晶山脉的一个月间，他们遭遇了许多困难，如难以雇到搬运工、体力穷竭和高烧。探险队穿过伊桑吉拉瀑布（Isangila Falls）后看到一片开阔的水域，于是宣布"任务完成"，返回船上。他们沿河越过 1485 年迪奥戈·康留下的石碑，向上游走了大约 50 英里。1863 年，探险家理查德·伯顿到访刚果河河口，只前进到了耶拉拉瀑布，没有走更远。[1]

　　欧洲人对探寻尼罗河源头的激烈竞争和大肆宣传与对探索刚果河的兴趣寥寥形成了鲜明的对比。这可能主要是因为神话而非地理相关，因为没有任何古代神话或希罗多德的记载与刚果河有关。尽管刚果河的水资源十分丰富，但在英国人的眼中仍被视为是尼罗河的"穷亲戚"。就像戴维·利文斯通在 1872 年来到尼扬圭的卢阿拉巴河（刚果河上游）时所指出的那样："我感到深深的忧虑，因为我担心，有一天我怕我发现我一直追踪的是刚果河；谁会冒着被放进人肉罐子里变成黑人的危险来到这里呢？"[2]

　　尽管这些大瀑布使欧洲人在近四个世纪的时间里无法到达刚果河上游，但它们并没阻止刚果河上游的非洲人与海岸进行贸易。早在 1529 年，来自大瀑布以上刚果河上游地区的非洲奴隶就已经通过陆路运达大西洋沿岸。在接下来的三个世纪里，刚果河河口是葡萄牙、荷兰、英国、法国和美国奴隶贸易船只的固定停靠地，将 276000 名被俘的非洲人带到大洋彼岸，前往所谓的"新世界"，

开始奴隶生活。而更多的俘虏是从刚果河以北和南部附近的沿海
港口带走的。尽管英国在 1807 年宣布大西洋奴隶贸易非法，但在
1817 年与葡萄牙签署的条约允许奴隶贸易在赤道以南地区继续，
其中就包括了刚果河河口。³

　　1848 年，当匈牙利海军上尉拉迪斯拉斯·马扎尔（Ladislas
Magyar）抵达刚果河口时，他报告称："在伦哈港（Porto de
Lenha）的仓库里，从巴西和加勒比海进口的商品数量多到难以置
信。它的目的地是上游及其众多支流的奴隶市场。"是时，英国
的反奴隶贸易船只在赤道以南巡逻，但受到严格限制。1842 年签
订的《英葡条约》（Anglo-Portuguese Treaty）给予英国船只在赤
道以南的公海上拦截葡萄牙奴隶商船的权利，但它们不能干扰停
泊在海岸或在海岸大炮射程内的船只。马扎尔评论说："尽管他
们做出了努力，但英国巡洋舰只阻止了这臭名昭著的交易的一小
部分。"⁴

　　1850 年巴西奴隶港和 1862 年古巴奴隶港关闭，大西洋奴隶贸
易终于结束。但即便如此，奴隶贸易也只是慢慢地逐渐缩减。理
查德·伯顿在 1863 年到达刚果河河口时，在一个名为"法国角"
（French Point）的地方，看到了五个由葡萄牙商人各自独立经营的
奴隶贸易仓库。他来到这里的时候正是"无聊的"间歇时间，奴隶
临时禁闭所①里并没有俘虏，所以商人们正忙着购买花生和棕榈油，
同时等待下一支奴隶商队的到来。伯顿了解到，农产品的利润只有
50%，而俘虏的利润则高达 500%。几天后，他来到了他称作"刚

---

　　①　待贩运的奴隶临时关押处。

果主要奴隶聚居地"的伦哈港。伯顿在那儿没有看到任何俘虏，于是得出结论："这个奴隶贸易出口实际已死。"⁵

72　　1863年至1865年，英国海军反奴隶贸易中队对刚果河河口的封锁，终于结束了刚果河口的跨大西洋奴隶贸易。1879年，英国传教士到达伦哈港时，他们报告说："那里，奴隶临时禁闭所最后的痕迹直到最近才消失。"然而，在刚果河以南，俘虏们仍然被押往大西洋港口安布里什（Ambriz），然后被船运到葡萄牙圣多美岛①附近，他们以所谓"合同工"的身份在甘蔗和可可种植园工作，合约期7—10年不等。他们中只有极少数人曾活着回到家乡，如果真的有的话。⁶

　　1850年后，随着非法奴隶贸易日渐结束，欧洲商人开始预期刚果河河口成为英国人所谓的"合法贸易"的重要地点。到19世纪70年代，象牙、橡胶、棕榈油、棕榈仁和兽皮的贸易已在刚果河河口蓬勃发展起来。位于刚果河河口的巴纳纳港（port of Banana）是荷兰、法国、葡萄牙和英国贸易公司的所在地，其中最大的荷兰贸易公司拥有50—60名欧洲员工。该公司的蒸汽船"非洲号"（Afrikaan）每两个月来一次，从欧洲运来各种各样的贸易货物；另外一艘来自汉堡的蒸汽船每月运送杜松子酒、朗姆酒和数桶劣质火药。抵达刚果河口的贸易货物由荷兰贸易公司35吨的"扎

---

　　①　圣多美岛（Island of São Tomé）位于非洲西海岸几内亚湾，距离大陆240公里，靠近赤道。1470年，葡萄牙航海家第一次到达这里，因恰逢基督教的圣多美日，以此命名。1522年，正式宣布为葡萄牙殖民地，葡萄牙人在这开辟了种植园，并且从西非各地掳掠近3万名黑奴在种植园强迫劳动。17—18世纪，被荷兰和法国侵占。1878年又被葡萄牙人夺回，在此经营大种植园。在殖民者的残酷虐待下，来到岛上的人没有能活着回去的，因此圣多美岛曾被称为"死亡之岛"。

伊尔号"（*Zaire*）蒸汽船由河口向上运输，供应了10家公司的贸易机构以及一些独立的葡萄牙商人和非裔葡萄牙商人。[7]

1817年《英葡条约》承认葡萄牙对安哥拉海岸拥有主权，葡萄牙开始向英国施压，要求英国在本世纪中叶承认葡萄牙对刚果河口的主权。英国人坚决地拒绝了，但他们并没有提出任何自己的要求。然而，1876年，英国就这一问题与葡萄牙重启了谈判。那时，刚果河流域的地位即将成为一个极具争议的国际问题。1877年，亨利·莫顿·斯坦利造访刚果河时，谈判仍在进行中。[8]

1

1877 年 2 月 7 日，刚果河上游

73

1877年2月7日，斯坦利发现这条河向西南方向流去，进行了180度的大转弯，完全改变了先前的流向。这个谜现在解开了——他是沿着刚果河向大西洋前行。斯坦利的结论第二天在鲁邦加村（Rubunga）得到了证实。他向老酋长询问那条河的名字。起初，酋长回答说"Ibari"，只是指"河"（相对于支流、小河和小溪这些用语）。斯坦利请他回答得更具体些，酋长回答说"*Ikutu ya Congo*"，斯坦利将其翻译为了"刚果河"（the River Congo）。[9]

斯坦利急切地想要证实自己确实行走在英国人称为"刚果"的那条河上，他听到了他想要的答案。在他余下的旅程中，他再未遇到过一个把这条河称为"*Ikutu ya Congo*"的非洲人。沿河上游的人们用"*Ibari*"或"*Ebale*"这样的名字来称呼它，意思就是"河流"，而住在河口附近的人则把它叫做"Nzali""Njari"或"Nzadi"，所有这些也都是"河流"的意思。斯坦利后来承认，虽然赤道非洲的每一条小溪或支流都有自己的名字，但大的水域却在各处被简单地称为"河流"（the river）。葡萄牙人把这条河叫做扎伊尔（Zaire），这是非洲语言中河流的一个变体形式；英国人把它叫作刚果河，这是根据以前控制这条河河口的刚果王国的名字命名的。1764年的一张法国地图采取了折中的办法，将其标注为"刚果或扎伊尔河"（Congo or Zaire）。[10]

地理学家后来将会了解到，在大西洋海岸和坦噶尼喀湖之间的非洲大部分地区是稍稍向西南方向倾斜的高原地带。高原的中央有一个凹陷——那是古老湖泊的遗迹——像是一个嵌进浴室台面的巨

74 大脸盆。比利时人后来称之为"中部盆地"（cuvette centrale），它大约有900英里宽，决定了卢阿拉巴河/刚果河水系的走向。受盆地的限制，这条河最初向北流，然后呈弧线形向西绵延流淌，最后流向西南偏南。总的来说，河流的走向勾画出一条穿越赤道雨林的U形弧线，在到达雨林南部的热带稀树大草原后，向右急转，穿过周围的高原向大西洋海岸奔流。

斯坦利的探险队队员注意到了行进过程中自然地理特征的变

75 化，同时认识到经济地理形势也在变化。2月1日，在阿鲁维米河口 ①，斯坦利的探险队遭到了一支独木舟船队的攻击，那支船队由44艘配备长矛手的独木舟组成。在用猛烈的炮火击退袭击者之

---

① 阿鲁维米河（Aruwimi River）是刚果河右岸支流，在刚果（金）境内，赤道北侧，上游河段称为伊图里河，发源于艾伯特湖以西的蓝山。

后，斯坦利发现了一座象牙庙——它的圆形茅草屋顶矗立在 33 根象牙柱子上。他命令手下起获他们能找到的所有象牙，包括象牙杵、号角和槌。这也许是他们最后一次见到看起来几乎没有商业价值的象牙了。2 月 9 日，斯坦利的一些船员在一个村庄发现了 4 支古老的葡萄牙步枪。斯坦利被告知，这些枪是从下游班加拉（Bangala）的黑人商人那里购得，这些商人每年来这里购买一次象牙。当斯坦利将他各种各样的贸易货物分门别类拿出来换取食物时，他发现人们最想要的是他从一卷厚厚的铜丝上剪下来的黄铜棒。他无意中发现了这一事实——黄铜棒是刚果河上游贸易体系的主要货币。[11]

随着探险队继续向下游行进，斯坦利更加肯定，他们已经进入了大西洋贸易区。自从离开尼扬圭，他的作战对象一直使用的攻击武器是长矛和箭。但在 2 月 13 日——斯坦利和他的队员被 12 艘大独木舟靠近时，他们发现有 60—70 支步枪正指着他们。短暂的战斗后，袭击者撤退了，因为他们的步枪无法与斯坦利探险队的温彻斯特和斯奈德连发来复枪的火力相匹敌。第二天，探险队靠近贸易重镇班加拉，斯坦利的队伍陷入一场他称之为"战中之战"的战斗，对方是一队装备了约 300 支枪、使用由铜和铁自制的球状射弹向他们开火的战用独木舟队。在击败这群袭击者之后，探险队在余下的旅程中只遭遇了一场河战。消息很快沿河传开了，下游的村庄显然认为，再用独木舟对抗斯坦利的探险队已然是一种徒劳。

七年后，一位名叫穆埃莱（Muélé）的班加拉居民讲述了班加

76

拉人① 对这场战争的看法。他说，正午时分，人们发现了一队独木舟，其船身设计无法辨认，由一艘他们从未见过的大船引领着。船员的身体甚至头部都盖着白布。然而，最奇怪的是，指挥舰队的这两个人的皮肤是白色的，就像他们用来制作陶器的黏土一样。他们看起来和普通人的形状一样，但头发和脸却看起来很奇怪。年长的那个灰色头发趴在头皮上，眼睛是海蓝色的。船队没有像往常的贸易商队那样接近城镇，而是停靠在河中的一个小岛上，班加拉人确信这些神秘的不速之客带着敌意的计划。一艘独木舟驶近斯坦利的舰队，听到他用斯瓦希里语（他们从未听过的一种语言）大声下达命令，他们的这一结论得到了证实。因此，他们集合战用独木舟并发动了进攻。在战斗中，他们被探险队所用步枪的火力震慑了。他们的木盾变得像香蕉一样被轻易穿透，硬木独木舟裂开，灌满了水。河岸边房屋的泥墙被子弹穿透，在园地里漫步的山羊像被闪电击中一样倒下。穆埃莱说："在探险队逃脱之后，我们就没听过他们的消息了。"12

随着斯坦利沿河向下，他对他的船队为何遭到攻击的解释发生了改变。在斯坦利瀑布前后的河段上，他似乎确信当地人想要吃掉他。斯坦利在 1 月 3 日的日记中写道："六七只独木舟紧紧跟在我们后面，向隐藏在小岛后面的其他独木舟发出召唤，要把我们吃掉。几声警示的枪声缓和了他们对我们肉体的愤怒。"撇开斯坦利那些夸张的描述不谈，他被攻击的可能性似乎更大，因为他的独木舟侵

---

① 班加拉（Bangala）意为"河流之子"。属于班图人，使用林加拉语，属尼日尔 – 科尔多凡语系尼日尔 – 刚果语族。很久以来，他们一直充当刚果中部和大西洋沿岸之间贸易往来的中间人。

犯了某些河段的部落垄断。斯坦利经常把那些攻击他的人称为"野蛮人"和"食人族"，但如果把这些人看作仍然生活在全球贸易影响之外、人数越来越少的那部分非洲人，可能会更有价值。斯坦利的贸易货物对他们来说似乎没有什么价值，这也就可以解释为什么这些人们并不急于出售食物、鱼、山羊等物品给他。斯坦利携带的珠子、布料和黄铜对那些不习惯使用这些东西的人来说没有什么实际价值。贸易商品的价值，在某种程度上，是从文化意义出发由拥有这些商品所带来的声望决定的，但在赤道热带雨林的中心腹地，还没有形成一套赋予舶来品声望价值的制度。

不过，当斯坦利到达班加拉时，他又一次置身于一个习惯了国际贸易的地区。他了解到，刚果河流域已由对不同河段垄断贸易的部落组织成一系列交叠的贸易区。班加拉的商人们往上游——阿鲁维米河与刚果河交汇处下面的一些城镇购买象牙，但他们并没有一直走到阿鲁维米河。班加拉商人可以去到下游的伊雷布（Irebu）出售象牙，但伊雷布人不被允许到上游的班加拉。这种复杂的贸易安排随着时间的推移而发展并成为惯例。所以，斯坦利的约 23 艘独木舟组成的庞大船队突然出现，迎接他们的是当地人的敌意又有什么奇怪呢？

斯坦利后来仔细回顾了他离开尼扬圭后所参与的战斗："我们进攻并摧毁了 28 个大城镇和 60—80 个村庄，进行了 32 次水陆战斗。我们在战争中获得了价值超过 5 万美元的象牙——133 根象牙和一些象牙碎片。"这个有关暴力的记录会令先于斯坦利抵达马涅马的两名英国旅行家感到十分震惊。戴维·利文斯通和维恩·洛维特·卡梅伦都愿意改变他们的前进路线以避免冲突。通常，利文斯通带着一小群随从一起前行，或者与诸如蒂普·蒂普、哈米斯·瓦德·姆塔阿和穆罕默德·本·加里布（Muhammad bin Gharib）等阿拉伯和斯瓦希里象牙贸易商队一起。利文斯通跟随他们的足迹，按照他们的速度前行，花了七年多的时间在赤道非洲漫游，却没能解开自己的地理谜题。[13]

在斯坦利远征之前，维恩·洛维特·卡梅伦曾从陆路穿越非洲。1874 年，他曾想从马涅马出发向西寻找他曾听说的一个神秘湖泊，但当地酋长拒绝让持枪的陌生人穿过他的部落。卡梅伦写道："虽然我本可以从尼扬圭和蒂普·蒂普那里得到足够的人手，轻松地闯过这一段路。但我意识到，我有责任在如非必要的情况下不去牺牲任何一条生命；因为我觉得，如果不是出于自卫，任何地理发现的价值都会因当地人的一滴血而无可挽回地抹杀。"取而代之的是，他跟随一名非裔葡萄牙奴隶和象牙贸易商的商队前往大西洋海岸，于 1875 年 11 月抵达安哥拉的本格拉港（port of Benguela）。这样，他在没有任何武装冲突的情况下，成功地从东到西横穿非洲，不过，除了确定了坦噶尼喀湖的出水口外，也没有任何重大的地理发现。[14]

相比之下，对斯坦利来说，及时完成任务才是至关重要的。尽管他以残暴著称，但他通常还是选择避免战争，如果有任何可能。1871 年寻找利文斯通时，斯坦利发现，由于一起贸易争端，尼亚姆韦齐酋长米兰博（Mirambo）封锁了塔波拉和乌吉吉之间的贸易路线。当阿拉伯人和斯瓦希里人的商队为争端的解决已经等待数月时，斯坦利临时设计了一条通往乌吉吉的新路线，绕过了这片争议地区。类似的情况还有，当他的刚果河船队接近伊雷布时，有些人

79

乘坐独木舟从远处向他的队伍开枪，斯坦利也选择了避免冲突。他写道："这条河够宽，还有无数的水道为我们提供了摆脱他们疯狂暴行的途径。"[15]

然而，当遇到可能危及其使命的障碍或危险时，利文斯通或卡梅隆可能会停下来或折回，但斯坦利会继续前进。作为一名退役士兵和曾经报道过美国内战、英国—埃塞俄比亚战争以及在黄金海岸的阿散蒂战争（British Ashanti campaign）的战地记者，斯坦利深知如何通过使用现代火力和战术来以少胜多，赢得小规模战斗的胜利。他在 1876 年 12 月 18 日的日记中写道："鉴于我们有足够的理由开始战争，于是筑起了防御用的围栏。"对斯坦利来说，一场探索远征就像一次军事任务，成功是最重要的，伤亡和附带的伤害都在所难免。这种战争的类比甚至延伸到他俘获独木舟、象牙和山羊作为战利品的实践中。

蒂普·蒂普是一个可能会赞同斯坦利做法的非洲旅行家。和斯坦利一样，虽然他更倾向于和平解决，但如果遭到攻击或阻碍，他会确保自己成为最终的赢家。1876 年 12 月 27 日，蒂普·蒂普一行人在卢阿拉巴河与斯坦利分别后①，向西前往洛马米河②，在那里他们用铜手镯交换象牙，直到铜用完才回尼扬圭。回程是凶险的。蒂普·蒂普写道："从我们离开洛马米河到抵达刚果河，我们每天都在战斗。"斯坦利可以理解这点。[16]

80

①　前文第66页写道"1876年12月28日……斯坦利和蒂普·蒂普就此道别"，此处日期不一致，系原文如此。

②　洛马米河（Lomami River），刚果河左岸的主要支流之一，源出刚果南部的喀坦加（Katanga）高原，北流约1500公里，在伊桑吉（Isangi）汇入刚果河。

2月18日，斯坦利发现了一艘非洲独木舟，船上有15名腰上缠着红色布条的划桨手，这证实了他的探险队正处于大西洋贸易区内。这支独木舟载着贸易货物往上游去。斯坦利了解到，这一带最受欢迎的贸易货物是红毯、马德拉斯布（Madras cloth）、印花布、软珠、白珠、贝壳、枪、火药和火枪用弹射石。2月21日，斯坦利的探险队在一个居民点对面的小岛上扎营，居民们出来看斯坦利探险队的贸易商品——他们带的各种各样的布，还有黄铜钉、黄铜带、黄铜线、盘子、杯子、刀子和镜子等都非常抢手。这些人带着装饰有黄铜钉和黄铜带的老式美国燧发步枪来到这里。很明显，早在斯坦利探险队到达之前，舶来品的海外贸易已然开始很久了。

斯坦利沿河而下的途中，开始绘制地图，并标示出组织刚果河上游商业活动的贸易城镇和族裔专属贸易区。例如，班加拉的商人被允许顺流而下但最远只能到伊雷布。基于此，他们不得不把象牙和其他产品卖给博班吉（Bobangi）商人，他们控制着赤道和刚果河下游大瀑布地区之间的河段的贸易。在主要支流汇入刚果河的地方，通常有一个博班吉集镇控制着这条支流沿线的贸易。任何族裔联盟成员以外的或没有该族裔所要求的亲属关系或"血亲"关系的人都是攻击的对象，这是斯坦利在班加拉附近进行"战中之战"时了解到的。[17]

斯坦利决定绕过博班吉的主要贸易城镇，如伊雷布、卢科莱拉（Lukolela）和博洛博（Bolobo）。刚果河通常有5—8英里宽，散81布着一些细长的岛屿，把河床分成一系列平行的河道，这使得从一个河岸几乎看不见另一个河岸。从远处的河岸经过伊雷布时，斯坦利写道："上帝仁慈地给我们提供了弯弯曲曲的小道和人迹罕至的水路，使我们可以不受干扰地走过去。"在卢科莱拉，小岛消失不见，河流变窄到约 2 英里宽，此时从小镇可以俯瞰河流。尽管卢科莱拉是一个主要的贸易中心，但斯坦利路过卢科莱拉时没有留下任何评论。

由于绕开了博班吉的贸易城镇，斯坦利错过了这个可以对刚果河上游贸易体系增加了解的机会。5 年后再回到伊雷布时，他对象牙商人的老练仍印象深刻。他写道："这些商人知道各种各样长度的布料（sina，指布料的'长'）和不同数量的黄铜棒的价值，无论是平纹羊毛绒布、绫、原色家纺、斜纹布、条纹布、坚质条纹棉布还是蓝白粗布①；他们还知道每千串珠子的价值，与整匹布、整桶火药或燧石火枪相比，孰贵孰贱。他们可以通过手臂掂量来判断，在兰加兰加（Langa Langa）购买的象牙在斯坦利湖（Stanley Pool）售卖会获得多少利润。"[18]

斯坦利还错过了一个了解博班吉商业系统运作情况的机会。6 年后，另一名旅行家描述了博班吉独木舟贸易商队从卢科莱拉出发的情形："他们挑选了 5 艘大型独木舟，每艘由 25 名健壮的桨手操作。所有的象牙（有些重达 90 磅）都被运了下来，放在独木舟的尾部；然后，一捆捆的鱼和木薯面包（chiqwange）以及赤木粉（ngula）被密密地码放起来。所有的东西都被打包好，使独木舟一直保持着完美的平衡。将被卖到下游的奴隶们戴着手铐挤坐在独木舟尾部。当所有的独木舟都装好了货、码得井井有条时，恩多博

① 蓝白粗布（baft）：印度的一种粗棉布。

（Ndobo）下达命令。"[19]

82　　博班吉最大的贸易城镇是博洛博，斯坦利后来推测，那里的人口有一万多。当探险队马不停蹄地穿过博洛博时，斯坦利注意到，"几十艘当地的独木舟在河上来回穿梭，有的正在河面上捕鱼，有的驶向长满青草的小岛上的鱼棚制盐"。斯坦利害怕他们会发生另一场冲突，不过这并没有成为现实。他写道："虽然他们好奇地看着我们，但并没有表现出任何的敌意。"人们"好奇地"看着他是有原因的，但这与他原本白皙的肤色毫无关系，因为斯坦利现在已被热带的阳光晒出了一层深褐色。一个世纪后，博洛博的年长者仍然可以回想起人们看到斯坦利船队时的惊讶。刚果河的原住民总是站在船上、面朝前划着独木舟，而斯坦利的船队里，桨手们则是坐着、面朝后。对于博洛博人来说，这是一个令人难以忘记的景象。[20]

　　随着河流向下，河流的状态发生了变化。3月8日，河流宽度缩减到2500码，由于在600英尺高的河岸之间穿行，水流变得又急又深。3月13日，它再次发生了变化，宽得像一个有沙洲和林岛的湖泊。斯坦利来到了大约有22英里长、14英里宽的马莱博湖①，立即把它命名为斯坦利湖。在湖泊的西端，一个澎湃咆哮的瀑布迫使他停了下来。一位名叫加曼科诺（Gamankono）的巴特克（Bateke）部落酋长主要通过手势与其沟通，把斯坦利的小船带到了瀑布上方不到100码的第一处水流被打断的地方，然后示意他们

_____

① 马莱博湖（Malebo Pool）：旧称斯坦利湖，非洲刚果河下游湖泊状扩大部分。在利文斯敦瀑布上游，位于刚果（布）和刚果（金）两国之间。

向岸边划去。他们在瀑布的轰鸣声中安营扎寨。此时，斯坦利并不知道，他正处于 200 英里的急流和瀑布的始端，刚果河在这里穿过水晶山、急降超过 900 英尺到达约 300 英里外的大海。

83

2

1877 年 3 月 13 日，刚果河，马莱博湖

1877 年 3 月 13 日，斯坦利到达马莱博湖，他还没能理解，自己正处于非洲西海岸象牙贸易的关键位置。马莱博湖聚集着大量满载象牙的独木舟和象牙贸易的中间商，他们收购从刚果河上游运来的一船船象牙，然后再卖给象牙贸易商队，贸易商队再通过陆路转运到大西洋海岸。斯坦利没有意识到，那个带着他参观瀑布的和蔼可亲的加曼科诺酋长正是马莱博湖最大的象牙中间商之一。直到 4 年后他的第二次探险，他才充分认识到马莱博湖作为非洲西海岸象牙贸易转运仓的重要作用。1881 年 7 月，斯坦利到达马莱博湖北岸的一个象牙商人村庄时，他写道："他们中的一些人忙于清点铜棒和分拣布料，许多精美的象牙躺在旁边的地上闪闪发光。成群的买家和卖家围坐在一起，交流着各自的货物优势。"商人们把斯坦利带到了他上次探险的向导——加曼科诺酋长的村庄，在那里，他遇到了一支来马莱博湖地区出售象牙的博班吉贸易队伍，由 400 人组成。然而，1877 年的斯坦利太专注于他的近期目标——沿河向下，而没能观察到他周围正在进行的象牙贸易。[21]

相对奴隶贸易来说，马莱博湖的象牙贸易是一个较新的现象。

1881 年，英国传教士威廉·霍尔曼·本特利① 从马莱博湖的象牙商人那里得知，在大西洋奴隶贸易时期，大量的俘虏被博班吉商人用他们的大独木舟带到湖泊地区。博班吉人自己并不组织俘获奴隶，而是利用他们庞大的贸易网络来购买战俘、债务人、被控巫术的人、被控犯罪的人、被控通奸的妇女、被绑架的受害者，并将他们运往下游。在马莱博湖，这些俘虏被卖给所谓的"中间人"，他们把俘虏交给刚果和巴特克商队的经营者，然后送到刚果河口和附近的沿海港口。1850 年，随着大西洋奴隶贸易因巴西奴隶港口关闭而逐渐萎缩，奴隶价格断崖式下跌，导致博班吉与马莱博湖间的贸易几乎陷入停滞。[22]

84

本特利被告知，大约在 1866 年，来自旧刚果王国（Kongo Kingdom）领土的刚果商人开始来到马莱博湖寻找象牙。很快，整个博班吉贸易网络都转向集中于收购刚果河上游所有象牙，并将其运往湖泊地区。本特利所记录的象牙贸易开始的日期似乎基本上是正确的，因为理查德·伯顿曾在 1863 年造访了许多刚果河口的贸易点，却从未提到象牙。1869 年，荷兰贸易公司在刚果河河口的巴纳纳设立非洲总部，此后象牙贸易开始持续增长。[23]

1881 年，法国传教士菲利普·奥古阿尔到达马莱博湖时写道："斯坦利湖无疑是非洲西海岸最大的象牙市场。我住的姆富瓦

---

① 威廉·霍尔曼·本特利（William Holman Bentley，1855—1905），浸信会新刚果传教团成员。1881 年 1 月，本特利和 H. E. 克拉金顿（H. E. Crudgington）成为率先在刚果河河口和斯坦利湖（今金沙萨所在地）之间建立内陆路线的欧洲人。同时，他努力学习刚果语，于 1887 年出版《刚果语词典与语法》（*Dictionary and Grammar of the Kongo Language*）。

（Mfwa）村是一个象牙交易中心市场，每天可以交易 80—100 根象牙。斯坦利湖的居民从博班吉人（他们将象牙从上游运下来）手中购买象牙，就地转卖给巴刚果人①，由他们将象牙运到佐姆博（Zombo）和圣萨尔瓦多②的市场。"他实际上是在说，马莱博湖之于西赤道非洲，就像桑给巴尔之于东赤道非洲。这两个象牙贸易中心互为镜像。在非洲赤道地区被杀死的大象的象牙大部分要么流入了这个贸易中心或是另一个。²⁴

从马莱博湖到大西洋海岸主要有南北两条象牙贸易路线，但都没有沿着刚果河。北线向西经过尼阿里山谷（Niari Valley）——一个 125 英里宽的洼地，它是穿过内陆高原和海岸之间的水晶山的通道。这条路后来分成了两支，一支通往卡宾达③的沿海港口，另一支通往博马④，位于刚果河口往上游约 70 英里。南线穿过贸易城镇通古瓦（Tungwa），到达昔日强大的刚果王国首都圣萨尔瓦多，然后前往沿海港口安布里什。来自马莱博湖的奴隶商队也沿着这条南线行进：一些人前往安布里什，在那里俘虏们被船运到圣多

85

---

① 巴刚果人（Bakongo）：亦称"刚果人"。巴刚果人在班图人大迁徙过程中，由赤道以北地区南迁到刚果河下游地区，并在 13 世纪末或 14 世纪建立了早期奴隶制国家刚果王国。15 世纪末，葡萄牙殖民势力侵入，由于遭到巴刚果人的不断反抗，葡萄牙殖民者于 17 世纪前期被迫撤离。但是，他们挑唆的长期内乱和推行的奴隶贸易，使刚果王国陷入瓦解状态。19 世纪末，刚果河下游地区被法国、比利时和葡萄牙瓜分。

② 圣萨尔瓦多（San Salvador）：旧称"姆班扎刚果"。16—18 世纪是刚果王国都城，后为葡萄牙殖民据点。

③ 卡宾达（Cabinda）：现安哥拉共和国的一个省，位于刚果河口以北，西濒大西洋。介于刚果（布）和刚果（金）两国之间，是安哥拉的一块飞地。

④ 博马（Boma）：刚果（金）历史名城，重要港口。

美岛；而另一些人则被带到圣萨尔瓦多以北 25 英里处的伦贝尔瓦（Lembelwa），用于内销。[25]

刚果王国的统治者曾经控制了从马莱博湖到大西洋海岸的整个南线，但从 17 世纪 60 年代开始的近半个世纪的内战使这个王国分裂成几个有独立王室的小王国。即使在 18 世纪初王国恢复后，国王的权力也更多的是象征性的，而没有实权。在 19 世纪 50 年代和 60 年代，各独立的小王国自己又分裂成不同的组成部分。结果是，到了 1870 年，小酋长们主宰了当时的政治格局。当地的酋长享有几乎完全的自治权，国王对商路的控制仅限于对经过首都圣萨尔瓦多的商队征税。1877 年，当斯坦利到达湖区时，通往海岸的贸易路线已经穿越了许多当地酋长的领地，他们只有在事先达成协议并支付大量关税的情况下才允许商队通过。[26]

当一支象牙商队从湖区抵达位于海岸或刚果河口的欧洲贸易中心时，商队的首领们停下来，穿上他们最好的衣服，戴上礼帽，撑起五颜六色的雨伞，然后在用棒子敲打时可以发出两种音调的双铃伴奏下走向商行。在交易开始之前，他们雇用已经设置好交易时段的当地中间人或翻译。在随后的谈判中，以枪支作为记账单位，不过枪支最终不一定要交换。例如，如果某根象牙的商定价格为 5 支枪，那么卖方可以选择挑选价值 5 支枪的布料、黄铜、火药和其他物品。讨价还价可以持续好几天，在这段时间里，搬运工可以从商人那里获得食物和格罗格酒（grog），而商队的首领则会收到各式各样的礼物。[27]

1877 年 3 月 13 日，斯坦利到达马莱博湖下游的瀑布时，做了一个差点让探险队丧命的决定。当时，他与刚果河口博马港的直线距离为 214 英里；如今蜿蜒穿过水晶山脉的现代公路全长 285 英里。斯坦利计算出他所在的纬度是 4° 39'，这与现代全球定位系统的 4° 19' 相差无几，但由于 1876 年 11 月 27 日在卢阿拉巴河上的一场战斗中他丢失了航行表，似乎就失去了经度位置的轨迹。斯坦利后来才知道，他离海岸的距离比他当时所想的还要近 70 英里。[28]

此时斯坦利的探险队从陆地急速行进到海岸是极有可能的，因为他们正在赤道雨林以南的开阔的草原地区。尽管与滨海平原平行的水晶山脉（海拔未超过 3200 英尺）形成了一道崎岖的屏障，但探险队在先前曾翻越过更高的山脉。考虑到斯坦利的商队通常每天行进 6—12 英里，那么走到海岸差不多也就一个月多点儿的时间，特别是如果他们轻装简行的话。但是与之相反，斯坦利决定拖着沉重的独木舟绕过瀑布，急速穿过急流，然后划到刚果河口。他不仅留着他的大独木舟，还建造了 2 艘新的来代替那些在急流中遗失的独木舟。因为这个决定，在探险队最终放弃水路，毅然选择从陆路前往博马港之前，他们已经拖独木舟绕瀑布、穿险滩，艰难地前行了四个半月。

87

斯坦利做出这一不幸选择的原因，有几种可能的解释。一个是斯坦利到达马莱博湖时，他相信在他和海岸之间只隔着两个瀑布。2 月 18 日，他在日记中写道："除了松迪（Sundi）瀑布和耶拉拉瀑布，不会再有了，否则我无法解释这些逆流而上做贸易的独木舟，以及在河流上游如此之远的地方如何拥有如此大量的布匹和枪支。"斯坦利没能认识到，与商人和货物通过水路交通联系的刚果河上游贸易体系不同，刚果河下游地区都是绕过瀑布地区选择陆路。[29]

不管是因为行路匆忙还是语言问题，斯坦利没能从当地象牙商人那里获得充足的信息，而这些人正是最了解如何从马莱博瀑布到达海岸的人。虽然斯坦利没有意识到那个和蔼可亲的加曼科诺酋长原来是一位重要的的象牙贸易商，但他正确地认定了离瀑布最近的部落酋长恩加利埃马（Ngaliema）是一位象牙贸易商。斯坦利在日记中写道："恩塔莫酋长（King of Ntamo）迫不及待地要求我们在将来的某个时候返回，与他进行贸易，但反对我们向上游和他的部落进发。显然，这是出于他对失去利润的担心。"斯坦利似乎急于想办法绕过瀑布，以致他完全未能收集到有关绕过大瀑布地区的陆路贸易路线的信息。[30]

斯坦利后来将他的决定归咎于信息的不准确。就在他离开马莱博湖之前，恩塔莫酋长告诉他只有 3 个瀑布，恩塔莫酋长分别称其为"父""母"和"子"，而后来斯坦利得出的瀑布总数为 32 个。斯坦利在 7 月 18 日的日记中写道："要是我有那么一点怀疑，要是我知道如此可怕的一系列瀑布就等在前面，我绝不会拿着这么多生命和大量的钱财去冒险。但是当地人，无论是出于无知或兴趣，不断地拿情报来鼓励我们，说只要经过这一个或两个瀑布之后，我们就可以躺在独木舟里，在没有任何危险的情况下，如梦般轻松地顺流而下。"[31]

但是，为什么斯坦利选择相信一个又一个的下一个急流后就会是一片开阔水域的说法呢？原因之一是他决定绘制出刚果河的河道图。尽管绕过瀑布的过程中遇到了各种各样的困难，但直到抵达了伊桑吉拉瀑布——图基探险队曾于 1861 年到达这里，斯坦利才放弃这条河，至此，他才能声称自己已经绘制了整条刚果河的地图。然而，更重要的原因也许是他在 7 月 18 日的日记中提到的。其中

他写道，他带着在战斗中作为战利品缴获的 133 根象牙和价值约 5
万美元的象牙碎片来到马莱博湖。但一方面由于斯坦利在急流中损
失了 12 艘独木舟，再加上他的船员还偷了一些，最终，几乎所有
的象牙都在他穿越大瀑布地区的途中丢失了。如果斯坦利顺应那里
现有的贸易体系，用他的象牙换取通往海岸的陆路通道，可能会有　89
许多伤痛和死亡可以避免。

　　这四个半月是整个旅程中到目前为止最艰难的一段。斯坦利在
日记里这样总结道："拖着我们的独木舟和船攀上一座 1500 英尺的
高山，然后在山上穿行 6 英里，再沿着斜坡向下到河边，利用简易
的机械，我们的独木舟爬上 12、15 和 20 英尺的巨大岩石，在这些
岩石上形成了一条穿越马萨萨（Massassa）瀑布、恩扎比（Nzabi）
瀑布和津加（Zinga）瀑布的索道。"[32]

　　8 月 1 日，精疲力竭、饥肠辘辘的船员们在伊桑吉拉瀑布丢弃
了独木舟，开始向最后 82 英里外的博马港进发。他们现在的问题
是要找到充足的食物。尽管这个团队由于死亡和抛弃已经减员到
115 人，但他们每天仍然需要消耗大量的食物。斯坦利越来越害怕
他们没有足够的体力抵达博马，于是他派人把一封信寄送给任何可
能找到的英国、法国或葡萄牙商人。信上写着："我们快饿死了。
当地人对我们的布料、珠子、铜线丝嗤之以鼻，我们从他们那里买
不到任何东西。"

　　在斯坦利的探险队饿肚子的地区，食物是充裕的。英国旅行家
哈里·约翰斯顿（Harry Johnston）后来描述了伊桑吉拉瀑布附近
的集市。他写道："集市通常每四天或八天举行一次。当地人经常
要走个 100 英里来参加这些大集市中的一个，而当地大概有 1000

多个像礼物一样的馈赠的大集市。他们带来绵羊、山羊、猪、鸭和家禽出售或交换。在伊桑吉拉和曼尼扬加（Manyanga）之间的集市上，一次可以买到 500 个鸡蛋。当地人也卖新鲜的蔬菜、南瓜、红薯，甚至还有野白菜、香蕉、芭蕉、菠萝、落花生、甘蔗、玉米、可乐果（kola-nut）、烟草和木薯。"从约翰斯顿的描述来看，这个地区似乎完全可以轻松地提供斯坦利的队伍旅行所需的食物。[33]

90　　而真正的问题在于斯坦利缺乏合适的贸易货物。这片地区对国际贸易早已习以为常，顾客们也非常挑剔。斯坦利在 8 月 2 日的日记中写道："珠子几乎没有什么用处，他们也不需要铜丝，只要布，而这东西我们没有多少，少到像是寡妇之坛里的油（widow's cruse of oil）[①]。"两天后他发现，"一小口土豆就要 4 码布；珠子、贝壳或酒在这里都不值钱；而布太多了，也几乎变得一钱不值"。第二天，他经过一个有十六七个村庄的区域。他写道："这里的人看起来和蔼可亲，但实际上挑剔得厉害，且热衷于贸易，我的人只能骨瘦如柴下去。"第二天即 8 月 6 日，斯坦利来到一个集市附近，听说集市上需要子安贝（cowrie shell），于是他给每个队员 40 个去买吃的。终于，在 8 月 7 日，斯坦利之前求救的救援队伍从博马赶来了，他们带来了 4 麻袋大米、2 袋土豆、3 大包鱼、5 加仑朗姆酒和各种小食品，比如果酱、1 听水果罐头和 3 瓶印度淡色啤酒。斯坦利在日记中写道："与饥饿为敌的长期战争终于结束了。"

　　两天后的 8 月 9 日，斯坦利的商队进入了博马，在那里他遇到

---

① 出自《圣经》。

了 4 个葡萄牙商人、1 个荷兰贸易公司的代理人，以及"卡宾达号"（*Kabinda*）汽船的船长。他后来得知，在博马的欧洲人一共有 2 名英国人、2 名荷兰人、1 名德国人、1 名法国人和 12 名葡萄牙人。乘卡宾达号汽船，斯坦利的整个探险队抵达了河口以北的大西洋港口卡宾达。从那里出发，绕过非洲大陆南端的尖尖，斯坦利和队员乘船回到桑给巴尔，然后经由亚丁湾和埃及前往欧洲。[34]

斯坦利离开刚果河时明白，自己的经历验证了戴维·利文斯通最可怕的噩梦——卢阿拉巴河确实属于刚果河，而不是尼罗河。不过，他绘制的刚果河河道图，对后来欧洲帝国主义在赤道非洲的进程产生了重大影响，是一个重大发现。自从斯皮克发现尼罗河是从维多利亚湖流出来的，它的最终源头问题就在皇家地理学会少数成员间引起了兴趣。探险家们为获得认可和名望而展开激烈竞争，而这更多的出于英国精英之间的竞争和维多利亚时代的空想，而不是为了填补非洲地图上剩下的空白。

91

斯坦利的探险之旅结束后，可以清楚地知道：卢阿普拉河从班韦乌卢湖流出，流入姆韦鲁湖，在那里形成了卢瓦河，然后汇入卢阿拉巴河。经过博约马瀑布后，卢阿拉巴河被叫作刚果河，它畅通无阻地一泻千里，到达马莱博湖，然后穿过 200 英里的大瀑布区域，最后穿过刚果河口，平静地向 100 英里外的大西洋流去。戴维·利文斯通生命的最后七年是在刚果河流域度过的，而不是他以为的尼罗河。他的努力无意中为斯坦利绘制刚果河流域地图厘清了道路。斯坦利疲惫不堪、饥肠辘辘的探险队到达博马港时，欧洲的非洲地图上最后一块大空白开始被填补起来。

3

1877 年 8 月，奥果韦河上游

1877 年 8 月 9 日，斯坦利的商队跟跟跄跄地进入博马的同时，25 岁的皮埃尔·萨沃尼昂·德·布拉柴率领的法国探险队正在东北偏北约 300 英里处扎营。他们位于奥果韦河上，奥果韦河大致与赤道平行，现属于加蓬。作为尼日尔和刚果之间最大的河流，奥果韦河被认为是通往非洲中心地带的直接通道。布拉柴的探险队沿着河流向上游走了 500 英里，花费了 20 个月的时间，到达了探索的极限。到达目的地后，他并不喜欢眼前的景象。布拉柴在他的官方报告中写道："我们已经证明，这条水道被封闭在一个向大西洋倾斜的次级盆地中，尽管地理学家们曾寄厚望于通过这条水道深入非洲大陆。"就在斯坦利享受成功的时候，布拉柴的任务看起来却失败了。[35]

皮埃尔·萨沃尼昂·德·布拉柴和约翰·罗兰兹（即亨利·莫顿·斯坦利）的出生环境截然不同。皮埃尔父亲的贵族血统可以追溯到罗马皇帝塞普蒂米乌斯·塞维鲁①；他的母亲来自一个高贵的威尼斯家庭，是马可·波罗的后裔。皮埃尔在罗马长大，当时罗马是独立的教皇国家的一部分，还不属于意大利王国（Kingdom of Italy）。为了实现成为海军军官的梦想，他的父母将他送到巴黎的一所耶稣会高中，那里专为军事学院培养年轻人。1870 年从布雷

92

93

---

① 塞普蒂米乌斯·塞维鲁（Septimus Severus，145—211），塞维鲁王朝的开创者，193 年成为罗马皇帝，是首位来自非洲的罗马皇帝。

斯特（Brest）的法国海军学院毕业后，他被分配到法国南大西洋舰队的"维纳斯号"（Venus）上。"维纳斯号"沿着曾经的反奴隶贸易巡逻队的路线航行，在塞内加尔、加蓬、开普敦和南美洲停靠。它偶尔也停在加蓬的利伯维尔（Libreville），这是法国人为从奴隶船上解放出来的俘虏而建立的安置点。在某次航行中，布拉柴获准对奥果韦河沿岸的一个非洲村庄进行了短暂的游访。

1874 年，布拉柴还在"维纳斯号"上时，曾写信给巴黎的海军部长，建议组织一支远征队探索奥果韦河。在他的提案中，布拉柴着重强调了这条河的商业潜力以及探险的科学价值。在对原提案的补充中，他增加了第三个理由。布拉柴指出，这个旅程他将去到"一个完全不为人知的国家，英国人和德国人正推进此事，以成为光荣的'第一人'。而法国最好不要把这个荣誉拱手相让，因为探险的出发点是在法国的领土上"。尽管是一个刚刚加入法国国籍一个月的年轻人，布拉柴对自己的第二故乡迸发出强烈的爱国之情。海军部（Ministry of the Marine）之所以认真对待他的建议，是因为海军部长——蒙塔尼亚克上将（Admiral de Montaignac）从布拉柴 13 岁起就认识了布拉柴和他的家族，甚至帮助布拉柴进入法国海军学院，尽管那时布拉柴还是个外国人。在蒙塔尼亚克海军上将的支持下，海军部同意为这次探险提供财政支援，同时，教育部和商务部将提供额外的资助。巴黎地理学会和利奥波德二世的国际非洲协会法国委员会也提供了较少数额的资金。即便如此，这些资金也只够支付探险队不到一半的费用，而剩下的部分都由布拉柴自己负担。[36]

94

1875 年 8 月，布拉柴离开波尔多，随行的有一名舵手、一名医生和一名博物学家。在塞内加尔，他挑选了 13 名塞内加尔海军陆战队员；在大西洋海岸法国控制的利伯维尔港，他购买了 2 艘大型独木舟，还雇了 4 名通晓不同西非语言的翻译。因此，探险队的核心成员由 4 名欧洲人和 17 名非洲人组成的。从利伯维尔出发，他们乘法国汽船"秃鹳号"（Marabout）沿海岸航行到奥果韦河，沿河向上航行 150 英里到兰巴雷内①，在那里英国的哈顿 & 库克森贸易公司（Hatton & Cookson）拥有许多仓库，来自汉堡的卡尔·韦尔曼（Carl Woermann）贸易公司有一个较小的。这两家公司都采购象牙、乌木和橡胶。

布拉柴带了 156 箱物资和货物——每箱重达 50—110 磅，这意味着他必须要有一支独木舟船队和一些划桨工人才能继续航行。两个月来，布拉柴与兰巴雷内酋长雷诺凯（Renoke）定期会晤，协商独木舟的价格、划桨工人的工资以及给部落酋长和独木舟船长的礼物。经过多次讨价还价后——布拉柴称之"没完没了"，终于达成了一个协议。别无办法的布拉柴为达成这个协议只好用了一些小伎俩，如派他的合伙人去上游与另外一位酋长议价，并将一些箱子装上贸易轮船，给人一种他计划携贸易货物返航的错觉。1876 年 1 月 13 日，布拉柴和探险队乘 10 艘长 50—55 英尺、宽 3 英尺的大独木舟，配备 100 名划桨工人，离开了兰巴雷内。[37]

根据在兰巴雷内收集的信息，布拉柴了解到，该地区的种族认同高度本土化，政治权力分散。如兰巴雷内的安安贾人（Enenga）

---

① 兰巴雷内（Lambaréné）：加蓬西部城市，中奥果韦省首府。在奥果韦河下游左岸。

零星分布在沿河岸几英里的几个村庄；再往上游远些的阿平吉人（Apingi）有 8—10 个村庄；洛佩（Lope）的奥坎达人（Okanda）只分布于 30 个村庄和几个小村庄。几乎没有强大的酋长能够保证探险队安全通过一大片区域。兰巴雷内的雷诺凯酋长对河流上游约 200 英里的当地居民具有一定的个人影响力，但他的影响力正在逐渐衰落。雷诺凯酋长曾广泛控制着内河的交通，但大西洋奴隶贸易的结束和欧洲贸易公司的到来削弱了他的影响力。更远处河流上游的大多数村庄，无论所属哪个民族，都是完全独立的。当地的酋长们试图通过控制奥果韦河一些地区的贸易来争夺权力。对布拉柴来说，这种复杂的形势令他不得不缓慢前行，并在这一过程中设法与当地酋长建立联系。[38]

尽管布拉柴在奥果韦河流域遇到的人口种族多种多样，但大致可以分为两大类：一类是主要居住在河上，另一类是居住在内陆。像兰巴雷内的安安贾人这样的河民主要是渔民、商人和熟练的独木舟手，他们能逆急流而上。但是他们对种庄稼无甚关心，从那些被奴役的庄稼人的村子里获得农产品，这些被奴役的村子是河民在内陆建起来的。布拉柴的助手诺埃尔·巴莱博士（Dr. Noel Ballay）在调查内陆村庄时得出结论，奴隶看起来并没有特别不高兴，他们几乎被视为他们主人的家人。虽然他准确地观察到亲属关系的称谓被用来定义奴隶在更大的社会中的地位，但他忽略了一个更微妙的点，即奴隶总是被认为是该群体中永久的下级成员。当一个奴隶称他或她的主人为"父亲"时，这是一种从属的象征，而非情感上的。[39]

居住在兰巴雷内上游十几英里处的阿凯莱人（Akélé）主要居

住于内陆，虽然他们仍有一些村庄散落在奥果韦河沿岸。探险队发

96　现，遇到急流时，这两类人的区别变得尤为明显。阿凯莱划桨手面
对急流十分踌躇，而安安贾人则能熟练应对。作为内陆居民，阿凯
莱人擅长猎象，他们组织大规模的狩猎队伍，在森林小径上设置猎
象陷阱。在旱季，河边村庄里一个雄心勃勃的男人会组织一个小商
队，商队由他的奴隶、妻子们和他的大家庭成员组成。他们沿着蜿
蜒的森林小径向内陆行进，目的是用欧洲的商品换取象牙和橡胶。
象牙的商品价值高，由搬运工远距离运输，满足获利目的；而橡胶
因为价值相对较低，基本只在离河很近的地方收集。离开阿凯莱部
落之后，布拉柴的队伍来到一个刚刚开始采集野生橡胶的地方，他
们在热带雨林中的野生非洲藤胶（landolphia）上切割以获取橡胶。
布拉柴的队伍继续向上游行进时发现，由于欧洲人直到最近才开始
购买野生橡胶，那里根本没有人采集橡胶。[40]

　　1876 年 2 月 9 日，探险队到达洛佩时，情况已经十分糟糕了。
七艘独木舟在急流中丢失或损坏，存放货物的箱子被浸透，来自
兰巴雷内的划桨手不想再往前走半步，特别是现在他们的合同已
经到期。布拉柴给他们结了账，送回了家。但因为雨季的到来，
人们不愿意再远行，他也雇不到新的桨手。在建了一个储存贸易
货物的仓库后，布拉柴以洛佩为中心，派遣他的助手们回到兰巴
雷内和利伯维尔接载额外的补给，而他则通过陆路和水路在该地
区进行小规模的探险，并试图与河流上游的人建立联系。这样的
策略让布拉柴与洛佩的酋长们发生了矛盾，因为酋长们想要更独
占的关系。[41]

　　洛佩是一个主要的奴隶市场。每年二月，来自奥果韦河上游的

奴隶商人都会来到洛佩，与坐着独木舟、满载着欧洲货物的安安贾商人进行交易。雷诺凯酋长是个常客。大西洋奴隶贸易终于结束了，　97
洛佩的奴隶市场主要是为了满足家用需求。一些在洛佩购买的俘虏最后被送到了河民的农业村庄，如兰巴雷内的安安贾；而另一些则沿奥果韦河被带到大西洋海岸的洛佩斯角（Cape Lopez）。在那里，一些奴隶被非裔葡萄牙奴隶商人买去圣多美岛，成为咖啡和可可种植园的所谓"合同工"，这里距离圣多美不到200英里；另一些人则被带到加蓬河口，在农业村庄工作或充当家奴。[42]

在洛佩期间，布拉柴有很多机会观察奥果韦河奴隶贸易的情况。在他的一次短途探险中，他遇到了一支载着182名俘虏的独木舟舰队。虽然他无法帮助他们，但仍设法帮助他们松开了木手铐，以防船在急流中倾覆时难以自救。2月是洛佩奴隶市场高峰期。布拉柴注意到来自兰巴雷内的安安贾商人没有带来足够的欧洲贸易货物来购买所有出售的俘虏。当贸易货物交易一空后，安安贾商人回到兰巴雷内补充供给，而来自洛佩的奴隶商人也开始自行前往兰巴雷内，这是他们过去没有做过的事情。布拉柴已经放走了他之前雇来的划桨手，因此他决定购买40名俘虏，足够2艘大独木舟使用。布拉柴的计划是立即释放他们，并给他们提供工作，但他现有的贸易货物只能购买少量奴隶，因为他被要了高价。[43]

然而，在一年一度的洛佩奴隶市场结束后，布拉柴还是买下了18名奴隶，用的是一张兰巴雷内的欧洲贸易公司交易货物的信用证，这些奴隶将被带到河的下游。布拉柴组织了一个公开的仪式，在仪式上，奴隶们触摸法国国旗并获得自由。布拉柴告诉他们，如　98
果他们愿意，即可以自由离开，或者作为自由劳工为他工作、获得工资。奴隶们都选择留下来。然而，几个月后，布拉柴抵达俘虏们的家乡阿杜马（Aduma）部落时，几乎所有人都离开探险队返回了家乡。其中一些人之前就曾被他们现在返回的亲戚家卖掉，因此布拉柴很担心，他们会再次被卖掉。在懊恼之余，布拉柴忽略了一个更重要的问题——这些获得自由的奴隶回去大家庭的原因与他们早先对布拉柴保持忠诚的原因是相同的：他们没有其他地方可去。在以亲属群体为基础的社会中，不存在个人自治。[44]

1877 年 3 月 18 日，布拉柴带领一支新舰队离开了洛佩，这个舰队由 7 艘配有 18—20 名桨手的大型独木舟、20 只中型独木舟及6 只小型独木舟组成。在他乘汽船到达兰巴雷内后的 16 个月里，他沿着奥果韦河只走了 200 英里左右。布拉柴离开洛佩之前，每年来参加奴隶贸易的兰巴雷内酋长雷诺凯召集了来自奥果韦河上下的酋长，力劝他们让布拉柴安全地通过他们的领地。雷诺凯酋长指出，奥果韦河被分割为各自排外的专属贸易区，其界限是用神龛来标记的，这些神龛会给那些越过区域界线的人带来不幸。雷诺凯酋长请求各酋长们允许布拉柴的探险队绕过神龛的边界。雷诺凯酋长虽然在河流上游没有政治上的权力，但他作为一位杰出的祭司而备受尊敬。[45]

探险队沿河而上时，也损失了一些成员。许多受雇的桨手回到了他们的家乡，离开了探险队。更严重的是，一场天花疫情爆发了，布拉柴的桨手们把天花带到了自己的家乡。探险队在杜美村（Dumé）停留了一个月，巴莱博士帮助医治病人，而布拉柴试图雇佣新的桨手。布拉柴终于在 1877 年 7 月 22 日离开了杜美，在8 月初，他到达了奥果韦河乘坐独木舟所能到达的航行极限。他

99

们从兰巴雷内的汽船上下来以后，花了 20 个月的时间，沿着河走了 350 英里。

在这 20 个月里，布拉柴形成了一种受戴维·利文斯通影响的探索风格，因为他读过戴维·利文斯通的作品。布拉柴会进入某个部落的领地，与当地最有影响力的首领接触。他会给他们各种各样的礼物，包括从巴黎杜伊勒里宫皇家剧院（The Imperial Theatre of the Tuileries）里得到的废弃戏服和假珠宝。他会在那里停留足够长的时间直到与酋长们建立良好的关系，然后请他们提供向导和搬运工或桨手，行进到下一个部落的边界。布拉柴有时会在一个酋长的领地停留数周或数月。[46]

如果谈判未能取得预期的目的，布拉柴将诉诸于戏剧化的手段。由于强大的酋长被认为是具有超能力的巫师，布拉柴就在当地首领面前进行一场令人印象深刻的烟花和军用火箭表演，然后威胁他们，如果不合作，就发动战争。有一次，布拉柴试图雇佣一组新的桨手逆流而上，但是这些桨手拒绝了，因为那时是顺流而下进行贸易的季节。布拉柴向当地祭司支付了大量的商品，诅咒任何向下游的行动，这一举动事实上封闭了河流。布拉柴告诉酋长们，这个诅咒只有在他们为他提供足够的桨手以继续行程后才会解除。[47]

在 1877 年 8 月到达奥果韦河独木舟航行的极限后，布拉柴决定继续徒步向东行进。他写道，他的目标是到达"尼罗河上游和坦噶尼喀湖之间的神秘地带"，这显然是指赤道非洲的大湖区。海军部长将布拉柴的目标定义为戴维·利文斯通和塞缪尔·贝克（Samuel Baker，尼罗河上游的英国探险家）所提到的湖泊。显然，布拉柴和海军部长都在寻找一个湖；而他们两个都没有提到过刚果河。[48]

100　　徒步旅行给布拉柴的探险队带来了一系列新的挑战。从奥果韦雇来的划独木舟的奴隶，除了两个被释放，其他人都已经回家了。习惯了乘船旅行的塞内加尔海军陆战队对陆路旅行的前景犯了嘀咕。在整理供给、丢弃那些可有可无的东西后，他们还有 90 个箱子和几包布要运。这里贸易商队罕至，很难找到搬运工；从海岸走了这么远到这里的少量贸易货物只能是和邻近的村庄交易。布拉柴唯一的选择是雇佣一群搬运工走到一个村庄的边界，然后再雇佣下一批搬运工开始下一段旅程。顺利雇佣一批新的搬运工可能需要 5 天的时间谈判。由于搬运工数量不足，他们自己常常不得不三次往返于同一地点搬运所有的物资。

由于进展缓慢，布拉柴决定购买奴隶作为搬运工，但这一次，直到探险结束，他不会给他们自由了。布拉柴的报告中关于他以这种方式购买和使用的奴隶数量的记录含糊不清，但考虑到探险队对劳力的需求，估计至少有 30 名。雨季来临时，探险队搭起棚屋、建立大本营，以等待雨季的结束。探险队里的欧洲人遇到的最后一个困难是他们的鞋子穿坏了。他们打开了一个有焊接接缝的金属箱子，却发现水渗了进来，把多余的鞋子都弄坏了。从那时起，布拉柴和他的法国同伴们只能像他们的非洲向导和搬运工一样赤脚前行。在到达奥果韦河航行极限后的 8 个月里，他们前进了不到 100 英里。

4

1877年6月20日，布鲁塞尔

1877年6月，利奥波德二世的国际非洲协会国际委员会在布 101
鲁塞尔举行了第一次年度会议，人们寄予厚望。九个欧洲国家和美
国代表出席了会议。俄罗斯和葡萄牙的代表无法出席，英国在内政
部和外交部的施压下退出了。执行委员会的英国成员巴特尔·弗雷
尔前往南非，担任英国驻南部非洲事务高级专员，这一空缺将由美
国商人亨利·谢尔顿·桑福德填补。桑福德在非洲没有任何经验，
但在会议结束时，他对这个协会充满了热情。他写道："没有征服
和扩张，没有特殊利益集团，只以推动人类文明为目标……我希望
大西洋两岸的联合努力将进一步推动国际行动计划，其结果将有助
于提高所有人的共同利益。"[49]

在两天的会议中，代表们详细讨论了在赤道非洲建立研究站的
计划。这些研究站的接待职能将包括接待欧洲旅行者，向他们提供
科学仪器和补给，并为他们的旅行提供护卫队和翻译。在这些研究
站进行的科学研究包括进行天文和气象观测；收集地质、植物和动
物标本；绘制地图；准备非洲语言的词汇和语法；收集民族志资
料。与一年前的布鲁塞尔地理学大会不同的是，彼时遏制奴隶贸易
是会议的重要议题，而今这个主题几乎没有再被提及。新的做法寄
希望于通过开放领土，为贸易的开展创造更好的条件，奴隶贸易将
在未来以某种方式自行消亡。

关于在何处设立第一个研究站，引起了许多争论。荷兰人倾向
于刚果河河口，荷兰贸易公司在那里已有很大的权势；奥地利代表

102 建议跟随德国旅行家施魏因富特的足迹沿尼罗河而上；西班牙代表
想要沿着赞比西河穿过葡萄牙领土到达尼亚萨湖。最后，利奥波德
二世倾向的刚果河口因为气候不宜和缺乏通往内陆的路径信息而被
否决。最终决定桑给巴尔为出发点，进入内陆的路径应该遵循熟悉
的商队路线，前往塔波拉、乌吉吉和尼扬圭。代表们注意到，现在
在桑给巴尔对面的姆里马海岸有天主教和新教使团，塔波拉附近的
瑞士贸易机构，以及乌吉吉的英国机构将支持该协会的项目。到
1877 年，桑给巴尔和坦噶尼喀湖之间的地区不再是只有探险家才
涉足的未知领域。传教士和商人紧随其后。

　　最终决定在尼扬圭或更远的地方设立的国际非洲协会研究站，
这将是向西面向大西洋的第一个研究站。这些研究站的存在将打开
"一个未知国家的广阔区域"，或许还有助于追踪刚果河的流向。
代表们没人知道，在他们还在讨论的时候，斯坦利正在逼近刚果河
口。他们对此的一无所知是可以理解的，因为斯坦利去非洲是为了
寻找尼罗河的源头。

　　虽然英国已经退出了国际非洲协会，但是皇家地理学会试图利
用利奥波德二世的倡议所引发的这场狂热浪潮。他们开始募集资
金，设立非洲探险基金（African Exploration Fund），资助对非洲
资源和通往内陆的最佳路线进行的科学考察。如今，相比于解答诸
如尼罗河的最终源头之类的神秘问题，英国皇家地理学会更热衷于
追求英国的商业利益。1877 年 7 月 19 日，在伦敦市长官邸埃及厅
103 召开了一次会议，诸如伦敦市长、约克大主教这样的名人出席了会
议，皇家地理学会主席告诉观众，非洲中部可以供应"整个世界棉
花、糖和其他热带产品"。他还补充道："中非可以为英国制造的

产品提供几乎无限容量的新市场。将有数百万野蛮人或半开化的人正等待成为（我们的）顾客。"

英国探险家维恩·洛维特·卡梅伦紧随其后，告诉人们非洲将很快成为新香料群岛（Spice Islands）。他曾沿着卢阿拉巴河谷的肉豆蔻树荫下走了很长一段路，那里的地面上"几乎全是肉豆蔻"。他说，非洲生产的粮食远远超过他们的消费能力，5000 人的商队也总能买到足够的粮食就是明证。在演讲之后，成员们一致通过了一项决议："英国的商业利益在很大程度上与中部非洲肥沃但鲜为人知的地区的交往和合法贸易息息相关。"[50]

根据发言者所述，发展这种贸易最主要的障碍是非洲内部奴隶贸易的持续暴力，每年造成 5 万至 10 万人死亡。英国与桑给巴尔苏丹签订的条约是失败的，尽管禁止了在海上进行奴隶贸易，但它仍承认奴隶制作为一种国内的制度。约克大主教告诉大众，非洲是一块富饶的土地，"如果商业贸易在那里扎根，奴隶贸易就会自动消失"。他提出了一项决议，指出收集更多关于中非鲜为人知地区的信息是遏制奴隶贸易的第一步。反奴隶制协会的代表托马斯·福韦尔·巴克斯顿（Thomas Fowell Buxton）附议后，这项决议获得了通过。大会通过的第三项决议赞扬了英国传教士的努力，"通过在遥远的非洲内陆建立常驻传教站，在非洲传播基督教的人性影响"。因此，探险将为商业和基督教在非洲的发展铺平道路，也将以某种方式结束奴隶贸易。

尽管皇家地理学会的非洲探险基金独立于利奥波德二世的国际非洲协会运作，但这两个组织所采用的言辞和策略似乎与戴维·利文斯通的话相呼应。1857 年，在剑桥大学的一次演讲中，利文斯

104

通告诉听众："基督教和商业这两个文明的先驱永远是密不可分的。"二十年后，戴维·利文斯通被安葬在威斯敏斯特教堂，但他提出的"基督教、贸易和文明"模式正在复兴。布鲁塞尔地理学大会秘书长埃米尔·班宁重复了这一模式，但又加上了"科学"一词。国际非洲协会和皇家地理学会都犯了一个错误，那就是没有认识到全球化的商业贸易实际上已来到了非洲各处。正如马涅马的象牙商队所表明的，这一模式并不一定会有令人满意的效果。欧洲的人道主义讨论经常奇怪地与非洲的现状严重脱节。[51]

国际非洲协会探险队建立的第一个研究站由比利时国家委员会资助和组织。它的人员包括 2 名比利时军官、1 名比利时博物学家和 1 名奥地利探险家。他们的任务是在马涅马，即尼扬圭或更远的地方建立一个研究站。他们于 1877 年 10 月 18 日离开英国南安普顿，搭乘联合邮船公司（Union Mail Steamship Company）的轮船，绕过好望角，于 12 月 12 日抵达桑给巴尔。第二天，他们遇到了亨利·莫顿·斯坦利，他正准备登上一艘驶往亚丁的英印轮船公司的轮船。斯坦利早在两周前就已抵达，将 108 名幸存的船员遣返回国。

105　遇到比利时探险队时，斯坦利第一次听说国际非洲协会。[52]

5

1878 年 3 月 30 日，巴泰凯高原

1878 年 3 月底，布拉柴的商队到达巴泰凯高原（Bateke Plateau），距离他们离开奥果韦河的地方不到 100 英里。布拉柴

写道："事实上，这个地区都是沙漠，沙子即为土壤。"高原被突出的花岗岩深峡谷打断，露出了在花岗岩基础上的卡拉哈里沙漠（Kalahari Desert）的地质结构。在这个特殊的生态系统中，布拉柴发现了一只狮子的踪迹，这种动物在奥果韦河沿岸并未见过，他后来花了一个晚上听狮子在远处咆哮。这里虽然雨水充足，但雨水很快渗入卡拉哈里沙漠，很难形成溪流，这里的人们只能从深井里取水。探险队有时走一整天都见不到一条小溪。奥果韦山谷两旁的香蕉林也消失了。除了一望无际的草原外，唯一可见的植被就是为村庄提供树荫的棕榈树。在那样沙漠般的环境中，探险队有时候发现购买水和木柴很有必要。[53]

巴泰凯高原有着奇异的地理环境——起伏的沙丘上长满了草木，而东、西、北三面却被热带雨林环绕着。布拉柴把生活在高原上的人称为巴特克人，但是后来的人类学家对生活在高原上的东巴特克人（也称为 Tio）和生活在西部低地的西巴特克人做了区分。高原上的人们种植木薯和一种细粒小米，这种小米类似于西非富塔贾隆高原（Fuuta Jaloo highlands）出产的福尼奥米①。布拉柴对那些精心耕种的田地印象深刻，田地里有多达30—40人一起干活，他们使用的工具布拉柴在奥果韦河从未见过。[54]

106

通过一个欧洲贸易物资匮乏的地区后，布拉柴在巴泰凯高原发现了大量来自欧洲的白盐、布料和其他贸易物资。唯独没有看到常见的欧洲货品——枪。和东非的情况一样，商人们将枪留作自用。外国货物是由来自尼阿里山谷的拉迪（Laadi）商人带来的，这些

---

① 福尼奥米（fonio）：一种近似藜麦的作物。

商人属于西巴特克族群，他们住在海拔较低但河流和树木较多的地方。高原上的人们购买布料和其他欧洲商品，主要是为了交换他们从北方的土地上获得的俘虏。50—100人的拉迪商队经常穿越高原运送他们的商品，而布拉柴跟随的商队至少有150人。[55]

在布拉柴现在所在的地区，雇佣搬运工来补充他的搬运队伍核心变得较为容易。但他发现这是一件喜忧参半的事情。雇佣的巴特克搬运工似乎与当地酋长和村民勾结，企图偷他的货物。期间发生过几次紧张的冲突，最后总是雇佣的搬运工和村民选择让步，因为探险队有枪，而他们没有。布拉柴带着一把温彻斯特1866型杠杆式步枪，这把枪与斯坦利所用的类似。当局势变得紧张时，他会找个借口连开14枪，只是为了展示它的威力。

在巴特克部落，布拉柴听说了阿利马河（Alima River）流向东北偏东，于是他决定带一支队伍去侦察一番。当他的队伍接近阿利马河时，布拉柴注意到三个变化。第一，村庄里的贸易货物不再来自西南部，而是通过阿利马河从东北部运来的；第二，在这里很难雇佣巴特克搬运工和向导，因为他们害怕在阿利马河沿岸建立了贸易村的博班吉商人（布拉柴用巴特克语称他们为"Apfuru"）。布拉柴将这种恐惧归因于博班吉人高大强壮、食物充足，但实际原因更可能是：博班吉人有火枪，而巴特克人没有。没有雇佣的搬运工提供的劳力，布拉柴的那些搬运工奴隶不得不在每一段路上来回几次搬运所有的行李；第三个变化是食物，特别是木薯，他们越接近阿利马河，木薯变得越罕见，这迫使布拉柴将木薯的定量限制在每天半磅。到达阿利马后，布拉柴了解到，木薯稀少是因为很多都被卖给了每年雨季末来到阿利马的博班吉商人。博班吉人住在河边的季节性交易村庄里，他们用熏鱼、欧洲布料、陶器、棕榈油和盐来换取木薯和象牙，然后沿着阿利马河返回家园。[56]

到达博班吉的贸易村时，奥本巴（Obemba）酋长告诉布拉柴，阿利马河没有急流，经过 6 天的航行，便可以到达"一片没有尽头的汪洋"，那里有枪和火药。由于不知道刚果河河道是 U 形，也不知道刚果河有 8 到 10 英里宽，布拉柴没有把这神秘的"一片没有尽头的汪洋"和刚果河联系起来。相反，他认为阿利马河流入乍得湖 ①。他认为博班吉商人携带到阿利马河上游的黑色矿物盐就是证据。与从巴泰凯高原棕榈树花中提取的植物盐不同，商人们带来的黑色盐显然来源于矿物。布拉柴把它与乍得湖以西的瓦代（Wadai）制盐作坊联系在一起，德国探险家古斯塔夫·纳赫蒂加尔（Gustav Nachtigal）曾提到过这点。但布拉柴没有意识到，这些黑矿盐实际上来自北方 200 英里外的姆博科（Mboko），而乍得湖则远在 1700 英里之外。[57]

在决定乘独木舟沿阿利马河而下后，布拉柴回到了他的大本营去接剩下的搬运工和补给品。两周后，整个商队抵达奥本巴酋长位于阿利马河上的贸易村，布拉柴发现，他之前见过的博班吉商人已经乘着 12 艘大独木舟匆匆离开了，独木舟上满载着一篮又一篮的木薯。随着博班吉商人们的离去，在奥本巴酋长的帮助下，布拉柴得以购买到 8 只独木舟。尽管有些独木舟已经很旧了，还急需维修，他还是开出了高价：总共有 8 支火枪、80 箱火药、550 码布料、

108

---

① 乍得湖（Lake Chad），非洲第四大湖，内陆淡水湖，位于非洲中北部，乍得、喀麦隆、尼日尔和尼日利亚 4 国交界处。

200 个铃铛、100 面镜子、100 条项链，以及其他各种物品。当布拉柴准备离开的时候，他被多次警告说，博班吉人垄断了阿利马河沿岸的贸易。他们不允许外国人在他们的水路上航行，尤其是带着商品的人。

布拉柴的舰队顺流而下时注意到，博班吉人放弃了他们的一些贸易营地，以便将力量集中在沿河最具战略意义的地点。在第一天，他们几乎每经过一个村庄都遭到射击，被博班吉武装部队乘独木舟追赶。布拉柴的那些奴隶搬运工被迫成为划桨手，一旦枪击开始，他们就趴在独木舟的底部，迫使塞内加尔海军陆战队员放下枪和桨。

布拉柴一行人在沙洲上过了一夜，天一亮他们就在沙洲上设好防御阵地。当太阳升起时，他们看见 30 艘独木舟，上面坐满了拿着火枪的人，他们分成两组从两侧进攻。布拉柴的探险队只有 15 支步枪，但它们都是是法国制造的 1874 式手动后膛步枪，这种步枪能发射金属子弹，并有快速旋转的膛线以提高精度，远比博班吉人使用的滑膛火枪好得多。当博班吉人的独木舟到达 40 码开外的地方时，双方开始火拼。塞内加尔海军陆战队快速的火力和精准的射击让博班吉人措手不及，迫使其很快撤退，因此，战斗只持续了几分钟。

博班吉人关于这场战斗的口耳相传揭露了在布拉柴叙述中缺失

109 的一些重要背景。一位名叫博伦扎（Bolunza）的博班吉酋长垄断了阿利马河沿岸的商业，他有权力管理季节性交易村庄和下游较大村庄的集市。曾帮助布拉柴买到独木舟的奥本巴酋长则是一个附属酋长，他嫉妒博伦扎的财富和权力，想要挑战他。如果布拉柴成功地顺河而下，奥本巴的地位将得到加强。口耳相传的故事把奥本巴帮助布拉柴的行为描述为叛国，他们把博伦扎描述为一个致力于阻止布拉柴通行的本土英雄。[58]

根据口耳相传的故事，在战斗中，博伦扎酋长站在领头独木舟的前面，将一种叫做"玛库巴"（Makuba）的战争护身符举过头顶，使他不会受到子弹的伤害。在他周围，博班吉战士被塞内加尔海军陆战队的炮火击倒，但博伦扎却毫发无损。布拉柴证实了后一点，他写道："我将永远记得那个独立于独木舟上的人。我们把火力集中在他身上，但他却昂首挺胸站在船头，在头上不停挥舞着护身符。子弹如雨点般地落在他周围，他却毫发未损。"[59]

停火间隙，布拉柴不得不做出一个决定。他的队伍可以尝试在博班吉袭击者重新集结时设法躲过他们，或者干脆放弃阿利马河。布拉柴推测，如果他们继续前进，越接近博班吉的中心地带，袭击会越多。而他只有 15 支枪，弹药也日渐不足。在沙洲上待了 3 天之后，他们听到传闻说博班吉人正在准备下一次袭击，于是决定放弃独木舟，徒步逃走。布拉柴的队伍将行李减到搬运工一次能搬运的数量，把 7 个箱子沉到河里。由于担心博班吉人第二天早上发动新的袭击，他们决定在夜间离开，留下燃烧的篝火来掩饰他们的撤退。他们在黑暗中艰难地穿过河谷的沼泽森林。到早晨时，他们已经到达了阿利马山谷周围群山的起点，到了晚上，他们已经离开了博班吉人的势力范围。

布拉柴后来又重新审视了他放弃阿利马河的决定。1879 年，在巴黎地理学会的发言中，他说："我后悔没有追随我最初的意愿（即继续前行），尤其当我从斯坦利的游记中了解到，再有不到 5

110

天的时间，我们就可以到达刚果河流域，而不是陷在任由博班吉摆布的僵局中。"但 3 年后，他把与博班吉人的战斗归咎于斯坦利。他在给海军部长的信中写道："您应该记得，斯坦利曾沿刚果河向下，但除了他参加过的 32 次战斗外，没有留下任何其他关于这次探险的记录。而由于他所种下的敌意，我受到了强烈的抵制，不得不与刚果河的主人——博班吉人战斗。"尽管这里斯坦利成为了好用的替罪羔羊，但更准确的结论是，斯坦利和布拉柴都遭遇了对峙，因为他们都是试图侵犯商业垄断的外国人。唯一的不同是，布拉柴回头了，而斯坦利却闯出了一条路。[60]

布拉柴不愿放弃自己的使命，他计划继续徒步向东，但当地的敌对行动不断将他推向北方。因此，他的行进路线与不到 150 英里外的刚果河大致平行。布拉柴没有意识到，他穿过的每条河都流入了刚果河。当一些搬运工累得筋疲力尽，无法继续赶路时，他将探险队分开，他的两个法国同伴和生病的搬运工返回奥果韦河，而他带着 10 名奴隶搬运工和 6 名塞内加尔海军陆战队员继续赶路。7 月底，他到达了利科纳河（Licona River，亦称库尤河，Kouyou），遇到了穿着进口衣服、带着枪的博班吉商人。布拉柴被告知，博班吉商人定期派出 50—100 只独木舟组成船队到利科纳河上，然后分头向不同的支流进发。他们用枪袭击河岸的村庄，带走俘虏作为奴隶出售。布拉柴还了解到，这些俘虏被带到很遥远的地方，再也没有回来。由于对赤道非洲的地理环境十分不清楚，布拉柴并没有意识到这些俘虏是被带到刚果河，然后顺流而下到达马莱博湖。[61]

1878 年 8 月初，布拉柴和他的部下听到了鸟鸣声，这预示着雨季即将来临。雨季将把平原变成沼泽。他们本可以像前一年那样建造棚屋，等待雨季的结束，但他们的贸易货物越来越少，健康状况也每况愈下。想到自己已经离开法国三年了，布拉柴决定返回。探险队到达的的地方就是一条他叫作"勒布瓦奥夸"（Leboi Ocoua，意为"盐河"）的河附近。当地人通过蒸发从富含盐分土壤的山上流下的盐水来制盐。这就是他在阿利马河边看到的黑盐，当时他错误地断定它来自乍得湖地区。布拉柴后来告诉巴黎地理学会，他曾一直困惑于刚果河的流向，直到他离开非洲并读到了斯坦利1879年出版的《穿越黑暗大陆》一书后，他才突然明白，在巴泰凯高原上他穿过的所有河流都流入了刚果河。几个月来，他一直在离刚果河不到150英里的地方却浑然不觉。

在回程中，他选择了一条西行的路线，他相信这条路线能让他在最短的时间内到达奥果韦河的上游，但奴隶搬运工们更愿意走熟悉的回头路。布拉柴坚持西行路线，于是7个搬运工逃走了，只留下3个搬运工和塞内加尔海军陆战队。布拉柴和剩下的队员放弃了大部分剩余的物资，包括用来确定位置的定位器，并继续前行。1878年9月9日，他们与布拉柴另外2位法国同伴（那位博物学家早些时候已经回家了）和那些在奥果韦河上游等着他们的奴隶搬运工重新会合。独木舟还停在之前他们离开的地方。沿奥果韦河向下的行程进展得十分顺利，一些当地的酋长给他们提供了熟练的桨手以帮助他们渡过急流。在洛佩，布拉柴惊喜地发现竟有几箱物资迎接着他的到来——它们是比利时国王利奥波德二世送来的。[62]

112

第三章

贸易大通道

如果将一张 19 世纪 70 年代的非洲地图用颜色标注出欧洲大国 **113** 控制的地方，你会发现欧洲控制的地区大多位于非洲大陆的南北端——那里是适宜欧洲移民的地中海气候。在非洲北部，法国控制了地中海和阿特拉斯山脉[①]之间阿尔及利亚的部分地区；在非洲南端，英国控制了开普殖民地和印度洋海岸与德拉肯斯山脉[②]之间的肥沃地带。在非洲热带地区，葡萄牙、法国和英国控制着沿海和主要河流沿岸的一些贸易飞地，而英国在塞拉利昂、美国在利比里亚也为解放的奴隶建立了小型定居点。但即便是算上非洲北部和南部广阔的殖民地，欧洲国家控制的区域也还不到非洲大陆的 10%。

而这一切很快都将发生巨大变化。在非洲许多地方，欧洲的扩张选择了一条相对直接的路线，即从相对完善的沿海飞地向内陆逐渐推进。但刚果河流域却是一个大大的例外。尽管刚果河流域的面积与整个西欧相当，但在利文斯通和斯坦利之前，这片区域还完全没有被开发过。而利文斯通和斯坦利这两位探险家，也是因为寻找 **114**

---

　　① 阿特拉斯山脉（Atlas Mountains），位于非洲西北部，把地中海西南岸与撒哈拉沙漠分开。

　　② 德拉肯斯山脉（Drakensberg Mountains），位于非洲南部，为南非高原边缘大断崖的组成部分。

尼罗河才偶然至此。1876 年布鲁塞尔地理会议使用的地图上，整个刚果河流域仍然是一个巨大的空白。

1877 年，斯坦利从非洲东部方向进入刚果河河口，探明了刚果河河道走向；同时，布拉柴从西部方向进入，以确认经由奥果韦河是否可以进入雨林腹地；至此，刚果河流域这一地区才首次进入欧洲人的视野。尽管这两位探险家的路线只相距不到 150 英里，但他们的探险结果却大相径庭。斯坦利回到英国完成一部探险作品之后，比利时国王利奥波德二世聘请他在刚果河下游急流周围修建公路，并在一些关键地点建立永久站点，这些站点代表一个名为"上刚果研究委员会"（Upper Congo Study Committee）的辛迪加①，这个组织由利奥波德二世领导。由于未能从法国海军部获得新的资金资助，布拉柴在利奥波德二世的国际非洲协会下半自治的法国委员会派遣下到奥果韦河上建立研究站，表面上是出于科学和人道主义目的。虽然斯坦利和布拉柴为不同组织效力，二人之间存在激烈的竞争，但两人实际上都是为利奥波德二世工作。

斯坦利不折不扣地履行与利奥波德二世的约定时，布拉柴则在追求自己的目标。两人沿着不同的路线前往马莱博湖——刚果河绵延数千英里通航水域的开端。布拉柴的路线进入巴泰凯高原——雨林中一片几乎没有树木的平原地带。在与热带雨林中无数的小酋长

---

① 辛迪加（法文：le syndicat），原指企业中的工会，大都是同一生产部门的少数大企业通过签订统一销售商品和采购原料的协定而建立的组织。辛迪加内各企业不能独立地进行商品销售和采购原料，须由总办事处统一办理，从而在争夺产品销售和原料分配份额上进行激烈竞争。它们在生产上和法律上虽保持独立性，而在商业上丧失独立性。

打过交道后，布拉柴发现巴泰凯高原实际上是一个单一政体，由头衔为"马科科"（Makoko）的国王统治。布拉柴的所作所为远远超过了利奥波德二世的指示，他与"马科科"国王签订了一个条约，"马科科"将他的王国割让给法国，并同意悬挂法国国旗。尽管斯坦利和其他人后来认为"马科科"国王的权力言过其实了，并且这位国王也并不打算签署放弃自己的王国，但该协约仍然从根本上改变了欧洲人对刚果河流域的认识。斯坦利和布拉柴之间的竞争曾经是为帝国争夺炫耀的资本，这很快就会变成争夺领土和获得欧洲大国认可的竞赛。

1
1877 年 9 月 17 日，布鲁塞尔

利奥波德二世在布鲁塞尔的宫殿里密切关注着亨利·莫顿·斯坦利的探险进展。一年多没有听到关于斯坦利的任何消息，利奥波德对伦敦《每日电讯报》在 1877 年 9 月 17 日发表的一篇报道产生了极大的兴趣，报道称斯坦利已安然出现在刚果河口。国王立即给《每日电讯报》和《纽约先驱报》——斯坦利探险队的共同赞助者——发去电报，赞扬他们"为科学和文明做出的巨大贡献"。从后来 10 月和 11 月发表的文章中，利奥波德二世了解到斯坦利正将重心从解决地理谜题转向商业计划。斯坦利写道："撇开我们对地理考察的贡献不谈，这次探险所取得的最伟大的发现就是为世界打开了更加广阔的贸易市场。"斯坦利描述的城镇有两英里长，宽阔

的街道两旁是沿刚果河排列得整整齐齐的房屋，建造精良。他写道："据我所知，非洲没有哪个地方的人口如此稠密。每一种想法似乎都被贸易牵引，到处都是集市和市场。"斯坦利最后总结道："刚果河现在是，将来也会是通往中西部非洲的贸易大通道。"[1]

116 　　读过《每日电讯报》的文章后，利奥波德二世重启了他早先的计划，即让国际非洲协会在刚果河下游沿岸建立站点。他认为斯坦利是负责这项工作的最佳人选。利奥波德二世在给比利时驻伦敦大使的一封信中强调，策略必须保持隐晦模糊，因为如果公开索要土地，他将会遭到英国人的反对。因此，利奥波德二世提出这是"一个纯粹的探索性任务，不会冒犯任何相关方面，还可以为我们在该地区提供一些落脚点……到欧洲和非洲都习惯于我们在刚果河上的存在时，我们就可以发展这些据点"。为了确保自己的意图表达清楚，利奥波德二世补充说："我不想暴露自己，也不想惊动英国人，但我更不想错过能够在非洲这块大蛋糕分一杯羹的绝好机会。"[2]

　　为了与斯坦利一到欧洲就取得联系，利奥波德二世请他的朋友——马赛地理学会会长阿尔弗雷德·拉布阿德（Alfred Rabuad）邀请斯坦利到马赛做演讲。1878 年 1 月 13 日，斯坦利从桑给巴尔返回英国途中抵达马赛，受到了马赛地理学会会长拉布阿德以及国际非洲协会利奥波德二世派出的两位特使——格赖因德尔男爵（Baron Greindl）和亨利·谢尔顿·桑福德的欢迎。第二天，这两名特使与斯坦利会晤了近六个小时，并邀请他前往布鲁塞尔与利奥波德二世举行进一步会谈。七年后，斯坦利在总结那次会谈时说道："这次会议让我了解到，利奥波德二世是打算为非洲做一些实事的，他希望我帮助他。"但斯坦利婉拒了，因为他很想回到英国，将他这次的探险写作成书。[3]

斯坦利不愿与利奥波德二世牵涉过多的一个原因是，他希望说服英国政府对刚果河流域宣布主权。斯坦利从刚果河河口出来不久，就在安哥拉罗安达（Luanda）给伦敦《每日电讯报》发了一份电报，他说："我相信刚果河迟早会成为一个政治问题。然而，迄今为止，似乎没有哪个欧洲强国拥有对它的控制权。因为发现了河口，葡萄牙声称在此拥有主权；但是英国、美国和法国这些大国拒绝承认葡萄牙的主张。"随后，他敦促英国应"立刻"宣布对刚果河流域的主权。[4]

117

但是斯坦利的建议并没有得到采纳。他在日记中写道："我发表过公开演讲、餐后会谈，私下里也恳切地提过，尝试提醒他们及早采取措施，确保英国对刚果河流域的掌控权。甚至直到 1878 年10 月、11 月我在英国各地演讲时，仍不断努力向他们强调，总有一天他们会后悔没有及时采取行动。但统统无济于事。"多年后，斯坦利的遗孀多萝西（Dorothy）重复了他的无奈："他在所有的商业中心，尤其是曼彻斯特和利物浦，都发表了演讲，阐明这一事业的巨大贸易优势。他的听众中不乏愿意听、或看起来愿意听他这番论述的公众人物。但是英国政府和人民终究对此置若罔闻。"[5]

斯坦利试图激起英国对刚果河流域兴趣的努力受到两个因素的阻碍。首先，斯坦利在非洲的暴力行动已然让他的形象变得"恶毒"。在英国，人们将他看作美国蛮荒西部的产物，与高尚的利文斯通，绅士的伯顿、卡梅伦等英国探险家，有鲜明的对比。不过，最重要的因素还是外交部。他们认为只要英国商人的准入能够得到保证，热带非洲地区最好是作为自由贸易区存在。英国外交部的一份机密备忘录提议："我们的任务仅限于在（西）海岸尽可能确保最大限度的贸易自由，领土方面的责任让步给他人。"这种态度在1876年就表现出来了，英国外交部曾拒绝了维恩·洛维特·卡梅伦关于英国成为刚果河流域保护国的宣言，理由是英国外交部感到在当前情况下，为英国公司打开赤道非洲内陆并不太可能实现盈利。[6]

118　　1878年8月10日，斯坦利的《穿越黑暗大陆》一书出版后，才终于前往布鲁塞尔与利奥波德二世国王会面。斯坦利受到了隆重的接待，周一在王宫用餐，周二参加了比利时地理学会为他举办的宴会，周三再次与国王共进晚餐。与为国际非洲协会简单地修建研究站不同，斯坦利提议修建一条从刚果河河口到马莱博湖的铁路，并在刚果河上游使用汽船进行贸易。国王看起来对斯坦利的计划十分满意，他寻找资助人以成立一家公司，满足兴建铁路和轮船约2700万比利时法郎的投资。但计划最主要的问题是，这个公司将在一片利奥波德二世没有控制权的区域修建铁路。尽管斯坦利试图向潜在投资者保证道，他可以与当地酋长签署协议，保障他们在铁路沿线的财产权，但两名主要的实业家却在最后一刻退出，毁掉了这项计划。[7]

　　国王随后制定了一个更为稳健的计划，分三个阶段进行：第一阶段设立一个慈善和科学组织，该组织建立研究站、勘察这地区和签署条约，为修建铁路奠定基础；第二阶段是建立一家运输公司，修建通往马莱博湖的铁路；第三阶段是成立一个贸易公司，在刚果河上游投放汽船，开始商业运作。投资者们于1878年11月25日在布鲁塞尔会面，成立了一个名为"上刚果研究委员会"的辛迪加，该组织将通过 3 年时间完成第一阶段的计划。在组织结构上，上刚果研究委员会完全独立于国际非洲协会之外。利奥波德二世被选为名誉主席，利奥波德二世最忠诚的顾问之一马克西米利安·施特劳赫上校（Col. Maximilien Strauch）被选为主席。斯坦利同意负责该研究委员会在非洲的事务，因此与委员会签署了一份为期 3 年的合同，并可再续签 2 年。他之前还与利奥波德二世签署了 5 年个人服务合同。斯坦利的任务是在刚果河河口和马莱博湖之间建立 3 个站点，为铁路修建进行前期勘察，并探索刚果河上游的商业可能性。对赤道非洲的探索正迅速地商业化。[8]

上刚果研究委员会最初的资金资助来自比利时和荷兰。其中最大的投资者是利奥波德二世本人，他用个人财产投资了 26.5 万比利时法郎；第二是荷兰贸易公司，投资 13 万比利时法郎；其后是两名比利时贵族，分别投资 5 万和 2.5 万比利时法郎，还有一些数额较小的投资者。筹集到的总额远未达到利奥波德二世所希望的 100 万比利时法郎，于是他派斯坦利去英国，在那里拉到了超过 10 万比利时法郎的投资。但此后不久，荷兰贸易公司破产，利奥波德二世成为这一组织唯一的大投资者，这给予他重新确定研究委员会使命的权力。[9]

有了雄厚的资金基础，研究委员会准备派出有史以来装备最精良的探险队踏上热带非洲这片土地。委员会购买了 5 艘蒸汽船（长度从 24 英尺到 65 英尺不等）、2 艘钢驳船、预制装配式房屋、便携式厕所，以及清单上一长串的物资，如帐篷、布料、珠子、金属线、工具、桅杆、桨、帆、绳索、油、涂料、锌板、木板、钉子、钻头、锻铁、火药和药品等。为了将人员和设备运送到刚果河，委员会租了两艘汽船："阿尔比恩号"（Albion）经 1869 年开通的苏伊士运河前往桑给巴尔，接来搬运工和武装警卫；而"巴尔加号"（Barga）则运载物资直接驶向刚果河。到达桑给巴尔后，斯坦利雇佣了 68 名搬运工，其中 50 人早些时候曾与他一同穿越非洲。斯坦利还会见了桑给巴尔苏丹，并留下礼物和钱，托他转交给蒂普·蒂普。随后，斯坦利与搬运工们乘"阿尔比恩号"一起回到地中海，沿着西非海岸航行到刚果河的入海口。[10]

120　　　1879 年 6 月 26 日，"阿尔比恩号"抵达直布罗陀，施特劳赫上校正等着向斯坦利介绍研究委员会目标的一个全新愿景。虽然施特劳赫上校鼓励斯坦利与当地酋长签署协议，并按照先前的约定设立研究站，但他现在更希望斯坦利能为每个研究站点争取尽可能多的土地，并设法吸引非洲人到站点附近定居。尽管当地非洲人显然不愿意主动离开自己的家园，但施特劳赫上校想的则是通过购买奴隶，获准其自由，让他们作为自由劳工在研究站附近定居，生产粮食和工作。

　　刚果河研究站建立后，施特劳赫上校希望斯坦利扩大势力范围，覆盖邻近的酋长领地，并把研究站和他们的属地重组成一个"自由黑奴联盟"（Confederation of Negro Freedmen）。尽管说得天花乱坠，施特劳赫上校还是强调："毫无疑问，绝不能允许黑人有丝毫的政治权力。否则那将太荒唐了。白人和研究站领袖们拥有所有权力。"这些研究站将对联盟主席负责，联盟主席是由利奥波德国王任命的欧洲人，并居住在欧洲。施特劳赫告诉斯坦利："这不是比利时殖民地的问题，而是创建和运行一个尽可能大的新国家的问题。"斯坦利没有理会这个太不切实际的想法。他在给施特劳赫上校的回信中写道："在我这个位置的人，如果还想这么做，就是疯了。我们目前唯一希望的，就是争取可以自由地生活和行动，而不需要担心暴力。"利奥波德二世的方案在当时听起来相当的荒谬，但六年后，刚果自由邦的建立变相地实现了他的方案。[11]

2
1879 年 1 月 24 日，巴黎

斯坦利离开布鲁塞尔前往刚果河执行任务。两周后，皮埃 121
尔·萨沃尼昂·德·布拉柴在索邦（Sorbonne）的某演讲厅里向巴黎地理学会发表了演说。他刚刚结束了为期 3 年的探险，从奥果韦河到巴泰凯高原。在详细讲述了这次探险历程之后，布拉柴回答了一个听众心中共同的疑问——在几个月的时间里，明明就在刚果河非常之近的距离内，他怎么却对它的存在毫不知情？这些缺乏实际经验的空头地理学家对此感到疑惑。布拉柴的答案就是，简单来说，就算他知道自己与大西洋海岸的相对位置，也对刚果河的流向毫无头绪。他向着广大听众说："我无法想象，刚果河正在我的面前、在旭日东升的方向翻滚奔腾。"直到回到法国，在斯坦利的书中看到那张折页大地图后，他才明白过来。他说："当我知道那是斯坦利走过的路时，一切都豁然开朗了。我穿过的一系列河流都流入了斯坦利所谓的利文斯通河（即刚果河）。"承认了自己的错误后，布拉柴对未来发出了新的挑战。"征服这片广袤的大陆需要付出巨大的努力。法国探险家不会在这项重要的任务中失败。"他还补充

道："就我而言，我已准备好重新踏上征程。"[12]

虽然布拉柴在三年探险中所取得的地理成果甚少，但他回到法国时还是受到了尊敬。除了巴黎地理学会颁发的金质奖章外，他还被授予法国科学院军官和荣誉军团（Legion of Honor）骑士，法国海军还将他提升为海军中尉。然而，除了荣誉之外，他更需要下一次探险的资金支持。他在给海军部长的报告中提倡制止奴隶贸易、发展新的贸易形式，以获得支持。他写道："奥果韦河上游附近地区的未来离不开奴隶贸易问题。当它不再专注于部落活动时，他们可以利用自己的天赋，使用独木舟运输本土产品。只有到那时，这些边远的部落地区才能充分利用他们森林的自然资源财富。"但此时，布拉柴在海军部里的资助人——蒙塔尼亚克海军上将已经退休了，海军部并没有兴趣再发起一次新的探险活动。[13]

布拉柴的最佳选择是向国际非洲协会的法国国家委员会寻求资金支持。法国国家委员会虽然隶属于国际非洲协会，但保持了高度的独立性。法国国家委员会为自己的项目筹集私人资金，并获得了法国政府一笔 10 万法郎的赠款，用于对非洲的探索。1879 年 7 月25 日，巴黎举行的一场法国国家委员会会议上，代表们对布拉柴的计划表示了强烈支持。这一计划即通过奥果韦河和阿利马河到达刚果河，在斯坦利到达之前将法国国旗插在马莱博湖上。这些法国人知道斯坦利已于 6 月离开直布罗陀，前往刚果河口执行一项秘密任务。他们不知道斯坦利正在为利奥波德二世工作，还以为他是在为英国建立研究站。[14]

因为国际非洲协会执行委员会成员、美国商人亨利·谢尔顿·桑福德出席了巴黎会议，利奥波德二世才得以了解到，法国国家委员会计划派遣布拉柴前往马莱博湖。为了确保布拉柴是为上刚果研究委员会服务，利奥波德二世邀请他来布鲁塞尔，接受利奥波德勋章（Order of Leopold award），以表彰他对奥果韦河的探索。在拉肯（Laeken，布鲁塞尔郊区）的王宫，利奥波德二世与布拉柴举行了为期三天的会谈。期间他试图说服布拉柴，为研究委员会这样的国际联合组织工作，要比为国际非洲协会的法国国家委员会工作更好。利奥波德二世明白，他可以掌控研究委员会的一切活动，而对法国国家委员会的影响力却是微乎其微。对此普遍的说法是，布拉柴当时相当傲慢地回答道："阁下！我是一名法国军官！"宣告了他对他所归属国家的忠诚。但二十年后，布拉柴回忆说，他拒绝了国王的提议，是因为他厌恶研究委员会任务遮遮掩掩的秘密本质，并且他不愿在斯坦利手下工作。[15]

与布鲁塞尔的讨论让布拉柴重新考虑了是否成为国际非洲协会法国国家委员会的代理人。他现在明白，国际非洲协会和上刚果研究委员会虽然是两个独立的组织，但事实上是通过利奥波德二世和施特劳赫上校联系在一起的。在 11 月 27 日举行的国际非洲协会法国国家委员会会议上，布拉柴概述了一项以法国的名义对刚果河盆地大部分地区声明主权的计划。由于国际非洲协会章程中要求自身保持非政治性，委员会对布拉柴的计划犹豫不决。但布拉柴仍然坚持："给我一万法郎，只要三个月，我会把法国国旗插在刚果河岸上。"[16]

外交部、教育部和法国海军提供了布拉柴些许支持，使得他的管辖权问题得到解决。他现在在国际非洲协会和法国政府的双重支持下工作。以科学和人道主义的名义在奥果韦河上建立的国际非洲协会研究站将为布拉柴提供庇护，他可以在刚果河插上法国国旗，尽管法国政府并没有要求他这么做。他主要是为国际非洲协会法国国家委员会工作，但可以利用自己海军军官的身份，声称自己代表法国政府。尽管隶属于两个组织（政府），但布拉柴基本上还是自己运作管理。

1880 年 3 月 8 日，布拉柴离开加蓬的利伯维尔，乘坐"秃鹳号"汽船沿奥果韦河前往兰巴雷内，就像他上次航行一样。他的团队包括 3 名法国海军人员、10 名塞内加尔海军陆战队队员和 4 名翻译。在兰巴雷内，他雇了一些独木舟和桨手——只留下那些同意走完全程的人。布拉柴上次航行花了两年的时间才达到奥果韦河的尽头，这次只用了约三个月。6 月 13 日，奥果韦河上一面法国国旗升起，标志着法国在奥果韦河上游研究站的建立，这个研究站所在地即后来的弗朗斯维尔（Franceville）。6 月 22 日，布拉柴带着他在利伯维尔接到的 5 名塞内加尔海军陆战队队员和 7 名搬运工离开研究站，留下一小队人员接待前来建站的人。有了上一次探险的经验，布拉柴知道，当地雇佣的搬运工往往几天后就离开，而完全陌生的搬运工更有可能一直和探险队一起，因为这是他们返回家园的最佳保证。

布拉柴最初曾说要向东走到阿利马河，然后沿着它一直走到刚果河，但与博班吉商人战斗的回忆让他打消了这个念头。有斯坦利书里一张详尽的刚果河地图作参考，布拉柴最后选择穿过巴泰凯高原，然后直接向南到达马莱博湖。7 月 20 日，探险队到达莱菲尼河（Lefini River），并沿河向东。7 月 30 日，他们到达了恩加姆佩雷（Ngampéré）酋长的村庄。村子虽小，但它的首领显然是个重要人物。他戴着一个巨大的铜项圈，象征着他是"王权的首领"，对周边地区的丰饶和福祉负有礼制上的义务。恩加姆佩雷是被掌管整个巴泰凯高原的巴泰凯大酋长"马科科"安插在这个位置上的。有人告诉布拉柴，"马科科"住在距离恩加姆佩雷的村庄东南约20英里的姆佩（Mbe）。"马科科"在当地地位之崇高，就连下属酋长、领主都是跪行着近其身。这是布拉柴第一次听到"马科科"的存在。

在此之前，布拉柴一直是与那些小规模的独立酋长打交道，这是热带雨林典型的分权政治文化。但是现在他遇到了拥有一个君王统治者和一些下属酋长的王国，这个王国的南部热带草原地区特征更为突出。巴泰凯高原上覆盖着干旱的草原，三面被热带雨林包围，是热带雨林地区地理和政治上的异类，就好像南部的热带草原向北突出伸入了刚果盆地热带雨林。尽管现代语言学家将巴泰凯语视为一种"森林语言"，但这些高原上的居民却实行着一种草原式的政治制度。[17]

布拉柴想直接向南前往马莱博湖，但是他的向导——巴泰凯酋长们却一直力劝他沿着莱菲尼河一路向东到与奥卢莫河（Olumo）的交汇处。一个当地酋长用棍子在地上画了一张地图，地图显示，莱菲尼河流入奥卢莫河，然后汇入恩楚纳（Ncouna），这些是在斯坦利的地图上找不到的，他立即依样画在了自己的日记里。布拉柴当时并不知道，奥卢莫和恩楚纳只是刚果河与马莱博湖在当地的名称。为了加速行程，他留下了部分人员和物资，从陆路前往奥卢莫河西岸（也就是刚果河西岸）恩加姆佩（Ngampei）酋长的城镇。

1880 年 8 月 15 日晚上 9 点，尽管布拉柴没有意识到他眼前所见，但他第一次看到了刚果河。他在日记中写道："在微弱的月光下，浩瀚的奥卢莫河在我们面前展开。场面极其壮观。"当他的队伍借着月光进入河边的恩加姆佩村时，布拉柴发现它与巴泰凯高原上的星罗棋布的巴特克村庄不一样。在日记中虽然他曾指出了恩加姆佩被称为"巴特克·马巴勒"（*Bateke maballe*），但他不知道的是，"*maballe*"一词来源于"*ebale*"，博班吉语中"刚果河"的意思。这些村民是"刚果河的巴特克人"，其文化深受博班吉人的影响。他们的独木舟、船桨、瓶子、席子、篮子，还有步枪上的铜饰，都展示出浓厚的博班吉风格。回想起之前在阿利马河与博班吉商人的暴力冲突，布拉柴提起了高度的警惕，并随即清点了武器，但这个夜晚过得很平静。[18]

第二天下午，布拉柴会见了恩加姆佩酋长。在例行的问候仪式之后，布拉柴说道，他受"伟大的白人之首领"委派，正在寻找一个合适的地方建立商业站点，以便白人商人及其产品进入这片区域。白人会带来大量的布料和其他欧洲商品来与当地的象牙和橡胶交换。恩加姆佩回应说，欢迎白人的到来，他们可以在任何满意的地方建立研究站。

然后，恩加姆佩酋长给布拉柴讲了一个不同寻常的故事：在过去，巴特克人统一在一个强大的统治者下，但在那个统治者死后，每个酋长都各自独立了，造成了如今混乱的政治局面。他吟诵的是巴特克广为流传的神话的一个变体版本。当时所有的巴特克酋长都生活在一个大都城里，受到国王的监视，但国王死后，他们五零四散。这个神话衍生出不同的版本，被用来解释巴特克过去几个世纪里的分裂。因此这个神话反映的是权力分散的概况，而不是某个具体的事件。不过，恩加姆佩酋长提出了一个新的小问题，暗示也许 127 伟大的白人首领会恢复传说中巴特克人的统一局面。[19]

为什么恩加姆佩酋长似乎愿意把统治权交给一个陌生的白人呢？可能布拉柴是根据19世纪欧洲的种族思想来解释这句话的，而这本可被视为白人种族优越感的示意。但恩加姆佩酋长的想法截然不同。刚果河沿岸的博班吉人相信，死去的祖先偶尔会以鬼魂的形式再次出现，像幽灵似的四处游荡，看起来像白人一样。黑人和白人并不是永恒不变的种族类别，而是一种暂时的生存状态。这种信仰在这里很普遍，刚果河下游的刚果人也同样如此相信。所以，恩加姆佩酋长建议由一位"白人首领"来恢复传说中巴特克人的统一时，他很可能指的是某位前巴特克国王的灵魂的回归。无论如何，恩加姆佩自然不是在主张服从于法国政府。[20]

得到巴特克酋长建立站点的许可很容易，但布拉柴知道，除非与博班吉人——刚果河真正的主人达成协议，否则欧洲人将永远不可能插手刚果河贸易。因此，他请恩加姆佩酋长给博班吉人捎个信。布拉柴这个戏剧性的手法以前就可能用过，以后也还会用很多次：他走向酋长时，一手拿子弹，一手拿布；然后告诉酋长，博班吉人有选择权；如果选择布，他们之间将和平开展贸易；如果选择子弹，那就意味着战争。酋长回答说，他需要和一些博班吉酋长商议，两天之内会给他答复。

布拉柴等待答复时仍然保持着警惕，因为他担心博班吉人正动员战士过来攻击他，就像他们第一次探险时在阿利马的遭遇一样。第二天，一群新到的博班吉商人到来，似乎证实了他的疑虑。这些 128

博班吉商人在阿利马河沿岸购买了木薯，然后乘独木舟来到恩加姆佩的村庄交换鱼干和烟草。这天的交易进行得很平静，因此布拉柴选择不现身。如果他试着和博班吉商人谈谈，而不是躲着他们，布拉柴大概率会知道：奥卢莫河实际上就是刚果河，而从这里乘独木舟到马莱博湖只需要 5 天的时间。由于仍然担心博班吉人可能会袭击他，布拉柴的队伍第二天便离开了，折回到他们之前经过的莱菲尼河畔的法法（Fafa）。再次偏离刚果河的布拉柴重启了原来的计划：向南穿过巴泰凯高原，到达马莱博湖。他的第一站是巴特克王国的都城——姆佩。

3

1880 年 8 月 28 日，巴泰凯高原，姆佩

1880 年 8 月 28 日，布拉柴的探险队离开法法，沿着平坦而几乎没有树木的巴泰凯高原向南跋涉了 30 英里。布拉柴的目的地是姆佩，在那里他将见到头衔是"马科科"的巴特克国王。布拉柴在两年后的一篇文章中写道，他把"马科科"发出的邀请归功于那位戴着巨大铜项圈的恩加姆佩雷酋长。根据布拉柴的说法，恩加姆佩雷酋长告诉他，"'马科科'已经知晓这位伟大的白人首领（即布拉柴）有一段时间了，知道他活动于奥果韦河上；'马科科'知道布拉柴那威力强大的枪从来没有攻击过任何人，随他的脚步而来的是和平与富足。他命我向你问好，并来引导你——他的朋友"。这个说法被正式记载为官方说法，是布拉柴拜访"马科科"的起源。

但是布拉柴的日记中并没有提及这一邀请，而且布拉柴的这个故事也无法解释为什么恩加姆佩雷最初将布拉柴向东送往刚果河，而不是向南送到"马科科"的都城姆佩。[21]

129

历史学家简·范西纳提出了一种截然不同的观点。他认为，"马科科"其实不愿意与布拉柴见面，因此才命令莱菲尼河沿岸的酋长们将布拉柴引向刚果河上的恩加姆佩，从而远离姆佩。很可能是恩加姆佩决定，如果布拉柴想要在刚果河上建立一个研究站，那么他需要得到姆佩"马科科"的批准。支持这一设想的证据可以在布拉柴与"马科科"签署的协定中找到。协定是这样开头的："统治莱菲尼河口和马莱博湖之间领地的'马科科国王'，正式批准恩加姆佩酋长为建立一个法国研究站而割让领土……"这些话表明，恩加姆佩酋长曾派布拉柴到"马科科"那里正式签署贸易协定。[22]

探险队逐渐接近"马科科"的村庄，布拉柴在日记中总结了他的目标。第一个目标是找到从大西洋海岸至刚果河上游最实用的路线，并确保其为法国所控制；第二个目标是使法国在巴泰凯高原拥有一定权利，因为他认为这里是大西洋海岸和刚果河上游之间的过渡地带；第三个目标是在马莱博湖插上法国国旗，因为刚果河上游

130

的开阔水域和刚果河下游的急流在此交汇。鉴于布拉柴唯一的官方任务是为国际非洲协会法国委员会建立一两个研究站进行选址工作，所以他所列议程完全是他个人的目标。

布拉柴将"马科科"的领地称为"马科科王国"，并指出，这片领地涵盖了广袤的巴泰凯高原，从南部的马莱博湖直到北部的莱菲尼河，南北约150英里，东西约100英里。因为真正的权力掌握在十几个戴着巨大铜项圈的"王权的首领"手中，因此历史学家亨

利·布伦施威格（Henri Brunschwig）认为"马科科王国"的政治结构是"封建的"。布拉柴称这些酋长为领主，但这个王国与中世纪欧洲的王国又有很大不同，因为"马科科"的权力高于一切宗教和神灵。他是恩奎·姆巴利（Nkwe Mbali）之主，他是整个民族的神灵，每隔四天人们就休息一天（这一天被称为"恩奎·姆巴利"），在"马科科"的宫廷以特殊的仪式来纪念。据说，国王可以放出狮子来攻击他所愤怒的对象，或降下洪流冲走仇敌的庄稼和房子。一位早期的法国探险家将"马科科"称为"巴特克的教皇"（Pope of the Bateke），对于像布拉柴这样在罗马教皇统治下长大的人来说是很容易理解的。[23]

"马科科"国王拥有的主要权力是在老领主死后任命一位新的领主，并在继位大典上为新领主戴上铜项圈。但一旦新领主继位，国王将没有权力再向新任领主下达命令。相反，他充当着信息交换中心的角色，经常派人把消息（而非命令）传达给各个领主。他被要求在各领主之间斡旋，避免争端，但就算如此他的实际权力也是极其有限的。布拉柴在莱菲尼河上航行期间，两个最重要的巴特克领主正在交战，而国王对此却无能为力。[24]

国王唯一直接的行政权力是管理姆佩村的居民，他是姆佩村的首领，也是整个王国的国王。19世纪80年代，姆佩被描述为"一个小村庄，看起来不算繁荣，房子倒成了废墟"。"马科科"王宫建筑群包括：两幢供国王居住的房子和他12个妻妾与8个奴隶住的棚屋——对于一个非洲君主来说真是微不足道。虽然"马科科"从他的臣民那里收取贡品，但大部分是食物或当地编织的酒椰叶纤维织物，都城几乎看不到显眼的财富。由于姆佩的大多数居民都是

131

皇室成员，他们不从事农业劳动，所以姆佩村的食物供应主要依靠来自周边地区不定期送来的贡品。生活相对贫乏的姆佩与刚果河沿岸贸易繁荣的博班吉、马莱博湖畔的巴特克贸易城镇形成了鲜明的对比。[25]

布拉柴的队伍即将到达姆佩村时在一个等候区停了下来，他们被告知需要换上他们最好的衣服，有使者们在前面去向国王通报他们的到来。没有人可以未经通报而直接进入姆佩村。当一切准备就绪，布拉柴的队伍进入了姆佩村的大门，队伍紧随着号角和一面法国国旗。他们进入王宫的寨子后，在位的"马科科"国王就出来了，他的妻子们紧随其后。这位国王的个人名字叫伊洛（Iloo），他的头上裹着一块大布，胳膊和腿上戴着巨大的铜项圈和铜镯子，端坐在一个垫子上，垫子下面是一张狮子皮。作为传说中能够操控狮子的国王，只有"马科科"国王有权坐在狮子皮上；对自己领土上被杀死的任何狮子皮，"马科科"国王都拥有垄断权。

在礼节性的仪式和问候后，向导讲述了布拉柴从奥卢莫河畔到恩加姆佩的事迹，布拉柴就是在恩加姆佩讨论了建立法国站点的可能性。布拉柴随后阐明，得知"马科科"国王是恩加姆佩和马莱博湖之间所有土地的统治者后，他特意前往姆佩与国王商讨法国和巴特克王国之间未来关系的可能性。会面结束后，国王回到自己的宅邸中去，用木薯、类似开心果的坚果和高粱招待了客人们。东道主因木薯数量太少而深表歉意，并解释说是因为最近大象毁坏了木薯田。

在接下来的两周里，布拉柴在姆佩与国王和主要官员进行了多次讨论。在概述了增加来自法国的贸易的可能性之后，他讲述了

132

他与奥卢莫河上的博班吉人的故事：他是如何向他们提出和平或战争的选择，但并没有得到回应。为了解决这一问题，国王派人请来了他的首席大臣奥波翁塔阿巴（Opoontaaba），还有恩戈比拉（Ngobila）和恩甘楚（Ngantsu），这两人的城镇在刚果河上对岸相望，从而控制了贸易的流通。在巴特克王国的政治结构中，恩戈比拉是一个戴着铜项圈的领主，而恩甘楚只不过是一个土地首领。恩戈比拉在博班吉很有影响力，博班吉人需要向恩戈比拉交付一定的通行费才可以顺利前往马莱博湖进行交易。在讨论贸易网络时，首席大臣奥波翁塔阿巴在沙上画了一张地图，这让布拉柴第一次意识到，奥卢莫河其实就是刚果河。他在日记中写道："我终于可以在斯坦利的地图上找到自己的位置了。"[26]

在两周的时间里，"马科科"国王召集他的一些最重要的酋长和官员进行商议，在一系列仪式和讨论后，协定准备缔结了。之前布拉柴与部落首领的协议都只是口头声明，伴有一个公开仪式，但这次他认为有必要书面签署协定，因为"马科科"是他遇到的第一个拥有如此大片领土的部落首领。热带雨林中不计其数的小酋长的权力很少超出他们自己的村庄，而"马科科"却是整个巴泰凯高原公认的统治者。在 1880 年 9 月 10 日的签署仪式上，布拉扎用法语起草了两份协定，并在底部签下自己的名字，而"马科科"则画了一个"X"。

《马科科条约》（The Makoko Treaty）包含两则条款。第一是批准恩加姆佩酋长割让刚果河沿岸的一块土地用于设立贸易站。由于在签署条约之前的大多数讨论都侧重于与法国贸易的好处，所以"马科科"同意让布拉柴设立一个贸易站也就不足为奇了。国王曾与布拉柴分享过他的理解，即：法国人就像博班吉人一样，似乎只专注于商业。"马科科"心里清楚的是，白人可以成为制衡博班吉的商业力量，从而形成一个竞争局面，而巴特克人可以从中获利。博班吉商人从未挑战过刚果河沿岸的巴特克酋长的权威，诸如恩甘楚和恩戈比拉，因此国王认为让法国商人进来没有政治风险。如果法国人也像博班吉人一样，那就不成问题了。[27]

　　第二则条款则是最重要的。上面写着："'马科科'国王……已将其领土割让给法国，并让出其至高无上的世袭统治权；（我）希望，作为割让的象征，其领土上空飞起法国的国旗，我给了他一面法国国旗。"如果只从字面看这些话，那么"马科科"似乎把他的领土和主权都割让给了法国，这是任何一个主权国王都不会自愿做的事情。很难理解国王为什么签署了条约。简·范西纳收集的口述史材料显示，国王和他的首席大臣最初对布拉柴十分警惕，首席大臣曾大力反对这项条约，但"马科科国王"却否决了他的意见。[28]

　　我们该如何解释"马科科国王"的行为？一种可能的解释是，布拉柴没有合理地翻译或解释条约的具体部分，致使国王并不知道他所做的不仅仅是在一个贸易条约上画一个"X"那么简单。但这一说法并不能解释为什么国王同意悬挂法国国旗。尽管旗帜具有国家主权象征意义这一点在先前的非洲地区并不为所人知，但像"马科科"这样深谙仪式和象征意义的专家，当然知道悬挂法国国旗有着某种更大的意义。此外，国王又赐给布拉柴一块象征着巴特克土地的草地。这块草地的象征意义似乎不只象征着出售一小块土地作为贸易站，对于布拉柴来说，它代表了整个王国。

　　鉴于"马科科"的权力很大程度上是仪制和神灵层面的，所以

134

不难想象，超越世俗领域的三个因素可能影响了国王的思想。第一个因素是失去的巴特克统一的神话，布拉柴在姆佩村又听到了这个故事。在先前统一的王国分裂后，执政的"马科科"便创建了领主制，以防止巴特克陷入无政府的状态。这个神话的背后是一种渴望，那就是要恢复失去的统一，然而这种统一可能真的存在过，也可能根本不存在。第二个因素是，在谈判期间，"马科科"托梦与四代祖先进行了商议。因为巴特克人认为他们的历史是在第一代和最后一代这两个人之间循环，而他们之间的一切都被抹去，那么追溯四代人就会把"马科科"带入到一个神秘的年代，那时的王国被认为是统一的。第三个因素是恩加姆佩酋长把布拉柴的"伟大的白人首领"和已故的巴特克国王的灵魂联系起来，"马科科"的首席大臣曾有过这样的联想。而这种联想可能也存在于"马科科"的脑海中。把这三个因素结合起来，我们可以推测"马科科"希望通过来自"伟大的白人首领"（即他们的祖先）的精神支持来恢复巴特克王国传说中失去的统一。悬挂法国国旗会给他以额外的精神保护。作为"巴特克的教皇"，"马科科"很大程度上是从精神层面上看待这份协议的。他不会在明知不利的情况下把自己置于法国政府世俗的行政权力之下。[29]

布拉柴与巴特克国王"马科科"于1880年9月10日签署的这份长110字的条约，是赤道非洲历史的转折点之一，但它的重大意义却直到很久以后才显现出来。1874—1875年间维恩·洛维特·卡梅伦曾签署一系列英国保护国条约，后搁置在英国殖民地部（Colonial Office）档案柜中。与这些条约不同，布拉柴与马科科的这份条约对欧洲开启争夺赤道非洲地区有着重要促进作用。历史学家可能会说，到 1880 年，非洲大陆的殖民分治几乎已经是不可避免的事实，因为非洲商品对欧洲工业化经济的重要性日益增加，而欧洲和非洲之间军事力量的不平衡也在日益加剧。但是，赤道非洲的分治是在一个特定的时期以一种特殊的方式进行的，其结果也是非常特别和悲惨的。如果有人一直沿这条曲折而纠结的道路前进，那么布拉柴的《马科科条约》就是一个关键的焦点。

4

1880 年 9 月 14 日，刚果河上游，恩甘楚酋长的小镇

布拉柴在签署《马科科条约》后便立即离开了姆佩。两日后，他便已在刚果河西岸的恩甘楚酋长的小镇上过夜。那里的河宽不到一英里，恩甘楚和恩戈比拉酋长的小镇几乎是隔河相望。恩戈比拉作为领主掌管着刚果河从阿利马河西岸延伸至马莱博湖的领土。实际上，恩戈比拉主要是通过向过路的博班吉和利库巴（Likuba）商人收取通行费的方式来行使他的权力。恩戈比拉很可能于 1877 年 3 月 9 日发起与斯坦利的战斗，因为他看到当时斯坦利正试图不付过路费就从他的城镇通过。这次战斗是斯坦利在刚果河上的第 32 次也是最后一次战斗。[30]

布拉柴花了一个星期的时间试图与博班吉商人取得联系，但因   136 彼此都十分警惕而没有成功。最后，在 9 月 19 日，出现了 4 艘巨大的博班吉独木舟，每艘约载 30 人，配 60 支枪。他们从马莱博湖向上游返回阿利马河。他们的独木舟靠岸后，以庆典游行的形式进

入城镇迎接恩甘楚酋长。布拉柴走近他们，并通过他的翻译与之交谈，给他们讲了两个白人曾在赤道非洲探险的故事。第一个人乘独木舟顺流而下，在刚果河上进行了一系列的战斗，用威力强大的枪杀死了许多人。第二个人则到达阿利马河上游，在那里他花了一大笔钱购买独木舟，但是，尽管他慷慨如此，还是遭到了恶毒的攻击。他意识到，如果想要继续沿着阿利马河航行下去，则不得不杀死许多人，于是为了和平他选择了退出水路，从陆路行进。当这两个白人回到欧洲向"伟大的白人首领"汇报时，第一个因暴力行为而受到谴责并被降职，而第二个则因其和平行为而受到赞扬。布拉柴正以一种隐蔽的方式谈论着斯坦利和他自己。

布拉柴是在歪曲事实。在他第一次探险的官方报告中，布拉柴对放弃沿阿利马河而下的解释是因为他只有 15 支枪，而且弹药不足。而回到法国后，他又写道："如果我知道再有 5 天时间就能顺着阿利马河进入刚果河，我一定会毫不犹豫地选择强行通过，以从刚果河回到海岸。"关于"伟大的白人首领"谴责斯坦利，而夸赞布拉柴，则又是一个虚构的故事。布拉柴在日记中为自己辩护说，欧洲媒体严厉抨击了斯坦利在非洲的暴力行为，而他自己却因为和平的手腕而饱受赞扬。[31]

137 　　布拉柴并没有透露他就是故事中的第二个白人，而是告诉博班吉商人，他是被派来为想要购买象牙和橡胶的白人商人开辟道路的。他举起双手示意说，一手代表战争，一手代表商业。如果选择战争，博班吉人的鲜血将浸染整个刚果河；但如果选择和平，他们则可以从与白人的直接贸易中获利。博班吉独木舟船长回答说，他们更喜欢贸易而不是战争。船长们说，去往马莱博湖的道路漫长而艰难，通常要划 16 天才能回到阿利马河畔的家。所以他们欢迎白人在该地区建立一个贸易站点来购买他们的象牙和橡胶。他们还提到，他们的地区盛产橡胶，但马莱博湖的巴特克商人却不买。

此时，布拉柴想将法国国旗分发给四名独木舟船长，但恩甘楚酋长当面阻止了。为了维持他在博班吉的权威，酋长想要保留对法国国旗的独占权。当布拉柴试图把珠子作为礼物送给船长们时，恩甘楚坚持要把珠子交给他来分发，保证他作为布拉柴和博班吉人之间中间人的地位。布拉柴虽然很愤怒，但却无能为力。这一事件表明，曾在姆佩出席《马科科条约》签署仪式上的恩甘楚酋长并不认为他的任何主权已经移交给了法国。他并没有把他的权力割让给布拉柴。

这一事件也让他意识到，与博班吉人达成协议的最佳途径是通过领主恩戈比拉，他比恩甘楚的政治级别更高。9 月 21 日，6 艘博班吉独木舟从马莱博湖抵达时，布拉柴退回到他的小屋里，给恩戈比拉领主捎去口信。恩戈比拉在第二天早上抵达，连同 16 艘独木舟，载着 200 个博班吉人一同抵达，他们每人都配有一把步枪。与恩戈比拉会面时，布拉柴又复述了一遍他那个两个白人到此探险的故事，他们一位是暴力的、一位是和平的，并说他是由"白人首领"派来促进和平贸易的。他右手拿着子弹，左手拿着布，让他们选择战争还是和平。当他们选择了和平时，布拉柴让他的人挖了一个洞，并把子弹扔进洞里，称之为"埋葬战争"。然后他把洞填上，插上一根法国国旗的旗杆。"让战争消失，直到我种下的这棵树成长并结出子弹。"他吟诵着。他的塞内加尔海军陆战队队员鸣响五响礼炮后，布拉柴将法国国旗分发给了博班吉部落的酋长们。这一次，

138

恩甘楚并没有试图阻止他。半小时后，一艘飘扬着法国国旗的博班吉独木舟驶向了马莱博湖。

一周后，布拉柴乘恩戈比拉提供的两艘大独木舟，带着四名巴特克独木舟手离开恩甘楚镇前往马莱博湖。第四天，他们便到达了马莱博湖，很快就接到了恩加阿利奥（Ngaalio）的来访，布拉柴称恩加阿利奥是"马科科"国王在马莱博湖的代表。恩加阿利奥是"马科科"首席大臣的兄弟，他曾在一年前带着 200 名武装人员来到马莱博湖向巴特克酋长们收取贡品，那些酋长自命为马莱博湖的象牙贸易中间商。从巴特克王国都城姆佩出发，经由一条穿过巴泰凯高原上的路，只要 5 天的路程便可以到达马莱博湖。"马科科国王"将他的奴隶安排在沿途建立了一些小村庄，为往来于马莱博湖和姆佩之间的商旅提供食物和住宿。一个月前布拉柴与"马科科"在姆佩谈判的时候，他似乎并不知道自己距马莱博湖只有 5 天的陆路路程。

马莱博湖区的最高巴特克酋长是恩楚乌鲁（Ntsuulu），他佩戴的大铜环象征了他作为领主的地位。但协调马莱博湖区的酋长们与布拉柴会面，并允许他建立研究站的是"马科科国王"的税官。这项协议在 1880 年 10 月 3 日的一次会议上达成。虽然布拉柴是来获得一小块地作为站点，但他声称需要足够的时间来选择合适的地点，因此他要求以法国的名义占有整个马莱博湖北岸。在他起草并签署条约之后，四位巴特克酋长各自画了一个"X"。一个是恩加阿利奥——那个税官，他作为"马科科国王"的代表签了字；然后是恩吉阿·萨（Ngia Sa），他的铜项圈表明他是一个巴特克领主；两个级别较低的酋长紧随其后。布拉柴将法国国旗分发给控制湖区北岸的所有巴特克酋长们，并插上国旗，表明法国对这片领土的占领。作为对他所要求的领土的报偿，布拉柴赠送礼物给集会的酋长们，并额外准备了一份单独的礼物送给姆佩的"马科科国王"。随后，布拉柴又拟了一份文件，提拔他的一名塞内加尔海军陆战队员马拉明（Malamine）为中士，并任命他为马莱博湖法国站的站长，另派遣了两名加蓬水手协助。

布拉柴又在湖区停留了两周，与巴特克的酋长们进行了多次交谈，力劝他们在斯坦利到来时不要与其合作。布拉柴惊讶地得知，湖区暂时还没有任何关于斯坦利的消息，但他还是想确保斯坦利到达时不会被这里的酋长们欢迎。布拉柴仍然希望能找到一条通往大西洋的陆路捷径，于是放弃了水流湍急的刚果河，直奔海岸。布拉柴发现地势被山脉打断，于是转而向南，沿刚果河谷向大西洋海岸前进。在布拉柴离开后不久，两名英国传教士抵达马莱博湖，但当地人对他们充满了敌意，迫使他们撤到下游河段。显然，他们所受到的"礼遇"，是布拉柴早先为斯坦利安排好的。[32]

5

1879 年 9 月 27 日，刚果河下游，维维

1879 年 9 月 27 日下午 4 时，斯坦利到达维维（Vivi），五名酋长正在此处等待。他们穿着二手的欧式服装——红色的英国军装外套，黑色长礼服长袍，来自伦敦一家俱乐部的棕色外套，还有毛毡帽和绸礼帽。"看，这里旧衣服销路有多好"，斯坦利曾在信中写到这一景象。1879 年 8 月 22 日，斯坦利的探险队抵达刚果河河

140

口的主要港口博马。在卸下设备和物资，并存放入仓库后（仓库由荷兰、英国、法国贸易公司所有），斯坦利与3名欧洲人和10名雇佣的桑给巴尔人乘汽艇继续沿河向上前往维维。[33]

维维位于刚果河河口，就在耶拉拉瀑布下。而且维维就在刚果河河口的高河岸上，斯坦利就是想在这里为利奥波德二世的上刚果研究委员建立第一个研究站。虽然远洋船不能越过位于河口下游30英里处的博马，但小汽船可以一直开到标志着航行界限的维维。维维的大部分地区都是布满岩石的斜坡和嶙峋的山头，用斯坦利的话来说，这些地方"贫瘠、贫穷、毫无价值"。不过，斯坦利寻找的并不是什么农业用地，而是一个前往内陆的出发点。比起维维自身的条件和所能提供的资源，他更感兴趣的是从维维展开的前路。

酋长们和斯坦利打过招呼，问他想要什么。斯坦利告诉他们，他需要足够的土地来建造房屋和菜园，并希望获得修路权，这条路可以让他的人和其他人能够不受当地酋长阻挠，顺畅通行。每位酋长都收到斯坦利送的一瓶杜松子酒后，便动身前去商议。第二天早上会议再次召开，5名酋长说只要他们能得到足够的补偿，便同意斯坦利的条件。经过4个小时的讨价还价，斯坦利才勉强同意先付32英镑的定金，再加上每月2英镑的租金。之后，斯坦利对酋长们讨价还价的敏锐赞不绝口。他曾在书中写道："在讨价还价这方面，我相信全世界没有人比刚果人更厉害了，哪怕是犹太人或基督教徒，帕西人（Parsee）或印度商人①。"考虑到一些不动脑筋的

① 印度商人（Banyan merchants）：这类人广泛存在于印度洋贸易中，在服饰、宗教和文化饮食选择以及贸易方式方面与其他商人有明显的区别。

人可能会误以为非洲人不谙世故，他又补充道："在如何贸易的知识方面，外行是我最不会用来形容非洲小孩或非洲成人的词。"不过，他在日记里的记录要低调得多："我对这次的交易并不十分满意，这里要价是最昂贵的，租金也很高。而客观需要令我不得不这样做。"[34]

1880 年 1 月 24 日，维维站落成，但最困难的工作才刚刚开始。探险队需要修建一条货运马路（wagon road），它与急流的刚果河大致平行，长 52 英里，起点是维维，终点是伊桑吉拉瀑布外的某处，它标志着一段长 80 英里开阔水域的开始。这条路线走向大致与斯坦利探险队 1877 年沿刚果河徒步向下游走过的路线相同。在这条路上，他们将用一辆由骡子拉着重型钢货车（heavy steel wagon），以及一切可用的人力来运输两艘内河汽船和一艘钢制驳船（steel barge）。锅炉、发动机和其他重型部件将被拆下另外运输。斯坦利估计，道路完工后，重型钢货车每天将可以前进大约一英里。

水晶山地势崎岖不平，为修建这条货运马路，斯坦利雇佣了一帮人用撬棍和大锤将岩石粉碎用来建造路基，并命令他们用炸药炸开巨石。维维的酋长们看着斯坦利指挥工人们如何使用大锤，便给他起了一个绰号"岩石粉碎者"（Bula Matari）[①]。这个绰号很快就传到了伊桑吉拉瀑布和马莱博湖。然而，在刚果河上游，人们不再讲基孔戈语，斯坦利被称为"坦德利"（Tandley），这是斯坦利（Stanley）的直接音译，在当地的班图语中，没有字母组合"st"。[35]

为了铁路勘探并与当地酋长取得联系，斯坦利执行了一项侦察

---

① 基孔戈语。

142 任务。到了大城镇恩桑达（Nsanda）后，他与周围地区的 30 位酋长举行了一次会议。与维维的酋长一样，他们穿着鲜艳的进口布料，外面一层是伦敦和巴黎俱乐部淘汰的旧外套，以及英国和法国的军装。他们的头上戴着低冠毡帽和旧军帽。斯坦利向酋长们解释说，希望得到他们的许可，修建一条穿过其领土的道路，并希望能够雇用当地的人来参与修建。酋长们回应说，修路是一件好事情，它会带来贸易，只要能够得到一笔满意的补偿，他们将会给予许可。斯坦利后来抱怨说，为了获得"在这片基本无人居住、目前对任何人都没有用处的土地的通行权"，他"挥霍"了 150 英镑。[36]

货运马路的第一段终点站是伊桑吉拉，斯坦利到达这里的时候发现，有关他与维维和恩桑达酋长协定的消息早已在这里传播开来。在与伊桑吉拉的酋长们会面后，斯坦利以差不多的价格买到了一块建研究站的土地。伊桑吉拉外是绵延 80 英里的一片开阔水域，中间只有几处小急流，接着又是一连串的急流和瀑布。斯坦利计划在伊桑吉拉和曼尼扬加（Manyanga）建立站点——这两个地点位于这片开阔水域的两端。他还计划留下一艘汽船用于往来运送物资和人员。而过了曼尼扬加，他得再修一条通往马莱博湖的道路。

谈判进行得很快，但第一段货运马路的修建进展却慢得多。1880 年 9 月 20 日，斯坦利报告说："我们造了三座桥，在十字路口填平了许多峡谷和沟渠，穿过了两片茂密的硬木林，才修出一条 38 英里长的畅通道路。"他沿着这条路运输工具、预制装配式房屋、供应站点的物资、一艘钢驳船和两艘汽船。"皇家号"（*Royal*）是利奥波德二世的一艘汽艇，长 30 英尺，红木船舱，装饰有丝绸窗帘；而"前进号"（*En Avant*）是一艘长 43 英尺的桨轮汽艇，

143

适用于浅水。"皇家号"自重就达近 4 吨。斯坦利队伍的通常有14 名欧洲人，但他们大多负责操作汽船，"在修路上对我来说毫无用处"；还有 106 名非洲工人——大多数是桑给巴尔人、塞拉利昂的克鲁门人（Krumen）和从大西洋港口城市卡宾达来的工人，这些工人都是远离家乡，因此不太可能半途而废。除此之外，斯坦利还雇佣了多达 200 名当地的工人协助修建，不过具体人数因地点和任务的不同而定。[37]

11 月 2 日，他们开始用力把小船拖上山坡——这是他们目前所遇到的最陡峭的山坡，沿路将四个滑轮组结实地绑在路边牢固的树上，并将"前进号"用结实的带子系在钢货车上，一根是 5 英寸粗的缆绳（通常在码头用来固定船只），另外几根是 3 英寸粗的小缆绳。船员们像水手一样，吆喝着"喂，拉呀"。钢货车颤颤巍巍地缓慢爬上山坡，船员们则在轮子后面放上石块，以防它向后滚动。一小时后，"前进号"到达山顶，接着他们再用相同的方式将"皇家号"也拉上山顶。第二天，锅炉和发动机也被运了上来。

到 11 月 6 日星期六，斯坦利的探险队在恩戈马山（Ngoma Mountain）脚下建立了营地。往远处，斯坦利已经可以看到伊桑吉拉瀑布，它标志着第一段路的终点。他写道，每一英里都是"湍急的水流，横冲直撞般得急速冲向因加大瀑布（cataracts of Inga）"。这片区域就是现在所称的因加瀑布（Inga Falls）——它由一系列急流和瀑布组成，在这里，刚果河的海拔在 9 英里内迅速下降 315 英尺。平均每秒有 150 万立方英尺的水从因加瀑布流出，就流量而言，它是世界上最大的瀑布。建成一条绕过因加瀑布的货运马路将是一项重大的成就。

144

　　1880 年 11 月 7 日，星期天，是一个休息日。斯坦利洗了澡，刮了胡子，穿上了他最好的节日盛装，然后坐下来读书。不过，他的沉思被信使送来的一张纸条打断了，纸条上写着："萨沃尼昂·德·布拉柴伯爵，某船少尉。"一个小时后，一个皮肤黝黑的高个子白人出现了。斯坦利后来在书中描述道，布拉柴"戴着头盔，身着海军蓝色外套，脚上缠着棕色皮革绑腿"。他手下有 15 个人，个个都带着温彻斯特步枪。然而，斯坦利在 1882 年对"斯坦利俱乐部"[①]的演讲中，对他与布拉柴的会面的描述却并没有这么仁慈。"他没有穿鞋，除去一身破旧的军大衣和一个头罩外，几乎是一个不起眼的人，紧随其后的是一小群人，每个人只负重 125 磅。你们完全可以想象得到，他并不是什么大人物。"在随后的演讲中，他还形容布拉柴"没有穿鞋，不知所措，穷困潦倒"。[38]

145
146　　尽管此时斯坦利的语气充满了嘲讽，但彼时的他肯定吃了一惊，利奥波德二世和施特劳赫上校关于布拉柴的一再警告是有先见之明的。1879 年 12 月 30 日，施特劳赫上校就曾写信给斯坦利说，布拉柴准备返回奥果韦河，并将在独木舟航行的极限处建一个贸易站。从那里到阿利马河上游陆路只有 50 英里，布拉柴可以沿着它到刚果河，然后一路向下到达马莱博湖。施特劳赫上校坚信布拉柴想要抢在斯坦利之前到达马莱博湖，因此他力劝斯坦利尽快前进，以便在布拉柴之前到达湖区。[39]

　　1880 年 2 月 6 日，斯坦利在回信中婉拒了他的建议，并用他

①　斯坦利俱乐（Stanley Club）：由追随斯坦利功绩的美国人在巴黎设置的一个组织。

给马莱博湖起的名字"斯坦利湖"写道："请恕我直言，我并不是去参加一场看谁先到达斯坦利湖的比赛；在我连同 50 吨货物、船只和其他物资能够一起顺利到达以及第二个站点落成前，我并不打算再去那里。"斯坦利估计他可以在 15 天内走到马莱博湖，但他看不出参与这样无谓的竞争对他来说有什么好处，毕竟已有充分的证据表明，他是第一个看到马莱博湖的欧洲人。此时的斯坦利还不明白，这场竞争不再是为了追求吹嘘的资本，而已成为关于领土主权和未来殖民地的角逐。[40]

　　1880 年 6 月 14 日，斯坦利重新考虑了这个问题。他写信给施特劳赫上校说，尽管按现在的速度他要花较长时间才能到达斯坦利湖，但他坚信他会比布拉柴先到达那里。利奥波德二世在 7 月份回复说，曼尼扬加站建成后，斯坦利应立即轻车简从，在所有竞争对手前到达湖区。斯坦利应在湖区选定站点，签署土地条约，建造一些基本的建筑物来表明所有权；然后，他可以留下一些人负责湖区贸易站的工作，而他则返回曼尼扬加继续修路。10 月 25 日，斯坦利回复施特劳赫上校说，他仍决定集中精力于原本的计划，修建站点和道路，并且预计在 12 月中旬之前，这条路还不能到达伊桑吉拉。这个消息令利奥波德二世很不满意。施特劳赫上校给斯坦利去信道，"国王希望斯坦利先生能够迅速赶到斯坦利湖"，并补充说，"探险队到达斯坦利湖的那一天将是伟大的一天。整个非洲都将在他脚下"。当布拉柴步入斯坦利在恩戈马山脚的营地时，斯坦利一定已经意识到，由于固执地坚持着一步步地前进，他已经被超越了。[41] 147

　　布拉柴在斯坦利营地的三天里，两位探险家尽其所能进行交谈。斯坦利的法语，用他自己的话说，"真是糟糕透了"，而布拉柴的英语"也不是最好的"。布拉柴告诉斯坦利，他已从奥果韦河上游经陆路走到阿利马河上游，沿阿利马河往下走了一小段距离后，向南前往莱菲尼河。之所以提到阿利马，目的更多的是声明领土主张，而不是为了准确地描述他的旅行，因为布拉柴的日记表明他一直住在阿利马河以南。布拉柴还告诉斯坦利，他已经到过马莱博湖了，并在那里留下了一支小分队，但他却只字未提与"马科科国王"的协定以及与马莱博湖的巴特克西长们的条约。布拉柴对他旅行的描述进行了精心设计，目的是提出主张，而不引起斯坦利对他的大目标的警觉。斯坦利注意到，布拉柴说话的神情十分坦然，就像没有什么要隐瞒的，但他对自己未来的计划却绝口不提。[42]

　　在斯坦利的营地休息了三天后，布拉柴开始沿着斯坦利的货运马路线前往维维站，然后他乘上刚果研究委员会的一艘汽船去往河口的巴纳纳港。从那里，他赶上了一艘前往加蓬的邮船，可以返回奥果韦河——在那里他的国际非洲协会研究站正建造中。布拉柴那段时间的日记并没有保存下来，所以我们无法得知当时他对斯坦利的看法。甚至在12月8日，他到达巴纳纳后写给国际非洲协会法国委员会的一封信中，对于斯坦利的会面也几乎是只字未提。他只写道："11月9日，我到达了斯坦利的前哨站恩达姆比·姆邦戈（Ndambi Mbongo）。三天后，我来到了他最初的站点——维维。"[43]

148　　1881年2月，斯坦利的第一段货运马路线（至伊桑吉拉路段）已经完工，同时建造了一个营地，后来建立起一个研究站。2艘汽船把补给品运到80英里长的开阔水域上游，并计划在那里修建曼尼扬加站。斯坦利与当地酋长们签署了一项条约，要求在距离曼尼扬加集市5英里的地方建立一个营地。集市每9天举行一次，可以吸引8万到10万人。奴隶、象牙、橡胶、铜、油、猪、绵羊和山羊等本地商品，以及欧洲进口商品，如盐、布、陶器、玻璃制品和铁器等，都在这里出售。从海岸前往马莱博湖非洲商队在曼尼扬加集市短期停留。曼尼扬加集市似乎像是一个经济过渡地带，连接以布料和珠子为主要货币的区域和以铜和黄铜棒为主要货币的区域。前往马莱博湖的人们在这里将布换成铜棒，然后继续前往湖区；而从马莱博湖向海岸行进的商队则恰恰相反。斯坦利的队员们建造了一个波纹状的铁皮仓库来储存物资，并开始修建通往马莱博湖的路段。7月中旬，斯坦利终于准备好带领一支小商队出发前往马莱博湖。[44]

6

1881年7月27日，刚果河，马莱博湖

1881年7月27日，斯坦利的商队向马莱博湖行进途中，看到一小群人手持法国三色旗向他们走来。斯坦利形容这位领队是"一个看起来精神抖擞的黑人"，穿着水手服，手臂上有军士条纹。他就是塞内加尔海军陆战队中士马拉明——布拉柴任命的法国驻马莱博湖站站长。马拉明向斯坦利递交了一份布拉柴与"马科科国王"签订的条约副本，以及一份布拉柴以法国的名义占有马莱博湖北岸的文件副本。斯坦利对这份条约并不感到惊讶，因为早前被赶出马莱博湖的两名英国传教士曾向他讲过，但他不确定该如何处理此事。[45]

149

斯坦利问他的老朋友卡曼科诺（Camankono）酋长，"马科科"
是否是这一地区最伟大的国王。卡曼科诺酋长回答说："没有什么
伟大的国王，我们都是国王——都是拥有自己的村庄和土地的国
150   王。但没有人可以凌驾于其他酋长之上。'马科科'是一个老酋长；
他比我们每个人都富有；他有更多的人手和枪支；但他掌管的只是
姆佩。"马莱博湖南岸的恩加利埃马酋长也是如此对英国传教士说
的："我还没有把我的领地卖给'马科科'，我是这里的首领，在
自己的领地上，我想怎么样就怎么样。"马拉明中士亲身体验过"马
科科"权威的局限性，他居住在姆富瓦北岸的村庄，索要食物时援
引"马科科"的名字。但无人前来接应，迫于饥饿，马拉明他们被
迫搬到湖区南岸的金沙萨（Kinshasa），尽管那里已不在条约的管
辖范围之内。[46]

尽管马拉明的文件中称"马科科"已将马莱博湖北岸割让给了
法国，但斯坦利还是去了马利马（Malima）北岸的村子看望他的
老朋友卡曼科诺酋长。这位酋长说，他和他的儿子们并不反对斯坦
利在马利马建立研究站。然而，第二天早上，一切都变了。傍晚时
分，马拉明中士来到村子里，与酋长们交谈。此后不久，便有村民
在大街小巷告诉人们不要和斯坦利的人说话，也不要卖给他们任何
食物。卡曼科诺酋长因突然改变主意对斯坦利深表歉意，但解释说
是另一位酋长坚持要斯坦利离开。

斯坦利曾于 1877 年与恩加利埃马酋长建立兄弟情谊。收到他
的邀请后，斯坦利的队伍开始撤离马莱博湖。恩加利埃马住在马莱
博湖南岸的金塔莫（Kintamo），那里不在布拉柴与马科科条约的
管辖范围之内。恩加利埃马出生在马莱博湖以北 100 英里处的一个

巴特克村庄，但年轻时因为巫师的指控被赶出家门。得到当地姆班
杜（Mbundu）酋长们的许可后，恩加利埃马在湖区南岸定居下来。
恩加利埃马靠象牙贸易发了大财，并把赚来的钱投资在奴隶、枪支
和火药上，因此成为了马莱博湖南岸最有权势的酋长。在他的仓库
里，有150根象牙，每根重约50—90磅，还有成堆的欧洲贸易货
物，包括天鹅绒、丝绸、毯子、玻璃器皿、陶器和铜棒。斯坦利估
计，恩加利埃马自己比博马和马莱博湖之间所有的酋长加起来还要
富有。作为一个象牙中间商，恩加利埃马对允许斯坦利在马莱博湖
建站持强烈的保留意见。随着讨论拖拉下去，斯坦利返回曼尼扬加，
继续监督修建通往马莱博湖的第二段货运马路，但留下他的10名
桑给巴尔队员给恩加利埃马酋长以示诚意。[47]

　　恩加利埃马受到来自其他商人和酋长的巨大压力，要求他拒绝
斯坦利的提议。刚果河上的商队商人们得知恩加利埃马正在考虑邀
请斯坦利在马莱博湖建站时，他们警告恩加利埃马说："如果是这
样的话，我们就不来了；这片区域已经完了。如果白人来了，我们
就没有可以交易的地方了。"恩加利埃马同样还面临着来自湖区南
岸的姆班杜酋长们的反对，因为他们才是这片土地的最初的所有
者。姆班杜酋长们对恩加利埃马说："我们给了你生存和赚钱的土
地，你就是这样做吗？你倒是说说，谁应该到这片区域来？很好，
我们将消灭你的生意，关闭你的市场，让你活活饿死。"在来自领
地真正主人的强压下，恩加利埃马驱逐了他的桑给巴尔客人，并让
他们转告斯坦利，他得打消在南岸建站的念头。[48]

　　而另一个有着"马科科"头衔的酋长及时出现，挽救了斯坦利
的任务，尽管他是姆班杜人而非巴特克人（显然，这个头衔并不是

某一族属专有的）。在一次偶然的机会中，斯坦利发现了"马科科"——他是刚果河南岸直到马莱博湖的土地领主。和姆佩的"马科科"国王一样，他没有对下级酋长发号施令的权力，但他在精神上的权威却得到了极大的尊重。他坐在一张盖着豹皮的垫子上接待了斯坦利。他指着那张皮说，它证明了他的头衔的真实性，因为只有"马科科"才能拥有豹皮。但斯坦利并不知道的是，豹皮比狮皮的等级要低。例如在姆佩，"马科科"坐在狮皮上，而他的领主们则坐在豹皮上。[49]

152

在一番寒暄和礼节之后，这位"马科科"解释说，他反对斯坦利与恩加利埃马就修建研究站一事进行谈判，因为恩加利埃马只是一个住在姆班杜土地上的外人，并不是一个真正的土地领主。斯坦利为这一错误道歉，并辩解说自己对酋长权力的微妙之处一无所知。斯坦利请求这位"马科科国王"允许他在湖边建一个研究站。二人交换过礼物，"马科科"把斯坦利介绍给另一个人——某位姆班杜酋长的兄弟，掌管着湖泊南岸的一些领土。然后"马科科"给了斯坦利一把剑以示他的支持。

湖泊南岸的姆班杜酋长们怀疑恩加利埃马企图把南岸领地卖给斯坦利，导致斯坦利与恩加利埃马之间的关系变得十分紧张。1881年12月24日，恩加利埃马和十几位酋长与斯坦利会面并澄清谣言。恩加利埃马和斯坦利都表示从未有过出售领地的交易。因为熟知当地解决此类争端的习俗，斯坦利让他的助手在恩加利埃马的每只手臂上都画上了白色的粉笔条纹，以表明他是无辜的。会议的仲裁人对斯坦利深谙当地之风俗感到十分惊讶，随即宣布：斯坦利可以"在任何满意的地方建造；这个区域对你自由开放，我们现在都是你的朋友"。[50]

　　斯坦利在马莱博湖的外交技巧掩盖了他在欧洲因残酷行径而不堪的名声。1881 年两名传教士的报告中描述的形象，与 1877 年在前往刚果河下游途中进行了 32 场战斗的那个人截然不同。奥古阿尔神父报告说，在湖区发生了一件事，一群武装人员将他困在沼泽地数天。奥古阿尔写道："斯坦利先生带着 3 名白人和 70 名桑给巴尔人，手持 14 连发的来复枪，本可以在 10 分钟之内就能扫荡干净这个地方，但他并不想依靠暴力。"无独有偶，一位英国浸礼会传教士的报告中也提到，斯坦利受到西巴特克人的友好接待，"这在很大程度上无疑要归功于斯坦利温和友好的相处方式"。1882 年 1 月，斯坦利在给施特劳赫上校的一封信中解释了他对暴力的态度转变："考虑到未来的前景，与当地人发生暴力的痕迹，对我们来说将是一片废墟。一旦发生流血的暴力冲突，将会阻碍未来的和平与贸易。"[51]

　　尽管如此，斯坦利与马莱博湖的巴特克和姆班杜酋长们达成的协议并没有达到利奥波德二世的期望。1881 年 8 月，施特劳赫上校敦促斯坦利开始在政治上组织沿河的各部落，并建立驻地，成为部落国家的都城。为此，斯坦利应与非洲酋长们签署联盟条约，明确规定上刚果研究委员会将在对外交易中代表他们行事。施特劳赫强调，其目标是在研究委员会的赞助下建立一个多部落的联邦。然而，到了 9 月，利奥波德二世还不确定斯坦利是否收到了这个消息。于是国王在给施特劳赫的信中写道："你再给斯坦利去一封信，必须坚持让当地的酋长们承认我们的研究站拥有至高无上的地位，这样在欧洲，我们就可以让（欧洲）大国承认这些研究站是自由城

153

镇。"他还补充道："如果我们的研究站可以成为在刚果河岸尽可能延伸的自由社区，那么我们就应该朝着建立一个集商业和运输于一体的伟大事业迈出一大步。"但斯坦利无视了国王的要求，而尽其所能让酋长们相信：他绝不是要购买他们的领地。[52]

1882 年的元旦，一大群人聚集在金塔莫（恩加利埃马的村子）和金沙萨（马拉明中士在此），观看刚果河上游的第一艘汽船——它被拆开一块块地运到马莱博湖，然后重新组装起来。在不受阻碍的情况下，"前进号"可以从湖区出发，逆流而上 1000 英里到达斯坦利瀑布。二月底，研究站的主楼完工。它是一座藤条泥瓦结构的两层小楼，建在一个距河面 90 英尺高的沙质山一侧凿出的台地上。其他供欧洲人使用的仓库和住房也正在台地上建造中，而桑给巴尔人住的棚屋则建在山脚下。"前进号"和一艘钢制捕鲸船停靠在海滩上。斯坦利把这个新研究站命名为"利奥波德维尔"（Leopoldville）。[53]

斯坦利正庆祝他完成了最初的任务——建立三个站点以连接起刚果河河口和马莱博湖时，利奥波德二世正写信给斯坦利扩大他的任务。在向斯坦利保证"比利时不想要非洲任何领土"之后，他命令斯坦利为研究委员会争取尽可能多的土地，他应不浪费一分一秒地迅速签署协议，将刚果河口和斯坦利瀑布之间所有非洲酋长置于研究委员会的管辖之下。国王注意到布拉柴在很短的时间内将马莱博湖的所有酋长都纳入了他的管辖范围，因而他十分担心如果研究委员会没有迅速在该地区建立其权威，其他国家就会趁机而入，那么研究委员会前期的所有投资将付诸东流。[54]

利奥波德二世担忧的第二个问题是缺乏商业活动。"巴尔加号"

汽船前往非洲为探险队运送原始物资但却空船而归时，国王很是心烦意乱。显然，他期待的是一艘满载象牙的货船。斯坦利刚在马莱博湖落脚，国王就命令他购买"所有在刚果河发现的象牙"。斯坦利曾确认马莱博湖的四个主要的象牙贸易中心所在——南北湖畔各有两个——四处的象牙总量无论何时都约有 200 根，但非洲大陆商队一到便将象牙买空，导致比利时的机会很有限。因此斯坦利认为，若要控制象牙贸易，最好的办法是直接到刚果河上游的贸易城镇博班吉，在象牙到达马莱博湖之前就抢购下来。斯坦利给施特劳赫讲了一个他与一位名叫埃拉（Eela）的博班吉公主的故事。这位公主带着 13 根大象牙来到马莱博湖，本打算把其中一些卖给恩加利埃马，其余的卖给斯坦利，但恩加利埃马拿走了所有的象牙。斯坦利告诉她："没关系，埃拉，我就要去你那里了，你想卖多少都可以。"[55]

1882 年 4 月 20 日，斯坦利乘"前进号"离开，前往刚果河上游与那里的居民建立联系。经过 28 个小时的航行，他到达了恩戈比拉镇和恩甘楚镇隔刚果河对望的地方。这两个酋长都在前一年接受了来自布拉柴的法国国旗。与选择在西岸恩甘楚镇度过相当长时间的布拉柴不同，斯坦利选择在东岸的恩戈比拉镇停留一段时间。无论斯坦利如何看待布拉柴与"马科科国王"在姆佩签署的条约，他显然一直在努力避免激怒法国人，直到问题在欧洲得到解决。斯坦利与恩加利埃马在马莱博湖的谈判失利后曾获悉，河边城镇的居民并不一定是该土地的一贯所有者，而是有时是外来的闯入者，他们只是获得了某些人的许可，因而可以在这些人所属的土地上定居。就恩戈比拉而言，事实证明，巴特克领主住在姆弗努人（Mfunu）的土地上，而姆弗努人的酋长甘德莱（Gandelay）则住

155

在离河不远的内陆。经过几天的协商，他们于 5 月 1 日在恩戈比拉镇举行了一次正式集会。

　　酋长们盛装出席，令人印象深刻。甘德莱酋长被抬上吊床，周围是鼓手和带象牙角的乐师。出席的还有恩甘楚，他乘三只独木舟从河的另一边过来，伴随着鼓声、铃声和号角。会议一开始，恩戈比拉就解释说，斯坦利想在恩戈比拉镇上找一块地建研究站。巴特克领主指出，他对建研究站没有任何异议，他只不过是一个象牙商人，而甘德莱酋长才是这片土地真正的主人，需要他的同意才能达成协议。

156　　接着是恩甘楚酋长的发言。因为他住在河西岸"马科科"的领地上，所以对他所在村庄的土地拥有完全的所有权。恩甘楚说，如果甘德莱酋长拒绝让斯坦利建站，那他欢迎斯坦利穿过刚果河，将站点建在他的城镇里。恩甘楚还补充道："我们就可以进行大量贸易了。"最后轮到甘德莱酋长发言了。他表示，如果恩戈比拉接受斯坦利进入他的城镇，那么他也会接受。斯坦利随后介绍了即将上任的新研究站站长尤金·詹森中尉（Lt. Eugene Janssens）。詹森选定了小镇下面大约 800 码的一块地，从那里河的两岸都能一览无余。

　　留下詹森在那里建站，斯坦利则返回马莱博湖，于 5 月 9 日抵达利奥波德维尔站。因为这是他第一次乘汽船返航，因此受到了当地酋长的热烈欢迎。但是，在礼节性的问候之下，暗藏着的是一场马莱博湖巴特克象牙中间商和想打入象牙贸易的欧洲人之间意志与智慧的较量。来自刚果河上游的博班吉商人最初是站在欧洲人一边的，因为欧洲人把象牙带入马莱博湖的速度比巴特克象牙中间商带来布料、黄铜和珠子的速度要快得多。因此，在等待从海岸运来更多贸易货物的几周或几个月期间，博班吉商人被迫以高昂的价格购买木薯以便养活自己。他们认为，欧洲贸易商的加入，将给这个市场带来更多的贸易商品和更大的竞争。此外，如果欧洲的象牙买家在刚果河上游定居下来，那么博班吉的商人们就不必再踏上前往马莱博湖的艰辛旅程。如果能找到一个更方便的交易地点，他们完全愿意放弃马莱博湖。[56]

1882 年 4 月，法国人莱昂·吉拉尔（Léon Guiral）来到马莱博湖接替马拉明中士担任法国站的站长。他很快意识到，巴特克象牙中间商十分害怕被白人贸易商取而代之。他写道："尽管马莱博湖的居民对法国长官表现出了极高的热情，但以此相信他们愿意放弃他们的商业优势，转而支持我们，那就大错特错了。"吉拉尔的这一见解有助于弄清楚布拉柴与"马科科"的条约中的一些未解的问题。姆佩的"马科科国王"在很大程度上是一位精神领袖，在他看来，与外国势力结成一个他所以为的精神上的联盟是不会有什么损失的。相比之下，马莱博湖的巴特克酋长们则是物质富有的商人，他们小心翼翼地捍卫着他们对马莱博湖——整个刚果河贸易体系咽喉的垄断控制权。因此，他们与布拉柴签署的条约只允许了法国人在 9 英里长的河岸上的某个地方修建站点。[57]

马莱博湖的酋长们担心，一旦博班吉的独木舟商人掌控了象牙贸易市场，巴特克的象牙中间商和刚果河流域象牙商队的好日子将屈指可数。一位刚果酋长告诉传教士本特利："如果我们让白人进入这片区域，我们将很快被他们消灭。他们来到海岸已经够糟糕了。"1881 年 6 月 13 日，利奥波德二世给施特劳赫上校的信呼应

157

了这一清醒的预言，信中写着："非洲正比以往任何时候都更加成为所有工业和商业国家的竞争对象，这些国家努力地为其产品寻找新的倾销渠道。我们已然可以预料到他们之间激烈的竞争。这足以激励斯坦利先生全力以赴，加紧进行。"[58]

第四章

归　途

1882年6月至11月期间，这三位雄心勃勃但国家身份模糊的 158
知名探险家回到了他们各自所效忠或有合同义务的国家。已成为法
国公民的意大利人皮埃尔·萨沃尼昂·德·布拉柴回到法国；亨
利·莫顿·斯坦利，一个被普遍认为是美国人的威尔士人，返回
比利时；与阿曼阿拉伯人和东非尼亚姆韦齐人有着亲缘关系的蒂
普·蒂普，则回到了他的出生地桑给巴尔岛。三位探险家都回去与
他们的"雇主"商讨下一步的行动计划。此时，这三个人的身份已
不再是探险家，而成为了"国家"的缔造者。

对这三人来说，磋商预示着巨大的变化即将到来。回到比利时
后，斯坦利发现名字平淡无奇的"上刚果研究委员会"已经被一
个名为"刚果国际协会"（International Association of the Congo，
IAC）的新机构所取代。和它的前身一样，刚果国际协会也是由利
奥波德二世国王和他的行政长官施特劳赫上校管理，但是它已经卸
掉了国际合作的伪装。尽管名字中有"国际"二字，它唯一已知的
成员就是利奥波德二世。布拉柴回到法国，决心让法国政府承认
《马科科条约》的合法性，从而使法国成为公认的殖民赤道非洲的
势力。在这一努力中，亨利·莫顿·斯坦利无意中帮助了他。随着 159
两人之间的竞争在法国媒体上曝光，布拉柴成为了"民族英雄"，
并象征着"温和法国殖民主义"的神话，与斯坦利的残暴形象形成

鲜明对比。布拉柴的这一新公众形象成为其说服法国议会几乎毫无
争议地批准《马科科条约》通过的关键。蒂普·蒂普回到桑给巴尔
后发现自己陷入了桑给巴尔苏丹和欧洲人的两难取舍之间：桑给巴
尔苏丹希望他继续向东非出口象牙，而欧洲人想购买他的象牙，然
后用蒸汽船把象牙运到大西洋海岸。苏丹让蒂普·蒂普成为塔波拉
的总督，试图以此来确保他的忠诚，但蒂普·蒂普更愿意掌管自己
的帝国。

所有这些讨论所涉及的问题已远远超出了探险和贸易的范畴；
他们越来越倾向于向赤道非洲的大部分地区提出主权要求。然而，
在 1882 年即将结束的几个月里还很难想象，欧洲国家将在两年内
一窝蜂地瓜分掉赤道非洲——这个面积与欧洲一样大，甚至在五年
前才刚刚为外界所知的地区。

1

1882 年 6 月 23 日，巴黎

索邦最大的露天剧场可容纳 1800 人，到晚上 7 点 30 分，这里
已经满座，而此时距离讲座原定开始的时间还有半小时。很快，又
有几百人挤在门口、走廊和楼梯上。巴黎地理学会为了大量吸引观
众，已经派发了 4000 张门票，从目前的形势看，其中超过一半的
票已经回来了。巴黎地理学会主席斐迪南·德·雷赛布（Ferdinand
de Lesseps）在 8 点宣布会议开幕，此时才发现主讲人被困在前来
听演讲的人群里。皮埃尔·萨沃尼昂·德·布拉柴三年前在巴黎地

160

理学会上演讲的场面显得稳重多了，那场演讲吸引了一小群科学家和"口头"探险家。在这个温暖的六月夜晚，人们之所以被吸引到这里来，与其说是想了解最新的地理发现——有关刚果河流域的主要谜题（尼罗河的源头）已经被斯坦利解决了——不如说是关心布拉柴与"马科科国王"在赤道非洲签署的那份条约。布拉柴说服一位非洲国王将自己的领土移交给法国的消息引起了公众的广泛关注。人们还想知道，只有微薄的资金支持，只有由非洲海军陆战队和搬运工组成的小队伍可用的布拉柴，是如何智胜亨利·莫顿·斯坦利领导的资金雄厚的探险队的。[1]

　　1880 年 11 月，布拉柴与斯坦利在恩戈马山相遇后一直非常忙碌。他继续前往大西洋海岸，赶上了一艘返回加蓬的汽船。然后，他沿着人们常走的路线，乘汽船沿奥果韦河往上游到达兰巴雷内，再乘独木舟到达弗朗斯维尔——国际非洲协会法国委员会正在那里修建研究站。国际非洲协会计划周密，将一艘拆卸好的汽船运到弗朗斯维尔，然后通过陆路运到 50 英里外位于阿利马河上游的一个站点。从这个站点，蒸汽船可以沿阿利马河向下游航行到刚果河，然后到达马莱博湖。布拉柴了解到，因为旧锅炉丢失，而新的锅炉必须从欧洲订购，这个项目在加蓬已经停滞了。此外，博班吉人仍在阻止法国人往阿利马河下游去。国际非洲协会法国国家委员会在阿利马河上游建立了一个小的站点，但站长安托万·米松（Antoine Mizon）与阿利马河沿岸的村庄发生了枪战，引起了当地人的敌意，阿利马河线此时已不再是最佳选择。布拉柴曾于 1880 年在恩甘楚镇将法国国旗发给博班吉商人，而这一影响显然还没有到达阿利马河上游。[2]

161 这些问题促使布拉柴去寻找奥果韦河—阿利马河的替代路线，并将更多的注意力放在马莱博湖本身上。他组织并派遣了一支救援探险队，从陆路向留守在马莱博湖的塞内加尔中士马拉明和两名加蓬水手（他们代表着法国在湖区的存在）运送了大量的珠子，他们可以用这些珠子来购买必需品。由于缺乏日常的供应，他们过去只能靠打猎和卖肉来维持生活，他们平时穿当地的衣服，只有在一些正式的场合才会拿出他们的旧制服。这个法国站点后来被称为布拉柴维尔（Brazzaville），由马拉明中士自己掏钱在恩楚鲁（Ntchoulou）买下的一间小棚屋组成。[3]

  布拉柴决心在马莱博湖和海岸之间找到一条新的陆路，且可以绕过斯坦利修的货运马路。布拉柴带着一小队塞内加尔海军陆战队员和搬运工旅行途中发现，尼阿里河山谷提供了一条连接马莱博湖和海岸的通路，而且这条通道比刚果河下游的崎岖山谷走起来要容易得多。尼阿里山谷长期以来一直被巴特克的奴隶和象牙商队使用，而布拉柴与巴特克人的良好关系对布拉柴找到这条路线很有帮助。确定了尼阿里山谷比他之前所关注的奥果韦—阿利马河路线更容易到达马莱博湖后，布拉柴准备好返回法国了。[4]

  到达巴黎两周后，布拉柴正站在索邦大学拥挤的人群面前演讲。由于他对法语语法掌握不佳，词汇也不丰富，因此巴黎地理学会的秘书长为布拉柴撰写了演讲稿的最终版本。布拉柴紧握着讲稿，用带有浓重意大利口音的法语讲着。他的演讲传达了斯坦利和他自己之间鲜明的对比："快速与缓慢，大胆与谨慎，强势与柔和。"他向观众讲道，斯坦利虽曾在 1877 年以"箭一般的速度"沿刚果

162 河向下，但却对这片广袤的土地和众多的民族一无所知。相比之下，

自己的行程则进展得较为缓慢，而这让他有充足的时间学习当地语言并结识当地的人们。在这一过程中，他废除了贸易垄断，将不同族群统一到一个贸易体系中去，并与奴隶制作斗争。最重要的是，他与当地建立了信任，并因"和平"进入非洲内陆而赢得了良好的声誉。他告诉在座的人们，当他在弗朗斯维尔插上法国国旗时，当地人明白这是自由与和平的象征。[5]

然后，布拉柴讲述了他与"马科科"的故事，当然，他以戏剧化的手法修饰过这个故事。在布拉柴的叙述中，"马科科"发出的邀请写道："'马科科'早就知道奥果韦河上那位"伟大的白人首领"，并且还知道这位白人首领的枪支尽管威力强大却从来没有攻击过任何人，随他而来的是和平与富足。"布拉柴没有解释为什么他的日记里没有提到这份言过其实的邀请，也没有解释为什么尽管只有两天的路程，他却足足等了一个月才前去"马科科"的都城姆佩。布拉柴还在演讲中美化了"马科科"的王宫，称它是"马科科的杜伊勒里宫"，尽管后来其他的法国探险家用简陋和平庸来形容"马科科"的宫殿。[6]

在解释"马科科"将其领土割让给法国的原因时，布拉柴赞扬了斯坦利。他告诉观众，除了海岸上的白人奴隶贩子和斯坦利在刚果河沿岸回响的枪声外，"马科科"对白人一无所知。因为"马科科"不想和两个不同的白人探险队开战，所以他决定和其中最能给他信心的一方结为朋友。在斯坦利和布拉柴之间，"马科科"国王选择了布拉柴。布拉柴声称正是斯坦利的好战行为把"马科科"送入了他的怀抱。

布拉柴的解释充满了疑点。斯坦利于1877年沿卢阿拉巴河和刚果河向下游行进途中进行过 32 场战斗。而在他所报告的这 32 场战斗中，只有一场发生在博班吉和巴特克人控制的刚果河沿岸。这场战斗发生在 1877 年 3 月 9 日，当时斯坦利的船队遭到了博班吉独木舟的袭击，这次袭击很可能是恩戈比拉酋长下令发动的。斯坦利的日记中记载，在赶走博班吉袭击者之前，他有三个人在划艇上受伤，还有一个人在独木舟上受伤，不过他的日记中却没有关于有多少博班吉人在战斗中被杀或受伤的一点记录。布拉柴 1880 年 7 月 30 日的日记证实他对这场战斗有所耳闻，但没有记录战斗的任何细节。相反，布拉柴的日记讲了另一个故事：两年前斯坦利顺流而下时，试图卖掉他的驴子，却遭拒绝。布拉柴还像后来才想起似的补充说，"他与博班吉人打了一场仗"。值得注意的是，布拉柴日记中故事的焦点是驴，而不是战斗。[7]

当地关于斯坦利从当地穿行通过的故事似乎都关注那些神乎其神和离奇古怪的地方，例如，在博洛博就流传着斯坦利的人竟向后划桨的故事。布拉柴的日记只记录了另一个关于斯坦利的故事——斯坦利试图操纵他的独木舟绕过马莱博湖的瀑布。斯坦利在瀑布中航行的尝试对巴特克人来说几乎是留下了令人难以忘怀的深刻印象，在他们看来，这就算不是完全疯了，也是极其鲁莽的。但在布拉柴的日记中，却没有证据表明巴特克人害怕斯坦利的枪。姆佩的"马科科"与马莱博湖的巴特克部落酋长们一直保持着联系，他一定知道斯坦利在 1877 年 3 月穿过马莱博湖的过程是和平的。斯坦利在他的日记中写道，"我们遇到了一些非常温和的人，他们谈吐友善，坐着独木舟缓缓而来"。第二天，他便与恩塔莫的恩加利埃马酋长建立了亲如兄弟的关系。他们的血液融为一体，而不是发生了流血事件。布拉柴关于斯坦利的枪支和那 32 场战斗的大部分信息似乎都来自于斯坦利的书，而不是巴特克人。布拉柴在索邦大学演讲中发表的关于"刚果河上回响着斯坦利的枪声"的言论是另一个他戏剧性夸张手法的表现。[8]

虽然布拉柴很可能十分享受他的新名声，但他从未忘记他的主要目标，那就是说服法国政府承认《马科科条约》。8 月，他在给海军部长的报告中阐明了这一情况。他强调，马莱博湖两岸各飘扬着一面旗子。一面是法国国旗，代表着法国有权进入刚果腹地。在湖的对面挂着某个国际人道主义组织的旗帜，这个组织希望成为一家拥有主权的垄断性商业公司。布拉柴还写道，斯坦利正在与马莱博湖的酋长们签署条约，企图将法国人挤出湖区。鉴于目前的形势，承认《马科科条约》是保持法国有权进入刚果河腹地及其发展商业可能性的唯一途径。[9]

布拉柴感到政府对此事的态度并不乐观。法国总理茹费理（Jules Ferry）是法国海外扩张的拥护者，他曾因 1881 年 4 月和 5 月入侵突尼斯而受到严厉指责，而他的内阁也在当年 11 月垮台。另一位主张法国扩张的倡导者莱昂·甘必大（Leon Gambetta）接替了茹费理，他同样拥护法国海外扩张，但他的内阁也仅仅存在了 66 天就于 1882 年 1 月 26 日垮台。布拉柴回到法国时已经是 6 月了，但此时他在法国政府高层已经没有盟友了。

法国海军和殖民地部长若雷吉贝里上将（Admiral Jauréguiberry）就对《马科科条约》并不感兴趣。当法国总理询问他条约是否具有有效性时，这位海军上将明确表示，布拉柴没有进行条约谈判的官方资格，也从来没有任何官方指示他这样做。这位海军上将搁置了

《马科科条约》近 4 个月，最后在 9 月 26 日才呈交给总理。他在附函中强调，虽然海军和殖民地部曾慷慨地向布拉柴提供了一定的物质支持，但从未给过他任何官方的任务。相反，布拉柴主要是为国际非洲协会法国国家委员会工作，而该委员会的工作宗旨是科学和人道主义。布拉柴以法国的名义占领"马科科"的领土，这一行为仅仅只能代表他自己。海军上将还警告总理说，如果此条约获得认可，法国则必须正式接管该领土，而这意味着未来难以估量的开支。尽管总理有通过简单的法令批准或拒绝条约的宪法权利，但他意识到这个条约有其独特性。鉴于布拉柴的名声日躁，且法国媒体对《马科科条约》的持续讨论，总理决定将其提交给法国众议院，这在政治上是明智的做法。[10]

165

为了争取公众的支持，布拉柴借由他与斯坦利的竞争展开他的论点。他告诉听众，斯坦利像战士一样带着一群武装人员前行；而布拉柴像朋友一样，所到之处受到热情的接待；斯坦利用他的枪赢得"尊重"，而布拉柴则受到朋友般的欢迎。虽然这两位探险家的行事方式确实存在差异，但毫无疑问，布拉柴的叙述过分夸大了事实。布拉柴建立所谓友谊的时候总是提出战争的威胁，他也会毫不犹豫地拔枪。就在他与斯坦利在恩戈马山相遇的几天前，布拉柴还怀疑一些当地雇佣的搬运工偷了他的补给，并向远处的一棵树开了几枪来恐吓他们。布拉柴很少觉得有必要向人开枪，这一事实不仅恰恰说明了他恐吓的有效性，也说明了他的外交技巧。[11]

布拉柴还经常提到法国国旗，以激起民众们的爱国热情。他告诉听众，当他把法国国旗插在"马科科"的王宫前时，他宣称这是友谊和保护的象征。布拉柴说他曾告诉"马科科"，"法国会在所有这象征和平的旗帜飞扬的地方，她将尊重在其保护下所有人的权利"。布拉柴说，当他在刚果河沿岸和马莱博湖向非洲酋长们分发法国国旗时，他唤醒了人们对斯坦利可怕的恐惧。他问他们："你们认识那个来这儿跟你们打斗的白人吗？这么说吧，还会有比他更强的人到这儿来。如果这里飘扬着我送给你们的旗帜，那么将不会 166 有人在未经你们允许的情况下踏上你们的领土，也不会向你们的百姓开一枪。法国国旗会保护你们的。"巴特克的酋长们是否对法国国旗的效用坚信不疑，这个已无从考证，但很明显，斯坦利改变了路线，避开了法国国旗飘扬的地区以示尊重，这无疑增加了布拉柴说法的可信度。[12]

布拉柴承认他和斯坦利在为欧洲打开赤道非洲贸易方面有着相似的目标，但他认为他们所服务的利益不同。他对听众说，斯坦利为比利时国王利奥波德二世服务，利奥波德二世借着人道主义的幌子实施着自己的政治计划。布拉柴随后透露，他自己也有着政治动机。"如果占领刚果河有什么好处的话，我更愿意看到的是法国国旗，而不是所谓'国际的'比利时国旗飘扬在这片广袤的非洲大陆上空。"布拉柴已经预见到了赤道非洲被殖民分割的局面。[13]

布拉柴最大的盟友是法国媒体。法国媒体把布拉柴塑造成"民族英雄"的形象，并为他的事业而奋斗。9月30日，法国《时报》（*Le Temps*）的一篇头版文章开篇就预测说，到本世纪末，整个世界都将处于欧洲的统治之下，并表示法国需要保持警惕，争取自己的份额。不过，法国不应该寻找新的领土去征服，而是应该开发它已经拥有的土地——从刚果河流域开始，那里有丰富的自然资源，如大量的象牙、橡胶、棕榈油、乌木和红木等。在概述了布拉柴如何击败资金雄厚、装备精良的斯坦利探险队之后，这篇文章将他描述为"圣人"和"超人"的结合体："没有金钱，没有武装力量，凭借着高尚的道德和过人的才智，布拉柴先生创造了奇迹。他打破了自由贸易的壁垒，几乎废除了奴隶贸易，招募了多达2000名独木舟划手，行进了120公里，并作为和平与繁荣的使者受到所到之处的欢迎。"文章最后总结说，在如此情况下，"拒绝承认此条约的合法性是不可原谅的"。[14]

第二天，《小巴黎人报》（Le Petit Parisien）周日版的头版大幅刊登了一篇题为《和平征服》（Peaceful Conquest）的评论文章。文章说，斯坦利像一个大征服者，踏血前行；而与之形成鲜明对比的是，布拉柴和少数几个非洲同伴一起旅行，将自己塑造成和平的象征，通过签署条约和分发法国国旗作为友谊的象征，布拉柴不费一枪一弹就征服了广阔的领土。已提交给众议院的这份《马科科条约》，应该在议员们休会一结束就予以批准。有数万法郎资助的斯坦利已经返回欧洲，法国已经没有时间可以浪费。文章最后呼吁法国众议院立即批准承认《马科科条约》，因为这将确保法国可以进入世界上尚待开发的最大的市场。[15]

其他报纸则从英法的竞争的角度来报道这一问题。就在两个月前，英国入侵埃及，取消了英法对埃及财政的联合监管。考虑到这一事件，《法国国家报》（The National）敦促众议院尽快批准《马科科条约》——它认为英国正在觊觎布拉柴已经插上法国国旗的领土。在索邦举行的仪式上，布拉柴获得了地形学会（Society for Topography）授予的金牌，他本人的演讲中也呼应了这一说法。他说："前一位演讲者说英国人处处领先于我们。然而，有一个地方，

167

我们早已走在了他们的前面——那就是刚果（观众在此处报以久久的掌声）。法国国旗已在刚果上空飘扬，只要议会说一句话，它就永远属于我们。"[16]

9月下旬和10月初，巴黎的报纸刊登了一系列敦促批准《马科科条约》的文章。其中许多文风相同，表明他们有共同的来源。10月4日，《时报》发文称，"整个法国媒体以我们在殖民问题上从未有过的热情，请求政府承认德·布拉柴先生与刚果河人民签署的条约"。两天后，英国驻巴黎大使馆第一秘书观察到："在过去的十天里，巴黎媒体对这个问题进行了大量的讨论。无论哪方都强烈建议政府跟进这一对法国殖民贸易来说百利而无一害的计划。"通过将布拉柴——一个操着浓重意大利口音法语的意大利裔法国人，塑造成一个民族英雄，法国媒体营造出一种反对《马科科条约》即为不爱国的氛围。[17]

168

2

1882 年 9 月 29 日，布鲁塞尔

1882 年 9 月 29 日，亨利·莫顿·斯坦利抵达布鲁塞尔，他发现自己在过去的三年里一直被蒙在鼓里，对自己的实际雇主竟一无所知。他表面上的雇主——上刚果研究委员会，已经在 1879 年 11 月，也就是他到达刚果河口的三个月后，悄然解散。研究委员会最大的外部投资者荷兰贸易公司已经破产，利奥波德二世利用这个机会补偿了小投资者们，解散了整个研究委员会，只留下自己和他的

行政长官马克西米利安·施特劳赫上校负责刚果河探险事宜。研究委员会解散后很久，施特劳赫仍然继续写信给斯坦利，仿佛他仍是委员会的主席，而实际上他只是国王的代理人。但是因为斯坦利已经签署了两份合同——一份是与研究委员会签订的，另一份是与利奥波德国王签署的——所以不管研究委员会发生了什么，他都要履行与利奥波德国王的五年契约。只是现在，他终于明白他是专门为利奥波德国王工作的。

169 　　斯坦利抵达布鲁塞尔后不久，国王的信中开始提及一个名为刚果国际协会的新组织。利奥波德国王宣称："刚果国际协会由富有的慈善家和高尚的科学家组成，目的是打开刚果河流域。协会的成员们除了对文明和进步的热爱之外，没有掺杂其他任何动机在其中。"然而，这些人的名字或身份从未被确认。比利时历史学家让·斯丹热（Jean Stengers）得出的结论是，"刚果国际协会纯粹是一个虚构的实体：它空有一个名字，背后除了利奥波德二世以外，没有任何人"。[18]

　　在与利奥波德国王和施特劳赫上校的会谈中，斯坦利阐述了他三年探险的成果：他成功地修建了五个研究站和两段货运马路，并在刚果河上游放置了一条汽船以便运输。不过，斯坦利还是告诉他的雇主："刚果流域目前的状况连两先令①都不值。"斯坦利告诉他们，要使之变得有利可图，"必须在刚果河下游和上游之间修建一条铁路，道路畅通无阻，才能真正体现出它的价值"。这样一个

---

① 英国的旧辅币单位，也是奥地利的旧货币单位和肯尼亚、索马里、乌干达、坦桑尼亚的货币单位。

项目要取得成功，需要铁路的建造者获得来自欧洲的特许权，赋予他们管理铁路所过土地的权力，并保证这些土地的监管权永远不会移交给与之竞争的欧洲国家。不过，这条铁路线盈利的前提是欧洲商人和移民前来开发刚果河流域的资源，但如果不能保证他们可以获得巨额利润，他们也不会来。能够吸引人们对刚果河流域进行充分商业开发的唯一途径是使它成为一个没有沉重关税和费用负担的自由贸易区。斯坦利绘制了地图，确定了研究站的战略位置和铁路的路线，然而，在他的这份经过严格审查的讨论摘要中，并未提及一个十分重要的问题——那就是，哪个欧洲国家有能力做出这一必要的保证。[19]

　　布拉柴的《马科科条约》已经让这个项目的实施变得复杂，也许还会使之流产。1881 年 5 月，利奥波德国王和施特劳赫上校第一次听说了这一条约。国王认为布拉柴没有权力进行条约谈判；布拉柴是由国际非洲协会的法国委员会派出，以科学和人道主义为目的，在弗朗斯维尔建立研究站，并开展为第二个站点选址的工作。国王现在明白，布拉柴还有第二个任务，那便是由法国公共教育部长指派，在赤道非洲进行一些纯粹的地理探索。国王认为这两项任务都是非外交性质的，因此签署条约并不属于布拉柴任务范围。然而，到了 7 月，国王调整了他的观点。他称，布拉柴在马莱博湖建立的声称是由法国独占的研究站，其实是国际非洲协会法国国家委员会的官方研究站，而利奥波德国王本人就是这个组织的主席。因此，他随即给国际非洲协会法国国家委员会主席和法国公共教育部长去信，要求马莱博湖研究站为利奥波德国王的探险队提供所有与法国人同等的款待和援助。

170

1882 年，布拉柴抵达欧洲，利奥波德国王曾邀请他于 9 月前往布鲁塞尔讨论《马科科条约》的影响。布拉柴有些遮遮掩掩地向比利时外交部保证，法国政府永远不会认可这个条约。然而，利奥波德并不信任布拉柴，他写信给巴黎地理学会主席兼国际非洲协会法国国家委员会主席斐迪南·德·雷赛布，概述了他对此条约的反对意见。国王写道，"我担心，这将使（法国）走上吞并和征服的道路，也将导致其他国家为了垄断贸易而竞相占领刚果河流域的其他地区，而这一地区的贸易目前对所有国家都开放"。国王还警告说，如果法国承认此条约，将会把欧洲的政治对抗移植到非洲大陆上去；而他倾向于通过人道主义和欧洲文明的方式，解除与非洲的贸易壁垒。换句话说，利奥波德国王主张欧洲对非洲的渗透应该遵循国际非洲协会和刚果国际协会的"国际主义"方针，尽管后者只有利奥波德二世本人一个成员。[20]

利奥波德国王和他的大臣们对斯坦利感到十分愤怒，因为尽管利奥波德国王和施特劳赫上校再三警告，斯坦利仍然让一个资金不足的法国人在这场角逐中取得了暂时的胜利。比利时驻伦敦大使索尔万男爵（Baron Solvyns）表达了他们的感受："我们发现斯坦利非常愚蠢。他应该把刚果河—斯坦利湖之间最重要的地方选好；并且我们感到十分惊讶，作为一个加利福尼亚人，他竟然没有想过用枪来对付他的对手。他显然和这些可怜的尚待文明开化的野蛮人一样宽厚体贴、一样容易受人影响。"斯坦利曾因为美国蛮荒西部的出身而在欧洲饱受批评，然而现在他却因为不够"野蛮"而受到指责。[21]

回到欧洲的斯坦利几乎无法抑制自己对布拉柴的敌意。他所做

171

的所有工作——修建研究站，在崎岖的地形上开辟道路，以及将汽船运送到马莱博湖——的重要性都被布拉柴的《马科科条约》所削弱，并且几乎是被否定了。1880 年，斯坦利第一次在恩戈马山见到布拉柴时称赞他的"策略出色"。他们相遇后，斯坦利在日记中写道，"他勇敢探索的壮举值得所有赞扬。这个旅行不算长，但绝不应拘泥于里程数字。我们必须牢记的，是这一壮举的成效和利益，当我们从这些方面重新审视布拉柴的探险，会发现他值得所有能够评判这一功绩的所有荣誉"。很明显，在谁是最伟大的探险家这个问题上，斯坦利考虑的是君子之争。此时他还没有考虑过欧洲大国瓜分非洲大陆的事情。[22]

172

而当斯坦利得知布拉柴与"马科科"以及马莱博湖的巴特克酋长们签订的条约后，宽厚仁慈的态度瞬间变成了愤恨。他开始把布拉柴描绘成"变色龙"似的骗子："对于所有布拉柴遇到的人来说，他都是他们所希望的样子。在我面前，他是一个忠诚的国际主义者；在荷兰人面前，他极尽嘲笑比利时人的努力疯狂而徒劳；在传教士看来，他解放了成千上万的奴隶，尽管事实上那里根本没有奴隶贸易；而在法国人眼中，他是一个极卓越的征服者。"斯坦利在 10 月初抵达布鲁塞尔时详细讲述了两位探险家之间的竞争。他告诉法国《伏尔泰报》（Le Voltaire）的一名记者，布拉柴的探险成就根本无法与利文斯通、卡梅伦甚至他自己相提并论。斯坦利吹嘘说，布拉柴花 7 年时间才能完成的事情，他可以在 40 天内就完成。[23]

巴黎《时报》在头版上对斯坦利的言论进行了回应。文章将斯坦利刻画成一个典型的大发现时代（Age of Discovery）的老派探险家，而将布拉柴塑造成一个更适合19世纪晚期的新帝国主义的新派探险家。《时报》称，不可否认，布拉柴所踏入之领土已被前人探索过；但是，他找到了马莱博湖与大西洋海岸间的最佳路线，先于斯坦利到达了马莱博湖，与非洲原住民建立了友好关系，还签署了条约，保证了法国在"马科科"领土上的优先权。而斯坦利拒绝承认布拉柴的成就，这极没有风度。[24]

10月19日，斯坦利在巴黎出席了由斯坦利俱乐部为他举办的宴会并发表演讲。宴会在洲际酒店举行，由《纽约先驱报》驻巴黎记者主持，邀请了美国驻法国大使、美国总领事和美国驻罗马大使等。巴黎公众对布拉柴的《马科科条约》的支持情绪日益高涨，斯坦利的演讲给了他一个机会去抨击此条约和布拉柴。据《时报》的说法，斯坦利已经提前散布消息称他的演讲将对布拉柴的声誉带来"致命一击"。由于斯坦利与利奥波德国王的合同规定了斯坦利所有的公开演讲都需要国王的事先批准，所以可以认为，斯坦利是在利奥波德二世的许可下进行演讲的。[25]

在一段开场白后，斯坦利对布拉柴进行了一番人身攻击——布拉柴平庸无奇，不值得欧洲崇拜。"索邦神学院欢迎他，法国人赞扬他，全世界——包括英国人——都崇拜他。现在，人们甚至还在为他铸造金牌，画家们也正将在画布上为敬仰他的后人们留下不朽的形象。"接着，斯坦利贬低了布拉柴地理发现的价值。布拉柴的"伟大"路线是沿着奥果韦河向上到阿利马河，然后顺流而下到刚果河，最终抵达马莱博湖。但是斯坦利指出，根据布拉柴自己的地图，奥果韦河河口与马莱博湖之间的直线距离是540英里，而斯坦利在刚果河河口的维维站和马莱博湖之间的距离只有130英里。简而言之，布拉柴的那些发现并没有真正取代斯坦利的成果。[26]

　　不过，斯坦利演讲的核心还是他对布拉柴所签署条约的讨论。斯坦利几乎没谈"马科科"在姆佩画了一个"X"作为签名的那份条约，而是把重点放在了布拉柴与马莱博湖巴特克酋长们签署的条约上——这个条约将沿马莱博湖北岸9英里的土地割让给法国。斯坦利注意到"马科科"收到了这份条约的副本，但他不识字，根本看不懂。斯坦利问道："当他意识到布拉柴先生给他的那张纸真正意味着什么的时候，他会怎么做呢？"在签署条约时，巴特克的酋长们只是觉得他们是在划定研究站所在的土地范围而已，而不是将整个9英里长的土地割让给法国。"我在非洲呆了15年，从未见 　174过甚至听说过，有哪位酋长会放弃他的领地，哪怕一寸。"斯坦利指出，他为自己在马莱博湖的研究站支付了土地租金，就像人们在巴黎租地盖楼一样。只要一面法国国旗、两块布和几串珠子，布拉柴就能得到九英里土地的完全所有权？这种想法简直荒唐。

　　为了证明这一点，斯坦利讲述了他从马莱博湖沿刚果河逆流而上，在巴特克酋长恩戈比拉的河畔小镇上，与当地酋长就研究站建造和选址谈判的故事。当时，河对岸城镇的恩甘楚酋长前来拜访——他的城镇受姆佩"马科科"的统治。恩甘楚邀请斯坦利考虑在他的城镇建研究站，斯坦利拒绝说，那块地已经割让给了布拉柴。在斯坦利的叙述中，恩甘楚显然十分生气，并否认曾将任何一块土地割让给外国人。恩甘楚说，这样做违反巴特克人的传统，并补充道，他肯定不会因为一张纸或布拉柴的礼物而出卖自己的领地。恩甘楚坚称，他只是给了布拉柴一块土地的租赁权，仅此而已。

　　斯坦利的演讲刚一结束，布拉柴就步入了宴会厅，并将他的名片递给了主持会议的瑞安先生（Mr. Ryan）。为了表现得公平、不偏不倚，瑞安请布拉柴讲几句话。布拉柴是有备而来的，他的同事用英语为他撰写了一份简短的陈词，并且他已经演练过多次。"斯坦利先生的这次招待会是在巴黎举行，我愿和各位一样对他表示欢迎。因为可以确定，在斯坦利先生身上，我看到的不是一个敌手，而是勤恳工作于同一领域的同僚。虽然我们代表着不同的观点，但都为非洲文明与进步这一共同的目标而努力着……我提议，在各国国旗下，为所有国家的共同努力，为非洲的文明干杯！"当掌声平

175 息后，布拉柴走近斯坦利说："我亲爱的同事，我听说你在演讲中粗鲁地攻击了我。在了解你具体所说之前，请让我和你握个手。"布拉柴离席时，宴会主持说："这位先生，您表现得太机智了。"[27]

　　布拉柴的突然造访显然经过精心策划且被巧妙地执行。第二天早上，《时报》的报道中没有出现一点斯坦利的演讲内容，而是将布拉柴的发言完完全全地刊登了出来。报道形容布拉柴的突然来访是"一出戏"，但最后做出结论："一个拉丁人沉着地战胜了盎格鲁－撒克逊人。"布拉柴花了几个月的时间塑造出自己与斯坦利对比鲜明的形象——斯坦利粗鲁而夸夸其谈而自己温和且有外交手腕。而在一场还不到两分钟的冲突中，这种对比就可以一览无遗。即使是斯坦利最亲密的盟友也对他的表现感到难堪，比利时外交部秘书兰贝蒙特男爵在电报中写道，"斯坦利极端暴力的言论引起了公众的愤慨"。而斯坦利本人也在第二天承认，他对布拉柴的攻击适得其反，他写道："往昔的名声已经被诽谤和谴责淹没。"尽管斯坦利的演讲对布拉柴进行了粗鲁的侮辱和尖酸刻薄的讽刺，但还是对《马科科条约》的有效性提出了一些严肃的质疑，但法国人沉

浸在对布拉柴机智表现的欣喜中，这些问题都被忽略了。[28]

甚至连为融合欧美文化差异而创办的文化与文学杂志《两大陆评论》（*Revue des Deux Mondes*）也对斯坦利大加赞许。在 11 月 1 日的一篇长文中，瓦尔伯特（G. Valbert）指出，斯坦利来到巴黎给了他的对手致命一击，他只是大胆地表现了发表极端和惊人言论的爱好。至于布拉柴，这篇文章的结论是："他表现出了平静的勇气和罕见的机敏。这个罗马人的儿子……在法国被称赞为是通向伟大事业所必要的品质的化身——温暖的灵魂、坚持不懈的精神和坚强的意志。"这篇文章将布拉柴的表现与《马科科条约》联系起来，并得出结论："所有政治派别的报纸都一致要求批准承认此条约。"然而，《泰晤士报》对演讲的报道却大相径庭，它讨论了斯坦利对《马科科条约》的批判，并同意"如果签署条约的人并不清楚他们签的内容是什么，那么这个条约就是无效的"这一观点。文章的结论是："任何西方国家从道义上都无权吞并非洲大片的独立领土。"[29]

然而，法国对布拉柴的狂热正达到顶峰。著名摄影师费利克斯·纳达尔（Felix Nadar）为他拍摄的肖像很受欢迎，布拉柴的一些私人物品——包括钢笔、文房、花瓶和纪念章——也在市场上广为流通。市场上还出现了"纪念布拉柴决斗剑"，餐馆也为他制作了特别的菜单以示敬意。作为对这位新名人的终极致敬，巴黎格雷万蜡像馆（Musée Grévin）正为布拉柴准备一尊蜡像，巴黎格雷万蜡像馆相当于伦敦的杜莎夫人蜡像馆。[30]

11 月 8 日，巴黎商会呼吁政府承认此条约，法国商界也加入了日益高涨的支持此条约的呼声中。11 月 9 日，巴黎的两家银行

176

联合成立了一个"研究协会"，计划修建一条从大西洋海岸到马莱博湖的铁路，并成立一家大型贸易公司，以开发赤道非洲的资源。11 月 20 日，马赛商会（Marseille Chamber of Commerce）发表了一份支持承认此条约的声明。[31]

正是在这种情况下，布拉柴的《马科科条约》才提交给众议院。批准程序以闪电般的速度进行。11 月 18 日，星期六，总理杜克莱克（Duclerc）向众议院提交了条约。他承认他这样做是为了回应公众舆论，并认为这次公众舆论和法国国家利益罕见地一致，此条约符合法国在促进商业和打击奴隶贸易方面的利益。11 月 20 日星期一上午，一个委员会成立以研究这一问题，并于当天晚些时候同布拉柴会晤。布拉柴对他们说："一定要抓住这个绝好的机会，以最低的成本接管一个巨大的出口市场，它将养活我们的商业和工业。非洲有一个广阔的'内陆海域'，海岸线延伸至少 20000 公里，人口估计达 8000 万。除了将来可以从土著居民的劳动中获得财富外，随着时间的流逝，内海岸边已经积累了一些财富，这些财富很快就可以利用。"在听取了布拉柴的论证后，委员会一致通过批准了这项条约。[32]

第二天，众议院就农业预算问题进行辩论，主持会议的官员打断了辩论，以便提交委员会关于《马科科条约》的报告，他解释说这是一个紧急事项。这份报告由近期担任法国商务和殖民地部长的马赛商人莫里斯·鲁维埃（Maurice Rouvier）提交。鲁维埃一开始便称布拉柴是由外交部派往非洲的，由此将布拉柴的行动描述为外交任务。与不到两个月前海军和殖民地部长对布拉柴使命的定义完全相反，鲁维埃给了布拉柴谈判条约所需的外交地

177

位。这是为正式批准承认《马科科条约》铺平道路而编造的一个恰到好处的理由。[33]

在重新确定了布拉柴探险任务的官方立场之后，鲁维埃试图界定"马科科"的地位。他说，"马科科"是巴特克的最高统治者，他在 1880 年 9 月 10 日请求法国国旗的保护。鲁维埃接着又对这一说法进行了美化——巴特克酋长们要求法国国旗的保护，是"自由地、自愿地"。鲁维埃解释到，他不是在呼吁用军事手段征服刚果，而是要建立科研和商业基地，只派少量部队作为必要的保护，讲话中，他被接二连三的叫好声打断。鲁维埃说，法国人不会以征服者的身份出现，而是作为商人，购买橡胶、树胶、蜡、象牙、贵重金属和进口木材。此时，他又一次被叫好声打断。他最后总结道，全球运动正将西方世界推向"那些只神秘到昨天的地区"，如果法国在这场全球运动中落后，那将是在背叛自己的利益。鲁维埃坐下后，没有人站起来反对这项条约。没有辩论，没有任何异议，一项批准承认此条约的决议获得表决通过。随后，众议院又开始重新讨论农业预算。

法国媒体欣喜若狂——恶意相对的法国众议院曾于 1881 年和 1882 年先后推翻三届法国政府，而如今竟以全票通过了这一决议。加布里埃尔·沙尔姆（Gabriel Charmes）在《两大陆评论》上写道："刚果问题的处理是一个极好的例证，它体现了公众舆论与政府法案之间仍然存在的一点点和谐。这是第一次，在我们近期的历史上，我们看到所有政党，立场从极右到极左，都以同样的热情为同一事业而努力。"《时报》随即回应了这一主题，称"热情而温暖的众议院，抛弃了所有异议，成为真正的法国人的议会"。[34]

然而，英国媒体对此条约嗤之以鼻。法国政府在批准此条约之前并没有预先派出委员会查明事实真相，注意到这一点的《泰晤士报》驻巴黎记者写道："从来没有一个政府向议会提交一份自己对事实和结果都知之甚少的条约。除了从布拉柴先生那里听到的，内阁什么都不知道。"文章接着写道，法国政府"在公众毫无理性的压力下，在没有任何确切的初步信息的情况下，正在进行一场既不确定其效用，也不确定其后果的国外冒险"。[35]

179

表决通过的第二天，若雷吉贝里上将命令法国炮舰"射手座号"（*Sagittaire*）前往刚果河口，在大西洋海岸的两个重要港口——黑角（Pointe Noire）和卡宾达——驻扎法国海军部队。这两个港口都可能成为沿尼阿里河谷前往马莱博湖的铁路线入口。载着大炮和送给当地酋长的贵重礼物，"射手座号"的舰长与两个港口城镇的酋长签署了条约，确保了法国有一条直接通往马莱博湖的通道。"射手座号"的出现清楚地表明，法国打算利用《马科科条约》作为跳板占领更广阔的区域。

3
1882 年 11 月 22 日，桑给巴尔

1882 年 11 月 22 日，也就是法国议会批准《马科科条约》的第二天，蒂普·蒂普抵达了他已经离开了 12 年的桑给巴尔。他从卡松戈的马涅马总部（靠近卢阿拉巴河和尼扬圭）出发，沿着前往乌吉吉（位于坦噶尼喀湖）的主要贸易路线前进，然后继续向塔波

拉和港口城市巴加莫约前进，在巴加莫约乘坐独桅帆船前往桑给巴尔。到达之后，他没有片刻的停留，直接去见了经营着桑给巴尔最大贸易公司的印度穆斯林塔利亚·托潘。1870 年，蒂普·蒂普借了一笔 5 万玛丽娅·特蕾莎元的贷款，这笔贷款本应在两年后偿还，而今已比最后期限晚了 10 年。虽然伊斯兰法律禁止收取贷款利息，托潘依然有耐心等待，因为贷款是以贸易货物的形式借出，而偿还则要用象牙，这为放贷人通过易物贸易获利留下了充足的空间。蒂普·蒂普不在的这段时间，塔利亚·托潘已成为桑给巴尔的海关关长。所有进出桑给巴尔的货物和商品都要经过海关。

第二天，撇开债务问题不谈，托潘将蒂普·蒂普引见给了桑给巴尔苏丹巴伽什（Sultan Seyyid Barghash）。蒂普·蒂普从没有见过巴伽什——他已在位近 12 年了。前苏丹马吉德（Seyyid Majid）于 1870 年 10 月——即蒂普·蒂普的商队出发前往非洲内陆不久去世，一直流亡在印度的马吉德同父异母的兄弟——巴伽什回到桑给巴尔继承王位。托潘告诉蒂普·蒂普，巴伽什计划任命他为塔波拉总督，塔波拉是位于印度洋海岸和乌吉吉之间重要的阿拉伯人聚居地，位于坦噶尼喀湖。蒂普·蒂普解释说他想回到马涅马，但托潘警告他，拒绝苏丹的直接要求是极不明智的选择。蒂普·蒂普意识到，在第二天与苏丹会面时，他需要提出一个强有力的返回马涅马的理由。

自从 1876 年 12 月蒂普·蒂普和斯坦利在卢阿拉巴河分别后就一直很忙。斯坦利向北前往博约马瀑布，而蒂普·蒂普则向西前往与卢阿拉巴河平行的洛马米河。这是象牙贸易的新区域：他发现了用象牙制成的栅栏，看到人们用象牙杵敲打大蕉炖汤，而其他的象

180

181

牙则被丢弃在森林里腐烂。蒂普·蒂普的贸易策略说明在象牙贸易边境可以获得暴利。他曾将一串在桑给巴尔价值 3 玛丽娅·特蕾莎元的重 35 磅的珠子拿到卡松戈换得 175 磅来自加丹加的铜。分给斯坦利 17.5 磅铜之后，蒂普·蒂普带着剩下的约 158 磅铜来到了洛马米，并做成了铜手镯，每个都重半磅多一点。然后他用大约两个铜手镯交换一根象牙（根据大小而定）的价格购买了 200 个象牙。蒂普·蒂普的朋友海因里希·布罗德后来计算，蒂普·蒂普把价值 3 玛丽娅·特蕾莎元的珠子变成了价值 10000 玛丽娅·特蕾莎元的象牙。[36]

高利润的秘密在于，珠子的价值随着远离海岸向内陆的方向迅速增加，就像铜的价值随着与加丹加铜矿的距离增加而增加一样；而象牙的价值则沿相反的方向增加。蒂普·蒂普乐意进行长途旅行，踏入新的领域，这给他带来了高额的利润。1878 年 6 月，伦敦传道会（London Missionary Society）的一名传教士在海岸附近遇到了蒂普·蒂普的商队，这成为蒂普·蒂普成功事迹的证据。他在日记中写道："昨天和今天，我们都遇到了运送象牙到海岸的大型尼亚姆韦齐商队。据说有 2400 人是蒂普·蒂普的手下。有些象牙非常大。"[37]

尽管蒂普·蒂普离开位于卡松戈的总部、继续进行贸易旅行，他也是在建立帝国。在他早些时候与恩萨马、卡曾贝和其他酋长的战争中征服的地区，他不再需要收购，而是将象牙作为贡品征收。蒂普·蒂普留下曾经的酋长们负责日常事务，而他任命的税收官则负责征收象牙以及确保贸易路线的安全。他的贸易帝国像影子政府一样运作，使得象牙源源不断地流向卡松戈。现在的蒂普·蒂普认

182

为自己是一个领地的统治者，而不再仅仅是一个商人。曾有一个名为阿萨尼·邦达里（Assani Bundari）的俾路支（Baluchi）商队商人在坦噶尼喀湖西南地区劫掠象牙和奴隶，蒂普·蒂普以他在自己的领地内偷猎象牙为由，对阿萨尼·邦达里处以350磅象牙的罚款。国际非洲协会的代理人杰罗姆·贝克尔曾在1881年与蒂普·蒂普有过几次长谈，贝克尔称蒂普·蒂普是"一个兼具征服者和管理者双重身份的商人；他开创了一个名副其实的帝国，他是这个帝国绝对的主人，垄断着所有的象牙来源。此外，他还拥有海量的种植园，里面有成千上万的奴隶工作"。虽然蒂普·蒂普展开了建国活动，但名义上仍然是桑给巴尔苏丹的附庸。[38]

蒂普·蒂普决定返回桑给巴尔是因为他在1879年收到的一包信件。其中一封是来自桑给巴尔苏丹巴伽什，信中说，在完成刚果河之旅后，亨利·莫顿·斯坦利已于1877年11至12月穿过桑给巴尔前往埃及。这是蒂普·蒂普与斯坦利在卢阿拉巴河分别超过两年后，第一次听到有关斯坦利的消息。苏丹送给蒂普·蒂普一支温彻斯特步枪，很像斯坦利用过的那支。显然，这是斯坦利曾托苏丹转交给蒂普·蒂普的，但苏丹却把它作为自己的礼物送给了蒂普·蒂普。另一封信来自塔利亚·托潘，他提醒蒂普·蒂普，他最初的贷款协议要求两年后还款，而现在已经超时很久了。这包信件里还有斯坦利寄来的3000玛丽娅·特蕾莎元和一张斯坦利的照片，但没有书信。蒂普·蒂普觉得受到了轻视——"他甚至连问候都没有"——并抱怨说，这笔钱和约定的差得太多了，因为1876年他在卢阿拉巴河护送斯坦利时，斯坦利曾答应给他7000玛丽娅·特蕾莎元。

收到这包信件后，蒂普·蒂普决定返回桑给巴尔以与新的苏丹
政权建立良好的关系。又过了一年，他的商队才准备好离开他在卡
松戈的总部。蒂普·蒂普之前的那些尼亚姆韦齐搬运工很久以前就
在合同期满后离开了，现在他只能依靠当地雇佣的马涅马搬运工。
他后来告诉杰罗姆·贝克尔，自己带着 2000 名搬运工和 1000 名武
装警卫离开了马涅马；尽管如此，他还是缺少足够的人手来搬运他
大量的象牙。所以他采用了一种制度，即搬运工搬运货物四个小时，
搭建一个临时的营地，然后返回，第二天再把剩下的货物运来。[39]

1881 年 2 月，他的商队到达了坦噶尼喀湖东岸的乌吉吉，自
从 19 世纪 50 年代末他和父亲一起去过之后，他便再也没有来过
乌吉吉了。19 世纪 60 年代和 70 年代，它曾是一个繁荣的边境城
镇，后来由于马涅马的象牙逐渐成为贡品而非贸易品，作为贸易
城镇的乌吉吉开始衰落。1882 年，德国探险家赫尔曼·冯·威斯
曼（Hermann von Wissman）经过乌吉吉，看到了许多年久失修的
空房子，说明这里已经被废弃有一段时间了。然而，苏丹任命姆温
伊·赫里（Mwinyi Kheri）——阿拉伯商人和乌吉吉居民担任乌吉
吉总督，乌吉吉已经表现出越来越多的融入桑给巴尔帝国的迹象。
苏丹让赫里负责管理乌吉吉的阿拉伯人和斯瓦希里人——他们之间
的争端和纠纷可能会对桑给巴尔造成影响，但是苏丹并没有兴趣控
制乌吉吉周边的非洲酋长们。[40]

坦噶尼喀湖地区的另一个重大变化是欧洲传教团和人道主义机
构的到来，他们正在这里建立常设站点。伦敦传道会的新教传教士
于 1878 年抵达，1879 年法国天主教白人神父协会（French Catholic
White Fathers）也加入其中。在乌吉吉以南、坦噶尼喀湖东岸，利

奥波德国王的国际非洲协会比利时分会已经建立了它的第一个研究
站。国际非洲协会在 1877 年最初的目标是在尼扬圭建立一个研究
站，但是由于贸易路线上的许多死亡和困难，他们缩小了目标，勉
强接受在位于坦噶尼喀湖东岸，乌吉吉以南约 150 英里处的卡雷马
（Karema）修建一个研究站。1879 年，第二支国际非洲协会探险队
在卡雷马建了一个名为利奥波德堡的小堡垒。国际非洲协会的第三
支探险队于 1880 年 6 月抵达桑给巴尔，继续修建研究站。为了方
便物资和人员的运送，比利时于 1880 年在桑给巴尔设立了领事馆，
并在塔波拉留了一个国际非洲协会的代理人。[41]

在乌吉吉，蒂普·蒂普的商队放慢了前进的速度。这主要是由
于两个因素。第一，蒂普·蒂普的大多数搬运工都是从马涅马强行
招募而来的，由于害怕去到自己家乡地盘以外的地方，许多人一到
乌吉吉就逃走了。蒂普·蒂普便借此机会改成雇佣专业的尼亚姆韦
齐搬运工。第二，蒂普·蒂普的商队与乌吉吉和塔波拉商路沿线当
地居民的关系紧张。商队载着大量的财富经过贫穷的自给自足的农
民村庄，而最大的商队消耗了数量惊人的食物。此外，商队的搬运
工和警卫有时会偷走食物或扣押当地人作为奴隶。19 世纪 80 年代
早期，抵制商队商人的呼声越来越高，酋长们要求商队支付更高的
通行费，村民们有时会杀死搬运工，偷走他们的货物和俘虏。

蒂普·蒂普到达离乌吉吉大约 6 个小时路程的卢旺达小镇
（Rwanda，不要与现代国家卢旺达混淆）时，情况开始变得一团糟。
根据伦敦传道会传教士的说法，数百名蒂普·蒂普的搬运工和警卫
分散到耕地里，或偷或烧庄稼，导致卢旺达村民不得不动员起来把
他们赶出去。而蒂普·蒂普关于此事件的说法却有些不同："我们

被无缘无故地袭击了，便冲过去和他们战斗。半小时后，我们把他们赶了出去，他们有 26 人或 27 人死亡。"但事情并没就此结束。蒂普·蒂普写道："我们立即建起了防御围桩，并派人攻击他们的村庄。一天之内，大约有 15 个被栅栏围起的村庄被烧毁。而那些没有围栏的开放区域，我们选择留下。"几年后，蒂普·蒂普的助手萨利姆·本·穆罕默德对英国人赫伯特·沃德（Herbert Ward）基本重复了这个故事，但补充说，蒂普·蒂普获得了"相当数量的象牙，当地人也因各种抢劫行为和多年来对过路商队征税而变得十分富有"。[42]

蒂普·蒂普的商队在卢旺达小镇停留了六个月，等待他的象牙一点点地运过坦噶尼喀湖。商队再次上路时，蒂普·蒂普感到自己被收取了过高的过路费，并受到当地村民的骚扰。曾在一个地方，蒂普·蒂普的 150 名俘虏被偷，他的 4 名尼亚姆韦齐搬运工被杀。蒂普·蒂普本想发动一次袭击，但他的同伴们建议保持耐心，因为他们还有大量的象牙需要运输，而且他们担心一旦开战，只会让旅程变得更加艰难。因此，蒂普·蒂普改变了策略：他支付了过路费，忍受了不断的偷窃和偶尔的杀戮，直到 1881 年 8 月到达塔波拉，都没有进一步的军事行动。和斯坦利一样，蒂普·蒂普可以根据情况调整暴力的程度。蒂普·蒂普花了 9 个月的时间，带着象牙走完从乌吉吉到塔波拉大约 300 英里的路程；而斯坦利和利文斯通在 1872 年随一支规模更小、货物更少的商队走完全程只用了 53 天。[43]

蒂普·蒂普在塔波拉呆了一年多，由于父亲去世而放缓步伐。他的父亲在塔波拉郊外拥有一处建筑。他与国际非洲协会（主张废除奴隶制）的杰罗姆·贝克尔的谈话揭示了东非奴隶制度和废除奴隶的复杂性。讨论始于蒂普·蒂普指责欧洲人在奴隶问题上的虚伪。蒂普·蒂普指出，直到最近，欧洲国家还容许奴隶制的存在，而沙皇俄国刚刚才废除了农奴制。然而，欧洲在自己的国家宣布奴隶制为非法后，便企图立即在其他地方也废除奴隶制。他对英国强加给桑给巴尔苏丹的反奴隶贸易条约嗤之以鼻，并指出奴隶贸易正在距离港口城镇巴加莫约 20 里格①的内陆公开进行着。[44]

186

注意到在非洲的欧洲人雇佣家仆之后，蒂普·蒂普请贝克尔解释一下仆人（servant）和奴隶（slave）之间的区别。贝克尔回答说，仆人可以自由离开，而奴隶却不能；蒂普·蒂普反驳说，虽然他自己家里的奴隶有很多机会逃跑，但因自己待他们很好所以都选择留下。显然，他指的是他的武装警卫和家仆，他们对他忠心耿耿，部分原因是他们现在的生活要比其他诸如逃跑然后被再次奴役的选择更好。

尽管蒂普·蒂普试图将奴隶制描绘成一种温和而良性的制度，但人们还是看到了其奴隶活动严酷的一面。1882 年 11 月底，伦敦传道会的传教士艾尔弗雷德·斯旺（Alfred Swann）在距离海岸约 200 英里的地方遇到了蒂普·蒂普的商队。斯旺的讲述更关注那些注定要在海岸或桑给巴尔出售的俘虏。他写道："在这里，我们遇到了臭名昭著的蒂普·蒂普每年一次的商队，他们长途跋涉穿过乌戈戈（Ugogo）和楚尼奥（Chunyo）炎热的通道后一直在休息。当他们鱼贯而过时，我们注意到许多人的脖子被拴在一起。另一些人

---

①　league 是一种长度名称。陆地上时，一里格通常被认为是 3 英里，即 4.827 公里。

把他们的脖子固定在约 6 英尺长的杆子上，杆子的末端搭在他们前面的人身上。女人的数量和男人一样多，她们背着婴儿，头上还顶着象牙或别的东西。"斯旺还描述了奴隶们的身体状况："脚和肩膀上到处都是开放的疮伤，令他们更加痛苦的是，成群的苍蝇跟在他们身后，吸食他们流下的血液。他们活生生地呈现了一幅悲惨的画面，令人们忍不住想——他们中有谁能够从刚果河上游出发至少1000 英里的长途跋涉中幸存下来。"而这就是关于东非奴隶贸易蒂普·蒂普所不愿谈及的方面。[45]

187

贝克尔和蒂普·蒂普之间最激烈的讨论是关于国际非洲协会在尼扬圭建立研究站的计划，这个计划将有可能使比利时可以直接购买蒂普·蒂普的象牙，并通过刚果河运往欧洲。从尼扬圭到东、西海岸的直线距离大致相似，但刚果航线使得通过汽船的长途运输成为现实。鉴于蒂普·蒂普带着商队搬运工把象牙运到桑给巴尔所经历的种种困难，蒂普·蒂普对这个计划很感兴趣。8 月 17 日，比利时海军上校埃米尔·斯托姆斯（Emile Storms）抵达塔波拉，前往位于卡雷马的国际非洲协会研究站，有关象牙贸易路线的讨论又重新开始。斯托姆斯带来了利奥波德国王的秘密指示，在卡雷马和尼扬圭之间建立起一系列的研究站，与斯坦利沿刚果河上游建立的站点连接起来，从而实现利奥波德国王建立可以穿越赤道非洲东西的一系列研究站的梦想。尽管国际非洲协会以科学和人道主义为托词，但斯托姆斯上校的主要目标还是得到蒂普·蒂普手中的象牙。

和贝克尔一样，斯托姆斯提出，一旦比利时在尼扬圭有了一个据点，他们就可以购买蒂普·蒂普的象牙，然后沿刚果河通过船运输。他提出了一项安排，即比利时在尼扬圭以桑给巴尔的现行价格购买象牙，减去桑给巴尔的海关费用。他们将从这个基本价格中扣除送到大西洋海岸的运输费用。斯托姆斯的建议是在扭转赤道非洲的经济地理形势，使马涅马的象牙流向大西洋，而不是印度洋。这是一项双赢的提案，蒂普·蒂普将从降低的运输成本中获益，而比利时则可以把原本要交给桑给巴尔海关官员的钱装进自己的口袋。而其中最大的输家将是桑给巴尔苏丹和海关关长，他们将丧失蒂普·蒂普的马涅马象牙贸易所带来的可观的海关收入。[46]

188

　　蒂普·蒂普回应说，在达成协议之前，他需要征得苏丹的同意。他告诉斯托姆斯："我统治着马涅马国，但我和它都是在赛义德的统治之下，没有他的批准，我什么也做不了。"比利时方回答说："我和苏丹没有任何交易。而你是马涅马的首领，拥有所有的权力。"最终，由于蒂普·蒂普拒绝破坏与苏丹和海关官员的关系，他们没有达成任何协议。[47]

　　利奥波德国王和施特劳赫上校幻想着比利时可以在尼扬圭购买蒂普·蒂普的象牙，然后用内河轮船运到大西洋海岸。早在1880年，斯坦利的货运马路线还没有修到马莱博湖的时候，施特劳赫上校就竭力催促他尽快沿刚果河前行到达尼扬圭。施特劳赫估计，如果没有当地酋长的阻碍，一支商队从尼扬圭到桑给巴尔大约需要6个月的时间，但通过河上汽船和货运马路相结合的方式到达刚果河河口仅需要23天。这个估计虽然十分不切实际，但它激发了国王的决心，他希望尽快与大西洋海岸的尼扬圭建立定期联系。"尼扬圭计划"是利奥波德国王领导下的两个国际组织——国际非洲协会和上刚果研究委员会合作互补的例证。国际非洲协会将从东海岸到尼扬圭，建立一个表面上是以人道主义和科学为目的的研究站；而研究委员会，其实是一个美化了的贸易使团，将从西海岸过来购买象牙。[48]

1881 年 6 月，斯坦利还在非洲，施特劳赫上校直截了当地问他具体于何时组织前往尼扬圭的探险队。斯坦利回答说："在我目前的合同期内，永远不会。"他还提醒施特劳赫，经水路从尼扬圭到马莱博湖的距离有 1800 英里。斯坦利并不反对与尼扬圭进行贸易，但作为唯一一个有从尼扬圭到马莱博湖旅行经历的欧洲人，他对在合理的时间期限内可能完成的事情有更现实的看法。尽管如此，国王还是坚持，一旦大西洋海岸和尼扬圭之间的运输网络建立起来，就不会再有一码布从印度洋海岸来到尼扬圭了，而东非象牙商队也将成为历史。施特劳赫上校命令了额外的 50 名桑给巴尔搬运工到刚果河，并告诉斯坦利，这些人应被用于把比利时官员和货物沿着刚果河运到尼扬圭。而斯坦利却将这些桑给巴尔搬运工用于将"前进号"汽船运往马莱博湖。国王要把马涅马的象牙转移到马莱博湖的梦想不得不再等一等。[49]

1882 年 11 月 23 日早晨，塔利亚·托潘告知蒂普·蒂普，苏丹巴伽什计划任命他为塔波拉总督，随后蒂普·蒂普便前往王宫。在听了苏丹的提议后，他透露斯托姆斯上校计划在尼扬圭建立一个国际非洲协会研究站，以便通过刚果河出口象牙。蒂普·蒂普之所以提到这一点，是为了向苏丹表明，在当前的情况下，他在马涅马的存在是不可或缺的。苏丹回应说："我本来想让你做塔波拉的总督，但现在我觉得你最好不要在这里逗留了，即刻动身去马涅马吧。"为了方便蒂普·蒂普迅速离开，塔利亚·托潘向蒂普·蒂普打开了他贸易公司的仓库，并向他提供了无限制的信贷额；而苏丹下令，在蒂普·蒂普组织好完整的队伍前，其他商队不可以雇佣搬运工。
这一命令主要是为了阻止即将离开此地前往卡雷马的国际非洲协会
的补给商队。尽管苏丹和塔利亚·托潘为使蒂普·蒂普尽快离开付
诸了努力，但蒂普·蒂普还是花了一些时间才卖掉了他共计 7 万英
镑的象牙，这让他变得非常富有。直到 1883 年 8 月，也就是他到
达桑给巴尔的九个月后，蒂普·蒂普才离开桑给巴尔。[50]

尽管苏丹希望蒂普·蒂普能够尽快返回马涅马阻止比利时人，   190
并确保象牙继续流向桑给巴尔，却并没有任命蒂普·蒂普为马涅
马的总督，而这一任命名义上将使苏丹的权力一直延伸到卢阿拉
巴河。苏丹满足于在塔波拉和乌吉吉这样有大量阿拉伯人口的城
镇任命总督，并依靠对蒂普·蒂普的非正式安排管辖马涅马。当
蒂普·蒂普的一个朋友问他是否想成为乌吉吉的总督时，他回答
说："你不知道我的领地是马涅马吗？我的领地比尼亚姆韦齐、塔
波拉和整个苏库马（Sukuma）还要大。我为什么要当一个总督？"
这样非正式的承认蒂普·蒂普是马涅马的统治者，让苏丹王和蒂
普·蒂普双方都十分满意。这给了蒂普·蒂普所需要的自治权和灵
活性，他可以随心所欲地管理事务，同时仍然允许苏丹对马涅马的
象牙贸易发挥一定的影响力。[51]

苏丹对东非内陆地区的领土和人民的态度，可以从蒂普·蒂普
离开桑给巴尔返回马涅马之前发生的一次事件中看出来。英国领事
约翰·柯克与苏丹接洽海岸与塔波拉之间地区的武装冲突问题，因
为这些问题阻碍了象牙商队的前进，他还建议由蒂普·蒂普发动一
场军事行动，确立苏丹对该地区的控制。但苏丹对这样的冒险活动
并不感兴趣，因为控制主要贸易城镇的成本要低得多，大量富有的

阿拉伯商人聚集在这些城镇，同时让非洲酋长们去控制周边的领土和人民。历史学家菲利普·柯廷（Philip Curtin）将这种管理方式称为"贸易驿站式帝国"（trading post empire），桑给巴尔苏丹维持自己的"贸易驿站式帝国"的同时，欧洲人则对占领土地越来越感兴趣。作为赤道非洲中心新兴国家的统治者，蒂普·蒂普可以选择与桑给巴尔苏丹或是在刚果河沿岸设立研究站的欧洲人做交易。或者，他还可以两者兼顾。[52]

第五章

条约的洪流

对法国政府而言，赤道非洲的政治地位随着 1882 年 11 月 21 日法国众议院批准承认《马科科条约》而发生了巨大的变化，一周后，参议院也随之通过。12 月 26 日，法国众议院批准了一笔 127.5 万法郎的预算，用于派遣一支新的使团前往赤道非洲地区。这笔预算比布拉柴那次的经费多出了十多倍。用法国历史学家亨利·布伦施威格的话来说，赤道非洲已"从国际慈善、地理和传教的范围，过渡到民族主义竞争的领域"。[1]

虽然法国政府承认了《马科科条约》，并为派往赤道非洲的新特派团提供了预算，但它还是差点就在刚果河盆地建立了官方殖民地。法国政府的新提案中将这一特派团称为"西非使团"（West African Mission），这一使团将由公共教育部（Department of Public Instruction）管理，而非海军和殖民地部；它的总体目标被含糊地定为：通过将法国签字的条约副本送给"马科科"，以"确保与巴特克酋长们达成的协议得以执行"，并与其他酋长签署条约以扩大法国的影响范围。布拉柴被任命负责这项任务，并被授予一个不太具体的头衔——"政府专员"。布拉柴的任命文件指出，这个头衔赋予了他"类似殖民地总督"的权力，尽管他不是正式的总督，法属刚果也不是正式的殖民地。[2]

就在法国众议院批准承认《马科科条约》的两天后，亨利·莫

191

192

顿·斯坦利登上了驶往刚果河口的船。他在西班牙的加的斯（Cadiz）登上"哈卡韦号"（*Harkawway*）汽船，船上载有14名军官和供他此次刚果探险的600吨物资和贸易货物。在布鲁塞尔期间，斯坦利签署了一份合同，他将继续担任利奥波德国王在刚果的行动负责人两年，但该组织的名称已改为刚果国际协会，让它看起来像是一个永久存续的实体。这一名称上的变化令刚果河流域的国王代理人们产生了极大的混乱，他们之前将"研究委员会"和"刚果国际协会"这两个名称当做同义词交换使用。

斯坦利这次远征的首要任务是与当地酋长签订条约，以建立一道防止法国进一步扩张的"防火墙"。签署条约本从一开始就是斯坦利任务的一部分，但法国议会承认了《马科科条约》，使得这一任务又增添了新的紧迫性。那就是，布拉柴签署的条约得到了公认的世界强国——法国政府的支持，而斯坦利签署的条约只得到刚果国际协会的承认，而刚果国际协会只是利奥波德二世的私人项目。刚果国际协会并不代表比利时政府，比利时议会也没有兴趣批准通过斯坦利所签署的条约。

刚果河流域条约的制定过程因地而异，因为当地有4种不同的政治体系。第一种，是热带雨林以南的稀树大草原地区上的一些大型王国。靠近刚果入海口的刚果河口南岸的土地严格来说是古老的刚果王国的一部分，尽管国王在17世纪的内战中失去了统治酋长的所有直接权力。然而，刚果国王与安哥拉的葡萄牙人关系密切，他声称未经他的允许，各酋长们签署的任何条约都是毫无意义的。类似地，巴特克王国的"马科科"也声称有权代表其下属酋长们签署条约。第二种政治体系出现在马莱博湖和刚果河上游沿岸的贸易城镇。那里最富有、最有权势的贸易商人有着至上的权威，但同时也经常面临竞争对手的争夺。第三种体系出现在热带雨林的村落里。当地的一个"大人物"因个人的财富、庞大的家族和社会关系网络而掌握着权力。第四种是阿拉伯商人在马涅马所建立的政治权威，不过这些阿拉伯商人声称他们受桑给巴尔苏丹的统治。欧洲人与阿拉伯人签订的条约规定的不是主权或领土的割让，而是两拨外来入侵者之间的势力范围和贸易区域的划分。

1
1883 年 3 月，马莱博湖

由刚果国际协会及其前身上刚果研究委员会签署的条约或协议的形式和内容是不断发展的。斯坦利最初于 1879 年 9 月与刚果河口维维镇的酋长签署的协议还只是一份简单的土地租赁合同，这份协议约定了斯坦利需按月支付租金，而酋长们则保证斯坦利他们可以在贸易路线上自由通行。然而，1882 年 6 月，布拉柴带着《马科科条约》返回法国，这迫使利奥波德国王不得不改进自己的战略。如果法国要求对赤道非洲的大片土地拥有主权，那么利奥波德二世也需要宣称主权。1882 年 10 月 16 日，利奥波德国王在写给施特劳赫上校的信中写道："我很不满意斯坦利与当地酋长们签订的条约，条款中必须增加一项有效条款，即酋长们必须拥有对其领土的主权。条约应尽可能简短，通过几个条款就必须明确给予我们一切。"对主权的要求使得协会代理人们的工作更难开展了，正如

194

斯坦利曾在巴黎所说的："我从未见过或听说过哪个酋长会放弃他哪怕一寸的领地。"[3]

不管具体条款如何，这些条约都是骗人的。对于那些既不会读、也不会写、更不会讲法语或英语的酋长们来说，完全地理解条约的含义，简直可以说是天方夜谭。同样不清楚的是，酋长们是否真正控制着他们在条约中割让的所有领土。对这些酋长来说，签署一份条约仅仅意味着在一张纸上画个"X"然后得到一笔报酬。1882 年，国际非洲协会的雇员之一——埃德蒙·汉森上校（Capt. Edmond Hanssens）在写给斯坦利的信中，无意间暴露了签订条约的文字游戏："我买下了伊巴利—恩库鲁河（Ibari-Nkulu）的整个汇合处，这片区域往上游和下游都是一天的路程，两岸有 4 个内陆。布拉柴或其他任何人来了，都会发现这个地方已经被占领了。"汉森可能曾声称自己是在购买领土，但实际上他购买的只是纸上的"X"记号。[4]

1883 年 3 月，斯坦利于抵达马莱博湖，他的首要任务是巩固协会对南岸酋长们的控制。3 月 29 日到 4 月 9 日期间，他与居住在湖区西南的姆班杜酋长们、金塔莫和金波科（Kimpoko）的巴特克酋长们签署了一系列条约并组建了一个南岸联盟（South Bank Confederation），这个联盟表面上是为了维持和平。根据这些条约，只有刚果国际协会有权宣战，并对所有可能危及和平的争端进行仲裁。它还有权批准或拒绝所有欧洲商人或代理人进入南岸联盟领土。从此以后，协会的旗帜——一面中心有一颗黄色星星的蓝色旗帜——将在每个星期天的早晨和所有的节日飘扬在签约了的酋长的村庄上空。[5]

　　南岸竞争最激烈的地方是金沙萨贸易小镇，它距离利奥波德维尔站上游约8英里。这里是恩楚鲁酋长的家，他是一个巴特克领主，同时也是"马科科"在马莱博湖最高等级的领主。他戴着一个铜项圈，是湖区唯一有权坐在豹皮上的巴特克酋长，但他作为圣物守护者的权威，比起政治上的，更多的是精神上的权威。这些圣物护身符被认为是神灵存在的象征。一名欧洲游客曾到访恩楚鲁酋长的家中，点燃了烟斗，酋长命令他立即熄灭，防止烟雾使圣物失效。[6]

　　1881年，马拉明中士和布拉柴留在北岸代表法国利益的两个塞内加尔海军陆战队员遭受食物短缺时，恩楚鲁酋长曾邀请他们来到南岸在金沙萨驻扎，尽管金沙萨不在《马科科条约》规定的领土范围内。孤立无援，又没有任何补给，马拉明只能靠着斯坦利送给他的温彻斯特14连发步枪猎杀水牛、大象、河马和羚羊为生。1882年4月，法国自然科学家莱昂·吉拉尔访问马莱博湖时特别提到，巴黎地理会议上谈论的著名的"布拉柴维尔站"只是马拉明中士在金沙萨住的小棚屋。由于布拉柴维尔站是在利奥波德国王的国际非洲协会法国国家委员会的授权下设立的，而非由法国政府，利奥波德国王因此对法国委员会官员施加压力，要求他们召回马拉明中士和两名塞内加尔海军陆战队队员，重新回到奥果韦上游的弗朗斯维尔站。1882年5月，马拉明中士离开金沙萨后，马莱博湖不再有法国势力的存在了。一年后，恩楚鲁酋长加入了斯坦利的南岸联盟，并允许刚果国际协会在他的小镇建立一个研究站。[7]

196

　　斯坦利刚为南岸联盟缔结条约就接到利奥波德国王的指示，要求他召集所有从维维到马莱博湖的刚果河下游沿岸的酋长们，建立一个名为"新邦联"（New Confederacy）的政治实体。国王指示附带的范例条约中规定，新邦联的成员将悬挂协会的旗帜，其防御部队将在刚果国际协会的指挥下招募当地的非洲士兵组成。除了含糊地提到"激励刚果国际协会之文明热情"外，新邦联并没有阐明其宗旨。[8]

斯坦利觉得这个想法十分荒唐。他在给施特劳赫上校的信中说道，所涉及的这些地区"彼此分离，各不相同，各自独立。除了我们安排的对话，他们之间本来不存在交流"。他解释说，每个地区都有 1—10 个酋长，每个酋长都是这片土地的唯一所有者。斯坦利总结道："欧洲人所理解的所谓的'邦联'，我认为在这里是目前不可能实现的。"斯坦利认为，他在马莱博湖南岸建立的这样小规模的联盟，或许可以作为这种新形式的范例，但南岸联盟只涵盖 150 平方英里的土地，包括 18 位酋长。而且，这种模式不能套用在大规模的土地和人口上。斯坦利没有意识到，利奥波德国王并不是想要建立一个正常运作的邦联，他想要的其实是一个"纸上邦联"，以便他与私人公司和其他欧洲国家谈判时可以作为谈判依据。从刚果河口延伸至马莱博湖的酋长联盟，将成为阻止法国或葡萄牙向刚果河下游提出领土要求的一道屏障。[9]

1883 年 8 月，斯坦利带着由三艘蒸汽船组成的舰队离开了马莱博湖，去访问或建立刚果国际协会位于刚果河上游沿岸的研究站。与博洛博和班加拉这样的大型贸易城镇的酋长签订条约是非常困难的，因为每个城镇都由一系列独立的村庄组成，每个村庄都有自己的首领。博洛博由沿河的 15 个村庄组成，而班加拉则由 20 个独立的村庄，它们分布于 28 英里长的河岸上。每一个村庄的首领签署条约时都声称自己是自己村庄所在的整个城镇和周围地区的首

领。作为回报，村庄首领收到了大量的贸易货物作为礼物，并通过
与白人的联盟，使自己的地位高于其他村庄首领。

到达博洛博——刚果国际协会去年曾在这里建立研究站后，斯
坦利看到了烧毁的研究站废墟和仓库。他了解到，博洛博的所有村
庄都正与刚果国际协会交战，除了伊巴卡（Ibaka）直接控制的两
个村庄，而伊巴卡曾在 1882 年与协会签署一项条约。伊巴卡不是
世袭的酋长，他之前是个奴隶，通过象牙贸易发了财，并在主人死
后接管了生意。在博班吉贸易城镇，主人给予野心勃勃又才华横溢
的奴隶极大的自由，并非是什么不寻常的事情，但他已故主人的家
族强烈反对伊巴卡升任利廷巴（Litimba）的酋长之位，他们担心
自己的地位和财富会因此受损。[10]

伊巴卡酋长与刚果国际协会签订的条约将他视为"博洛博地区
的最高首领"，尽管他可能最多是在同级别的酋长中排在第一位。
而连这一说法也遭到了诸如曼加（Manga）和加图拉（Gatula）等
其他酋长的质疑。作为对他的认可和丰厚礼物的回报，伊巴卡授权
该协会在一块后来被探明是古代墓地的土地上建立研究站，那里将
不再有博洛博居民居住。伊巴卡利用他与刚果国际协会的关系，向
所有前来研究站贩卖象牙的酋长和商人们征税，抽走他们的利润，
实际上使这些人成了他的附庸。因此，在当地，反对伊巴卡酋长就
等同于反对刚果国际协会。8 月 22 日，斯坦利到达后与毁约的酋 198
长们进行了长达 12 天的谈判，但收效甚微。最终，斯坦利成功通
过武力迫使他们就范。他向酋长们展示了他的克虏伯（Krupp）枪，
这把枪看起来像是大炮——他向河中开枪，在 2000 码外激起了一
大片水柱。[11]

　　10 月 21 日，斯坦利的舰队抵达班加拉，1877 年他第一次沿刚果河向下时，曾在这里打过一场他称之为"战中之战"的战斗。当地人仍然对他心存芥蒂，因此要求他必须与酋长姆瓦塔·布维凯（Mwata Bwiké）的儿子进行滴血结义的仪式，酋长才会亲自露面欢迎他。在与班加拉就刚果国际协会建立研究站达成协议后，斯坦利留下卡米耶·科基亚（Camille Coquilhat）完成最后的安排并建造研究站，而他则继续他的旅程。科基亚失望地发现，姆瓦塔·布维凯没有常备部队和警察，他对其他酋长的唯一权威来自于他的说服力。姆瓦塔·布维凯并不是一个有权势的酋长，他只是一个不超过 3 万人口的松散联盟的高级首领。[12]

　　斯坦利在刚果河上游探险的终极目标是在瓦纳鲁萨里岛（Wana Rusari Island）上建立一个研究站。它位于博约马瀑布的第七个瀑布（斯坦利称之为斯坦利瀑布）的下游，距离马莱博湖的利奥波德维尔站近 1000 英里。12 月 1 日至 3 日，他会见了一群根亚（Genya）酋长会面。通过谈判，他用价值 160 英镑的货物换取了对该岛的有限主权和所有未被占用土地的所有权。苏格兰轮船工程师安德鲁·本尼（Andrew Bennie）被任命为斯坦利瀑布站（Stanley Falls Station）的站长，工人们很快就清理了 4 英亩土地，为他建了一座简陋的房子。斯坦利瀑布站将由来自尼日利亚北部的 10 名桑给巴尔士兵和 20 名豪萨（Hausa）士兵组成的守备部队保护。斯坦利瀑布站的建立完成了协会对刚果河上游所有权的要求，确保了从马莱博湖到博约马瀑布数千英里沿线的战略要地的条约权利。斯坦利估算，从马莱博湖到博约马瀑布的路程，一艘汽船逆流而上需要 58 天，而回程则仅需要 30 天。[13]

1883 年 12 月 10 日，斯坦利离开了斯坦利瀑布站，沿刚果河往下。穿过博约马瀑布的七个瀑布，然后沿着卢阿拉巴河而上便可以到达尼扬圭，这条路线对斯坦利来说颇具诱惑，但他认为目前的首要任务还是巩固迄今为止取得的进展。他写道："我们需要做的是把注意力转向取得站点之间地区的保护权上，这样我们就可以成为从维维站到斯坦利瀑布站之间不间断的连续领土的主人。"填补两个研究站之间空白区域的任务符合利奥波德国王将"刚果自由邦"改为单一的"自由邦"（Free State）的战略变化。在 1884 年 1 月，他命令所有代理人"确保我们所属（的土地）结合起来"，以形成一个统一的自由邦。[14]

在与利奥波德国王为期两年的合同到期之际，斯坦利于 3 月 20 日离开了马莱博湖，沿着刚果河缓缓向巴纳纳前进，在那里他便可以赶上一艘开往欧洲的轮船。斯坦利巡查刚果河下游的诸多研究站期间了解到，利奥波德国王说服酋长们联合组成所谓的新邦联的计划已经取得了实质性的进展，这个新邦联控制了从维维到马莱博湖的刚果河下游地区。之前斯坦利以这个计划不现实为由拒绝了这个项目，国王就请了英属印度的前高级殖民官员弗雷德里克·戈德斯米德将军（Gen. Frederick Goldsmid）来说服刚果河下游的酋长们加入新邦联。戈德斯米德将军与刚果国际协会的一组代理人合作，成功与 300 多位酋长签署了条约。[15]

条约由戈德斯米德用英语起草，条约写到，由各酋长管理的村庄和城镇将合并为"一个统一的领土，从今以后称为新邦联"。酋长们承诺将他们的武装力量和他们的财富置于"我们认为最有利于人民的共同利益和邦联福祉的组织之下"。所有首领都必须悬挂刚

200

果国际协会的旗帜，并遵守与该协会签订的所有条约。在 1883 年 10 月签订的另一项条约中，酋长们授权刚果国际协会在欧洲代表他们处理事宜。新邦联不过是利奥波德国王的一个计谋，其目的是拿到签订的一纸条约，从而使刚果国际协会获得外交上的承认。施特劳赫上校提交新邦联条约的范本时，还摘录了 1874 年巴黎出版的《公法会通》^①一书中的一段，这样刚果国际协会代理人制订的条约可被国际法认可。¹⁶

²⁰¹　　斯坦利继续沿着刚果河口前进，经过了刚果国际协会缔约最密集的区域之一。1882 年之前，河口一直对各种欧洲贸易公司和宗教使团开放，但巴黎承认《马科科条约》之后，葡萄牙开始采取外交行动，以确保对刚果河入海口的控制。为了对抗葡萄牙的影响，刚果国际协会派亚历山大·德尔科米纳（Alexander Delcommune）与博马附近的酋长们会面，并签署了授予该协会主权的秘密条约。德尔科米纳后来承认，他忘记了把"构成主权权利的所有特权"告知酋长们。¹⁷

　　保密的原因是，作为葡萄牙盟友的刚果王国统治者声称对酋长们拥有名义上的权威。他曾致函葡萄牙国王，说他不承认刚果国际协会的权利，只承认葡萄牙国王的权利。为了保密，刚果国际协会拒绝博马的酋长们持有他们自己的条约副本，因为他们担心这些条约落入葡萄牙人的手中。刚果国际协会的一份信中说："如果德尔科米纳先生把这些条约副本给了酋长们，那他就犯下了一个极其低

---

　　① Le Droit International Codifié，译自瑞士法学家伯伦知理（Johann Caspar Bluntchli）的国际法著作，原文为德文，后译为法文，中文《公法会通》以法文翻译为底本。

级的错误。不能给他们留下任何副本。只要简单地签署命令，他们就可以得到承诺的商品。"[18]

刚果国际协会正是在"买"下这些条约，它们将在利奥波德国王用以阻止葡萄牙和法国在刚果河河口获得立足点，并吸引欧洲商业和运输公司到刚果河下游投资的时候派上用场。他们从未打算将这些条约作为协会代理人和非洲酋长之间严肃的法律合同。1884年1月，弗雷德里克·戈德斯米德将军告诉《泰晤士报》，获得这些条约的"明确目的是（它们）永远不被执行，并且防止任何其他人享有构成主权权利的特权"。到此时，对条约的争夺已经不再是道貌岸然的虚伪，而变成了一场闹剧。[19]

202

2

1883年，奥果韦河，弗朗斯维尔站

布拉柴的第三项任务比前两个任务要艰巨和复杂得多，所以他直到1883年3月20日才离开法国，这离众议院通过《马科科条约》已经有三个月了。所谓"西非使团"的任务指令，是由布拉柴亲自写的。除了将《马科科条约》的副本送回给姆佩的"马科科"，并与其他酋长签署条约外，任务的目标还包括了探寻领地内的矿山、油料作物，适合欧洲人定居的土地，以及任何其他可能有利于法国商业和工业的东西。"西非使团"将从国际非洲协会法国委员会手中接管现有的研究站，并在主要的通信线路沿线建立新的站点。最后，"西非使团"应该致力于废除奴隶制和奴隶贸易。所有这些目

标都将通过调解和谈判，且以最低限度的军事行动来实现。[20]

布拉柴及其同伴计划与当地酋长们签署的条约使用一份统一的模板。文件的上方写着"保护国条约"，这几个字下方写着"以法国的名义"。随后的序文中写道："根据法兰西共和国驻西非政府专员皮埃尔·萨沃尼昂·德·布拉柴授予的权力。"第一条："酋长'X'将他的领地置于法国的主权和保护之下。"第二条承认酋长对其领地的权威，并承诺法国将提供援助和保护。尽管布拉柴的《马科科条约》的措辞是将"主权"割让给法国，但"西非使团"只是寻求建立法国对各酋长领地的保护国地位。[21]

203

布拉柴乘船到达奥果韦河口后，沿着他惯常的路线，乘河上的汽船前往兰巴雷内，然后转乘独木舟继续逆流而上。他的第一个目标是提升从兰巴雷内到弗朗斯维尔的货物和物资运输效率，这段路长300英里，河道偶尔被急流打断，频繁引起事故和货物损失。"西非使团"的代理人在兰巴雷内建了一个仓库，在恩乔莱（Njolé）的急流和布韦（Booué）的瀑布处建了中转站，在上游不远处的本吉（Boundji）建了另一个站点。到达布拉柴第二次任务中建的弗朗斯维尔站后，布拉柴从利奥波德国王的国际非洲协会法国委员会手中接管了该站。自此以后，刚果河以西便没有国际非洲协会的存在了。

自布拉柴第一次到奥果韦河执行任务以来，他就一直梦想着一条沿奥果韦河上行，经陆路到达阿利马河上游，然后沿阿利马河往下游到刚果河，最后到达马莱博湖的贸易路线。在他第一次执行任务时，阿利马河上的博班吉商人的武装行动阻止了这个计划。在第二次任务中，国际非洲协会在阿利马河上游的迪埃莱（Diele）建立了一个小的站点，但博班吉商人持续的武装行动让他们没办法乘独木舟到达阿利马河。在返回法国之前不久，布拉柴在弗朗斯维尔和迪埃莱之间划出了一条崎岖的陆路小径。然而，为了使这条路线在商业上可行，有必要在阿利马河上放置一条内河汽船。布拉柴的同事巴莱博士获得了一艘属于地理学会的小汽船，将它拆解后从奥果韦河运到了弗朗斯维尔，然后再转陆路运抵迪埃莱。但锅炉和贮灰盘在急流中航行时丢失了，而新的则必须从欧洲订购。与此同时，巴莱设法把剩下的零件运到了迪埃莱，并在法国派来的两名机械师的帮助下，重新组装了汽船，命名为"巴莱号"（Ballay）。

等待锅炉运来的时候，巴莱收到邀请，与一些博班吉酋长会面。　204　到达会场时，巴莱受到了恩东比（Ndombi）酋长的欢迎，这位酋长的下巴上有子弹穿过留下的疤痕。巴莱怀疑伤口是在 1878 年 7 月 3 日与布拉柴的交战中留下的，但他不敢问。恩东比酋长告诉巴莱，曾领导与布拉柴作战的博伦扎酋长最近去世了，所以他现在准备和解。为了表示合作的诚意，恩东比提出向巴莱出售一艘可以容纳 100 名划桨手的巨型独木舟。双方商定了价格，但由于一些博班吉酋长反对这一交易，谈判迟迟没有进行。1883 年 10 月初，布拉柴到达迪埃莱，并与博班吉酋长们召开会议，同意为在 1878 年战争中死亡的博班吉人支付抚恤金，从而结束了敌对状态。经过近 5 年的努力，终于，布拉柴耐心谈判的策略取得了成功，得到了回报——他们可以安全通过阿利马河向下。

1883 年 10 月 15 日，博班吉人交付了一艘 10 吨容量的大型独木舟，开启了合作的新时代。第二天，巴莱带着 14 名船员出发沿阿利马河向下。尽管他与博班吉酋长们达成了协议，但在阿利马河沿岸，人们对他仍然充满了恐惧和怀疑，但到达刚果河时，人们对他的态度变得友好了一些，而斯坦利不久前经过这里往上游去，帮助建立了班加拉的研究站。在阿利马河口，巴莱写信给布拉柴，提醒他到达阿利马河时，不要承认自己是"月亮"（Tchougui）——这是巴特克人给布拉柴取的绰号，因为布拉柴每晚都夜观天象。巴莱写给布拉柴的信中说道："你必须坚决否认你是'月亮'，因为人们不想与他有任何关系。"[22]

11 月 20 日，用于替换的锅炉和贮灰盘到达迪埃莱，"巴莱号"
205　终于可以投入使用了。"巴莱号"是一艘很小的船，只有 15 英尺长，锅炉和烟囱位于船的前面。但由于河道的岩石和其他障碍，它还是太大了，无法顺利地从迪埃莱沿阿利马河向下。因此，布拉柴命令查尔斯·德·夏凡纳（Charles de Chavannes）乘独木舟顺流而下，在阿利马河和莱凯蒂河（Leketi）的交汇处——那里水更深、更平静，建一个站点、一个仓库和一个码头。莱凯蒂站将是沿着阿利马河向下驶向刚果河并继续到达马莱博湖的汽船登船点。[23]

1884 年 2 月 18 日，也就是布拉柴离开法国将近一年之后，他从莱凯蒂站出发，乘"巴莱号"沿着阿利马河顺流而下，独木舟载着队员、货物和补给紧跟其后。舰队随后沿刚果河航行到恩甘楚酋长的城镇——巴莱在那里建立了刚果河上游的第一个法国站。从那里，布拉柴和他的队伍开始从陆路向姆佩进发。在到达"马科科"首席大臣奥波翁塔阿巴居住的村庄时，布拉柴向附近的巴特克都城发出消息，说他要见"马科科"。他是来送还四年前布拉柴与"马科科"缔结的条约的副本。法国代表团包括布拉柴，他的兄弟雅克（Jacques，来自罗马），雅克一生的挚友阿提利奥·佩西莱（Attilio

Pecile，也来自罗马）以及查尔斯·德·夏凡纳——里昂的一名律师，他担任着布拉柴的私人秘书。这是一个奇怪的法国外交代表团，因为4位代表中有3位的习惯用语都是意大利语，而不是法语。

接下来的两天，人们都在为仪式做准备。"马科科"用一块巨大的红色华盖装饰他的内院——红色是王室专用的颜色。地上放置了供"马科科"坐的狮子皮和给来访的法国代表团坐的豹皮，"马科科"和他的9个妻子使用的坐垫里面还装有护身符，保佑他们安全。当一切准备就绪时，布拉柴和他的使团随着一长列为"马科科"搬运礼物的脚夫进入院子——800码的布、珠宝、镜子、风琴、音乐盒、枪、火药和盐——这些东西都摆在院子里，供所有人观瞻。[24]

查尔斯·德·夏凡纳记录了仪式的所有细节。当所有人都就位后，"马科科"带着随从走出他的房子，缓缓地走进庭院，后面跟着他的妻子们。"马科科"踮起脚尖走路，如帝王般庄严而优雅。他在坐垫上坐了下来，然后起身与布拉柴握手。然后，他以一种呼应—响应的节奏向人群道："我告诉你们的是真的！是的，这是真的。看看那个据说迷了路的人！看看那个据说已经死了的人！看看那个据说很穷的人！看看他带来的货物和礼物！说那些话的人是骗子！""马科科"虽然没有指明这些骗子是谁，但他的话清楚地表明，他最初与布拉柴缔结条约时，显然在巴特克领主和土地首领之间产生了分歧。此时，"马科科"正试图利用布拉柴的回访来粉碎任何进一步的异议。[25]

第二天，会议继续进行。布拉柴将会签的条约副本交给了国王，条约连同印有法国印章和总统签名的信函装在一个水晶盒子里。"马科科"审视着聚集于此的领主、贵族、土地首领，试图证明他才是

206

巴特克王国最高的统治者。他问道："谁是这片土地的主人？"众人回答说："您是！"在举行仪式的一段时间里，人们祭酒、吟唱，让夏凡纳想起天主教的弥撒。颂歌平息后，布拉柴对"马科科"说："您曾说过会给法国一块土地（用于研究站），您会将自己置于他们的庇护之下。""马科科"回应说他记得曾在集会的领主们面前做过这样的承诺。布拉柴接着说："我将您的话，连同您所签署的那张纸一起交给了伟大的法国首领。他已经认可并签署，现将其返回，这就是副本。"说着，布拉柴便举起了条约，以示众人。

207

这里我们有必要停下来反思一下布拉柴的原话，因为将近50年后，在索邦的一个露天剧场里，夏凡纳在法国总统的面前详细讲述时引用了布拉柴的原话。在夏凡纳的演讲稿中，这些话语以引号括起的形式出现，就如同这就是讲话人说出它们时的样子。根据夏凡纳的说法，布拉柴提醒"马科科"："您曾说过会给法国一块土地（用于研究站），您会将自己置于他们的庇护之下。"如果布拉柴当时确实是这么说的，那么夏凡纳就漏掉了两个重要的内容。布拉柴手中的条约，如他所说，是要求割让一块土地作为研究站，但条约中还包括以下内容："此外，将其领土割让给法国，并放弃其世袭主权。"这些话并没有出现在布拉柴的口头总结中。作为一名律师，夏凡纳当然知道诸如"割让他的领土"和"放弃世袭主权"等字眼的重要性，如果布拉柴说过这些话，他应当还记得。但是，夏凡纳的叙述中却没有这几句话，这不得不让人怀疑，布拉柴是否曾向"马科科"说明清楚，缔结的条约将令其全部的领土和主权割让给法国。

布拉柴的演讲之后，又是一个奇怪的仪式，目的是证明"马科科"确实是他所声称的所有土地的最高统治者。国王把属地的领主一个个叫来，问道："谁是这片土地的主人？"领主们低着头，单膝跪地，许下忠诚和敬意的承诺，回答说："您是！"然后，"马科科"召首席大臣上前。他单膝跪在"马科科"面前，一只手摸着土地，听着"马科科"的提问："谁是这片土地的主人？"他回答说："这片土地是属于您的。我是您的人（wife，意为臣民）。如果您亡故，我将来取下您的铜项圈；不是为我自己，而是为了把它放在我选择作为您继任人的脖子上。"布拉柴要求"马科科"证明自己权威的领土界限时，领主们确认，"马科科"国王确实统治着刚果河西岸，从北部的阿利马河到南部马莱博湖的急流处。领主们还解释说，在这些边界之外，没有真正的首领，人们像绵羊一样四处游荡。这次他们明确提及了热带雨林中分权式的政治制度。

　　接着，"马科科"开始痛骂在场的私下收受斯坦利或他的代理人礼物的巴特克酋长们。恩甘楚酋长是主要的靶子。尽管他最近允许法国在他位于刚果河沿岸的小镇上建了一个站点，但"马科科"并不完全信任他，因为他之前也曾这样同意斯坦利建站。整个仪式上，"马科科"滔滔不绝地批评了恩甘楚对他的不忠。面对一连串的批评，恩甘楚低着头，保持沉默。相反，"马科科"安排在马莱博湖的税收官恩加里奥则试图为自己辩护，但他撕心裂肺的辩护只换来众人的嘲笑。最后，他也沉默了。为结束这个仪式，布拉柴庄重地向"马科科"奉上了装着条约的水晶盒子。[26]

　　"马科科"注意到布拉柴还没有在马莱博湖北岸建立站点，于是许诺给他在姆富瓦建站的权利。姆富瓦是一个象牙贸易小镇，1880 年斯坦利曾在这里被赶了出去。"马科科"说，如果姆富瓦的人不给布拉柴一块土地，那么他将会带着他的圣物和仪式用具，带着他的追随者一起，烧毁马莱博湖南北两岸的所有巴特克村庄。为了促成马莱博湖的谈判，国王命令他的首席大臣带着马拉明中士和四名塞内加尔海军陆战队员从陆路来到湖区，提前为布拉柴铺平道路，而布拉柴和他的大部队则在其后乘船抵达。

209　　　当地随即发起了一些行动介入其中，这证明在仪式上所展示的"马科科"的权力和统一的巴特克王国，在很大程度上是虚幻的。当地的一位土地首领不允许首席大臣的代表团通过他的领地，他声称这是因为"马科科"带走了他的一个奴隶。首席大臣试图通过谈判解决问题，那位首领则要求"马科科"来他的村庄亲自解决问题。为了确保代表团安全通过，"马科科"坐着由 4 人扛着的轿椅来到村庄，归还了奴隶。一方面，在姆佩举行的仪式是对"马科科"的权力的庆祝——"马科科"对其任命的领主拥有权威；另一方面，当地的巴特克土地首领拒绝让"马科科"的代表团通过他们的领地，又生动地展现了"马科科"权威的局限性。这也体现了"马科科"的精神权威与当地土地首领的政治权威之间存在着巨大的鸿沟。

3

1884 年 4 月 29 日，马莱博湖北岸，姆富瓦

1880 年 10 月和 1882 年 5 月，布拉柴和塞内加尔军士马拉明的先后离开，马莱博湖对法国人的热情也大大降低。法国天主教奥古

阿尔神父曾于 1881 年 7 月试图在马莱博湖安身，不过失败。1883
年 9 月，他再次返回马莱博湖，并报告说，哪里都看不到法国国旗，
似乎也没有人记得布拉柴。奥古阿尔神父根据要求以布拉柴的名义
向当地人赠送礼物，但是人们拒绝了，说他们不会接受他们不认识
的人送的礼物。他去到象牙贸易城镇姆富瓦会见酋长们，试图援引
"马科科"和布拉柴的权威，遭到了来自酋长们的嘲笑。奥古阿尔 　210
神父总结道，姆佩的"马科科"其实"就是一个小国王，你在非洲
走几步就能见到一个，而现在我还无法确切地了解他的身世"。[27]

　　"马科科"为布拉柴建站选择的姆富瓦镇，是马莱博湖两岸最
大的城镇群。和刚果河沿岸的许多贸易城镇一样，它由多个不同的
村庄组成，每个村庄都有自己的首领。这里是来自刚果河上游的象
牙贸易商的首选目的地，街道上可以看到不同族群的人闲逛。露天
市场里出售着象牙、啤酒、谷物、柯巴胶和陶器等各种货物，步枪
的齐射声有时会打破日常的平静，宣告着一群新的商人抵达河岸。
奥古阿尔神父发现，姆富瓦的首领认为他也是一个象牙商人。他们
批准他进行贸易，但不允许他在这里定居或建立天主教教会。他在
给法国海军指挥官科迪埃（Cordier）——他正于刚果河口上用武
装直升飞机巡逻的信中写道，"这些黑人们宣称，他们不希望任何
白人在他们中间定居，并要我们尽快采购完象牙，然后立即离开。
至于报纸上大肆宣扬的这块珍贵的法国领土，只不过是一个笑话。
在投票之前，所有的众议员和参议员都应该被送来在草根和水上生
活一个月"。[28]

　　正是因为利奥波德国王不愿与法国为敌，刚果国际协会才没有
在姆富瓦建立站点。1882 年 12 月 21 日，奥波翁塔阿巴（"马科科"

的首席大臣）和他的兄弟恩加里奥（"马科科"在马莱博湖的税收官）与刚果国际协会的代理人路易斯·瓦尔克（Louis Valke）签署了一份条约：奥波翁塔阿巴是马莱博湖与恩凯尼河（Nkeni River，位于阿利马河以南60英里，大致与其平行）之间的所有土地的最高首领。首席大臣所指的领土一直延伸到阿利马河，但比布拉柴在姆佩签署的《马科科条约》所规定的领土范围要小。《瓦尔克条约》（Valke's Treaty）第一条规定，奥波翁塔阿巴"承认刚果国际协会的主权"；第二条，赋予该协会建立研究站、修路、发展种植园和开发其领土内所有可能的产品之全部权利；第四条，驱逐所有未经协会授权的商业企业。[29]

　　由于不了解巴特克人的习俗——首席大臣永远不可能继承"马科科"的权力，刚果国际协会的代理人一直以为奥波翁塔阿巴已经推翻了"马科科"，并继承了王位。汉森上尉在1883年1月15日写道："有一件事布拉柴并不知道，'马科科'已经被废黜了，而他的继任人无论如何也不会听法国人的。瓦尔克已经与之缔结新条约，我们将拥有占领权。"然而，利奥波德国王担心激怒法国政府，希望谨慎行事，并且斯坦利之前也以同样的理由放弃了在姆富瓦设立站点的想法。[30]

　　1884年4月29日，当布拉柴和夏凡纳到达马莱博湖时，刚果国际协会探险队的领导层正在发生着变动。斯坦利已经动身前往刚果河下游，准备返回欧洲，留下西摩·索莱上尉（Seymour Saulez）管理利奥波德维尔站，A. B. 斯温伯恩（A. B. Swinburne）管理金沙萨驻军。斯坦利与刚果国际协会的合同即将到期，接替他的是退役英国少将弗朗西斯·德·温顿（Francis de Winton），当时还没有到达马莱博湖。在马莱博湖的 3 名刚果国际协会代理人都是英国人。

布拉柴和夏凡纳不仅计划在马莱博湖北岸重建法国人的存在，而且他们还希望在南岸站稳脚跟，并尽可能将刚果国际协会赶出马莱博湖。在姆佩将条约移交给"马科科"的仪式上，他们的计划背后的想法第一次显露出来。布拉柴向"马科科"询问他的领土边界时，"马科科"重申了他对湖区北岸拥有主权，而补充说，南岸的巴特克酋长们，包括金沙萨的酋长，也是他的附庸。由于《马科科条约》已经获得法国政府的批准，因此，布拉柴认为，通过一些新的协议来扩大其影响范围相对来说比较容易。在与利奥波德二世的刚果国际协会的竞争中，布拉柴拥有巨大的优势，因为他的行动背后是一个欧洲强国的支持，而刚果国际协会却没有得到国际各官方的承认，甚至连比利时政府也没有。

在得到最高首领的许可在姆富瓦建立一个法国站点后，布拉柴的团队选择了后来成为布拉柴维尔站的地点，然后开始清理森林。5 月 14 日，刚果国际协会的几名桑给巴尔士兵乘独木舟抵达，带来了一些礼物和一封写给奥波翁塔阿巴首席大臣的信。夏凡纳截获了这封信，发现这是奥波翁塔阿巴于 1882 年 12 月与瓦尔克中尉签署的，赋予刚果国际协会对"马科科"的领土主权的条约副本。此时，奥波翁塔阿巴的双重交易被揭开了。布拉柴仍然想要执行他的计划，收回法国对北岸的权力，并要求对金沙萨和其他南岸酋长领地的占有权，但要想做到这一点，他就必须要与"马科科"的首席大臣当面对质。

5 月 20 日，夏凡纳穿过马莱博湖，给利奥波德维尔站站长索

213

莱上尉送去一份信，但在金沙萨追上了他。在持续了三个多小时的会议中，夏凡纳提出了两点。第一，奥波翁塔阿巴只是"马科科"的代表，他没有资格签属任何放弃"马科科"领土的条约。因此，瓦尔克与奥波翁塔阿巴签署的条约毫无效力。他进一步表明，法国不仅对《马科科条约》中割让出的湖区北岸拥有主权，而且对南岸亦是如此，因为金沙萨酋长恩楚鲁（在南岸）戴着铜项圈，象征着他是姆佩"马科科"的附庸。夏瓦纳声称，铜项圈只由姆佩的铁匠制造，并由"马科科"授予他的领主们。然后，夏凡纳向刚果国际协会的两名负责人索莱和斯温伯恩发出了一封书面邀请，邀请他们参加第二天在姆富瓦举行的巴特克酋长会议，并关注会议进程。

布拉柴安排在姆富瓦的会议，是为了向所有人表明，奥波翁塔阿巴无权签署条约放弃任何领土，只有"马科科"才拥有对马莱博湖北岸的权威。刚果国际协会的代理人索莱和斯温伯恩没有露面，但他们派了两名会讲巴特克语的桑给巴尔士兵列席会议并作报告。与会的主要是北岸的酋长们，但也包括了南岸的恩楚鲁，他不顾刚果国际协会的反对从金沙萨前来。在会议上，奥波翁塔阿巴首席大臣站起来说："所有的土地都属于'马科科'。他已经把它交给了代表法国的指挥官（即布拉柴）。对岸的白人不知道这一点，他们还没有来。"这时金沙萨的恩楚鲁酋长站起来说："这片土地属于'马科科'；对岸的土地也属于'马科科'。"最后，奥波翁塔阿巴再次站起来宣布："'马科科'是我的国王。恩楚鲁酋长是我的人。我可以肯定的是，我把右岸的首领们交给了指挥官（即布拉柴），今天，我将左岸也奉上。"[31]

给予这些口头声明正式承认的文书是一种称为"会议记录"

（procès-verbal）的法国法律文件，即对会议上所说内容的核证记录。身为律师的夏凡纳起草了这份文件，其中意译了奥波翁塔阿巴首席大臣和恩楚鲁酋长的声明。下一步是向索莱上尉提交一份会议记录的副本，并正式宣布对金沙萨和其他南岸领土的主权。布拉柴以为索莱会拒绝这些要求，但到那时，欧洲各国外交大臣承认法国对马莱博湖区主权的法律基础已然奠定。在姆富瓦的集会并不是为了给当地的首领留下什么深刻的印象——这些酋长们很可能也明白他们参与的是一场精心编排的表演，而是为了能有一份足以打动欧洲外交官们的正式会议记录。

会议结束的第二天，布拉柴、夏凡纳和马来明中士乘坐 2 艘飘扬着法国国旗的独木舟过河前往金沙萨。他们借口是来礼貌性地拜访前一天来参加会议的恩楚鲁酋长，而真正的目的是要将会议记录的副本交给刚果国际协会驻防金沙萨的负责人斯温伯恩。在金沙萨登陆后，布拉柴身体有点不舒服，被抬上吊床去看望恩楚鲁酋长，而夏凡纳和马来明中士则去找斯温伯恩。之后发生的事情变得有点难说清楚，因为夏凡纳和斯温伯恩留下了相互矛盾的记录。[32]

当双方在河岸附近相遇时，夏凡纳说斯温伯恩拒绝接收这份正式的会议记录；而斯温伯恩则写道，他拿出一瓶白兰地来招待远道而来的访客，但他不能与巴特克的酋长讨论这次会议，因为如此的政治商讨应该与人在利奥波德维尔的索莱上尉一同进行。夏凡纳写道，当恩楚鲁酋长与布拉柴一同抵达时，人群突然变得躁动起来，他们呼喊着"土地是属于'马科科'的"。而斯温伯恩的说法中则提到，苏比拉（Subila，金沙萨的村庄之一）酋长的两个儿子诅咒布拉柴，并力劝斯温伯恩跟法国人撇清关系。不知某刻起，呼喊声

215

演变成一场混战，这中间显然有人朝着夏凡纳的鼻子打了一拳。

42 年后，夏凡纳写道，他仍然可以想象到这种"野蛮姿态"所带来的"令人发指的威胁"。然而，斯温伯恩的叙述淡化了这一事件，并将重点放在了后来发生的事情上，即布拉柴要求赔偿的事情。布拉柴说："我要求你到村子里来，签署一份有效的声明，声明是你的一个人打了法国政府的秘书。"斯温伯恩说自己是这样回复的："我已经询问过了，但是除了你和马拉明，我找不到任何可以为您作证的人。我请您永远记住，除了我们自己的旗帜外，我们不承认其他任何旗帜，当地的酋长们也不会承认，法国国旗从未在金沙萨飘扬过，曾经没有，将来也永远不会。"法国人知道他们得不到任何满意的答复，于是便留下一份给索莱上尉的会议记录副本，然后返回了姆富瓦。第二天，布拉柴立即给索莱写信说："任何针对与'马科科'有关的酋长的攻击或侮辱，我都将视其为对法国国旗的侮辱或攻击。"虽然布拉柴的队伍在武力上远逊于刚果国际协会的两支桑给巴尔驻军，但他仍然可以恐吓协会的代理人，因为他的旗帜代表了法国的权力和力量，而协会的旗帜却代表不了任何国家。索莱不想给法国政府任何出兵马莱博湖的理由。

直到弗朗西斯·德·温顿抵达马莱博湖，布拉柴和协会之间的纷争才得以解决。1884 年 7 月 16 日，他写信给布拉柴："我不能也不承认你有权要求任何属于协会的领土。无论你在北岸对你的国家享有什么样的权力，这些权力始终得到协会官员的认可。"虽然后一种说法并不完全准确，但这似乎平息了局势，此后，法国人在北岸活动，而协会则留在南岸。[33]

然而，布拉柴的计谋还是达到了他的目的。布拉柴和夏凡纳从

216

来没有想过协会竟会将它的站点交给法国人，而协会得到的是一份会议记录——"马科科"的首席大臣在这场会议上反复强调马莱博湖两岸的土地是属于"马科科"的，这样就将这些区域置于《马科科条约》的管辖范围之内。两年后，担任布拉柴私人秘书的夏凡纳撰写了"西非使团"的总结报告，他指出，他们对马莱博湖南岸的主权要求可以作为谈判的筹码，这一筹码在法国政府和利奥波德二世的刚果国际协会就划定领土界限的谈判中曾使法国一方获利。和那些条约一样，姆富瓦会议的会议记录几乎与巴特克酋长们无关；这一切都是为了欧洲的外交谈判获得更多的筹码。[34]

法国人与刚果国际协会之间的竞争加深了巴特克王国上层内部本就存在的分歧。在姆富瓦会议几个月后，首席大臣奥波翁塔阿巴公开威胁要对"马科科"发动叛乱，说自己将砍下"马科科"、布拉柴以及所有为他辩护的白人的头颅。在金沙萨，支持"马科科"和布拉柴的恩楚鲁酋长遭到了支持协会的苏比拉的公开反对。这种分裂能够在一个巴特克城镇内部持续存在，其原因在于，恩楚鲁酋长是巴特克领主，而他的主要责任是在他的领土上保证精神世界的正常。另一方面，苏比拉是一个土地首领，在日常的行政问题上拥有政治权威，而且并不总是跟随领主或"马科科"的领导。[35]

在法国人与协会之间的纷乱中，看的最清楚的可能就是奥波翁塔阿巴首席大臣了。夏凡纳指责他收受协会的礼物，他回应说："我很清楚，今天在刚果河两岸互相争吵的白人总有一天会背着我们达成协议。在此期间，我将两者兼顾，都不得罪。"他后来若有所思地说，如果他杀了"马科科"，然后再被杀，也不会有什么区别，因为白人很快就将拥有这里所有的土地。虽然"马科科"被看作巴

217

特克的"教皇"，但其实他的首席大臣奥波翁塔阿巴才是真正的先知。[36]

4

1883 年 11 月 25 日，斯坦利瀑布

与此同时，第二个交火点也正在形成，它位于刚果河上游 1000 英里处的博约马瀑布——由环卢阿拉巴河沿岸 62 英里分布着的 7 个瀑布组成，斯坦利在 1876 年至 1877 年沿刚果河向下时将其命名为斯坦利瀑布。斯坦利选择将第 7 个瀑布作为分界线，从这里开始，卢阿拉巴河改称刚果河。斯坦利并没有给第 7 个瀑布一个特别的名字，蒂普·蒂普在他用斯瓦希里语写作的文本中，用英语的"斯坦利瀑布"来指代它。为了避免混淆，本书此后将把第 7 瀑布称为"斯坦利瀑布"，而将整个瀑布群称为"博约马瀑布"。斯坦利瀑布位于赤道以北半度，距任一边海岸都约 1000 英里。可以说，斯坦利瀑布处于非洲大陆的中心位置。与刚果国际协会争夺斯坦利瀑布控制权的主要竞争对手不是其他欧洲大国，而是隶属于蒂普·蒂普的一群阿拉伯商人和斯瓦希里商人。[37]

早在 1883 年 11 月，斯坦利和他的队伍前往瀑布建立斯坦利瀑布站，就曾看到一个约由 1000 艘独木舟组成的巨大船队向他逼近，这个船队看起来就像一个移动的城市。斯坦利很清楚，自己目前所在的位置正是初次探索刚果河时那 32 次战斗中大部分战斗发生的地区。他做好了时刻迎战的准备，但独木舟船队平静地经过了他

218

们，继续顺流而下。第二天，斯坦利经过了许多被烧毁的村庄，看到独木舟笔直地立在河岸上，像作为胜利者纪念碑立着的空心圆柱一样。村民们告诉斯坦利，他们在夜里被陌生人袭击了，那些人杀死了男人，带走了妇女和儿童，斯坦利意识到，独木舟上的人都是逃难者。

斯坦利继续逆流而上的途中，不时地遇到由200—300只独木舟组成的大船队顺流而下。由于从未在赤道非洲遇到过这种战争模式，斯坦利开始怀疑这些掠夺者是阿拉伯奴隶和象牙商人。斯坦利的怀疑在11月27日得到了证实，他发现了一个大型阿拉伯营地，里面有白色的帐篷和一队独木舟。当斯坦利的汽船接近这个营地时，他们用东非海岸使用的斯瓦希里语跟他打了招呼，并邀请他在营地附近登陆。很快，斯坦利的桑给巴尔士兵与突袭队伍的人们握手，用斯瓦希里语和他们交谈，而斯坦利自己也能流利地使用斯瓦希里语，与他们的指挥官交换了礼物。

斯坦利遇到的突袭队大约有300名男子，带着燧石枪、双管打击枪和几支后膛装填式步枪，随行着人数大致相当的妇女、随从和家奴。他们的听命于基邦盖（Kibonge）和卡雷马，这两个商人受雇于阿贝德·本·萨利姆亦称"坦噶尼喀"）——尼扬圭最大的两个阿拉伯贸易商之一。基邦盖的全名是哈马迪·本·阿里（Hamadi bin Ali），来自东非海岸的科摩罗群岛（Comoro Islands），曾在1876年受雇于蒂普·蒂普，当时斯坦利和蒂普·蒂普正一起沿卢阿拉巴河向下游探险。在《穿越黑暗大陆》一书中，斯坦利曾将基邦盖描述为"一个体格健壮、外表坚毅的混血儿"。如今，基邦盖受雇于阿贝德·本·萨利姆，活动据点是基伦杜（Kirundu），位

219

于博约马瀑布第一瀑布沿卢阿拉巴河往上游大约 100 英里的地方。另一名指挥官卡雷马在第七瀑布下游不远处的卡图卡马岛（Isle of Katukama）上建立了一个营地。[38]

斯坦利之所以将这些袭击者称为"阿拉伯人"，是因为这支队伍是由阿贝德·本·萨利姆派出的，但更准确地来说，这些士兵应被称为"瓦温古瓦纳"——一个有着复杂历史的斯瓦希里语词汇。19 世纪初，在桑给巴尔，这个词指的是当地出生的自由人（与奴隶或阿拉伯人相对），但随着 19 世纪大量奴隶涌入桑给巴尔，这个词开始被用于指代武装奴隶和阿拉伯和斯瓦希里奴隶主手下受信任的个人助手。19 世纪 70 年代，随着象牙贸易路线逐渐扩展到马涅马，当地的"瓦温古瓦纳"的数量超过了原本跟随贸易商队从桑给巴尔出来的"瓦温古瓦纳"，当地的"瓦温古瓦纳"由许多年轻男孩构成，他们在突袭中被捕然后挑选出来。这种现象的一个例子是哈米西（Hamisi），他是一个负责在战斗中运送蒂普·蒂普的备用步枪和额外子弹的小男孩。在 15 岁之前，他就已经和蒂普·蒂普一起到了桑给巴尔，在那里，他看到了印度洋、大轮船，甚至苏丹。[39]

到 19 世纪 80 年代，出现了"马涅马瓦温古瓦纳"（Manyema waungwana）这一独特的群体。他们通常受过割礼，穿着匮乏的资源限制下做出的阿拉伯风格的不管什么衣服，还知道一些伊斯兰教的基本知识，包括哪些动物被认为是不洁的。他们还学会了说一种独特的斯瓦希里语方言——马涅马方言，这种方言后来被称为"金古瓦纳语"（*kingwana*）。这些特征使"瓦温古瓦纳"区别于普通的非洲村民和城镇居民，但他们也不能完全融入阿拉伯商人和斯瓦希里商人的小圈子。在马涅马的社会结构中，"瓦温古瓦纳"成为了介于阿拉伯商人和斯瓦希里商人与当地村民之间的中间阶层。

1884 年 5 月，即斯坦利和基邦盖相遇的 6 个月后，阿贝德·本·萨利姆在写给桑给巴尔苏丹的一封信中解释道，像斯坦利遇到的这种瓦温古瓦纳突袭队是阿拉伯人向斯坦利瀑布扩张的先锋（avant-garde）。他写道："您的仆人哈马迪（又被叫作基邦盖）带着 400 个人跟随瓦温古瓦纳踏上了旅程，他们遇到了斯坦利——一个英裔美国人。冲突本来一触即发，但斯坦利知道他们的情况，于是和他们会合，并停留了大约两天时间。"这封信清楚地表明，瓦温古瓦纳走在前面领路，阿拉伯商人和斯瓦希里商人紧随其后。同样值得注意的是，阿贝德·本·萨利姆提到基邦盖是桑给巴尔苏丹的仆人，从而将他的奴隶活动置于苏丹的权威之下。[40]

花了几个小时听突袭队讲的故事后，斯坦利得知他们早在 16 个月前就出发了，并有约 11 个月一直对斯坦利瀑布下游的地区进行袭击。他们的策略是，在晚上乘独木舟靠近河边的村庄，将其包围，烧毁村民的房子，并用火枪扫射逃跑的村民。许多在突袭中被俘的妇女和儿童后来用藏在森林里的象牙赎买回去。一次突袭过后，一天之内就有 85 人被赎回。斯坦利得知，阿贝德·本·萨利姆组织的突袭队已经是连续第三年冒险进入瀑布下方。1881 年，突袭行动共俘获了 800 名俘虏和 1000 根象牙；1882 年，则有 2000 名俘虏和 1500 根象牙；1883 年，有 1300 名俘虏和 2500 根象牙。在 3 年的时间里，他们摧毁了刚果河两岸共约 118 个村庄。[41]

下午，斯坦利去看了关押俘虏的寨子。围栏内是一系列低矮的棚屋，延伸出许多排，里面挤满了妇女和儿童。那些十岁以上的人

221

脖子上系着铁环，用铁链相连，而小孩子们腿上则被铜环拴着。这里没有一个成年男子。这些象牙最后会被运往桑给巴尔的市场，但大多数俘虏则会被送到马涅马，在卡松戈、尼扬圭和基伦杜等不断壮大的阿拉伯城镇里做农工或家仆。许多男孩子将被选为瓦温古瓦纳，然后接受训练成为士兵和搬运工。斯坦利所观察到的这一独特的马涅马突袭—奴役模式后来也被其他人注意到了。W. G. 斯泰尔斯上尉（Capt. W. G. Stairs）后来写道："阿拉伯人袭击并占领了一个村庄，杀死成年男子，将所有男孩、女孩和妇女囚禁起来；他们带着这些俘虏上路，把这些妇女卖到能买到象牙的地方，把男孩子养成强盗，把女孩子养成他们的妻妾。"[42]

基邦盖和卡雷马似乎同意斯坦利的提议，即在斯坦利瀑布建立一个刚果国际协会的站点，从而购买他们象牙。他们抱怨从东非海岸经乌吉吉运来的货物价格昂贵，并向斯坦利保证，他们将成为所有在斯坦利瀑布站开设商铺的欧洲商人的最佳顾客。他们预言，像尼扬圭、卡松戈、卡班巴雷（Kabambare）这样的贸易城镇，也许甚至乌吉吉，未来也会从斯坦利瀑布获取补给物资和贸易货物。他们沉醉于斯坦利瀑布将会成为第二个桑给巴尔的幻想中：它将成为一个位于非洲中心，可以购买到世界各地货物的大型商业中心。为了帮助斯坦利设立站点，基邦盖和卡雷马为他提供了一位阿拉伯向导和翻译，他会讲斯坦利瀑布地区根亚渔民的方言。

在继续前往斯坦利瀑布，获得建造站点的许可，并在瓦纳鲁萨里岛上留下一小支驻军后，斯坦利开始启程返回马莱博湖。他发现，相比他上次来访，阿拉伯人的营地已经开始向下游迁移，这无疑表明他们尚未在斯坦利瀑布下游建立永久定居点。在与基邦盖和卡雷马进一步讨论象牙贸易时，斯坦利与之达成另一项协议，斯坦利将带着 10 名瓦温古瓦纳代理人和 29 根象牙乘坐汽船前往马莱博湖，目的是向他们展示由此前往大西洋海岸相对便利的程度，以及他们用象牙可以交换到的贸易商品范围。到达马莱博湖并卖掉象牙后，瓦温古瓦纳沿货运马路线到达维维，然后乘汽船到达大西洋入海口巴纳纳。斯坦利了解到欧洲贸易公司带来的货物种类只有刚果河下游沿岸需要，于是向利奥波德国王发送了要求阿拉伯人比较喜欢的货物清单。[43]

因为刚果国际协会和阿拉伯人正在讨论成为贸易伙伴，斯坦利瀑布站站长安德鲁·本尼将会与卡雷马和基邦盖保持着良好的关系。1883 年 12 月下旬，卡雷马在回尼扬圭的路上连续三天造访了站点，并把一个生病的士兵交给本尼照顾。1884 年 4 月，本尼沿着卢阿拉巴河往上游航行了 160 英里，来到基邦盖位于基伦杜的活动据点。6 月 27 日，一些来自尼扬圭的阿拉伯人带着阿贝德·本·萨利姆（亦称坦噶尼喀）的信函抵达斯坦利瀑布站。信中他用第三人称指代自己写道："如果斯坦利到了站点，就代表不能亲自前来迎接他的坦噶尼喀向他行礼问好。也许基邦盖会去问候他，因为他想见斯坦利。尼扬圭一切都好。小心瓦温古瓦纳；如果他们偷窃，就将他们赶走，永远不许返回瀑布。"还有一封来自卡雷马的信，他说要在基伦杜小住一段时间，但会送给本尼一只驯养的大猩猩作为礼物。[44]

虽然阿贝德·本·萨利姆年事已高，难以亲自前往斯坦利瀑布，但他还是将贸易转向了大西洋海岸。1884 年，他开始将他的全部象牙库存——大约 1000 根象牙——转移到斯坦利瀑布站，因

223

为有人给他开出了非常高的价格，并告诉他这笔钱可以直接汇到阿曼首都马斯喀特，这样就可以不被桑给巴尔的债权人发现。为了表现出他转向西海岸的态度，阿贝德的人开始在博约马瀑布和尼扬圭之间的各个地点悬挂刚果国际协会的旗帜。然而，其他阿拉伯商人认为阿贝德的这一举动是叛国行为，并强迫他取下协会的旗帜，升起桑给巴尔苏丹的旗帜。迫于压力，阿贝德写了一封信给苏丹，在信中他重申了自己的忠诚，并声称自己已经向斯坦利明确表示，博约马瀑布属于苏丹。但他也试图为自己向斯坦利出售象牙的行为正名，称这是因为欧洲距离斯坦利瀑布经水路只需 45 天，而到桑给巴尔岛却需要走 6 个月的陆路。[45]

桑给巴尔苏丹得知阿贝德·本·萨利姆的人和斯坦利已经把 29 根象牙从刚果河运到了大西洋海岸，他觉得自己被出卖了。他估计，仅仅是阿贝德·本·萨利姆运走的象牙就会使他损失 7000 英镑的海关收入。他告诉法国领事，他曾为利奥波德国王的国际非洲协会的各种项目提供帮助长达 7 年之久，而今，利奥波德二世正试图侵占他最富有的领土。由于在内陆没有自己的军队，苏丹王只能依靠蒂普·蒂普以确保所有来自马涅马和斯坦利瀑布的象牙都能在桑给巴尔出售。国际非洲协会在桑给巴尔的代理人埃内斯特·康比耶（Ernest Cambier）写道："我了解到桑给巴尔苏丹为蒂普·蒂普提供了速射武器，他的任务是阻止欧洲人在刚果河上游扎根。"英国驻桑给巴尔领事约翰·柯克也有类似的阐述。他在 1884 年 10 月给英国外交大臣的信中写道："蒂普·蒂普已经到达马涅马。我们有理由相信，除了个人商人这个身份外，他还受苏丹之托，负责看住桑给巴尔的利益。他携带 1000 多支枪，数量充足，

224

足以使他的命令得到服从。"康比耶和柯克都明白，刚果国际协会的计划面临的最大威胁不是来自西方，而是来自东方。[46]

5

1884 年 12 月 13 日，斯坦利瀑布，瓦纳西隆加岛

1884 年 5 月 31 日，蒂普·蒂普从桑给巴尔回到尼扬圭，他的首要任务之一就是严厉斥责阿贝德·本·萨利姆，因为他向刚果国际协会出售象牙，还在卢阿拉巴河沿岸悬挂该协会的旗帜。蒂普·蒂普在给苏丹的信中写道："他知道自己违抗您后，感到很抱歉。"蒂普·蒂普并没有急着去斯坦利瀑布，而是派他的儿子姆温尼·阿曼尼（Mwinyi Amani）作为他的代表前去那里，阻止任何阿拉伯人把象牙卖给刚果国际协会。与此同时，蒂普·蒂普则忙于恢复对自己的马涅马帝国的控制。他在卢阿拉巴和洛马米河之间的地区（1876 年与斯坦利分离后他曾在这里进行贸易）战斗了 3 个月，之后，任命了一名名叫恩戈恩戈·鲁泰塔（Ngongo Luteta）的年轻武装奴隶看管该地区。蒂普·蒂普对恩戈恩戈的评价非常高，他在自传中写道："我从未遇到过像恩戈恩戈这样对我如此忠诚的奴隶。他将自己得到的一切都交给了我。我可以让他负责我所有的事务，让他在这个国家行使他的权力。但后来，蒂普·蒂普不得不重新考虑这些话了。[47]

蒂普·蒂普接着向南前往加丹加的铜矿，在那里他以 1 磅珠子换 5 磅铜的价格购买铜。和之前的做法一样，他再把这些铜换成象 225

牙。蒂普·蒂普写道："我走过的每处，人们都成为我忠诚的臣民。"在这篇文章中，他提供了一个难得的机会，让我们得以一窥他的帝国结构。在他统治下的地区，象牙被作为贡品收走，因此就不再需要贸易商队。随着越来越多的领土落入他的控制，像尼扬圭的阿贝德·本·萨利姆这样的独立商人被迫到还在蒂普·蒂普控制以外的区域寻求象牙。这就是象牙边界不断向大西洋海岸推进的原因。

1884 年 7 月 3 日，一艘汽船载着 10 名先前随斯坦利往刚果河下游的瓦温古瓦纳代理人，以及他们用象牙换得的贸易货物回到了斯坦利瀑布站。乘船一同前来的还有刚果国际协会聘用的瑞典中尉阿维德 - 莫里茨·韦斯特（Arvid-Mauritz Wester），他来接管站点。韦斯特延续了本尼与阿拉伯商人发展良好关系的政策。1884 年 10 月 18 日，他与蒂普·蒂普的儿子姆温尼·阿曼尼——他被认为是斯坦利瀑布地区的阿拉伯人首领，签署了一项条约。条约规定了一条在第七瀑布处划定的南北向的分界线，将阿拉伯人的领地与协会的领地分隔开来。这份用英语起草的条约规定："阿曼尼承诺，绝不会再有任何一名阿拉伯人进入第七瀑布——斯坦利瀑布下游河段或任何属于上刚果研究委员会的领土，不管是去作战、贸易、俘获奴隶、抓山羊或鸡等。"人们可能会有疑问，姆温尼·阿曼尼的武装力量可以在任何时候摧毁斯坦利瀑布站，为什么姆温尼·阿曼尼会同意签署该条约？但条约中划定的分界线虽然限制了阿拉伯人向下游移动，但也阻止了刚果国际协会往上游向尼扬圭逼近。因此，双方在坚持各自立场的情况下，缔结了这个临时休战的协定。[48]

1884 年 12 月 13 日，蒂普·蒂普抵达斯坦利瀑布，在瓦纳西隆加岛（Wana Sirunga Island）上扎营，他的儿子 10 月已在岛上定居下来。这座岛位于第七瀑布上游约 500 米处，可以俯瞰刚果国际协会研究站的所在地瓦纳鲁萨里岛。虽然第七瀑布的大部分河段延伸至河对岸，但它被瓦纳鲁萨里岛的一角打断了。因此，独木舟可以在斯坦利瀑布站和蒂普·蒂普的岛之间通过，而不必穿越瀑布。[49]

韦斯特听到谣传说蒂普·蒂普打算越过第七道瀑布，沿刚果河而下，便去了瓦纳西隆加岛，试图劝阻他。蒂普·蒂普告诉韦斯特，他是桑给巴尔苏丹派来阻止阿拉伯商人和斯瓦希里商人向欧洲人出售象牙的。韦斯特试图说服他，通过大西洋航线出售象牙的收益颇多。蒂普·蒂普回复说，10 个瓦温古瓦纳代理人给他带回了相关的情报，他知晓这些，但从苏丹那里得到的命令要求将所有的象牙运到桑给巴尔。韦斯特又提到他与蒂普·蒂普的儿子签署的条约，蒂普·蒂普反驳说，阿曼尼没有权力代表他签署条约。

蒂普·蒂普随即建议韦斯特放弃站点，带着他的豪萨和桑给巴尔士兵回到下游。他甚至主动提出提供独木舟和舵手，运送韦斯特他们的补给和士兵下河。韦斯特拒绝说，自己宁死也不会放弃站点。蒂普·蒂普回应道，如果他们阻止他前往刚果河下游，他必将发动战争。第二天，蒂普·蒂普派了由 76 艘配备了超 700 人的独木舟组成的舰队，浩浩荡荡地从刚果国际协会的研究站前航行而过。很明显，蒂普·蒂普的目的是威吓韦斯特，让他知道自己对抗的是怎样的存在。韦斯特只有 28 名豪萨和桑给巴尔士兵，而且他还担心他手下的桑给巴尔士兵会拒绝与像蒂普·蒂普这样的桑给巴尔同胞作战。他计算了一下，召集协会位于刚果河上游所有研究站的部队，大约可以有 300 名士兵，但即使这样，他们在人数和武器上依然无可救药地处于劣势。蒂普·蒂普的独木舟舰队巡航了 3 天后，蒂普·蒂普带着一大群随从拜访了斯坦利瀑布站。他向韦斯特保证，只要协会不干涉阿拉伯商人的活动，他绝不会攻击研究站或任何悬挂协会旗帜的村庄。处于劣势的韦斯特别无选择，只得同意。[50]

英国传教士乔治·格伦费尔（George Grenfell）于 1884 年圣诞节前夕抵达斯坦利瀑布，显然那时韦斯特和姆温尼·阿曼尼之间的条约已经失效。格伦费尔写道："我们在斯坦利瀑布看到了著名的蒂普·蒂普，他带了 300 人，另外派了 700 人往河流下游进行贸易（确切地说是'突袭'，因为我们数了一下，有 20 个村庄被烧毁，还有数千只逃难的独木舟）。蒂普·蒂普说还有 2000 多名士兵正赶来支援，还提到要一直去到大西洋，他说桑给巴尔苏丹声称对整个刚果直到大西洋的地区都拥有主权。蒂普·蒂普是目前刚果河上游无可争议的主宰者。"

阿方斯·万格尔中尉带着一支由 3 艘载着补给的蒸汽船组成的船队在一个月后到达了斯坦利瀑布地区。他详细描述了蒂普·蒂普的一次突袭行动。阿方斯·万格尔来到位于斯坦利瀑布下约 140 英里处的阿鲁维米河口，他发现了一个阿拉伯营地，里面有 200 个人和 40 艘独木舟。抵达这个营地后，他受到了蒂普·蒂普的高级副手之一萨利姆·本·穆罕默德的欢迎。有些人说萨利姆是蒂普·蒂普的堂兄，有些人则说他是蒂普·蒂普的姐夫，但无论如何，他与蒂普·蒂普关系密切。萨利姆的英语十分流利。他去过伦敦，还熟悉伦敦的景点，比如海德公园（Hyde Park）和大理石拱门（Marble Arch）。一个见过他的欧洲人说萨利姆·本·穆罕默德是"所有阿拉伯人中最友善的一个，一个从头到脚的绅士"；还有人说："他不止一次邀请我享用晚餐或午间早餐，这些不用叉子的餐宴（*déjeuner sans fourchette*）是我在非洲逗留期间最愉快的经历之一。"[51]

在他的个人魅力和他对欧洲人的友善之外，萨利姆·本·穆罕默德还组织了一系列针对阿鲁维米河沿岸巴索科（Basoko）村庄的致命袭击活动。阿鲁维米地区遭到了严重破坏：香蕉树被砍倒，房屋被毁，看不到一个村民。万格尔还了解到，在洛马米河口（瀑布下游 80 英里处）还有另一个阿拉伯营地，那里有 200 名战士，还有一支由 300 人组成的部队在洛马米河和卢阿拉巴河之间作战。万格尔继续乘汽船朝着斯坦利瀑布前进，在途中他写道："所有地区都被摧毁了。发起抵抗的土著人被屠杀；那些尚是自由身的人逃进了森林，或者在水上的独木舟里漂泊不定。阿拉伯人的营地里到处都是被锁链锁住的俘虏，他们主要是妇女和儿童，其中大多数快饿死了。这些俘虏被用作换取象牙的赎金，以及运送象牙到海岸。"[52]

万格尔的蒸汽船到达斯坦利瀑布站不久，蒂普·蒂普便亲自前来邀请他去营地参观。到达瓦纳西隆加岛的第二天，万格尔、韦斯特上尉和一位名叫爱德华·格莱鲁普（Edvard Gleerup）的瑞典旅行家观察到，蒂普·蒂普有 300 名武装奴隶，他们都配备了速射步枪，其中最强壮的 50 人是他的贴身保镖。他还有大约 20 个来自东非各地的妻妾。蒂普·蒂普向万格尔询问比利时、英国、法国、德国和意大利在欧洲的关系如何，并告诉他们，自己也很想去欧洲旅行，拜访利奥波德二世国王。很快，他们的话题转向了非洲。万格尔提到，刚果国际协会已经同巴纳纳港（位于大西洋海岸）和斯坦利瀑布之间所有主要的酋长缔结了条约，这意味着，协会对所有这

228

些领土拥有主权。蒂普·蒂普回应说，从桑给巴尔到巴纳纳港之间的整个赤道非洲地区都属于桑给巴尔苏丹，而他，蒂普·蒂普，则是苏丹派出的全权特使，监控属于苏丹的这一区域的事态发展。[53]

229　　随后，谈话转向更为紧迫的事情。蒂普·蒂普说，当被告知他不能往第七瀑布以下航行时，他感到既惊讶又愤怒，特别是在他帮助了这么多欧洲探险家，而且还因帮助基督教旅行者而受到了穆斯林同胞的严厉批评的情况下。现在他又被告知不能到刚果河去做生意。万格尔回应说，蒂普·蒂普可以在任何他喜欢的地方自由交易，但是斯坦利瀑布和阿鲁维米河之间的一带区域已经被阿拉伯贸易商队严重破坏，无法进行贸易。村庄被破坏殆尽，村民流离失所，在这里买不到任何食物。蒂普·蒂普回应说，他已经命令他的贸易团队尽量避免发生暴力冲突，但有时候这个命令并没有被严格遵守。他说主要原因是，当地村民经常拒绝向他们出售食物，迫使他们不得不效仿斯坦利的先例，直接抢走他们所需要的食物。

　　双方表明了各自的立场，准备进行谈判。蒂普·蒂普答应召回他派往斯坦利瀑布下游的 700 名手下。他默认了他的贸易商队获得的是枪支，而不是贸易商品，答应派一支商队前往自己位于卡松戈的总部，运来充足的货物补给。作为回报，蒂普·蒂普要求协会说服村民们与蒂普·蒂普的贸易伙伴开展常规的贸易。万格尔回应说，之前的突袭行动严重扰乱了该地区的正常秩序，所以最好等到这里的生活恢复正常后再开始正常贸易。

　　万格尔觉得是时候提出一个更大胆的观点了，于是补充说，他迫切想要该地区贸易正常化，而且很快就会有一条铁路将大西洋海岸和马莱博湖连接起来，它将使货物在大约 2 个月内便可以从欧洲运至斯坦利瀑布。但蒂普·蒂普对此毫无兴趣。早些时候，他就指责过阿贝德·本·萨利姆将象牙卖给斯坦利，而他仍然忠于桑给巴尔苏丹。他对万格尔说："我必须告诉你，桑给巴尔苏丹不希望再有阿拉伯人把他们的象牙运往刚果河下游。"在他们分别前，万格尔再次尝试与蒂普·蒂普结盟："与我们联手，你就可以从桑给巴尔完全独立。"但蒂普·蒂普没有答复。

3天后，万格尔带着他的3艘汽船离开了斯坦利瀑布，返回赤道站（Equator Station）。到达阿鲁维米河口后，万格尔再次拜访了萨利姆·本·穆罕默德。萨利姆证实，他已接到蒂普·蒂普的命令，要求他尽快从该地撤离，并承诺将在两天内离开。万格尔本想留下来确保萨利姆按时离开，但是受破坏的地区食物太过匮乏，迫使他不得不继续赶路。万格尔乘船离开时从桑给巴尔士兵那里得知，阿拉伯人原本计划继续往下游袭击，一直到莫贝卡（Mobeka）。莫贝卡位于斯坦利瀑布下游约400英里，就在协会的班加拉站上游。然而，蒂普·蒂普的召回令迫使他们改变了计划。[54]

在斯坦利瀑布的那段时间里，蒂普·蒂普共派出了20支商队去交易和掠夺象牙。其中一队遭到屠杀，空手而归，但其他队伍带回了共计35吨的象牙。因为蒂普·蒂普仍然效忠于桑给巴尔苏丹，所以他需要把所有的象牙运到桑给巴尔，这一直线距离是1081英里，但走在蜿蜒的贸易商路小径上，路程还要远得多。1885年1月，给刚果国际协会和斯坦利瀑布站帮忙的瑞典人爱德华·格莱鲁普跟随蒂普·蒂普的一支象牙商队一起前往尼扬圭，得以观察了解阿拉伯人的交通网络。商队沿着一条陆地路线，绕过博约马瀑布的七个瀑布，来到基邦盖的小镇——阿拉伯人曾在这里建了一个由仓库构成的中转站，存放着货物和补给。然后商队乘独木舟顺流而下，途中在一系列中转站停留，这些中转站也是之前就设立的，为贸易商队提供食物和必需品。爱德华·格莱鲁普报告说，武装队伍有时会从这些中转站出发，往内陆进行"劫掠、屠杀和奴隶掠夺"。从格莱鲁普的描述来看，阿拉伯人在尼扬圭和斯坦利瀑布之间修建的交通基础设施在理论上类似于布拉柴沿奥果韦河、斯坦利沿刚果河下游建立的站点。而唯一的差别就是这儿没有汽船。[55]

231

格莱鲁普说尼扬圭拥有近10000名常住居民，这与1871年利文斯通在那里时的几百人相比是一个惊人的数字。人口的迅速增长是由于俘虏的大量涌入。尼扬圭周围是种植园，里面都是奴隶在工作，种植从东非海岸引进的果树。阿拉伯人还引进了牛和可以装上鞍骑的驴子。从尼扬圭出发，格莱鲁普去了蒂普·蒂普在卡松戈的总部，蒂普·蒂普一个儿子欢迎了他。卡松戈有不计其数的香蕉树，还有桑格巴尔集市上售卖的各种水果和蔬菜。这儿还有许多牛、绵羊和山羊。从格莱鲁普的描述中可以清楚地看出，卡松戈和尼扬圭已不再是利文斯通和斯坦利时期的边境小镇，它们已经发展成为被数以千计的奴隶种植园所包围的大型繁荣的中心城市。[56]

即使交通基础设施得到了极大的改善，但蒂普·蒂普仍然需要解决搬运工的问题。关于象牙贸易商奴役并迫使奴隶搬运象牙的普遍说法并不准确，因为在海岸和乌吉吉之间的地区能够雇佣到尼亚姆韦齐人和其他专业搬运工，这个说法显然适用于斯坦利瀑布和乌吉吉之间的地区。专业的搬运工在斯坦利瀑布和马涅马各地极其稀缺，这迫使蒂普·蒂普不得不依靠奴隶搬运工，他们在货物到达目的地后便会被卖掉。这种做法遭到了刚果国际协会代理人的严厉批评，他们指责蒂普·蒂普发动袭击以俘获搬运工。作为回应，蒂普·蒂普设计了一种新的商队运输模式，依靠一系列商队以接力的方式进行，代替了之前由一支商队将象牙从斯坦利瀑布一路运送到桑给巴尔的模式。一支商队来回于斯坦利瀑布和尼扬圭之间，而另一支商队则往返于尼扬圭和乌吉吉。新模式的不同之处在于，即使搬运工是奴隶，他们也不会在航程结束时被卖掉。商队一到达乌吉吉和塔博拉，就可能雇佣到专业的搬运工，虽然一些奴隶搬运工显然仍会继续使用。[57]

232

直到 1885 年 12 月，韦斯特才与蒂普·蒂普在斯坦利瀑布成功签订了条约。条约规定，在人道主义的条件下，蒂普·蒂普不会干涉斯坦利瀑布站的白人，阿拉伯人和白人都可以与斯坦利瀑布区域的居民进行贸易。为了达成协议，韦斯特亲自枪杀了一头大象，并将两根象牙送给蒂普·蒂普；蒂普·蒂普给了韦斯特一头牛，还有几只绵羊和山羊。一份用阿拉伯语撰写的附录中写道，蒂普·蒂普、阿拉伯人及其追随者无意攻击当地居民，韦斯特及其部下也不应攻击他们。但是，蒂普·蒂普他们要求允许有一个例外：他们发誓要报复屠杀了他们一支商队的巴索科人。韦斯特接受了这一条件，因为他知道自己在谈判中处于弱势地位——如果他们愿意，蒂普·蒂普的士兵可以轻而易举地将斯坦利瀑布和刚果河口之间的所有刚果国际协会和法国的站点都夷为平地。在这种情况下，有条约总比没有的好。[58]

在布鲁塞尔，利奥波德国王正采取"胡萝卜加大棒"的策略软硬兼施地处理蒂普·蒂普的问题。万格尔在与蒂普·蒂普和谈不久后于 1885 年返回布鲁塞尔，在他的建议下，国王授权派遣 100 名豪萨士兵和两门克虏伯大炮到斯坦利瀑布站，因为据传言蒂普·蒂普害怕克虏伯大炮。这是"大棒"。"胡萝卜"则是指他们贸易合作的可能以及利奥波德国王对蒂普·蒂普访问比利时的邀请。国王将会为蒂普·蒂普及其随行人员安排好交通，沿刚果河顺流而下，然后从大西洋航线到达比利时。

233　　　蒂普·蒂普承认自己收到国王的邀请时倍感荣幸，但陷入了两难的境地，因为他还收到了桑给巴尔苏的来信，询问他何时将欧洲人赶出斯坦利瀑布，然后往刚果河下游移动。尽管蒂普·蒂普有足够的枪和士兵来完成这项任务，但他还是回复苏丹说，除非苏丹从东海岸给他派来更多的士兵和武器，否则他什么也做不了。蒂普·蒂普并不急于与欧洲人开战，因为他怀疑苏丹没有能力组建并派遣一支军队长途跋涉直到斯坦利瀑布，所以他只是在拖延时间。事实上，苏丹已经派出了一支携带大量火药和弹药的队伍来为蒂普·蒂普补充补给，但由于尼亚姆韦齐酋长米兰博（Mirambo）死后，该地区整体局势动荡，这支队伍被困在塔博拉和乌吉吉之间停滞不前。运送军火的沙漠旅行队的存在恰恰表明苏丹是非常认真的。[59]

在桑给巴尔，英国领事约翰·柯克确信，蒂普·蒂普最终会与欧洲人结盟反对苏丹。1885 年 7 月，柯克给外交部写信说："我了解蒂普·蒂普。我认为他不太可能参与任何对欧洲人的攻击活动。相反，我相信他个人应该很乐于与西海岸来的商人们进行象牙贸易。而唯一遭受损失的只有苏丹。但由于他没有打通并保持通往东海岸的道路通畅，他也无权抱怨商人们选择一条成本更低的路线。"但是，尽管蒂普·蒂普一生都奔波在赤道非洲地区，但他一直梦想

着有一天退休后，能够回到桑给巴尔岛过一个绅士的生活，因为他
那数量可观的财富的大部分都储存或投资在那里。背叛桑给巴尔的
苏丹可能会给他带来眼前的利益，但也会破坏他的长期计划。因此，
蒂普·蒂普收到苏丹召他回桑给巴尔协商下一步计划的信后，他听
从了这一召唤。1886 年 4 月，蒂普·蒂普离开了斯坦利瀑布前往
尼扬圭，在尼扬圭带上 16 吨象牙运往乌吉吉、塔博拉，最后到达
桑给巴尔。[60]

　　蒂普·蒂普到达桑给巴尔后将会发现，赤道非洲地区已不再听
他掌控了。相反，欧洲国家正瓜分着从大西洋到印度洋的赤道非洲
地区。因此，塑造了蒂普·蒂普的马涅马帝国的政治和经济环境已
经发生了不可逆转的变化。这些灾难性的变化并不是赤道非洲自身
内部的活动或冲突的结果。相反，它们来自于欧洲和美国的激烈外
交斡旋，而这些外交斡旋的基础正是布拉柴"西非使团"和刚果国
际协会签订的各种条约。

234

第六章

创造刚果

直到 1883 年 4 月，利奥波德二世仍停留于之前的想法中，那 　235
就是利用与非洲酋长们签订的条约，建立一个能够支撑起一个大型
欧洲贸易公司的"自由邦"。他在给行政助手施特劳赫上校的一
份备忘录中仍使用了"刚果国际协会"的原名，"欧洲和美国赞
同（上刚果研究）委员会的计划，我们必须利用这一点，在非洲采
取的积极行动，争取让酋长们做出尽可能多的让步"。利奥波德二
世解释说，我们的目标是"将他们团结成一个庞大的土著独立国家
（Indigenous Independent State）。这样一个独立的国家是为商业提
供信心和安全的必要条件，而且它必须非常庞大，才能容许一个大
公司形成并开发它的自然资源"。利奥波德国王意识到这样一个国
家在现有的国际秩序中将是一个异类，于是指出："没有官方使命
就由个人建立起国家的例子不计其数。一个国家要存在，不一定需
要有一个官方代表团，但它必须拥有土地并对其行使权力。"1

利奥波德二世知道，他的"刚果自由邦"要想成功，就必须得
有其他欧洲大国承认它的地位。斯坦利反复提到这一点。他在写给
利奥波德国王的信中写道："我坦率地告诉您，尽管协会在刚果问
题上的地位相对稳固，但任何积极活动的葡萄牙军官或法国军官带　236
着 50 人，就比我们带着 1000 人强。为什么呢？因为我们搞不清楚，
我们是否有权抵制葡萄牙或法国以武力进行的任一侵略行动。如果

我们这样做了，哪个大国会支持或同情我们呢？"他还补充道："我们的地位和特点一天不被欧洲各国政府认可，那么拄着拐杖的布拉柴，带着一面法国国旗，再在利奥波德维尔的白人面前说几句话，都比斯坦利的克虏伯大炮和所有的战争物资，忠实的追随者们，当地人的帮助等一切，都要强大有用。"斯坦利甚至把他没有对斯坦利瀑布的阿拉伯商人采取反制行动的原因归结于这一点，那就是他所代表的只是一个慈善组织，背后没有欧洲大国的支持。[2]

利奥波德国王也很清楚，当时所称的"刚果国际协会"没有得到任何一个欧洲国家的承认——甚至比利时也没有承认。他知道法国已经对赤道非洲的资源和贸易提出了巨大的所有权要求（尽管其他欧洲国家尚未承认这些要求），葡萄牙也准备在英国的支持下提出类似的要求。因此，他设计了一个双重战略：一方面，阻止其他国家承认法国或葡萄牙对刚果河流域的要求；另一方面，说服一个或多个大国承认他提出的"自由邦"。在刚果河流域，与酋长签署条约的争夺战正在如火如荼地进行中，与此同时，一场争取国际合法性和国际认可的战争正在欧洲和美国展开。

1

1883 年 4 月 3 日，伦敦，下议院

1883 年 4 月 3 日，来自曼彻斯特的议员雅各布·布赖特（Jacob Bright）在下院宣布了一项决议："女王陛下的政府不签署任一批准任何势力吞并刚果或毗邻刚果领土的条约。"该决议的目的正是

237

阻止英国外交部承认葡萄牙对刚果河入海口管辖权的计划。尽管葡萄牙人在耶拉拉瀑布下游沿刚果河河口区域进行了近 400 年的贸易，但直到 1876 年，他们才开始与英国就这一问题进行谈判，在此之前，他们都没有认真地提出过对刚果河的管辖权。这些谈判拖延了 5 年之久，1881 年 4 月，英国外交大臣格兰威尔伯爵（Earl Granville）终止了谈判。格兰威尔写道："目前不宜就刚果问题采取任何措施。"[3]

1882 年 11 月，情况发生了变化。当时法国议会似乎很快就会批准布拉柴的《马科科条约》。为了应对法国的威胁，葡萄牙外交部长试图重启与英国的谈判，他向英国外交部发了一封长信，而这封信恰巧就在法国议会批准《马科科条约》的当天送达了英国外交部的办公室。尽管英国没有兴趣为自己在刚果河口提出主权声索（这点由他们先前拒绝了维恩·洛维特·卡梅伦与当地酋长们签署条约可表明），但是他们认为，自己可以把这条河交给当时还算可靠的盟友——葡萄牙管辖，以此来阻止法国的行动。[4]

12 月 15 日，格兰威尔伯爵提出了一份有六项条款的短条约。第一条，葡萄牙对南纬 5° 12′ 至 8° 之间的大西洋海岸拥有管辖权，没有提及该管辖权涵盖到内陆多远。这一段海岸包括位于南纬 6° 1′ 的刚果河河口区域。第二条，保证所有国家在刚果河上的航行自由，禁止垄断或独占特许。第三、四和五条规定了关税、居住在该领土的英国人的权利和镇压奴隶贸易等问题。12 月 26 日，葡萄牙外交部长提出一份对应的建议作为回应，谈判仍在进行中。到 1883 年 4 月初，雅各布·布赖特在下议院提出反对决议，就条约草案达成一致似乎迫在眉睫。[5]

238

尽管利奥波德国王的刚果国际协会在刚果河下游沿岸拥有一些研究站，并与当地酋长们签订了许多条约，但它并没有成为谈判的缔约方。1883 年 2 月，施特劳赫上校在给英国外交部的去信中，概述了刚果国际协会的立场。他写道："我们对英国和葡萄牙之间正在进行的谈判感到非常震惊。如果英国政府把葡萄牙人安插在刚果河口，我们衷心希望他们能与葡萄牙人约定，承认我们的道路和研究站的绝对自由。"他又哀切地补充说："英国政府不会大笔一挥就宣布我们的努力和财产都付诸东流，而属于葡萄牙。我们对此毫无疑问。"两周后，利奥波德二世直接向他的表姐维多利亚女王发出请求："我恳求格兰威尔勋爵阻止葡萄牙人利用与英国签订的条约来毁掉我们独立的路线和独立的研究站。"[6]

保护该协会在刚果河下游各站点的工作交给了英国驻桑给巴尔的领事约翰·柯克，此时他碰巧在英国休假。在布鲁塞尔与利奥波德二世进行了全面的讨论后，他告知外交部，利奥波德二世将在必要时采取武力抵抗葡萄牙的占领，并指出，协会在各站点很快就会集中 1400 人，其中包括 700 名桑给巴尔人和 400 名豪萨人。柯克要求将保护刚果国际协会研究站和道路的特别条款写入与葡萄牙的条约中。1883 年 2 月 25 日，他写了一份备忘录，建议条约将葡萄牙的管辖权限制在距海岸 60 英里的范围内，将博马港、协会研究站以及通往马莱博湖的货运马路划在葡萄牙管辖范围之外。[7]

239　　尽管利奥波德国王方面如此恳求，但英国外交部还是拒绝为刚果国际协会提供任何特殊的便利，草案中仍只列出了已有的关于航行自由和禁止垄断特许权的一般条款。对格兰威尔伯爵来说，刚果国际协会只不过是一种不切实际的慈善组织，国际法上并不承认其存在。英国外交部通常是与国家和政府打交道的，而不是一个伪装成国家的私人实体。格兰威尔伯爵深知，刚果国际协会不过是利奥波德二世实现个人野心的幌子。他写道："比利时国王是协会的所有者，为协会提供所有资金。"[8]

来自曼彻斯特的下院议员带头反对《英葡条约》，这并不奇怪。众所周知，曼彻斯特有"棉都"之称，是兰开夏郡棉布工业的中心，在19世纪30年代，曼彻斯特的产量占到全世界棉布总产量的85%，在整个19世纪，曼彻斯特一直都是世界上最重要的棉布生产中心。到1860年，大约70%的英国棉纺厂工人在兰开夏郡的工厂里辛勤劳作。由于常常供大于销，曼彻斯特的布商们一直在世界各地寻找新的市场，包括刚果河流域。在1850年到1880年的30年间，英国与刚果河流域的贸易额从几乎为零增长到每年200万（英镑），其中大部分贸易额来自曼彻斯特制造的棉布。[9]

曼彻斯特商会（Manchester Chamber of Commerce）对葡萄牙向刚果河河口的侵略性行为大为震惊。1882年11月，商会致函外交部，对"葡萄牙提出对刚果河及周边地区提出独占权利的主张"表示关切，并对布拉柴的《马科科条约》表示担忧。注意到北部的法国和南部的葡萄牙都正逐渐向中间的刚果河口扩张，商会呼吁英国政府任命一位英国常驻领事，负责监管"英国在刚果河的利益和贸易"，并在非洲西南海岸停放一艘炮艇，由领事代理支配。在接下来的4个月里，其他商会也加入了进来：利物浦、格拉斯哥、伦敦、布里斯托尔（Bristol）、伯明翰等。这些都为雅各布·布莱特在下议院提出反对《英葡条约》的决议奠定了基础。[10]

240

雅各布·布莱特在下院直接提出反对决议的策略在议会是前所

未有的，因为条约通常是在外交官们签署并提交议会批准时才会进行辩论，但是这位来自曼彻斯特的议员想在这一条约的势头日盛之前将其扼杀。在陈述他的决议时，布莱特声称："刚果河下游的领土属于当地酋长和国王的统治。贸易比世界上其他任何地方都要自由。对于该地区的整体安全问题，商人们不作抱怨。他们每年向国家纳贡，仅此而已。"他说，在刚果沿岸，"没有关税，没有海关，贸易是绝对自由的"。[11]

布莱特郑重其事地说，拟议的《英葡条约》引起了人们的担忧，人们担心葡萄牙会征收高达 30% 的关税（就像他们在赞比西河上所做的那样），葡萄牙还会对护照、证件、过路费、罚款、行政费用和其他小的滥征税款做规定，让自由贸易变得不可能。布莱特声称，葡萄牙官员收入微薄，都是贪官，并警告说："在货物通过海关时，如果不向某人付点好处费，你几乎不可能再见到你所有的货物。"他还说，如果潜在的贸易限制措施还不够可怕，还有一种危险的可能，那就是葡萄牙将会重新开放到附近的圣多美岛的奴隶贸易，并且葡萄牙天主教会将对在刚果河下游传教的英国新教传教士竖起障碍。

241　　布莱特将葡萄牙在非洲的殖民暴政与利奥波德国王的刚果国际协会进行了对比。他说，协会已经做了大量的工作，并在刚果河下游甚至更远的地方建立了许多站点，还称："既没有武力，也没有暴力，一切都是通过友好协商达成的。"布莱特对刚果国际协会的赞扬是受曼彻斯特商人詹姆斯·赫顿（James F. Hutton）的影响。赫顿曾是利奥波德国王的上刚果研究委员会最初的投资者之一，目前担任比利时驻曼彻斯特领事。布莱特赞扬刚果国际协会的做法，显然是在为赫顿、也是为曼彻斯特商会说话。他不主张英国承认该协会，而只是寻求维持现状。最后他总结道："推翻刚果地区本土统治的做法似乎并不明智。"

　　布莱特演讲了一段时间后，英国首相威廉·格莱斯顿（William Gladstone）上台发言。鉴于该条约仍在谈判中，且考虑到雅各布·布赖特反对该条约的做法未有先例，首相抱怨该决议将束缚政府的手脚。但他承诺，如果政府有足够的时间来谈判，达成一个更令人满意的条约，那么条约将会被提交议会进行充分的辩论并予以批准。这一承诺似乎令下院议员们感到满意，于是反对决议被撤回。尽管雅各布·布赖特的决议没有通过，但他已经证明了社会存在对《英葡条约》的强烈反对。英国外交部注意到了这一点，并开始就新条约进行谈判，希望新的条约能更为英国议会所接受。

2
1883 年 4 月 29 日，布鲁塞尔

　　《英葡条约》的谈判暂时受阻，利奥波德国王开始了新一轮的外交攻势，试图说服英国和法国不要对刚果国际协会的领土提出或承认竞争性主张。他密切关注着英国议会的辩论并注意到，英国人反对该条约的主要原因是担心葡萄牙会征收关税、收取费用和实行贸易限制。利奥波德二世由此认为，若保证贸易自由而不受限制，可能会得到英国的支持，于是，4 月 29 日他写信给约翰·柯克提议道："如果英格兰愿意在刚果河口宣告保持中立，并承认刚果国

际协会各研究站的中立，我们将承诺不会在我们的道路上设立海关关卡或征收任何税款。"他知道英国永远不会承认刚果国际协会是一个主权实体，而宣布刚果河河口为中立区无疑也是阻止了葡萄牙和法国，从而创造一个外交空间，使得刚果国际协会能够在其中斡旋。[12]

三周后，利奥波德国王对英国航运业巨头威廉·麦金农做出了同样的承诺。施特劳赫上校代表国王写道："国王陛下请您向议会中一些有影响力的议员解释，承认我们协会所拥有的各研究站的中立之重要性和紧迫性。我们的站点将承诺，不在所属的任何地区建立任何海关关卡，也不会对使用与之相连的国际道路征收任何税费。"尽管刚果国际协会在与非洲酋长签署的条约中规定了协会所有的独占权利，但利奥波德二世现在想利用中立和自由贸易的概念作为谈判筹码，以提高协会的国际地位。[13]

利奥波德国王一方面试图获得英国对中立的承诺，另一方面又试图与法国谈判并达成协议。但这是一项极其艰巨的任务，因为斯坦利和布拉柴之间尖锐的相互抨击众人皆知。利奥波德国王指望阿瑟·史蒂文斯（Arthur Stevens）进行秘密谈判，他是比利时艺术评论家和商人，在巴黎的文化沙龙圈里颇有名气。阿瑟·史蒂文斯年轻的时候跟随他的哥哥阿尔弗雷德来到巴黎，全身心地投入到艺术中，而他的哥哥则成为了一名成功的画家，以优雅女性的肖像画闻名。后来，阿瑟回到布鲁塞尔，并顺利开设了一个艺术画廊，向比利时公众介绍了新兴的法国画家的作品。作为一个深受巴黎文化精英推崇的比利时人，阿瑟·史蒂文斯是利奥波德国王和法国总理茹费理之间理想的中间人选。除了担任总理外，茹费理还担任法国公共教育与艺术部（Ministry of Public Instruction and Fine Arts）部长。[14]

应利奥波德国王的请求，史蒂文斯在 1883 年 11 月和 12 月与茹费理进行了一系列的会谈，两人试图达成共识，以帮助避免刚果国际协会和位于刚果河流域的法国人发生进一步冲突。早前，茹费理曾坚称，法国不会给刚果国际协会官方的承认，也不会承认其主权。茹费理在给布拉柴的一封信中解释说，刚果国际协会"既不是比利时的，也不是比利时国王的；它既不能拥有国际认可的旗帜，也不能拥有正规部队，或是任何形式的主权"。事已至此，利奥波德所能期望的最好结果就是达成一种"睦邻友好"的协议，双方都承诺尊重对方的领土要求。[15]

利奥波德国王是个狡猾的谈判者，曾利用英国人的恐惧心理进行谈判。很快，他又发现法国人担心英国会接管刚果河。法国总理将利奥波德二世看作一个天真的梦想家，而此时他的钱快花光了，茹费理担心利奥波德二世可能会把自己的研究站卖给某家英国公司或英国政府，以此来弥补自己的损失。刚果国际协会越来越多的代理人是英国籍，法国可以以此作为刚果国际协会与英国之间存在特殊关系的证据。布拉柴警告过，"斯坦利周围的英国人、事、物与日俱增"，奥古阿尔神父也曾说刚果国际协会"在不久的将来将变成英国人的，因为协会里比利时的存在今天正在被不断地消除，为英国人让路"。这些表述都有数字支持：1882 年 9 月，在刚果河流域的 43 名协会代理人中，仅有 3 名是英国人；但一年后，117 名协会代理人中就有 41 名是英国人，创造了路易斯·瓦尔克所谓的"英国浪潮"（great British wave）。[16]

当时，法国总理想要的是利奥波德二世保证不会将协会的研究

244

站和通过条约获得的权利卖给英国。但是如何保证这样的承诺呢？利奥波德的解决方案是给予法国优先取舍权。他在协议草案中加入了以下文字："刚果国际协会为了进一步证明其对法国的友好感情，承诺如出现不可预见的情况，协会被迫出售其财产时，将给予法国优先购买权。"因为法国总理确信，利奥波德二世很快就会破产，该协议将有效地保证他们最终拥有整个刚果河流域。另一方面，利奥波德二世认为，他提出的优先购买权不会让他付出任何代价，因为他无意破产。[17]

茹费理总理还有一个要求。法国人认为斯坦利是英国利益的代理人，所以他们希望免去斯坦利在刚果国际协会的所有职务。免职斯坦利，不仅将使他们得以在非洲摆脱一个强大的竞争对手，而且还报复了斯坦利在巴黎演讲时对布拉柴的嘲笑。协议中没有以书面的形式提出，但大家彼此心照不宣，协议达成后不久，斯坦利就会从协会消失。茹费理在给布拉柴的信中这样写道："比利时国王已经向我保证，召回斯坦利的问题已经解决了。"[18]

1884 年 4 月 23 日和 24 日，茹费理与代表刚果国际协会的施特劳赫上校交换了信函，最终达成了协议。法国同意尊重协会的权利，承认协会的各站点，不在其道路上设任何障碍；同时协会也宣布，如果协会被迫处置其财产，将保留法国购买这些财产的优先取舍权。各自领土的边界将在稍后划定。因为法国没有正式承认刚果国际协会，这不是一个正式的条约。然而，这些信件还是以中立化的形式暂时消除了法国对协会研究站的威胁。这个本意秘密进行的谈判完成后，伦敦《泰晤士报》在其报道中强调："刚果国际协会在任何意义上都不是一个政府，也没有权利拥有真正意义上的旗帜。它只不过是一个反常的机构，因受一些公认的政府默许而享有一定的商业管理权。"[19]

3

1883 年 12 月 4 日，华盛顿特区，众议院

1883 年 12 月 4 日，国会两院的议员集聚一堂，聆听书记官宣读美国第 21 任总统切斯特·A. 阿瑟（Chester A. Arthur）的国情咨文。报告一开始回顾了一系列外交政策问题：大西洋的渔业争端；争取法国和德国对美国猪产品的进口；以及与俄罗斯帝国、菲律宾、奥斯曼帝国、日本、古巴、巴西和墨西哥有关的各种问题。就在阿瑟快要环顾完世界时，总统的报告转向了刚果。书记员庄重而缓慢地说："刚果河谷土地富饶、人口众多，正在由一个叫"国际非洲协会"的组织进行商业开发，比利时国王是该协会的主席，而该协会的首席执行官是一位美国公民。"

阿瑟总统的陈述在两个方面是不准确的。首先，他使用了"国际非洲协会"这一名称——这是一个国际慈善组织，而没用"上刚果研究委员会"——一个准商业性的企业，或者它现在的名字"刚果国际协会"——一个模糊的组织，成员模糊、目的不明。其次，他称亨利·莫顿·斯坦利为"美国公民"，虽然这位探险家并没有合法的公民身份。但人们普遍认为他是美国人，这就足够了。 246

总统的报告继续说道："非洲土著酋长已将大片领土割让给协会，道路被开辟出来，汽船停靠在河上，22 个研究站在同一旗帜

下建立了一个'自由邦'，保证商业自由并禁止奴隶贸易。协会的
目标是慈善的。它的目标不是永久地政治控制该地区，而是寻求河
谷的中立。"总统最后总结道："我们不妨与其他商业大国合作，
获得在刚果河谷自由贸易和居住的权利，而使其免于一个国家的干
涉或控制。"在长达 18 页的演讲稿中的这一小段陈述，正是利奥
波德二世和他的美国合作者亨利·谢尔顿·桑福德发起的一场重大
外交运动的成果。[20]

这场运动开始于 6 月 13 日，国王起草了一封给阿瑟总统的信，
以寻求美国对刚果国际协会的认可。这封信由桑福德编辑并翻译成
英文。阿瑟总统的回应表达了赞同，促使国王又写了第二封信，由
桑福德亲自带去华盛顿并私下交给总统。利奥波德二世在信中承
诺，免除未来美国在刚果河沿岸贸易的所有关税。尽管协会与非洲
酋长们签署的条约中夹杂着赋予协会专有权利的文字，桑福德还是
提供了条约样本的伪造版本，删除了排他性条款。国王还承诺，美
国公民可自由获得或占领刚果河流域的土地。这一点完全是针对美
国白人说的。南北战争之后，美国白人中间流行起一种思潮，认为
被解放的自由奴隶应该遣返回非洲。尽管在内战之前，已有少数被
解放的美国奴隶在利比里亚定居，但刚果河流域的广袤土地可以容
纳更多的人。利奥波德国王正是在提议将刚果作为美国自由奴隶的
定居点。[21]

利奥波德国王的信在华盛顿收到了很好的反应。阿瑟总统在准
备向国会发表的年度报告时，邀请桑福德撰写了那段关于刚果河流
域的草案。随后，为适应总统讲话的正式风格，这段草拟文稿被改
写，草稿内容均被保留其中，但有一个例外：桑福德撰写的原始段

落中写道美国承认"刚果自由邦"，尽管这个实体其实并不存在。但阿瑟总统认为美国人，包括他自己，都还几乎对刚果一无所知，所以此举还为时尚早。[22]

借着总统讲话的势头，桑福德撰写了一篇长文，匿名发表在《纽约先驱报》（斯坦利曾在此担任记者）12 月 30 日周日版。这篇文章占了一整个版面，还展示了刚果国际协会在刚果河流域的站点分布图。文章开篇引用了总统的国情咨文，顺着总统的发言强调了与刚果国际协会达成协议的经济效益。"特别是在我们的棉织品方面，棉织品生产过剩正给我们带来许多麻烦和威胁性的灾难，而我们的纺织业居于世界领先地位。而非洲，为我们提供了一个更广阔的天地。我们未漂白的粗布是中非特别需要的，在那里被命名为"梅里卡尼"。这篇文章随后扩展了经济方面的论点，讲到了美国的五金、纺织品和羊毛产品等，并提出了宏伟的构想——大量的美国自由船队载着我们的工业制品扬帆远航，带着非洲宝贵的原材料满载而归。[23]

248

三天后，《纽约时报》也刊登了一篇长文，反映了大量桑福德的意见。这篇文章对亨利·莫顿·斯坦利开辟和开发刚果河流域表达了自豪，大家都认为亨利·莫顿·斯坦利是美国人。文章还论述道，随着时间的推移，刚果河地区"也可能并且极有可能会像美国一样人口众多、富有和强大"。文章还预测，总有一天，美国与刚果的贸易会超过和印度的贸易，因此它得出的结论，"刚果河谷与国际协会开辟出的地区应向全世界进行自由贸易"，并力劝商会承担这一重任。一周后，纽约市商会听取了美国地理学会主席贾奇·查尔斯·戴利（Judge Charles Daly）关于刚果河流域商业重要性的长篇演讲，并通过了一项决议，同意美国政府应该承认"国际协会旗帜"。[24]

为了将公众的呼应落实到政治行动，桑福德联系了阿拉巴马州的参议员约翰·泰勒·摩根（John Tyler Morgan）。内战之后，摩根逐渐成为南方民族主义的领军人物，一个恶毒的"白人至上主义"者，并倡导将内战之前的奴隶大规模迁移到非洲。他对刚果问题的兴趣出于两个方面。第一，如果刚果河流域成为马萨诸塞州纺织厂布料的主要市场，那么这将增加前南部邦联州对原棉的需求。第二，他认为利比里亚没有足够的空间容纳大批被解放的美国奴隶移民，而刚果盆地是他移民计划的安全阀。作为参议院外交关系委员会（Senate Foreign Relations Committee）的成员，摩根于 1884 年 1 月 21 日提出了一项议案，呼吁委员会对刚果河谷的贸易进行调查，并提交一份"关于国会或当局为促进我们在该地区的贸易而可能适当地采取的任何行动"的报告。参议院一致通过了这项议案。[25]

桑福德带来的一系列文件——包括那版伪造的条约，使得委员会的调查很快就完成了。最终的报告只有 10 页长，但却附了 46 页的文件，其中大部分是由桑福德提供的。报告中引用了利比里亚作为利奥波德国王正在刚果建立的"自由邦"的先例——美国殖民协会（American Colonization Society）曾在此建立一个殖民地，用于安置被解放的美国奴隶。为了转移人们对刚果国际协会与刚果酋长签署的条约的批评，报告还引用了最初英国殖民者在马萨诸塞、康涅狄格、新罕布什尔、罗德岛和北卡罗莱纳与印第安人原住民签署的条约。这是一个极其巧妙的论点，它使得任何对利奥波德国王刚果条约合法性提出的质疑，都等同于质疑英国人在美国定居的合法性。报告的结论是："刚果的国家人民，连同他们的赞助者，都应该得到美国对其新民族特性的友好认可。"[26]

1884 年 4 月 10 日，参议院召开秘密行政会议（这是一种使会议过程保密的议会策略），通过了一项决议，即"国际非洲协会的旗帜应被视为一个友好政府的旗帜"。这一保密措施消除了个别参议员的顾虑，他们犹豫不决、不愿与英国疏远，为这项破坏英国对《英葡条约》谈判的决议投出了潜在的一票。参议院通过决议后，亨利·谢尔顿·桑福德于 4 月 18 日和 22 日代表协会和美国国务卿交换了正式声明。桑福德的声明指出，刚果国际协会同意免除美国商品的进口关税，并保证美国人有权购买、出售或租赁其在刚果区域的不动产。美国则承认"国际非洲协会的旗帜是一个友好政府的旗帜"。双方交换声明之后，保密措施被解除，美国公开向媒体宣布承认刚果国际协会。美国已正式承认了刚果国际协会，而欧洲大国对此嗤之以鼻。[27]

美国正式承认的实体到底是什么？尽管两份声明使用的命名不一致，但它们都写道，刚果河流域的"自由邦"是在协会的关心和监督下建立的。要承认"自由邦"的存在，唯一的方式就是承认刚果国际协会。用比利时历史学家让·斯丹热的话来说，刚果国际协会这个组织是"一个虚构的实体"，除了利奥波德二世之外，它代表不了任何人。美国派驻"刚果自由邦"的首任贸易代表威拉德·P.蒂斯德尔（Willard P. Tisdel）在 1884 年 11 月抵达欧洲时发现了这一点，用他自己的话说，他得知自己被"委派到一个实际上并不存在的国家"。[28]

250

4

1884 年 2 月 26 日，伦敦，外交部

尽管利奥波德国王成功地与美国和法国进行了和谈，但他的刚果计划所面临的主要威胁仍然来自《英葡条约》——它将于 1884 年 6 月 26 日在英国下议院提交批准。英国外交部已于 2 月签署了该条约，议会的批准是最后一步。在下议院先前的那次辩论之后，251 该条约已被大幅修改，从最初的 6 项条款，改为现在的 15 项条款。条约承认，葡萄牙对南纬 8° 至南纬 5° 12′ 之间的非洲西海岸拥有管辖权，这片沿海区域包括了刚果河河口；葡萄牙还将拥有河口往上游至诺基（Nokki）的管辖权，诺基位于刚果国际协会维维站下游仅 10 英里。根据这一领土划分，刚果国际协会的所有站点都在葡萄牙管辖范围之外。该条约还要求打压奴隶贸易，并承诺所有基督教教派都享有传教自由。尽管条约已作出了一些有利于刚果国际协会的微小调整，但利奥波德国王还是反对该条约：博马港标志着远洋船只所能到达的航行极限，他希望博马河港划在葡萄牙领土之外；并且他想要完全摒弃海关和关税，而不仅仅是给予外国人与葡萄牙商人同等的权利和特惠。[29]

修订后的条约细节一经公布，英国国内就爆发出反对的声音。和上次一样，异议来自曼彻斯特议员雅各布·布莱特和曼彻斯特商会的新任主席詹姆斯·赫顿——他是利奥波德国王的盟友。布莱特一再在议会提出有关条约的质疑，与此同时，赫顿向英国所有商会和所有议员发出了一封通函，概述了反对条约的理由。一名外交部

官员写道："毫无疑问，（比利时的）国王正在议会中发起对该条约的反对。"[30]

　　为了削弱利奥波德国王的影响力，英国外交部非洲司司长 H. P. 安德森（H. P. Anderson）声称，他有证据证明刚果国际协会实际上是一个商业公司，而不是什么慈善机构。他指出，葡萄牙政府最近公布了他们截获的该协会与刚果河下游部落酋长们签订的条约，"这些条约不仅给了这个公司对该地区的主权权力，还有贸易的绝对垄断权"。安德森引用了最近沿刚果河旅行的英国探险家哈里·约翰斯顿（Harry Johnston）的一段话，"看过该协会代理人工作的人都不会怀疑，这家公司的目标是成为贸易垄断巨头；绝不是向所有人开放道路和站点，他们一直都小心翼翼地紧闭着道路和站点"。外交大臣搁置了安德森的质疑，因为他不想把刚果国际协会纳入《英葡条约》，复杂化有关该条约的辩论。相反，他给利奥波德发了一封外交照会，警告他放弃主张。[31]

　　随着反对该条约的声音越来越大，身为国会议员和负责外交事务的副国务大臣（Undersecretary of State）的埃德蒙·菲茨莫里斯勋爵（Lord Edmond Fitzmaurice）逐渐确信，这一条约将不会通过。他在 4 月 23 日的信中写道："我认为，毫无疑问，女王陛下的政府就刚果问题的决议可能会在下议院被驳回。"为了争取时间，他建议寻求其他欧洲大国的清楚表态，即它们是否是会签署该条款。但结果并不乐观：法国、荷兰和德国都要求进行实质性的修改，以更好地保护其领土和商业利益，然后才会考虑签署协议。

　　到了 1884 年 5 月，葡萄牙外交部长感到英国批准该条约的可能性越来越不明朗，因此设计了一个备用计划：代替之前的先让英

252

国签署承认该条约，然后其他国家随后签署的计划，他计划先与其他大国谈判签署协议，最后再让英国加入。继续与英国外交部谈判、修订条约以使法国、荷兰和德国能够接受的同时，他于 5 月 13 日向其他感兴趣的国家发出通函，提出召开一次会议，在各国平等的基础上磋商并达成协议。因为葡萄牙的谈判是在两条完全不同的轨道上，所以英国并没有收到这个邀请。直到 6 月 14 日，格兰威尔伯爵收到了来自德意志帝国宰相俾斯麦的信，信中提到了这次会议计划，他才得知葡萄牙的这一计划。[32]

253

1884 年 6 月 26 日，也就是《英葡条约》计划在下议院获得批准的日子，菲茨莫里斯勋爵宣布："女王陛下的政府现已得出结论，一些大国对条约某些部分的反对过于严重，使整个条约无望被接受，因此，英国政府已告知葡萄牙政府，批准该条约将毫无用处。"《英葡条约》现已陷入僵局，诸多问题悬而未决，刚果河下游沿岸的管辖权和自由贸易问题有待于召开国际会议来解决。[33]

5

1883 年 5 月 4 日，柏林

在与法国谈判和反对《英葡条约》的同时，利奥波德国王还与德国进行了谈判。按照他的一贯风格，利奥波德二世通过一个中间人在其中运作。他曾在美国通过亨利·谢尔顿·桑福德，在巴黎通过阿瑟·史蒂文斯，而现在在柏林，他决定依靠住在柏林的德国银行家格尔森·布莱希罗德（Gerson Bleichröder）的帮助。

布莱希罗德已经 60 多岁，几近失明，作为首席银行家效忠俾斯麦和普鲁士多年。1877 年，利奥波德国王在奥斯坦德（Ostend）海滨度夏时，两人第一次见面，从那时起，布莱希罗德便认识了利奥波德国王。两人后来就各种问题断断续续地保持着通信。1878 年，国王给布莱希罗德的信中写道："各地的工业都受到了沉重的打击，此时有必要去建立一个新的倾销市场，非洲大陆值得我们特别关注。"[34]

1883 年 5 月，利奥波德二世请求布莱希罗德帮忙，以获得德意志帝国对于刚果国际协会研究站中立地位的认可，他们的通信变得频繁起来。虽然这一请求毫无进展，但一年后，利奥波德二世在与美国和法国签署协议后，再次联系了布莱希罗德。利奥波德二世的计划在这一年里发生了很大的变化。他不再满足于美国对刚果国际协会的承认，也不满足于与法国达成的"睦邻友好"协议，他现在希望获得"中非独立国家"（Independent State of Central Africa）的承认，使其加入国际大家庭。他向布莱希罗德保证："我们现在正积极地为这个新国家制定政治宪法，起草基本法。"从那时起，布莱希罗德扮演起比利时国王和德意志帝国宰相之中间人的角色。[35]

利奥波德二世接近德国的时机是偶然的。1884 年春，俾斯麦开始对刚果问题产生兴趣，当时他与德国商会一同反对《英葡条约》。1883 年和 1884 年，德国向刚果河出口枪支、弹药和烈性酒等的数量迅速增加，在刚果河下游经营的德国商行担心该条约会限制他们的贸易。1884 年 4 月下旬，俾斯麦了解到美国承认刚果国际协会的旗帜时，他第一次注意到利奥波德国王的刚果国际协会。

254

他告诉法国大使："我看到美国已承认国际刚果公司的旗帜，但我还不太明白此举的含义，因为我真的不知道这个公司具体是做什么么。"当时，俾斯麦希望，宣称对所有国家开放自由贸易的利奥波德国王的刚果国际协会能够成为一个备选方案，代替葡萄牙或法国对刚果河流域的控制。[36]

255　　6月初，在俾斯麦正式宣布拒绝《英葡条约》之后，他第一次直接联系了利奥波德二世，提出了他达成共识的条件。利奥波德二世提议交换声明，就像他与美国和法国达成的声明一样。他寄给俾斯麦的声明模本中含糊地提到要建立一个"从大西洋一直延伸到桑给巴尔苏丹领地边界的独立国家"，确切的边界待日后确定。俾斯麦对这一提议持谨慎态度，因为他意识到，协会实质上是在要求全权做它想做的任何事。为了使谈判回到正轨，布莱希罗德要求利奥波德国王寄给他一份新的宣言草案，并附一张显示未来"刚果邦"确切边界的地图。为了绘制这幅地图，利奥波德二世需要亨利·莫顿·斯坦利的帮助。

　　1884年，利奥波德在奥斯坦德海滩上的皇家别墅里度夏。奥斯坦德是接驳开往布鲁塞尔的火车和前往英国多佛的渡轮之间的交通枢纽。这是与斯坦利会面的绝佳地点，斯坦利马上将从刚果回来。7月29日，斯坦利在英国普利茅斯登陆，前往伦敦。4天后，他乘坐渡轮从多佛前往奥斯坦德，在那里他花了几天时间给了利奥波德国王做了一份关于"刚果自由邦"项目的完整报告。斯坦利还不知道——甚至在一段时间内也不会知道——他已经被协会开除了。确保万事俱备后，他于8月7日前去国王的别墅帮助他完成一个特殊的计划。[37]

利奥波德国王摊开一幅巨大的非洲地图，让斯坦利帮助他绘出刚果河流域那个未来国家的边界。斯坦利用一支红铅笔勾勒出了这个边界：从北纬 4°到南纬 6°，从刚果河下游大瀑布区向东到坦噶尼喀湖。这一边界线是战略性地划定的，以避免与法国、葡萄牙、桑给巴尔苏丹和蒂普·蒂普发生冲突。马涅马的贸易城镇卡松戈和尼扬圭，以及通往乌吉吉的贸易路线，都在协会领土的边界之外，而协会对斯坦利瀑布拥有主权。[38]

由此界定的领土范围约有 70 万平方英里。这比与酋长们签订的条约中所割让的面积总和还要大上数百倍，是比利时国土面积的约 60 倍。3 周后，俾斯麦向法国驻德国大使库塞尔男爵（Baron de Courcel）展示地图时，他将利奥波德二世的未来国家的大致轮廓描述为"一个巨大的平行四边形，包括从西部的大瀑布到东部的湖区之间的整个河流航线；换句话说，即是整个中部非洲——非洲大陆的核心。"德意志帝国宰相似乎并不担心利奥波德二世所提议的国家之规模庞大。他对大使说："面积确实很广袤，不过它保证了我们的贸易自由，而且随着该公司经营规模的扩大，我们的利益也将随之增加。要不要控制这些野心就不取决于我们了。"法国大使似乎同意这一点，很大程度上是因为法国希望接管利奥波德二世的领土。俾斯麦告诉利奥波德二世："经过我与库塞尔男爵的交谈，我认为法国不会反对您寄给我的地图上所标注的区域。"[39]

其中一个关键的问题是，如果协会破产并将其领土出售给法国，将会对德国在刚果盆地的自由贸易造成什么影响？利奥波德在拟议的协议中加入了一句话，即：即使领土被出售给另一国家，都保证德国在此区域的自由贸易权依然有效，解决了这一问题。9 月

29 日，法国大使的一份照会同意了这一安排，法国政府承诺，如果法国获得协会的领土，它将继续维持协会所承诺的贸易自由。俾斯麦对法国大使说："我不知道这个比利时协会到底是什么，也不知道它要变成什么样子。但即使它没能成功地站稳脚跟，它仍然有助于我们抵御棘手的竞争和难以对付的主张。我们可以借支持它来扫清道路。"[40]

1884 年 11 月 8 日，德国驻比利时大使勃兰登堡伯爵（Count Brandenburg）和刚果国际协会代表施特劳赫上校分别代表德国和刚果国际协会签署了一项公约。该公约第六条承认："如所附地图所示是协会领土的边界，即即将建立的新国家的边界。"利奥波德国王和斯坦利 8 月 7 日在奥斯坦德海滨别墅里用铅笔粗略勾勒出的轮廓，现在已经作为一个未来非洲国家的边界被德国承认了。[41]

258

6

1884 年 9 月 18 日，英格兰，曼彻斯特市政厅

亨利·莫顿·斯坦利站在曼彻斯特市政厅会议室里演讲，掌声逐渐热烈，这让他几乎有了一种回家的感觉。17 岁时，他还是一个名叫约翰·罗兰兹的年轻人，在去利物浦海港的途中，曾经过曼彻斯特，两地相距约 35 英里。在利物浦海港，斯坦利找到了一份甲板水手的工作，往返于新奥尔良和曼彻斯特的纺织厂之间运送原棉和棉纺织产品。在新奥尔良找到工作后，他借用亨利·霍普·斯坦利（Henry Hope Stanley）的名字给自己起了新名字。亨

利·霍普·斯坦利拥有新奥尔良最大的棉花打包与运输事业。早在亨利·莫顿·斯坦利对非洲有所了解之前，他就对棉花产业的全球性本质有了本能的理解。

曼彻斯特是当时世界上工业化程度最高的城市，主要产品是棉纺织品。1808 年曾有一位游客形容这座城市，"真是肮脏：蒸汽机散发着有害物质，染坊的轰鸣声不绝入耳，河水黑得像墨水"。1835 年，托克维尔（Alexis de Tocqueville）访问曼彻斯特，他注意到："这座城市笼罩着黑雾。在这昏暗的白天，30 万人正在不停地工作。"但托克维尔还发现了另一件事："从这个肮脏的下水道流出的，是人类最伟大的工业之流，滋养了整个世界。从这肮脏的下水道里流出的，是流动的黄金。"曼彻斯特不仅是一座工业城市，也是一个全球化的大都市。曼彻斯特利用当地的水资源和煤炭资源为机器提供动力，从美国、印度和埃及等遥远的地方获得原棉，用数以万计的机械纺锤把棉花纺成纱，然后用机械织布机织成布料，销往世界各地。[42]

斯坦利于 1884 年 7 月 29 日从签订条约和沿刚果河修建站点的工作中回到英国，这之后的 6 周里，一直忙于各种事情。8 月 2 日至 7 日期间，他受利奥波德国王邀请到奥斯坦德，帮助国王绘制了未来刚果邦的粗略地图。在英国，他由于极力反对《英葡条约》而颇受行业和商人们的欢迎。尽管英国外交部已于 6 月撤回了条约草案，但它随时都可能被再次提出。8 月 29 日，斯坦利与英国外交大臣格兰威尔会面，以寻求英国对协会的承认，他没有得到任何积极的回应，因此他继续公开演说，反对这个奄奄一息的条约。

9 月 18 日，斯坦利在伦敦商会主办的一次活动中，在伦敦坎

259

农街（Cannon Street）总站的大厅里面对大批观众讲话。出席活动的有伦敦商界的主要人物，反奴隶制协会的托马斯·福韦尔·巴克斯顿、比利时领事和其他显要人物。斯坦利指出，英国议会仍在考虑《英葡条约》，他提醒说，英国一直是自由贸易的主要倡导者，而今却正将重要的贸易"交给欧洲最落后国家中最不妥协的保护主义者手中"。他的讲话被"听！听！"的喊叫声打断。接着，斯坦利提出使刚果国际协会替代葡萄牙，还为该协会的排他性条约进行辩护，称这是为了先发制人，防止该地区落入法国人和葡萄牙人的手中。他对着众人说："带上你们的棉织品、毛料、小饰品、珠子和黄铜丝，就可以在那里进行自由贸易，不用担心任何海关和苛捐杂税的烦扰。我们希望保障所有人的平等权利和最大程度的商业自由。"演讲受到了热烈的欢呼。演讲结束后，斯坦利以主宾的身份参加了伦敦商会举办的晚宴。在这 40 位来宾中，还有曼彻斯特商会会长詹姆斯·赫顿。[43]

260

　　一个月后，也就是 10 月 21 日，斯坦利在工业革命的中心曼彻斯特受到了热烈的欢迎。赫顿在女王酒店（Queen's Hotel）举办了一个丰盛的午宴，出席的人士有商业大亨、主要制造商和一些显要人物，包括曾与刚果河下游的酋长们谈判达成"新邦联"条约的弗雷德里克·戈德斯米德将军，伦敦商会非洲委员会主席以及德国、法国、丹麦、美国、荷兰和巴西的领事们。在惯例的开场祝酒词之后，赫顿提议向"比利时国王陛下"敬酒。他将利奥波德二世描述为"一位心怀促进世界各国工业进步和繁荣的远大抱负的君主"。在座的宾客们欢呼："听到了！听到了！"随后赫顿向斯坦利举杯，他说，国际协会将保证"世界上所有国家都将有绝对的自由贸易权"。接着，赫顿为斯坦利举杯，称他是"曼彻斯特和兰开夏郡工业的朋友和恩人"，他感谢斯坦利为"推进非洲人民的福祉和自由以及世界各国的繁荣"所做的努力。客人们报以热烈的掌声。[44]

那天下午稍晚些时候，商会在曼彻斯特市政厅举行了一次特别会议，斯坦利在会议上向与会的 300 人发表了演讲。他说："如果事情保持现状，棉纺织制造业的未来并不十分光明。新发明层出不穷，你们的生产能力几乎不可估量，但销售你们产品的新市场却没有迅速增加。"然后他提出，刚果流域恰恰提供了曼彻斯特所需的新市场。如果刚果区域的每个居民只买 1 件礼服，需要 3.2 亿码的布料。但每个居民都买 2 件礼服和 4 件常服，那么这个数字将达到 38 亿码，价值 1600 万英镑。然后，他又算上了体面葬礼上所需的丧葬布匹以及富裕家庭作为积蓄储存起来的布料，得出的结论是：该区域每年将提供 2600 万英镑的市场。[45]

为了确保掌握刚果市场，斯坦利提出了两个步骤：首先，派遣一艘英国海军巡洋舰到刚果河入海口，防止与英国竞争的其他欧洲大国夺取它；其次，允许国际协会"捍卫国际自由贸易和自由出入该河的权利。"此处，他阅读了协会向美国政府发出的声明，以向听众说明这些做法完全可以做到——"'刚果自由邦'绝不征收任何关税"，协会"准备与其他希望确保其产品自由进入刚果市场，签订与美国商定的相同的协议"。斯坦利注意到，一些欧洲政府认为现在是时候对刚果河下游实行某种形式的控制。他建议，国际协会"是对商人们来说最好的、最宽容的政府形式，有利于使他们的贸易利益最大化，并在不与欧洲各国任何既定或先入为主的设想相冲突的情况下，解决这一难题。在该协会连同其政府的旗帜下，每个国家都可以在刚果盆地进行自由的贸易和竞争"。

欢呼声随着他的演讲结束渐渐平息下来。斯坦利举起一份写着"国际协会宣言"文件，并请詹姆斯·赫顿大声宣读。赫顿回应说，为了节省时间，他将把副本分发给媒体人士，他们可以为了曼彻斯特全体市民的利益将其出版或刊登。《曼彻斯特信使报》

262 （*Manchester Courier*）第二天刊登了一篇关于宣言的长摘要，英国商会随后将宣言全文连同斯坦利的演讲文本一起刊印成一本小册子。《宣言》以与美国达成的协议为范本，作出了两个承诺。第一，"刚果自由邦"将向所有国家的公民开放自由贸易；第二，"由协会支配的武装力量将确保该领土的秩序与安宁，并尽其所能阻止奴隶贸易"。这个现在被称为"国际协会"的组织承诺"保证绝对的贸易自由，且在必要时有某文明大国提供帮助"。《宣言》中写道："通过给予贸易完全的自由、消除海关方面的困扰，协会希望吸引商业和资本进入他们的领地。"[46]

在《宣言》的第四段，刚果自由邦的名称悄悄地从与美国达成的协议中使用的复数名词"自由邦"（Free States）变成了单数名词"自由邦"（Free State）。利奥波德国王现在所构想的是一个由协会管理的独立大国。《宣言》对了解如何管理"自由邦"提供了一些线索。起初，它将由协会的布鲁塞尔总部管理，该总部聘请来自欧洲各国的代理人担任职位。然而，一旦建立了"自由邦"，将由一位总督来管理，并由一个立法委员会和一个执行委员会协助。至于非洲当地人口，《宣言》呼吁"在行政和司法事务中应适当考虑当地人的习惯和想法。在制定适用于他们的新法律和条例之前，必须有一段过渡时期，在此期间当地人可以继续遵循他们的习惯"。[47]

斯坦利在大声的欢呼中坐下，同时，曾在下议院领导反对《英葡条约》的曼彻斯特议员雅各布·布赖特提出一项决议："曼彻斯特商会在此对比利时国王陛下表示由衷的赞扬，国王陛下为在刚果河上游建立文明和自由贸易付出了热忱的努力。商会还相信，拟议在那里建立的独立国家可能会得到所有国家的承认。"此时，该决议显得特别紧急，因为不久柏林就将召开一场国际会议，决定刚果河下游的命运。布赖特说："我们不知道这次会议后将发生什么，我们将以极大的关切关注会上所提议的内容。"布莱特表示，希望英国各地的城市都能通过决议，支持斯坦利和刚果国际协会，"这样，那些会议桌上的人就会知道，世界上最重要的商业国家正在注视着他们的进程"。决议获得一致通过。[48]

尽管到目前为止，刚果国际协会一直被英国政府所忽视，但它刚刚获得了曼彻斯特的商人和制造商的正式认可，而曼彻斯特正是英国工业革命的中心。随着柏林会议开幕在即，利奥波德国王关于建立一个"刚果自由邦"的计划，不再是一个模糊的构想，而变得有一张地图、一份宣言，以及来自美国、法国、德国和英国商界的不同层面的认可和支持。

两天后，10 月 23 日，斯坦利在曼彻斯特发表了一场非常不同的演讲。英国和外国反奴隶制协会召开会议，庆祝英属殖民地废除奴隶制 50 周年。自从 50 年前那场伟大的胜利以来，反奴隶协会的成员日渐减少，人们对反奴隶制协会的兴趣也不如往日了。但是现在他们有了一项新的事业，他们希望这项事业能够给他们组织恢复往日的辉煌带来新的希望。反奴隶制协会与曼彻斯特商

263

会联合起来反对《英葡条约》，因为他们担心如果葡萄牙控制了刚果河河口区域，奴隶贸易可能会死灰复燃。斯坦利急于发表这场演说，将自己与反对奴隶制度的事业联系起来，因为这将提升

264 国际协会的道德权威。利奥波德国王一直声称，与奴隶制作斗争是他非洲事业的目标之一，而斯坦利的这次演讲将使这一主张更具有可信度。[49]

　　早在活动开始之前很久，可容纳 5000 人的曼彻斯特自由贸易大厅已是人满为患。会议主持詹姆斯·赫顿告诉与会者，作为一个商人和英国商业利益的代表，他有责任对过去的罪行表示深深的忏悔。曼彻斯特主任牧师随后发言，他列举了 19 世纪反奴隶制运动的成功之处：英属殖民地的奴隶制废除；奴隶制在英属印度的法律地位结束；非洲和美国之间奴隶贸易停止；由法国废除的奴隶制；美国南部各州的奴隶解放；以及在巴西几个省的奴隶制的废除。他向与会者们说，反对奴隶制事业的最后一场大战即将在非洲打响。他说，这次会议的主要目标是"重新点燃英国的热情，帮助她传递象征自由的文明火炬，直到全世界都被照亮"。

　　开幕仪式之后，斯坦利发言。他演讲的大部分，来自 8 年前他写给《每日电讯报》和《纽约先驱报》的一篇长文，那是 1876 年10 月 28 日，在尼扬圭。斯坦利告诉与会者，如果一个人离开东非的桑给巴尔岛，向西进入赤道非洲的内陆，会看到越来越密集的奴隶贩子的活动："在巴加莫约和乌南延贝（Unanyembe）之间，你只能看到零售的奴隶；在乌吉吉，我看到了大群的奴隶；而在乌古哈（Uguha），我看到了大约 800 名奴隶，他们几乎虚弱得无法再忍受饥饿。在马涅马，我看到过一块可以"收获奴隶"的田地，或

者可以说，奴隶们是在那里成长并被收割的。或者，更准确地说，那是放置、射杀或捕获奴隶的地方，具体视情况而定。"

接着，斯坦利将奴隶贸易与象牙贸易联系起来："象牙贸易需 265 要大量人力进行运输。由于不是总能顺利地雇佣到自由搬运工，所以商人们自然要去购买奴隶来把这些珍贵的物品运送到海岸。直到没有象牙需求，阿拉伯人将一直尽其所能地收集象牙并将其运到海港。"斯坦利的演讲中没有提及的是，马涅马最大的奴隶贩子是蒂普·蒂普，而他曾是利文斯通和斯坦利的朋友和旅伴。

斯坦利接着谈到了英国打压非洲东部海岸沿岸的海上奴隶贸易的运动。"英国反奴隶制事业的拥护者们，在政府的支持下，为镇压公海上的奴隶贸易活动尽了最大的努力，这是值得称道的；但是，为了真正完成他们的工作，可以发现，只要这种贸易在内陆依然是允许的，那么肯定会有人试图在海上继续。"那么，如何才能真正结束奴隶贸易呢？斯坦利没有一个简单的答案，但他驳回了反奴隶协会的的一些成员提出的建议，即英国应该吞并桑给巴尔以停止奴隶贸易。他对观众说："把桑给巴尔并入英国统治，仅仅是出于情感上的需要，这是不能接受的。"当斯坦利结束他的演讲后，他来到了基督教青年会爆满的礼堂又做了一次演讲，那里聚集了1500人。

在曼彻斯特的两天里，斯坦利讨论了两个最能激起商界和人道主义团体热情的问题——刚果河流域的商业开发问题以及非洲内部的奴隶贸易问题。虽然斯坦利主张将这两个问题分开，但它们很快在观众的脑海中混为一谈。他们的逻辑是令人信服的：在欧洲控制下的商业扩张将促进曼彻斯特的繁荣，同时也将结束非洲内部的奴 266

隶贸易。虽然斯坦利明确反对将殖民统治作为解决奴隶制的办法，但他在演讲中所说的一切都指向了这一终点。

7
1884 年 11 月 15 日，柏林

1884—1885 年的柏林会议被认为是欧洲在非洲殖民史上的一个重大转折点，但分析人士对这次会议的确切影响意见不一。加纳第一任总统克瓦米·恩克鲁玛（Kwame Nkrumah）认为正是在这次会议上，欧洲列强瓜分了非洲；但历史学家威廉·罗杰·路易斯（William Roger Louis）认为，它对非洲的实际影响很小，因为除了刚果河流域，瓜分非洲的一般原则在很大程度上被忽略了。但即使它没有决定整个非洲未来的政治格局，但显然它决定了刚果河流域的命运，并在非洲其他地区掀起了混乱的争夺。[50]

《英葡条约》草案未能获得其他殖民国家的支持，使得召开一次国际会议显得尤为必要。1884 年 10 月 8 日，德国和法国联合邀请了英国、比利时、荷兰、葡萄牙、西班牙和美国于 11 月在柏林会晤。10 天之后，又向奥匈帝国、俄罗斯、意大利、丹麦、瑞典和挪威发出邀请。后来土耳其声称讨论中的一些地区涉及奥斯曼帝国的统治，得到了迟来的邀请。被邀请的 13 个国家中，许多在非洲并没有殖民地，对目前的问题也没有直接的兴趣，但他们的声音可以为自由贸易提供有利的支持。刚果国际协会没有正式的代表出席这次会议，但施特劳赫上校和埃米尔·范德维尔德（Emil

267

Vandervelde）作为非正式代表出席了会议。

会议日渐临近，斯坦利徒劳地等待着利奥波德国王派他去柏林的指示，他还不知道自己已经被解除了自己在协会的所有正式职务。最后，在10月末的时候，他收到了美国驻德国大使约翰·卡森（John Kasson）的来信，邀请他和亨利·谢尔顿·桑福德一起加入美国代表团。由于斯坦利仍与利奥波德国王有私人合同，他向协会申请许可，但并没有得到回复。在给大使的信中他写道："出于一个我无法理解的原因，他们禁止我去柏林。"而原因竟是协会担心他会公然抨击某一大国，从而破坏其间脆弱的外交平衡。直到桑福德承诺密切关注斯坦利的言行之后，协会才允许斯坦利作为技术顾问加入美国代表团。[51]

会议于1884年11月15日在俾斯麦的官邸召开。俾斯麦的官邸位于威廉大街77号，前身是舒伦堡宫，隔壁是德意志帝国外交部。代表们坐在一张U形的桌子旁，房间里有一幅巨大的非洲地图。俾斯麦对代表们表示欢迎，并宣读了会议待讨论的两项议案草案。第一个议案是，在刚果河流域行使主权权力的任何欧洲国家，都必须允许所有商业国家不受垄断、歧视或税收的束缚，自由进入刚果河流域。从本质上讲，刚果河流域将成为欧美贸易公司的自由贸易区。俾斯麦的第二个议案是，在刚果河流域行使权力或影响力的所有国家都应该"合作废除这些地区的奴隶制"。由于代表们把讨论的重点放在自由贸易问题上，第二个议案随即被搁置一旁，留待以后讨论。[52]

虽然在非洲中心地带建立自由贸易区的想法对各国代表团都颇有吸引力——尤其是因为他们中的大多数对刚果河流域没有任何主

268

权——但仍有两个问题有待解决。首先是执行问题。英国代表爱德华·马利特爵士（Sir Edward Mallet）指出，这次会议并没有非洲人出席，尽管会议的决定"对他们（非洲人）来说极其重要"。然而，英国还是提议成立由与会各国组成的国际委员会来监管和落实贸易自由。

在 11 月 19 日的第二次会议上，执行的问题被再次提出。美国代表约翰·卡森建议，保证所有国家都能获得商业机会的最佳方式，是将该地区置于利奥波德国王的刚果国际协会的控制之下。参考斯坦利与当地酋长们签订的条约，他认为该协会"已从当地主权国家那里获得了整个刚果盆地的特许权和管辖权，而当地主权国家是存在于那里的唯一权威，统治那里的土地和人民"。实际上，他是在主张，与英国提议的国际委员会相比，刚果国际协会拥有更大的合法性和更强的管理能力。虽然美国驻德国大使卡森是美国代表团的团长，但几乎没有人怀疑这些话是出自代表团的技术顾问亨利·莫顿·斯坦利。然而，卡森的建议并未得到支持，因为俾斯麦宣布，刚果国际协会的地位不是柏林会议要讨论的问题。直到 2 月 23 日，在倒数第二次正式会议上，这个问题才再次被提及。[53]

另一个棘手的问题涉及刚果河自由贸易区边界的划定。它被交给一个由德国、比利时、西班牙、美国、法国、英国、荷兰和葡萄牙（即在非洲拥有直接利益的国家）代表组成的特别委员会。在该委员会的第二次会议上，斯坦利做了一场介绍。他利用悬挂在房间里的一张大地图，描述了刚果盆地的特征，以及确保通往大西洋和印度洋的贸易路线所需的领土。在委员会的第三次会议上，卡森展示了一份刚果自由贸易区的拟议地图。他谨慎地表示，他划定的是一个经济和商业区域，而不是政治区域。他提出的区域的北部和南部边界包括了一些法国和葡萄牙所宣称的领土，但最大的变化是他建议将贸易区向东延伸到距离印度洋海岸一个经度，只留下一小块的沿海地带仍由桑给巴尔苏丹（没有出席会议）控制。和卡森 11 月 19 日的演讲一样，毫无疑问，这幅地图也是由斯坦利绘制的。

一旦这幅地图正式提交边界委员会，边界谈判便转为各国政府之间的双边讨论。关键问题在于刚果河的入海口，刚果国际协会担心这个入海口会被法国和葡萄牙瓜分，从而切断协会站点与大西洋的联系。经过与法国的广泛谈判，协会同意放弃在奎卢—尼阿里（Kwilu-Niari）山谷的站点（这是一条从大西洋到马莱博湖的备选路线），前提是法国承认协会在马莱博湖南岸的所有站点，并支付 500 万法郎的赔款。协会和葡萄牙之间的谈判更加困难。在英国、法国和德国联合发出最后通牒后，葡萄牙同意放弃对北岸的任何主权要求，并将其领土限制在诺基岛南岸，距协会在维维的站点下游 10 英里。边界谈判的结果是，法国失去了通往刚果河河口的通道，葡萄牙对刚果河河口的控制被限制在南岸直至诺基的区域，而刚果国际协会获得了刚果河口北岸直到尼扬圭和从诺基出发的整个南岸地区。这些边界将写入会议的《总议定书》（General Act）中。

俾斯麦在会议开幕式上提出的有待讨论的一项提案需要通过国际合作废除刚果河流域的奴隶贸易。奴隶制问题在会议过程中并没有被提及，像是在最后一刻才被加上去，作为对自由贸易区讨论中公然的帝国主义的一种道义上的制衡。会议结束时，《总议定书》中载有一个关于奴隶贸易的简短段落，宣布"这些领土不得为任何种族的奴隶贸易提供市场或转运途径。参与协定的各国将致力于使

270

用其权力范围内的一切手段来终止这种贸易，并对那些从事这种贸易的国家予以惩罚"。这并不是一项针对非洲内部奴隶贸易的协调行动计划；它唯一目的是用道德的迷雾掩盖会议的帝国主义目标。[54]

271

会议还讨论了其他几个问题。它接受了英国的提议，即成立一个国际委员会来监督和执行刚果河流域的贸易自由。它还处理了西非尼日尔河（Niger River）沿岸的贸易问题，英国曾试图将尼日尔河下游建成一个类似刚果河流域的国际自由贸易区而未果。会议还试图确定欧洲国家对非洲提出领土主张的法律基础。在一个特别委员会进行了多次讨论之后，与会者一致认为，任何有意占领非洲领土的欧洲国家都应知会其他国家，使其有机会提出反对或同样的诉求；殖民国家应表明对其所辖区域的有效占领。任何欧洲国家都不能直接保留一块非洲领土以备未来的殖民。

然而，会议最重要的工作正在幕后悄悄进行着。会议在 1884 年 11 月 15 日和 1885 年 2 月 26 日之间只举行了 10 次正式会议，且通常下午 2 点或 3 点才开始，这就给特别委员会的会议和各代表团之间的直接谈判留下了极其充裕的时间。虽然刚果国际协会的代表不允许参加正式会议，但他们非常积极地活跃在幕后，争取与会国家的承认。协会的主要任务是获得所有与会国的正式承认。俾斯麦于 11 月 8 日，正好是会议开始前一周，与协会签署了一项公约，这无疑对协会的努力有所帮助。11 月 19 日，也就是第二轮会议召开的那一天，俾斯麦私下请英国大使帮助协会成为一个公认的国家，他认为这样做将保护刚果盆地免受法国和葡萄牙之间破坏性的领土竞争。

272

英国外交部之所以不愿同意，是因为英国对利奥波德国王或这个协会没有好感，而且这样做将严重背离国际法准则。尽管如此，斯坦利在伦敦和曼彻斯特的商会发表演讲时已经表明，英国有相当多的公众舆论支持协会和在非洲中心地区建立自由贸易区的想法。鉴于英国政府无意在刚果河流域殖民，那些希望在刚果河沿岸开展贸易的英国公司认为，由协会管理自由贸易区将会为他们提供最好的机会。几家在刚果盆地进行贸易的英国公司甚至组成了一个代表团，前去柏林为自由贸易区游说，而曾在协会研究站附近布道的英国新教传教士也写信给外交部，表示支持协会。

在伦敦，英国外交部对协会是否可以被承认为一个国家，或就组建过程来说它是否是一个混乱的国家等问题犹豫不决，但这种犹豫不决的局面在 12 月 1 日被打破。俾斯麦告诉英国代表团团长，除非英国承认刚果国际协会，否则德国将在其他事项上显得不那么友好，他指的可能是尼日尔河或尼罗河问题。第二天，英国外交大臣即向内阁提交了一份承认协会的议案，尽管大法官明显表现得兴趣缺缺，称俾斯麦是一个"被宠坏的孩子"，不太可能给英国任何好处作为回报，但议案还是获得了一致通过。12 月 16 日，两国签署了一项正式条约，英国宣布"大不列颠女王陛下的政府……兹承认协会及其管理下的'自由邦'的旗帜为友好政府的旗帜"。[55]

其他承认协会的条约也随后签订了。意大利、奥匈帝国和荷兰于 12 月、西班牙于 1 月签署。法国早些时候签署了一项中立协议，但未得到正式承认，于 2 月 5 日正式承认了协会，并在同一天与协会就刚果河流域的边界问题达成了协议。随后，俄罗斯于 2 月 5 日、瑞典—挪威于 2 月 10 日予以承认。2 月 14 日，葡萄牙承认了协会，

273

并在第二天与协会签署了边界协议。丹麦随后于 2 月 23 日承认。极其讽刺的是，最后一个在会议上承认协会的国家竟然是比利时，它在 2 月 23 日签署协议承认协会。至此，只有土耳其尚未完成谈判，因为其代表仍在等待伊斯坦布尔的指示。

2 月 23 日，在柏林会议倒数第二次会议上，刚果国际协会的议题再次引起与会代表的注意。会议开始，主席宣读了施特劳赫上校给俾斯麦的一封短信，信中宣布，刚果国际协会与柏林会议的所有与会国家（有一个例外）缔结了协议——承认协会的旗帜是友好国家或政府的旗帜。协会请与会各国"考虑让一个国家加入，而它唯一的目标就是把文明和贸易带入非洲的中心"。代表们接二连三地站起来，一一祝贺这个位于非洲中心的新获承认的殖民国家。法国代表表示，希望"现在由不同的领土组成的刚果国，可以很快为要求它发展的广大领土成立一个长期的有组织的政府"。甚至还在等待政府指示的土耳其代表赛义德帕夏也说，他不反对这个新国家。

欢迎辞结束后，代表们开始对《总议定书》中的两条进行微小 274 的修改。会议主席接着进行表决，总结已经分别通过的各章内容，并宣读刚刚通过的修正案全文。代表们一致投票通过每一章节，然后投票通过整个《总议定书》。

三天之后，柏林会议的最后一轮会议举行。U 形会议桌上每位代表的位置上都放着两份《总议定书》副本。每位代表都要在两份文件上签字，一份带走，另一份留在柏林。俾斯麦本人主持了会议，这也是他自去年 11 月会议开幕以来首次出席会议。在俾斯麦的开幕词之后，代表们同意取消最后对《总议定书》的宣读环节，进入正式签约仪式。

随后俾斯麦打断了会议，宣读了施特劳赫上校的信，信中宣布，刚果国际协会将遵守《总议定书》的所有条款。接着，俾斯麦说："当我满意地确认刚果国际协会所采取的步骤，并承认它们遵守了我们的决定时，我相信我表达的正是此次会议的共同观点。新的刚果国将成为我们所设想的工作的主要保护者之一，我相信它会蓬勃发展，相信它杰出的缔造者的崇高愿望将会实现。"在此之后，代表们开始《总议定书》的副本上签字。会议于四点半休会。[56]

时隔一个多世纪后再阅读当时的会议记录，仍然很难确切地知道当时到底发生了什么。俾斯麦和代表们是否仅授予了"刚果国"（俾斯麦称为刚果国际协会）在《总议定书》中所定义的自由贸易区的权威？他是在代表自己说话还是如他所声称的那样表达了会议的共同意见？《总议定书》第 17 条要求成立一个国际委员会，由每一签署国派一名代表组成，以监督《总议定书》的执行，但这样的委员会从未成立。相反，似乎有一种不言自明的共识，即《总议定书》所界定的领土将由"刚果国"管理，而"刚果国"等同于刚果国际协会，刚果国际协会等同于利奥波德二世。

历史学家们徒劳无益地寻找着这样一张纸，上面写着：柏林会议的代表们已经正式将整个刚果河流域移交给利奥波德国王。英国律师阿瑟·基思（Arthur Keith）后来承认，给予刚果国主权的并不是《总议定书》本身，而是与刚果国际协会签署的各个条约。无论基于何种法律基础，利奥波德国王的"刚果自由邦"都获得了存在的合法性，得到了主要欧美大国的承认。正如英国大使在柏林会议开幕当天所指出的那样，非洲人并没有就此事参与投票。[57]

第七章

营救艾敏

随着 1885 年 2 月柏林会议结束，帝国主义在非洲似乎无处不　276
在且日渐猖獗。柏林会议除了瓜分刚果河流域外，还为欧洲国家对
非洲的大片领土提出主权要求制定了有序的程序。然而，赤道非洲
的实际情况要复杂得多。在马莱博湖和斯坦利瀑布之间绵延数千英
里的刚果河沿岸，"刚果自由邦"和马涅马的阿拉伯人正在对峙。
虽然刚果邦和私人的贸易公司在马莱博湖和班加拉站（大约位于马
莱博湖与斯坦利瀑布的半路）之间可以顺利地购买象牙，但班加拉
以上的象牙贸易主要是控制在马涅马的阿拉伯人手中，他们正沿着
刚果河及其支流扩张。

与此同时，尼罗河上游也出现了类似的情况。一个自称马赫
迪（Mahdi）的人领导了一场革命，把奥斯曼土耳其人、埃及人和
他们雇佣的欧洲管理人员赶出苏丹。其中有一位被称作"艾敏贝"
（Emin Bey）的年轻德国医生，他曾被埃及的赫迪夫（khedive）任
命为苏丹最南端省份赤道省（Equatoria）的省长。艾敏沿着尼罗河
向南撤退到瓦德莱（Wadelai），与喀土穆（Khartoum）和埃及的
一切联系都被切断了。一支由英国赞助的探险队从南部赶来营救　277
他，开辟了瓦德莱（尼罗河上游）和斯坦利瀑布（刚果河上游）之
间的联系。瓦德莱和斯坦利瀑布都是政治和军事暴力活动一触即发
之地，它们之间相隔 458 英里，中间是世界上最茂密的雨林。弥补

这一间隔所付出的代价高昂的尝试将改变和动摇象牙贸易的地缘政治格局，同时使阿拉伯人和"刚果自由邦"之间的关系复杂化。柏林会议在欧洲达成了共识，随之而来的是，刚果河流域的混乱局面日益加剧。

1

1886 年 11 月 17 日，刚果自由邦，马莱博湖，金沙萨

安托万·斯温伯恩（Antoine Swinburne）在给他的雇主亨利·谢尔顿·桑福德的信中写道："这里的象牙就是要买的。由于（贸易）货物需要，我不得不将其拒之门外。昨天，我拒绝了两家贸易公司——法国和荷兰的 15 根的象牙交易。"他还补充道："对我们而言，湖区目前的局面非常令人鼓舞。我现在有 31 根象牙，大约 1300 磅，随时可以运出，买下全部这些象牙花了不到一个星期。到目前为止，如果这批货物是由刚果邦按照承诺运出，再加上我们自己的努力，我只要一天就可以用不错的价格买到 10 根象牙。"[1]

这家贸易公司有着一个宏大名字——"桑福德远征"（Sanford Exploring Expedition，SEE），这是美国人亨利·谢尔顿·桑福德的创意。十多年来，桑福德一直是利奥波德国王在刚果河流域项目的热情支持者。在他的精心策划下，美国对利奥波德国王的国际非洲协会予以正式承认。他甚至还为切斯特·艾伦·阿瑟总统 1883 年的国情咨文起草了一段话，并曾作为美国代表出席了 1884—1885

年的柏林会议。在《柏林法案》的签署国承认了刚果自由邦之后，　278
是时候兑现对桑福德的承诺了。他曾希望在刚果获得一个重要的行
政职位，但施特劳赫上校却提议，自由邦将帮助桑福德创建一个商
业公司，在刚果河上游开展经营。

　　尽管刚果河流域被宣布为自由贸易区，但利奥波德国王还是热
衷于尽可能多地瓜分刚果河盆地的商业份额。在柏林会议结束仅三
个月后，国王便给他在刚果的首席行政官写信说："至于象牙的问　279
题，记住你接到的最有可能购买的订单，并给我你的建议。我们是
否应该把这个任务交给一个贸易商行或是一个贸易公司？或者，还
是全部由我们自己来做会更好？在这种情况下，还需要哪些支出？
购入非常便宜的橡胶，然后运到利奥波德维尔不是很好吗？"但一
年后，为了省钱，利奥波德国王关闭了刚果河上游的政府驻地，并
解雇了雇员。在这种情况下，在刚果河上游建立一个友好的私人贸
易公司将是最有益的。[2]

　　桑福德早就一直极其热情地谈论刚果河流域的商业潜力，但
现在他自己的投资已经岌岌可危，他需要对刚果河流域的商业潜
力进行更实际的评估。他找到了一份由美国海军中尉埃默里·陶
特（Emory Taunt）撰写的报告，陶特在1885年被美国政府派遣评
估刚果河流域的商业开发可能性。陶特指出，在刚果河河口附近设
有驻地的荷兰、英国、法国和葡萄牙的公司并没有自己前往内陆
寻找象牙，而是等待非洲象牙商队来找他们。他看到过多达600名
搬运工组成的商队将象牙运往海岸，仅荷兰非洲贸易公司（Dutch
African Trading Company）在过去6个月里就向欧洲运送了48吨象
牙。鉴于刚果河河口沿岸已经有许多老牌欧洲贸易公司，陶特认为，

美国公司在那里已经没有任何机会了。[3]

不过他报告说，马莱博湖以上的情况完全不同。有 7000 英里的水道（包括流入刚果河上游的支流）可以用汽船航行，而目前还没有贸易公司在上游经营。陶特中尉总结道："刚果河谷上游被报告说这里财富之多，在我看来，这并没有言过其实。我在干流的河岸上亲眼看到了大量的橡胶、紫木（camwood）、柯巴胶、油棕榈、象牙、铁和铜……象牙，在几年之内，还是十分丰富的；在那之后，当地土著现有的资源将会耗尽，为了维持供应，必须猎杀大象。现在大部分象牙都是卖给商人，而在过去的几年里，象牙被用于内地不同部落之间的交易，这些象牙可能是在死去的大象身上发现的，也有一小部分捕获的。"陶特的结论是，一旦在刚果河下游的急流周围建成一条铁路，刚果河上游的贸易将会显著增加。而他认为，美国公司有机会在这条铁路完工之前，在上游树立起自己的地位。不过，他也警告说："短期内不会有任何回报，因为建立工厂和了解这里贸易的来龙去脉都需要时间。"[4]

陶特的报告给了亨利·谢尔顿·桑福德一个包票，以便他寻求投资者并组建一家贸易公司。没能吸引到美国投资者，桑福德找到了比利时的投资者，并在安特卫普注册了这家名为"桑福德远征"的贸易公司。该公司的原始资本有 6 万美元，其中桑福德个人投资 1.5 万美元。刚果自由邦承诺帮助该公司，向其提供将货物运送到马莱博湖的搬运工以及低成本的国有轮船运输方式，并将几个最近被废弃的国有站点租赁给该公司。桑福德聘请了陶特中尉领导公司在刚果的业务。[5]

尽管刚果自由邦承诺对该公司提供援助，但是在 1886 年 7 月到达刚果河口之后，桑福德的公司还是经历了一系列令人失望的事情。在刚果河河口，自由邦对用国营轮船运送桑福德远征公司的货物收取过高的运费；从陆路将货物运送到马莱博湖的搬运工既稀少又昂贵。尽管自由邦承诺每月提供 400 名搬运工，但在公司开始经营最初的 6 个月里，只有 69 批物资运抵马莱博湖。而当 SEE 招募独立的搬运工时，自由邦又让许多独立搬运工为国家服务。这让 SEE 公司的处境变得如此绝望，以至于其中一名代理人已经开始购买奴隶，但会"解放"他们，条件是他们必须为公司做搬运工。至于站点，自由邦违背了让其租赁最近弃用的国有站点金沙萨的承诺，但允许 SEE 租赁自由邦在赤道和卢埃博（Luebo）废弃的国有站点，租期为 5 年。[6]

　　陶特中尉甚至在到达刚果开始公司经营之前，他就已经发现 SEE 将面临来自刚果自由邦的商业竞争。在驶往刚果的"佛得角号"（*Cabo Verde*）SS 级轮船上，他遇到了刚果自由邦的代理人阿方斯·万格尔，万格尔告诉陶特，利奥波德国王命令他沿刚果河上游购买象牙。陶特感到，利奥波德国王在玩"双重游戏"，并写信给桑福德说"必须阻止"。8 月 28 日，万格尔抵达马莱博湖，并获得了刚果自由邦从美国浸礼会（American Baptist Mission Society）租来的"亨利·里德号"（*Henry Reed*）汽船的使用权，启程前往乌班吉河[①]。途中，他在自由邦废弃的赤道站（他于 1883 年建立）短暂停留，建造了一个仓库，作为他未来两年的运营基地。从那里，

281

282

---

　　① 乌班吉河（Ubangi River，亦作 Oubangui），刚果河主要支流，班吉与布拉柴维尔之间的交通要道。

他越过乌班吉河往上游到达了宗戈（Zongo）的急流区，并于1886年11月4日返回赤道站。万格尔此行的官方目的是考察乌班吉，并与酋长签署条约，但万格尔还购买了3600磅象牙。[7]

1886年9月，SEE公司的代理人斯温伯恩和陶特抵达马莱博湖，他们发现自己面临着来自新荷兰贸易公司和一家法国公司的竞争。此外，还有一些诸如斯坦利的朋友恩加利埃马酋长这样老牌的非洲象牙买家。象牙由博班吉商人用大独木舟从上游运到马莱博湖北岸的姆富瓦和金佩拉（Kimpela），南岸的金坦波（Kintambo）和金沙萨。陶特指出，由于竞争加剧，马莱博湖的象牙价格（以前非常便宜）正在上涨。当他得知可以以每磅10—15根黄铜棒的价格在博洛博（沿河上游一周的路程）购买到象牙时，陶特得出结论，为了获得更好的价格，最好在距离马莱博湖尽可能远的地方购买象牙。[8]

第一个在刚果河上游定居的SEE代理人是E. J. 格莱夫（E. J. Glave），他曾是国际非洲协会和刚果自由邦的代理人，于1887年1月接管了自由邦废弃的赤道站。作为一名象牙买家和狂热的大型猎物狩猎人，格莱夫对赤道雨林中心地带大象的习性产生了浓厚的兴趣。与东非大草原上的不同，森林象通常生活在茂密的热带枝叶中。它们通常以两三只为一个家庭单位，但有时也会成群结队，多达两三百只。因为一头大象每天要吃掉600—800磅的食物，所以象群一直在移动。

一般由50头大象组成的象群通常会分散在2—3英亩的土地上。通常情况下，由于枝叶太厚，猎人得在离象群30—40码的范围内呆上5—6个小时，还无法清楚地瞄准大象的主要部位。有一次，

283

格莱夫听说有 100 头大象的象群在离赤道站几英里的地方觅食。他报告说："我们蹑手蹑脚地靠近他们，但是它们藏在茂密的矮丛中，我们只能透过树叶的间隙偶尔瞥见它们巨大的身躯，以此来辨别它们的位置；或者它们之中的某头大象会用鼻子折断树枝，拔出那些吸引它注意的娇嫩树芽。但是，我们周围大树叶的沙沙声和细长灌木的摇曳声证明了象群确实在这里。"[9]

直到 1887 年 8 月，格莱夫才获准使用该公司的"佛罗里达号"（Florida）汽船，并开始在内河航道上航行以寻找象牙。他的第一次航行是去马林加河（Maringa River）和洛波里河（Lopori River）流域。在马林加河航行时，他在每个村庄都买到了象牙，而且价格通常很便宜。有一次，他用价值约 1 美元的珠子和贝壳买到了一根 75 磅重的象牙。许多象牙多年来一直藏在水下，所以有些老旧。格莱夫报告说，许多象牙来自被称为"班布图"（Bambutu）的猎人，他们居住在河流的源头。他们用长矛和陷阱杀死大象，用重矛攻击大象。毫无疑问，他指的是班布蒂俾格米人（Bambuti Pygmies）。在那次旅行中，格莱夫购买了大约两吨象牙。[10]

除了位于刚果河上游的赤道站外，SEE 还接管了位于开赛河（Kasai River，刚果河的一条主要支流）上游约 500 英里的国有站点卢埃博。由于来自北部安哥拉的葡萄牙象牙商人的竞争，卢埃博的象牙贸易并不盈利，但从森林里的非洲藤萝中提取的野生橡胶却有望带来更大的利润。人们在橡胶藤上做一个切口，用一个小葫芦接住乳胶滴，然后把乳胶滴倒入一个更大的容器，将其暴露在高温和烟雾中，这样乳胶滴就会凝结成橡胶球。一支火枪可以换 100 磅橡胶，一小桶火药可以换 50 磅，2 码棉布可以换 5.5 磅橡胶。[11]

284

桑福德远征公司一开始就对橡胶贸易颇感兴趣。1887 年 10 月，陶特到达马莱博湖不久，他便把一份橡胶样品寄给了亨利·谢尔顿·桑福德。他在 11 月 26 日写道："我给你寄去一个卢埃博橡胶球。当地人把树液涂在身上，等树液干了，他们就把树液取下来，做成一个球。1 颗珠子可以换 40 个这样的球。"到 1888 年 3 月，桑福德远征公司共收购了 6100 磅橡胶球，每个球重 2.25 磅。为了在美国寻找新的市场，桑福德联系了如匡威橡胶公司（Converse Rubber Company）和波士顿橡胶鞋公司（Boston Rubber Shoe Company）等，但没有达成任何合同。[12]

截至 1888 年，SEE 已经在刚果投入了大量资金，但回报甚微。桑福德估计公司已经在非洲购买了 12—15 吨象牙，但大部分还没有在欧洲销售，这很可能是因为难以找到搬运工将象牙运到大西洋海岸。当不耐烦的比利时投资者开始讨论清算时，桑福德试图成立一家由美国投资者组成的新公司。他告诉感兴趣的美国商人，该公司一年可以购买 100—150 吨象牙和 40—50 吨橡胶，但没人接受。随着美国经济的扩张，在刚果的投资似乎并不一定有风险。1888 年 12 月，桑福德远征公司被比利时公共有限公司（Société Anonyme Belge）接管了它所有的设备和合同。桑福德曾打赌，利奥波德国王的援助会弥补他不足的资金。结果他输了。而桑福德夭折了的计划产生的主要成果，就是刚果河上游的大部分商业被牢牢地掌握在了比利时人手中。[13]

2

1886 年 9 月 27 日，刚果河上游，斯坦利瀑布站

1886 年 9 月 27 日，"国际非洲协会号"（*Association Internationale Africaine*，*A.I.A.*）汽船行驶至距离刚果自由邦的斯坦利瀑布站半英里时，船员们注意到这里没有悬挂任何旗帜。斯坦利瀑布站看上去空无一人，为自由邦工作人员准备的两座土墙大房子也被大火烧毁了。研究站旁边的小型军事营地仍然完好无损，但从棚屋里出来的人却穿着白色长袍，而不是刚果自由邦的制服。其中一人手中还挥舞着桑给巴尔的国旗。很明显，此时的斯坦利瀑布站已经掌握在蒂普·蒂普的阿拉伯同僚和他们的马涅马士兵手中。由于害怕遭到水陆两面夹击，汽船掉头撤退。河岸上传来一声"万岁！"并开枪袭扰正朝下游撤退的汽船。第二天，渔民们向"国际非洲协会号"报案说，有一名白人男子在附近的亚里恩比村（Yariembi）避难。他们在这个村子里停了下来，并在一个棚屋里发现了斯坦利瀑布站站长沃尔特·迪恩（Walter Deane），他在雨林里躲了 30 天以躲避抓捕，后来被这里好心的村民收留。[14]

自由邦的研究站建于 1883 年 12 月，位于瓦纳鲁萨里岛上，靠近斯坦利瀑布的第七瀑布。蒂普·蒂普安营扎寨的小岛就在它上游 500 码远的地方。刚果国际协会于 1884 年 10 月与阿拉伯人签署的条约，确定了第七瀑布作为阿拉伯和协会领土的分界线，但这一安排仅持续了几个月。当时，协会缺乏从事专业贸易的物资和人员，而研究站的主要作用是象征协会在该地的领土主张。研究站代理人

的主要工作就是在商业基础设施建成之前生存下来。¹⁵

自从柏林会议承认刚果自由邦的领土要求以来，情况几乎并没有什么改变。刚果国际协会的代理人成为了自由邦的代理人；两门75毫米克虏伯大炮被派往斯坦利瀑布站维护其安全；1885年12月，蒂普·蒂普与自由邦代理人 A. M. 韦斯特（A. M. Wester）签署了一项新条约，规定只要阿拉伯人和刚果自由邦以人道主义善待人民，不再袭击侵犯奴隶，都可以在斯坦利瀑布区的任何地方自由贸易。1886年2月，前英国陆军中尉沃尔特·迪恩取代了韦斯特成为斯坦利瀑布站的站长。4月，蒂普·蒂普前往桑给巴尔，留下他同父异母的兄弟穆罕默德·本·赛义德（又名布瓦纳·尼齐格）主管当地事务。由于小岛上驻扎了太多的马涅马士兵和商队搬运工，布瓦纳·尼齐格便在刚果河南岸建了一个临时定居点，与自由邦的研究站隔岸相对。迪恩收到了严格的命令，尽可能避免一切冲突，而且他的小特遣队只有雇佣来的32名豪萨士兵和40名班加拉士兵，这在为数众多的阿拉伯人的马涅马士兵面前，显得极其势单力薄；而那两门克虏伯大炮更多地也只作威慑之用，而不能真的用于防御密集的攻击。

尽管迪恩担任的位置有种种不利限制，但他也没有在与阿拉伯人的冲突面前退缩，而是给了被阿拉伯商人奴役的妾们庇护。曾经有一个叫哈米斯（Khamis）的阿拉伯人闯进自由邦的研究站，抓走了在那里寻求庇护的妾室。而作为回应，迪恩随即带着20名士兵烧毁了哈米斯的村庄，并带走了那个女人和所有的象牙。虽然这只是一场小冲突，但却有某种更大的象征意义：外来入侵者之中，谁才是斯坦利瀑布真正的主宰者，阿拉伯人还是欧洲人？迪恩吹嘘

287

说，他牺牲了一些阿拉伯人的性命，为保护被奴役的妇女所采取的行动使他在当地人的心目中赢得了某种权威；而布瓦纳·尼齐格却抱怨迪恩破坏了他们对自己奴隶的权威。[16]

1886年6月，一个被奴隶主殴打的妇女寻求斯坦利瀑布站的庇护，使得沃尔特·迪恩和布瓦纳·尼齐格之间的紧张关系趋于白热化。布瓦纳·恩齐格第二天便来到站点，要求将她送回主人那里。目击了那次冲突的传教士乔治·格伦费尔说，迪恩当时说他不会强迫她违背自己的意愿回去。布瓦纳·恩齐格随即变得激动起来，质问迪恩是否能"照顾好他的脑袋"，迪恩把这种嘲讽理解为一种威胁。迪恩后来声称，他愿意为这名女子支付一大笔赎金，但格伦费尔的叙述中没有提及此事。在接下来的一个月里，随着自由邦和阿拉伯人的关系日趋恶化，迪恩坚持自己的立场，即任何在站点寻求庇护的奴隶都将得到保护。[17]

1886年8月24日，布瓦纳·恩齐格带着由400—500名马涅马士兵组成的突击队，越过岛去，夜袭了斯坦利瀑布站。斯坦利瀑布站防御工事牢固，扛过了3天阿拉伯人的反复攻击。但由于弹药补给逐渐不足，雇来的班加拉士兵在夜里乘独木舟顺流而下，逃之夭夭。第二天夜里，大部分的豪萨士兵也跟着逃跑了。这让迪恩别无选择，只能被迫撤离研究站。为了不让阿拉伯人得到任何剩余的武器和弹药，他炸毁了基地。之后，2名自由邦代理人和4名仅存的豪萨士兵游过一条狭窄的支流，在附近的森林里躲藏了一夜。迪恩的同事——比利时中尉杜布瓦（Dubois），在渡河时溺水身亡。[18]

288

此后，自由邦的斯坦利瀑布站被废弃，而位于斯坦利瀑布下游约500英里的班加拉站则成为刚果自由邦贸易区深入内陆最远的部分。尽管有声音提议进行一次军事远征以重新建立斯坦利瀑布站，但自由邦却没有挑战布瓦纳·恩齐格和他的马涅马士兵的能力。随着刚果自由邦和蒂普·蒂普离开斯坦利瀑布地区，那里的阿拉伯商人又自由地恢复了他们曾经的掠夺和贸易模式。然而，他们的掠夺活动并没有集中在刚果河干流上，而是进入森林，向注入刚果河的小支流的源头进发。SEE 的代理人赫伯特·沃德（Herbert Ward）报告说，如果沿着支流前往源头，你肯定会见到阿拉伯领导的贸易和掠夺队。[19]

3

1886 年 9 月 25 日，桑给巴尔

289　　1886 年 9 月 25 日，桑给巴尔的代理总领事弗雷德里克·霍尔姆伍德（Frederick Holmwood）在一封电报中首次提出，要派遣一支英国远征队去解救被围困的苏丹赤道省总督艾敏。伦敦的陆军部答复说，这样的远征行为愚蠢至极。然而很快，英国公众舆论开始转向支持救援行动，因为艾敏被视为反对苏丹境内阿拉伯奴隶贸易的英雄。阿拉伯奴隶贩子将苏丹南部的俘获的黑人运往喀土穆和开罗的奴隶市场。

　　1886 年 10 月 29 日，伦敦《泰晤士报》刊登了总督艾敏写给反奴隶制协会秘书查尔斯·艾伦（Charles Allen）的一封信。信的部分内容是："自 1883 年 5 月以来，我们就被切断了与世界的一切联系。（埃及）政府的遗忘和抛弃，迫使我们不得不为自己的利益

而据理力争……我想，在埃及或喀土穆，人们可能早以为我们已经死了，所以再也没有派任何船来营救我们。"11月5日，反奴隶制协会执行委员会通过了一项决议："鉴于总督艾敏博士在抵制奴隶贸易和维持埃及赤道省长期的稳定与和平中做出的贡献，委员会认为，总督艾敏的立场代表了女王陛下政府的强烈要求。"这项决议敦促英国政府"不遗余力、不计代价地将艾敏从就在眼前的毁灭中拯救出来"。[20]

处于争议中心的人自称为总督艾敏，他原名爱德华·施尼茨勒（Eduard Schnitzer），出生于普鲁士一个中产阶级犹太家庭。他的父亲在他5岁时就去世了，他的母亲后来嫁给了一个路德教徒，并和她的孩子们一起受洗。1864年，爱德华在柏林完成了他的医学学业，但他在申请参加国家医学考试之前耽搁了太长时间，所以被取消了在德国行医的资格。后来他搬到黑山，在奥斯曼土耳其的安提瓦里港（Antivari）担任检疫官。1870年，他成为了奥斯曼帝国北阿尔巴尼亚的总督参谋之一。

1873年这位总督去世后，施尼茨勒回到普鲁士。但在1875年12月，他来到了苏丹的喀土穆，在那里，他自称艾敏·埃芬迪（Emin Effendi），并称自己是在德国学医的土耳其人。艾敏在苏丹过得很舒服，因为苏丹处于埃及的控制之下，是奥斯曼帝国的一个自治省。他开始在那里行医，并为欧洲的博物馆收集植物、动物和鸟类标本。正是在那里，他发现收藏才是他真正的爱好。因为他精通奥斯曼阿拉伯语，苏丹土埃（Turco-Egyptian）当局招募他在苏丹最南部新成立的赤道省担任军医。[21]

1877年8月，英国说服埃及和苏丹的奥斯曼总督伊斯梅尔

290

（Khedive Ismail）与英国签署了《奴隶贸易公约》（Slave Trade Convention），承诺将在苏丹停止出售或购买奴隶。此后不久，艾敏被任命为赤道省省长，级别为总督（bey）①。由于艾敏的努力，赤道省的奴隶贸易在 1879 年几乎被根除，许多常驻喀土穆的奴隶贩子离开了该省。但是艾敏并不满意，因为位于赤道省西北的加扎勒河省（Bahr-el-Ghazal）的奴隶贸易仍在继续。他写道："我甚至不知道我所管辖的边界旁竟是加扎勒河省的奴隶集中营。每天都能抓获从南部地区向北迁徙到加扎勒河地区的奴隶和奴隶商队，这是不可否认的事实。"22

然而，他眼下更关心的是一场反抗埃及占领苏丹的叛乱。这场叛乱由一位自称马赫迪（Mahdi）的穆斯林领导。1882 年艾敏写道："一年前，某个穆罕默德·艾哈迈德（Muhammad Ahmad）——被阿拉伯人奉为一种先知，在冥想中，突然化身成为了最后一位先知——马赫迪，并且开始了新的事业。他写信给总督、各地行政长官和部落的酋长们，要求他们承认他至高的（精神）权威并准备听从他的命令。"在接下来的三年里，马赫迪的军队取得了一个又一个的胜利，马赫迪的势力不断增强。23

1885 年 4 月 18 日，艾敏收到了一包信件，是加扎勒河地区的马赫迪军队指挥官卡拉姆·阿拉（Karam Allah）寄来的。其中有一封马赫迪写的信的副本，信中宣布喀土穆已于 1 月 25 日被攻占；另一封是卡拉姆·阿拉写的信，信中说，如果艾敏再不投降，马赫迪的部队将继续向艾敏位于白尼罗河畔的省总部拉多

---

① 奥斯曼帝国较小地区的州长，此处译为总督。

（Lado）进军。由于拉多粮食短缺严重，部队决定将所有的妇女、儿童和平民撤离到南方，只留下士兵。到 7 月 10 日，艾敏已经在艾伯特湖（Lake Albert）以北的白尼罗河口——瓦德莱建立了一个站点。他现在在赤道以北不到 3 度的地方。虽然艾敏和喀土穆的联系被切断了，但他还有一艘汽船可以在尼罗河和艾伯特湖上航行，他还可以通过艾伯特湖东南的布尼奥罗（Bunyoro）王国寄信给桑给巴尔。

被埃及政府抛弃后，艾敏治理着自己的独立政体，且无意放弃。1887 年 4 月 17 日，他这样描述自己的处境："一切都和以前一样。我们播种、收获、纺纱，像往常一样日复一日地生活。因为无法向拉多的驻军提供粮食，我不得不撤离拉多，但作为对这个站点所遭受的损失的补偿，我们得以重新占领了马卡拉卡（Makraka）地区。"在信的结尾，他重申了关于离开的立场："我特此再次提出，如果有救援队支援，我绝对不会离开我的人民。我们一起经历了最困难的时期。并且我认为，如果我抛弃了他们，那将是可耻的行为。我们请求英国做的只是与乌干达——即布干达王国（Kingdom of Buganda）达成和解，并为我们提供一条通往海岸的自由而安全的道路。这就是我们想要的全部。撤离我们的领土？当然不！"[24]

尽管英国在 1882 年入侵埃及后建立了一个非正式的保护国，但它的主要兴趣还是保护苏伊士运河和监督埃及政府的财政。英国既没有意愿，也没有能力干涉土耳其—埃及统治下苏丹地区的事务，而如今，马赫迪的势力在那里占主导地位。英国政府拒绝派遣军事远征队营救艾敏时，航运巨头威廉·麦金农自告奋勇，私人

292

组织了"艾敏救援委员会"（Emin Relief Committee）。救援委员会有 13 名成员，包括亨利·莫顿·斯坦利、詹姆斯·赫顿（前曼彻斯特商会主席）、约翰·柯克（英国驻桑给巴尔总领事）和霍勒斯·沃勒（Horace Waller，戴维·利文斯通的前探险队同事）。1886 年 12 月 29 日，救援委员会召开了第一次会议，斯坦利被任命为远征队的队长，全权负责路线、人员和设备的选择。这次远征的确切目标仍然模糊不清。一个选择是将枪、弹药和补给品带给艾敏，以便他可以继续坚守在赤道省一段时间；另一种选择是将艾敏和他的人撤离到桑给巴尔，并将他们遣返回埃及。而最终的决定权在艾敏手中。

会议一结束，斯坦利就连夜乘渡船前往比利时，第二天早上与利奥波德国王会面。尽管斯坦利早些时候已被解除了在刚果国际协会的一切职务，但他仍然对利奥波德二世负有个人合同义务，因此他的行动需要得到国王的许可。他与国王集中讨论了两个问题。

首先是路线的选择。斯坦利没有选择经陆路从桑给巴尔前往 293 苏丹南部，而是建议先去桑给巴尔雇佣警卫和搬运工，然后乘汽船绕过非洲南端到达刚果河河口，然后沿刚果河和阿鲁维米河乘汽船往上游，到达位于斯坦利瀑布西北 70 英里处的扬布亚（Yambuya）急流。再从那里出发，跋涉 322 英里，穿过热带雨林，到达艾伯特湖，然后再到瓦德莱寻找艾敏（斯坦利瀑布到瓦德莱的直线距离是 458 英里，走蜿蜒的小路还要远得多）。斯坦利倾向于选择这条路线，因为他可以充分利用汽船和汽艇，而且这样一来，桑给巴尔的搬运工很快就会远离家乡，不会轻易背弃远征队。[25]

而利奥波德国王则倾向于刚果河路线，他也有自己的理由。首先，这次远征将有助于重建刚果自由邦在斯坦利瀑布地区的影响力；其次，将赤道省并入刚果自由邦的想法一直萦绕在他的脑海中，因为这将使刚果自由邦能够直接进入尼罗河沿岸的贸易。利奥波德甚至考虑每年支付艾敏 1500 英镑，让他代表刚果自由邦管理赤道省。利奥波德的想法明显占了上风，因为除非斯坦利选择刚果河路线，否则他将拒绝让斯坦利带队。麦金农更倾向于从桑给巴尔出发的陆路路线，他勉强同意提供一艘汽船，将斯坦利和他雇来的警卫、搬运工从桑给巴尔出发，绕过好望角，运到刚果河河口。一旦远征队到达马莱博湖，利奥波德国王将提供刚果自由邦整个舰队的汽船和汽艇，将斯坦利和他的队伍送往刚果河和阿鲁维米河上游，一直到达扬布亚急流。[26]

第二个问题涉及到刚果自由邦与蒂普·蒂普的关系。斯坦利知道蒂普·蒂普最近刚到桑给巴尔，他到桑给巴尔雇佣搬运工的时候可能会在那里见到他。如果斯坦利瀑布的阿拉伯人对远征队怀有敌意的话，刚果河的路线就不可行了，因为他们可以切断远征队的食物供应，或者抢掠他们运送给艾敏的枪支和弹药。斯坦利计划与蒂普·蒂普碰一面，划定自由邦和阿拉伯人各自的势力范围，以便和平共处。

294

1887 年 2 月 22 日，在 7 名从英国招募的欧洲助手的陪同下，斯坦利在开罗接载了 61 名苏丹士兵，在亚丁接载了 13 名索马里士兵后，抵达桑给巴尔。他随身带着一封来自埃及赫迪夫的信，信中把艾敏的行政等级提升为帕夏①，这就是为什么远征队称他为帕夏艾敏。在桑给巴尔，斯坦利接到了 620 名由英国代理总领事弗雷德里克·霍尔姆伍德事先招募的士兵和搬运工。然而，他最重要的任务是与蒂普·蒂普达成协议。这两个人自从十多年前在斯坦利瀑布附近分别后就再也没有见过面。[27]

尽管阿拉伯商人和斯瓦希里商人在斯坦利瀑布地区占有优势地位，蒂普·蒂普在 1886 年 11 月 28 日到达桑给巴尔时，已经对东非更广泛的地缘政治现状有了非常清醒的认识。自从柏林会议以来，德意志利益集团一直在非洲大陆大肆掠夺领土。1885 年，德意志吞并了尼亚萨湖以北的地区，从而挑战了苏丹对该地区的正式主权要求和英国对该地区的非正式主权要求。1886 年 11 月 1 日签署的《英德协定》（Anglo-German Agreement）只承认苏丹对桑给巴尔、奔巴（Pemba）和其他两个小岛，以及沿海岸延伸至内陆仅10 英里狭长地带的控制。桑给巴尔苏丹告诉蒂普·蒂普："你必须原谅我，但我真的一点也不想要这些内陆偏远地区。桑给巴尔的欧洲人想偷我的东西。会是内陆偏远地区吗？那些死去的人，他们什么也看不见，却得到了安宁。对那里来说，你也是个陌生人。你很快就会明白了。"蒂普·蒂普的自传中写道："当我听到赛义德的话时，我知道一切都结束了。"尽管苏丹不再对非洲内陆的领土提出主张，这让蒂普感到十分沮丧，但这也让他得以重新思考他的马涅马帝国的未来。[28]

---

① pasha，奥斯曼帝国行政系统里的高级官员，通常是总督、将军及高官。帕夏是敬语，相当于英国的"勋爵"，是埃及前共和时期地位最高的官衔。

斯坦利在他的《暗黑非洲》一书中，将他与蒂普·蒂普在英国
领事馆的会面描述为一次戏剧性的邂逅，戏剧化到他甚至不知道是   295
在会见一个老朋友还是一个新的敌人。他形容蒂普·蒂普是"斯坦
利瀑布和坦噶尼喀湖之间（直线距离484英里）地区的无冕之王，
指挥着成千上万的人"。而蒂普·蒂普则用更公事化的语言描述了
这次会面。他指出，斯坦利恭维他说，他本来打算直接航行到非洲
西海岸，但是听说蒂普·蒂普在桑给巴尔后，他就改变了行程路线。
斯坦利奉承蒂普·蒂普的话就是个谎言，他从一开始就计划使用桑
给巴尔的武装搬运工。[29]

由于利奥波德国王坚持刚果自由邦的权力范围应该一直延伸到
斯坦利瀑布，而蒂普·蒂普坚持保有阿拉伯人在瀑布下游设立的站
点，所以关于划定各自势力范围的谈判很快就陷入了僵局。英国领
事霍尔姆伍德敦促蒂普·蒂普尽快放弃下游的站点，不然刚果自由
邦的武装汽船将会对其发起攻击。但蒂普·蒂普似乎很有信心，
他可以在这种威胁下仍然坚持自己的立场。斯坦利到来之前，蒂
普·蒂普派了一支商队运送1500支雷管滑膛枪、200支后膛步枪
和充足的弹药补给到斯坦利瀑布，那里驻扎有3000名持枪的马涅
马士兵，保护瀑布地区免受自由邦的攻击。[30]

任命蒂普·蒂普为刚果自由邦斯坦利瀑布地区总督的想法到底
是何时出现的尚不确定，但这个想法似乎是一个很好的调和方案。
这样，自由邦就可以在名义上控制阿拉伯人在斯坦利瀑布下游的哨
所，而蒂普·蒂普也可以获得欧洲对他已控制的领土主权的承认。
斯坦利得到的第二个好处是，蒂普·蒂普将与救援远征队一同前往
斯坦利瀑布，并招募更多的搬运工徒步穿过雨林前往艾伯特湖。第

三个好处是，这一任命将鼓励蒂普·蒂普把他的一些象牙卖给刚果
自由邦。经过长时间的讨论，蒂普·蒂普告诉霍尔姆伍德和斯坦利
一起商量细节并起草协议。

合同上写道："刚果自由邦任命哈米德·本·穆罕默德·穆
尔吉比，即蒂普·蒂普为刚果自由邦斯坦利瀑布区的行政长官
（Wali）。"蒂普·蒂普要在斯坦利瀑布站悬挂刚果自由邦国旗，
维护自由邦对下游直至阿鲁维米河河口的权威，并镇压奴隶贸易。
自由邦将派遣一名驻地官员担任他的秘书，负责他与刚果总督的所
有通信。蒂普·蒂普每月可获得30英镑的报酬。他可以自由地"从
事任何合法的私人贸易活动，并可以将他的商队派往任何他期望的
地方"。在签订合同之前，蒂普·蒂普向桑给巴尔苏丹寻求授权。
蒂普·蒂普回忆说："赛义德建议我去，并如他们所愿走得远些。
但我向他抱怨了自由邦付给我的工资，每月只有30英镑。但他坚
持要我去，即使一个月只有10英镑，这样我就可以继续我的事
业。"与蒂普·蒂普巨额的财富相比，刚果自由邦开出的薪水实
在是微不足道。在2月25日与斯坦利离开桑给巴尔之前，蒂普·蒂
普指示他的代理人将价值3万玛丽娅·特蕾莎元的贸易货物运送到
马涅马。[31]

随之而来的还有另外一份合同，这份合同主要是关于搬运工
的。蒂普·蒂普要在远征队到达斯坦利瀑布地区时提供搬运工给探
险队。然后他们将从陆路给艾敏运送救援物资，并运走蒂普·蒂普
价值约6万英镑的75吨象牙。第二份合同的第七条非常明确地规
定："所有这些人，如果在尼扬扎艾伯特（Nyanza Albert）装载了
象牙，应按照主管官员的指示，将上述象牙存放在刚果和斯坦利瀑

布区内。"第八条允许斯坦利可以在一次未能运出所有象牙的情况 下，再次安排运送。合同要求蒂普·蒂普提供"哈米德·本·穆罕 默德雇佣的若干壮劳力"，但没有规定具体人数。它还规定，蒂 普·蒂普应该为每个人配 1 把枪和 100 发子弹，但火药可以由斯坦 利提供。[32]

297

2 月 25 日，即斯坦利到达桑给巴尔的 3 天后，麦金农的英印 蒸汽航运公司（British-India Steam Navigation Company）的汽船 "马都拉号"（Madura）载着斯坦利和他的 7 个欧洲助手，蒂普·蒂 普和他的随从，以及雇来的士兵和搬运工一起向南航行。在接下来 的三个星期里，他们绕过了非洲南端，在开普敦短暂停留后继续前 往刚果河河口的巴纳纳港。从那里，他们改乘新荷兰贸易公司、 英国刚果公司（British Congo Company）和葡萄牙的扎伊尔公司 （Companhia Portugueza do Zaire）租来的汽船，沿着刚果河河口向 马塔迪（Matadi）进发。然后，他们沿着商路绕过急流来到马莱博 湖。[33]

赫伯特·沃德是桑福德远征公司的一名雇员，他在 1887 年 3 月 28 日遇到了这支救援队。根据他的描述，斯坦利骑着一匹带着 镀银饰物的骡子，带领着队伍。跟在他后面的是穿着白色长袍和编 织马甲的索马里士兵，带着枪和弹药腰带的桑给巴尔士兵，身着深 色兜帽外套并背着步枪的苏丹士兵，还有扛着成箱弹药和沙色毯子 的搬运工。队伍一共有约 700 人，沿着山道绵延 4 英里。沃德写道： "在狭窄小径的急转弯处，是尊贵的蒂普·蒂普昂首阔步地往前走 着。他穿着耀眼的白色阿拉伯长袍，左肩上扛着一把装饰华丽的军 刀，上面是桑给巴尔苏丹陛下授予的徽章。在他身后，远远地跟随

着几个举止安静而威严的阿拉伯酋长。他们对我的致意报以最优雅
的鞠躬。"[34]

298

商队花了整整一个月的时间才在 4 月 21 日到达马莱博湖。斯
坦利曾要求使用刚果自由邦的所有汽船来运送他的随行人员，但他
发现只有"斯坦利号"（Stanley）还在正常工作。"前进号"的引
擎已不能工作了，但它可以像驳船一样拖着走。得知英国浸礼会传
教士协会的"和平号"（Peace）和美国浸礼会外国传教士协会"亨
利·里德号"都在湖区时，斯坦利随即征用了它们，威胁说如果拒
绝，就把传教士们都抓起来。他还征用了桑福德远征公司的"佛罗
里达号"，但这艘船没有引擎，他们不得不拖着走。在这支舰队中，
他又增加了几艘捕鲸船作为拖船。由于船只短缺，一大部分补给留
在了马莱博湖。[35]

5 月 12 日，舰队到达马莱博湖上游 200 英里的博洛博，情况
很明显，这三艘小汽船无法将所有随行人员从刚果河运到扬布亚。

299 因此，斯坦利决定将他的远征队分为三组：蒂普·蒂普的近 100 人，
直接乘"亨利·里德号"前往斯坦利瀑布；救援艾敏的远征队将分
为两部分，一部分是 375 人的先遣部队，乘坐"斯坦利号"和"和
平号"，剩下的 125 人留在博洛博，等待汽船返回马莱博湖运送其
余的补给。他们将组成后纵队。

1887 年 6 月 12 日，斯坦利和他的先遣部队到达阿鲁维米河口，
这里距离马莱博湖约 900 英里，但距离斯坦利瀑布仅 100 英里。按
照他的计划，他们避开了阿拉伯人控制的地区，沿着阿鲁维米河前
进了 100 英里，直到扬布亚急流挡住了他们的去路。在那里，斯坦
利建造了他的大本营。斯坦利的先遣部队将向东穿过赤道附近的热

带雨林，沿着满是急流的阿鲁维米/伊图里山谷，向艾伯特湖前进。他们主要是徒步前进，但在可行时，使用从当地没收的独木舟。与此同时，汽船返回马莱博湖，接回留在那里的补给并接载留在博洛博的剩余125人。根据斯坦利的计划，后纵队到达扬布亚大本营时，那里还将有600名蒂普·蒂普提供的马涅马搬运工，然后他们将一起沿着斯坦利的路线穿过雨林到达艾伯特湖。

<h1 style="text-align:center">4</h1>

1887年6月28日，刚果自由邦，扬布亚营地

1887年6月28日，斯坦利带着先遣队离开了扬布亚营地。这支队伍有414人，携带360支步枪。苏丹人充当士兵，而桑给巴尔人则搬运货物，货物主要是弹药。此外，队伍还装载了一艘用于渡水的钢制划艇，以及一挺马克沁机枪，这是世界上第一支真正的机枪。斯坦利留下埃德蒙·巴特洛特（Edmund Barttelot）少校负责管理扬布亚营地，留下的还有129名桑给巴尔人和苏丹人，他们很快将与留在博洛博的125名士兵和蒂普·蒂普提供的600名搬运工会合。合并后的部队将组成一支后纵队。斯坦利估计他将会在5个月内返回。与此同时，后纵队接到指示，一旦汽船把其余的人和补给物资运来，蒂普·蒂普把搬运工送来，他们就立即沿斯坦利的路线出发。[36]

在接下来的五个月里，先遣队奋力穿过雨林，向艾伯特湖挺进。斯坦利这样形容这片森林："参天大树，高耸如箭，树冠相互连成

300

一片，枝干交错相叠，阳光根本无法穿透进来。"远征队的军医托马斯·帕克（Thomas Parke）的描述就不那么抒情了，他写道："我们现在穿过茂密的原始森林，常常几天都看不到阳光，腐烂的植物散发出的气味压得人喘不过气来；还要经常涉水穿过恶臭的沼泽和大象水塘。"[37]

和之前在 1875 年与蒂普·蒂普沿卢阿拉巴河探险时的做法相同，斯坦利把远征队分为水陆两支。斯坦利对这次远征的叙述一如既往地激动人心、为自己谋利；而亚瑟·J.蒙特尼·杰弗森（Arthur J. Mounteney Jephson）的日记则更为公正地记录了这些事件。杰弗森曾在英国商船队（British Merchant Navy）服役，负责内河运输。远征队乘独木舟根本无法在频繁的急流中前行，而此时钢船就显得十分有用，它可拆卸，能够在陆路拖行绕过瀑布。他们有时还是会拖着独木舟绕过急流，但往往不得不在下一个瀑布时丢弃。[38]

301

7 月 4 日，杰弗森在日记中写道："斯坦利看到 5 艘载满食物的独木舟顺流而下，便向他们开火。4 艘跑掉了，1 艘被扔在了对岸……里面有 1 只山羊，土布……还有 13 大罐棕榈油。"7 月 5 日，他们来到一个营地，看到他们，村民们急忙躲进了森林。"我们拿走我们想要的食物，拖着 11 艘独木舟过河到对岸。斯坦利在一个被废弃的大村子里安营扎寨——而我们拖走的那些独木舟的主人，可能正是这个村里的村民，他们一听到我们在附近便逃走了。"7 月 16 日，斯坦利乘钢船，追赶一艘载着 4 人的独木舟，射中其中 1 人，导致另外 3 人弃船跳河。斯坦利抓住这艘独木舟时，那个受伤的人已经因失血过多而身亡。他们把尸体扔进河里，冲干净独木舟里的血迹，装满自己的货物。

远征队接近河边的村庄时，村民们往往都会提前逃跑。杰弗森说："这太妙了，当地人总在我们到来之前就逃出去。"而整个行程最主要的问题就是为远征队的约 400 名成员寻找食物。由于无法购买到足够的食物，远征队开始扣押人质，用他们交换食物，或者干脆突袭村庄和田地。这个地区的主食主要是木薯—— 一种块根作物，可以在地下保存长达一年，不会腐烂。远征队挖开木薯田，拿走所有成熟的木薯。杰弗森写道："今天，远征队里有一半人都去了马古埃（Maguai），从这个村子后面的田地里带回了大量的木薯。纳尔逊（Nelson）尾随了几个带着山羊的人，但是并没有抓住他们；然而，他碰巧进到了一些村庄，在村庄里发现了许多燧石玉米，将它们装进篮子里，全部带回了营地。"[39]

经陆路前进的这只队伍有时会遇到茂密得难以穿行的雨林。7月 27 日，杰弗森写道："现在走的这条路得穿过密密的丛林，但我们下午发现了大象的足迹，一路进展得十分顺利。"杰弗森知道，沿着大象的脚印，他们迟早得穿过沼泽地带。但还有另一个问题。7 月 23 日，杰弗森沿着大象的足迹前进，遇到了一条开有小口的栅栏。他穿过豁口时脚下的地面塌陷了，随即掉进了一个大约 8 英尺深的楔形洞坑里——他掉进了捕象陷阱。8 月 8 日，他写道："这个地区肯定到处都是大象；我们整天都在他们的足迹上穿行。"然而，由于雨林之茂密，他几乎从未见过大象。[40]

7 月 23 日，斯坦利又捕获了一艘独木舟，并在独木舟上发现了一把断剑，许多阿拉伯人都佩戴这种剑。这无疑表明，阿拉伯象牙贸易商早在他们之前已到达这里。8 月 31 日，20 名马涅马人组成的一伙人来到斯坦利的营地，带着一只肥肥的山羊作为礼物。这

302

伙人隶属于一个规模更大的阿拉伯象牙掠夺商队，由乌莱迪·巴利乌斯（Uledi Balyuz）领导，当地人称他为"乌加洛瓦"（Ugarrowa），他手里有数百名武装人员。这些马涅马人说，"乌加洛瓦"在阿鲁维米上游约 20 英里处，有一个半永久性的营地。9 月 16 日，斯坦利的远征队接近这个营地时，"乌加洛瓦"带着 6 艘独木舟，敲锣打鼓地前来迎接，并给他们带来了山羊、鸡、大米和芭蕉等礼物。"乌加洛瓦"解释说，他是桑给巴尔土著，在马涅马寻找他的财富，并定居在卢阿拉巴河旁的基伦杜。两年前，他离开马涅马，在伊图里河（汇入阿鲁维米河）沿岸的雨林中寻找象牙。在过去的一年里，他赶走当地的村民，一直住在这个废弃的村庄里。在"乌加洛瓦"的营地休息了两天，斯坦利留下 54 个生病或虚弱的搬运工在这里

303　休养，然后继续前进。[41]

　　10 月 18 日，斯坦利的远征队到达了伊波托（Ipoto）的一个阿拉伯营地，营地建在一片至少有 700 英亩的大片空地上。一个叫哈米斯的马涅马人欢迎了他们。哈米斯是基隆加 - 隆加（Kilonga-Longa）的中尉，基隆加 - 隆加外出寻找象牙了，三个月内应该都不会回来。哈米斯和基隆加 - 隆加都受雇于阿拉伯象牙贸易巨头阿贝德·本·萨利姆，他住在尼扬圭。营地里没有阿拉伯人，只有马涅马人。这些士兵都是年轻男子，他们没有薪水，但收获象牙后可以从中获得一小笔佣金。救援远征队停留在这个营地期间，一支

304　象牙搜捕队带着 16 根象牙回来了，他们突袭村庄并抢走藏在棚屋或森林里的象牙。[42]

　　在伊波托的基隆加 - 隆加营地停留了 10 天之后，斯坦利留下了 29 个病重或虚弱的人，出发前往艾伯特湖。由于水路已不可行，

他们拆卸了钢船，把钢船部件藏在树林里。马涅马的向导同意与斯坦利远征队的 15 支行军一同出发。12 月 4 日，也就是离开扬布亚的第 160 天，他们终于冲出了雨林，来到杰弗森所说的"我们所见过的最可爱的地方之一"，起伏的山丘上青草摇曳，还有成群的非洲水牛和伊兰羚羊。12 月 8 日，他们进入了一个长而宽阔的山谷，山谷里种满了成片的高粱、小米、香蕉、红薯、燧石玉米和大豆。杰弗森写道，这是"歌珊之地"（Land of Goshen）。[43]

1887 年 12 月 13 日，在离开扬布亚近 6 个月后，斯坦利他们终于发现了艾伯特湖的水域。远征队完成了第一个目标，但也付出了巨大的代价。根据杰弗森计算的数字（与斯坦利的数字略有不同），从扬布亚出发的 389 人中，只有 169 人仍在队伍中。最初的一批人中，有 56 人留在了阿拉伯商人"乌加洛瓦"的营地，24 人留在基隆加 - 隆加的营地，120 人死亡或被遗弃，另有 20 人失踪。[44]

早些时候，斯坦利曾写信给艾敏帕夏，让他撤退到艾伯特湖的南端，等待救援远征队的到来，但几年来，艾敏和他的汽船"赫迪夫号"（Khedive）都没有去过那里。在岸上等了两天后，救援远征队发现食物短缺，于是便返回了森林，清理地面，建造了一个他们称之为"博多堡"（Fort Bodo）的临时营地，用栅栏围起来，然后派出一些队伍去营救沿途被留在阿拉伯营地的幸存者。然后他们开始种地。在庄稼长成前，他们靠抢劫周边村庄过活。1888 年 1 月 21 日，他们得知森林里的一个村落里有大量的燧石玉米，于是袭击了这个村落。他们开枪打死了 2 人，其他人随之逃跑，然后他们带走了 8 吨粮食。[45]

1888 年 4 月初，斯坦利带着钢船回到湖边，试图与艾敏取得

305

联系。在湖上高原的卡瓦利（Kavalli）停留期间，斯坦利收到了艾敏一个月前寄来的信，信中告诉他在卡瓦利等待艾敏到来。斯坦利不耐烦地搬到了湖边。4月28日晚，艾敏乘"赫迪夫号"抵达。尽管天色已晚，他还是上岸问候了斯坦利。斯坦利打开3瓶香槟，他一路带着这些香槟穿过雨林，庆祝这一时刻。在接下来的10天里，斯坦利向艾敏提出了各种方案：撤离到桑给巴尔，然后乘船返回埃及；担任利奥波德国王的赤道省总督，随后赤道省将并入刚果自由邦；或者保持现状，但有一些新鲜的补给品。艾敏说，他需要一些时间来走访他的驻地，与他的人民讨论这些问题。

终于，斯坦利可以准备回到他在扬布亚的营地，希望找到后纵队，并把剩下的人和补给带到艾伯特湖。1888年6月16日，他带着艾敏帕夏提供的113名桑给巴尔士兵和95名搬运工离开博多堡。8月8日，他们到达"乌加洛瓦"之前的营地，发现已是空无一人。两天后，他们赶上了"乌加洛瓦"的队伍，他们用完了火药，正带着600根重约13吨的象牙返回马涅马。"乌加洛瓦"将3艘大独木舟作为礼物送给斯坦利，斯坦利的队伍乘独木舟往下游前进。毫无疑问，阿拉伯商人和他们的马涅马随从们已经在伊图里的雨林中成功地找到了象牙。[46]

306

5

1887年6月17日，刚果自由邦，斯坦利瀑布区

1887年6月17日，蒂普·蒂普乘"亨利·里德号"抵达斯坦

利瀑布，就在两天前，斯坦利的先遣部队刚刚到达扬布亚，为穿越雨林做准备。蒂普·蒂普与他的阿拉伯亲戚和同僚们打过招呼，并在他的总部升起刚果自由邦国旗，然后开始召集搬运工，他们将跟随斯坦利的后纵队一同前往艾伯特湖。根据蒂普·蒂普与斯坦利的合同，蒂普·蒂普要从他在斯坦利瀑布的总部派遣一批搬运工，加入艾敏帕夏救援远征队的后纵队，搬运工数量未定。斯坦利后来声称，蒂普·蒂普之前答应提供 600 名搬运工。但这个数字似乎只是口头承诺，而非合同义务。[47]

蒂普·蒂普最初尝试把搬运工送到扬布亚的后纵队营地，结果失败了。7 月，他召集了 500 名马涅马搬运工，用 50 艘独木舟沿刚果河往下，到达阿鲁维米河口。但是他雇用的根亚独木舟手不愿从阿鲁维米河去扬布亚，因为对他们来说，那里是异域领土。在阿鲁维米河沿岸扎营的的第一夜，蒂普·蒂普的队伍遭到当地村民的袭击，4 人被杀，其余被俘。为了报复，蒂普·蒂普的士兵摧毁了这个村庄。但是独木舟手们拒绝再往前走，称他们发烧了，还患有痢疾。由于弹药不足，蒂普·蒂普命令独木舟舰队返回斯坦利瀑布。[48]

在 8 月和 9 月期间，蒂普·蒂普曾两次试图通过陆路把搬运工送到扬布亚，但每次都以失败而告终，总共只送出了 10 名搬运工。9 月 26 日，蒂普·蒂普的高级副官之一萨利姆·本·穆罕默德带着 40 名搬运工来到了扬布亚，他坦白蒂普·蒂普没法再提供更多的搬运工了。问题在于，马涅马的搬运工听到一些传言，说斯坦利的桑给巴尔搬运工所搬运的货物重量和尺寸过大，然后他们拒绝接这个活儿。他们还听到传言说桑给巴尔人在扬布亚营地受到巴特洛特少校虐待。蒂普·蒂普认为，解决这个问题的唯一办法，是从卡

307

松戈引进一批新的搬运工，答应给他们减轻行路负荷，并派一位阿拉伯指挥官负责管理他们。为了找到更多的搬运工，蒂普·蒂普在1887年11月的第一周离开了斯坦利瀑布，沿着卢阿拉巴河前往卡松戈。[49]

后纵队在扬布亚等待搬运工的几个月里，阿拉伯象牙商队一直很忙碌。萨利姆·本·穆罕默德在离远征队营地不远的地方建立了一个临时营地。由于缺乏贸易货物，他的象牙显然是通过抢劫获得的。到1888年5月，他的马涅马军队已经踏遍从扬布亚向北部和西北部15天行军路程范围，以及沿着阿鲁维米河往下游直到与刚果河的交界处。他们带回的象牙上都有裂缝和泡疤，这显然是烧毁村庄的大火造成的，这也证明了他们是怎样获得这些象牙的。当自由邦的汽船 *A.I.A.* 号抵达扬布亚营地时，萨利姆·本·穆罕默德安排由比利时人将1500磅象牙运往斯坦利瀑布。[50]

象牙突袭队还俘虏了一些人。他们中的许多人被扣留，直到用象牙赎回，而另一些则被作为奴隶带走。1888年3月5日，赫伯特·沃德在日记中写道："纳萨罗·本·瑟夫（Nasaro bin Sef）带着一大群系在一起的俘虏和价值五六百英镑的象牙，从河上游约17天路程的阿卜杜拉（Abdullah）营地顺流而下。"第二天，他写道："今天早晨，萨利姆的手下，大约有80人，要去攻击下游的一个大村庄，抢夺象牙，劫掠奴隶，在适当的时候，这些奴隶将被卖掉换取象牙。"虽然，蒂普·蒂普曾承诺要结束斯坦利瀑布下游地区的劫掠和奴隶贸易，但他知道，如果连他自己的副官都在做劫掠这些事情，他也无力阻止。[51]

1888年5月22日，蒂普·蒂普在卡松戈招募到搬运工后回到了斯坦利瀑布。他告诉前来找他商量的巴特洛特少校，自己已经尽己所能，为救援远征队队找到了 400 个搬运工。蒂普·蒂普向这些搬运工许诺，在阿拉伯指挥官的监督下，他们将承担一半的负重量，从而确保了这些搬运工按照安排工作。蒂普·蒂普本人并不想给搬运工任何报酬，但是作为他们指挥官的姆温伊·索迈（Mwinyi Somai）应该得到 1000 英镑，外加他在途中收集的任一象牙。6 月 4 日，蒂普·蒂普前往扬布亚营地，监督货物的称重以及督促后纵队为跟着斯坦利的踪迹、穿越雨林做准备工作。[52]

1888 年 6 月 11 日，斯坦利的先遣部队已经离开扬布亚营地将 309近一年，后纵队才离开了营地，追寻斯坦利的踪迹。自从一年前的 6 月 28 日斯坦利离开以来，他们就没有再收到斯坦利的消息。在这期间，有 80 多名桑给巴尔士兵和苏丹搬运工死在扬布亚营地。远征队沿着阿鲁维米河向东出发，穿过世界上最茂密的雨林。威廉·邦尼（William Bonny）写道："路况简直太糟糕了，一路上都是森林、沼泽、湿地和河流，行进极其艰难。"这支队伍被分成 4 队，尽管斯坦利曾答应留下烧火的痕迹和砍倒的树木来指示路线，但他们依然常常迷失方向，各支队伍被迫分散，单独前进。430 名马涅马搬运工和大约 200 名随从（搬运工的妻子们和奴隶）虽然搬运的东西比较轻，但还是落在了桑给巴尔人的后面。起初，他们花 4 天时间才能走完桑给巴尔人用 3 天走完的路程，然后停下来，要求休息 5 天。用巴特洛特少校的话说，他们并没有有序地行进，而是"到处乱跑"。[53]

不久，由巴特洛特少校指挥的桑给巴尔队伍遇到了大麻烦。6 月 15 日，14 名男子带着 12 件货物潜逃了，6 月 22 日，又有 3 名桑给巴尔人和 1 个小男孩带着他们搬运的货物和步枪逃走了。第二天，巴特洛特的贴身仆人带着巴特洛特的左轮手枪和 75 发子弹潜逃了。问题似乎出在巴特洛特少校自己身上。同样指挥桑给巴尔队伍的威廉·邦尼则没有经历人员潜逃和货物丢失，后来在他的正式报告中写道："队伍里每个阿拉伯人和其他人都憎恶少校，而不是害怕他。而这种憎恶源于巴特洛特少校自己对待他们的态度和不明智的行为。他不了解阿拉伯人。阿拉伯人本可以随意处置他。但奇怪的是，几个月前，他并没有被枪杀或刺杀。"

310 　　最后，是一个马涅马首领射杀了巴特洛特。7 月 19 日一早，远征队扎营在巴纳利亚（Banalya），一个马涅马妇女如往常早晨一样敲鼓唱歌。但今天，这些声音打扰了巴特洛特的睡梦，他愤怒地喊管家去叫她停下来，但她仍继续敲鼓、唱歌。巴特洛特掏出左轮手枪，走近那女人，好像要打死她。而就在那时，从附近的房子里发出了一声枪响。开枪的是桑加（Sanga），马涅马的一个首领，负责管理 10 名搬运工。随即，营地陷入一片混乱，许多马涅马搬运工带着他们搬运的货物趁乱逃跑。5 周前离开扬布亚时，共有 430 个马涅马搬运工，而如今，只剩下 183 个。桑加和他的指挥官姆温伊·索迈赶往斯坦利瀑布向蒂普·蒂普辩解。

　　8 月 2 日，后纵队军官詹姆斯·詹姆森跟随他们来到斯坦利瀑布，与蒂普·蒂普讨论目前的局势。他有两个主要目标：废除与姆温伊·索迈的劳务合同，并惩罚杀害巴特洛特少校的人。凶手已经被关押在斯坦利瀑布，在阿拉伯人和欧洲人组成的法庭上受审，并被行刑队处决。詹姆森还需要一批新的马涅马搬运工和一个有足够权威的指挥官。让詹姆森感到十分意外的是，蒂普·蒂普向詹姆森提议，自己可以组织率领一支远征队去营救艾敏帕夏，条件是获得 2 万英镑的报酬，不过蒂普·蒂普坚持沿着熟悉的贸易路线前往乌吉吉，然后从那里出发，向北进入艾伯特湖。詹姆森不愿违背斯坦利的命令——让后纵队跟随斯坦利的路线穿过雨林，他让蒂普·蒂普给他一艘独木舟和几名划桨手，带他去班加拉与自由邦政府官员商议。但在途中，他患上了血胆热后身亡，从而未能达成协商。

直到 1888 年 8 月 17 日，斯坦利大步走进营地，后纵队还一直停留在巴纳利亚。此时，距斯坦利带着先遣部队离开扬布亚营地已将近 14 个月，而之前，他曾答应 5 个月后回来。斯坦利被眼前的一切震惊了。他后来在《纽约论坛报》（*New York Tribune*）上描述道："令我们悲痛和恐惧的是，巴特洛特少校被枪杀，特鲁普先生（Mr. Troup）告病回家，詹姆森先生在斯坦利瀑布去世，沃德先生被扣留在班加拉。"更严重的是，斯坦利发现 164 名桑给巴尔人和苏丹人不是死了，就是被遗弃，或者失踪了，剩下还在营地的 42 人不是生病就是快死了。在最初的 270 人中，只有大约 60 人还能够搬运重物。斯坦利还发现，补给只剩下大约三分之一。一些已经被送到班加拉站储存，但是更多的就是消失不见了。[54]

为了准备向艾伯特湖挺进，斯坦利会见了留下来的马涅马头领，告诉他们可以自由选择，留在远征队或离开。3 位头领同意留下，他们每人带着 20 个搬运工，加入了斯坦利从艾伯特湖带回的搬运工和后纵队中幸存的桑给巴尔搬运工队伍。8 月 21 日队伍出发，总共有 283 个搬运工和 230 件货物。考虑到途中还有受伤、潜逃或生病等造成的人员损失，斯塔利确信，还需要更多的搬运工。4 个

311

月后，后纵队抵达远征队的博多堡营地，与先遣部队会合。[55]

1889 年 1 月 16 日，整合后的远征队到达了卡瓦利镇，这里可以俯瞰艾伯特湖。他们得知，在他们离开的这段时间，艾敏所面临的情况严重恶化。他的一些埃及军官发动兵变，俘虏了他；马赫迪的势力开始沿着尼罗河向南朝着艾伯特湖移动。马赫迪的势力向南移动的部分原因是斯坦利的远征队抵达这里，他们担心斯坦利是来占领他们的国家，于是动员起来阻止斯坦利。马赫迪的人已经占领了艾敏的旧驻地拉多，导致尼罗河沿岸的其他站点也因害怕遭受袭击而撤离。为了巩固他们抵抗马赫迪势力的支持，叛乱的军官们释放了艾敏，并把他送到瓦德莱，在那里他做什么都可以，但不再拥有任何权力。

312　　　　在这种情况下，艾敏的许多属下决定撤离赤道省，前往桑给巴尔，并最终前往埃及，而艾敏自己仍在犹豫不决。2 月 17 日，艾敏帕夏和 65 名下属抵达卡瓦利的斯坦利营地，开始了撤离的行程。整个 2 月和 3 月，营地的人数增加到 1000 多人。在尼罗河沿岸各站点的仓促撤离中，艾敏传说般的象牙储藏被洗劫一空，或者被遗弃。剩下的只有 60 根象牙，用来支付马涅马搬运工的工资。[56]

1889 年 4 月 10 日，斯坦利的远征队离开卡瓦利前往海岸。杰弗森的日记中说，队伍绵延 3 英里长，飘扬的旗帜、桑给巴尔和埃及妇女艳丽的衣服让队伍看起来五彩缤纷，洋溢着愉悦之情。艾敏和其他来自赤道省的难民的后面，紧跟着桑给巴尔搬运工、当地招募的搬运工，以及远征队抢掠来的牛群。最初和斯坦利一起离开桑给巴尔的人中，还剩下 230 人。当地的搬运工逃跑时，由他们搬运的一些货物散落在路上，于是斯坦利派杰弗森去袭击住在山上的人。

杰弗森在日记里写道："我们的主要是去抓劳力，并带走牛群。"[57]

两天以后，斯坦利得了胃炎，队伍停了4周。人们整日掠夺食物充饥，并抓来俘虏作搬运工。4月20日，杰弗森报告说："今天早晨，斯坦利要求我们清点抓来的奴隶，这些奴隶主要是妇女和儿童，并把其中一半移交给帕夏。斯泰尔斯和我清点了人数，并把其中20人移交给帕夏。我们把他们带到帕夏的房子。说实话，这真是极可耻的一幕……然而，命令就是命令，尽管我们在袭击中看到许多令人痛心的场面和无耻的暴行，但我们必须遵守这些命令。"5月6日，他写道："桑给巴尔人舒克里·阿加（Shookri Aga）和帕夏的人今天带回了大量的奴隶。帕夏现在已有超过150个被抓来当奴隶的当地人。"[58]

尽管杰弗森对这类事件的描述带有一定程度的维多利亚时代的斯多葛主义色彩，但他对艾敏的幻想很快就破灭了。他在日记中写道："既然艾敏作为反奴隶制的英雄进入了我们的营地，他本应让自己和他的人远离奴隶制；然而，那些最可耻的残酷场面，每天都在发生。不断的殴打，不断的女人的尖叫声，还有不断的逃跑……当你想到欧洲的同情被如此欺骗与玩弄，想到我们是如何倾尽所有去帮助和营救一个其实完全不值得我们帮助和同情的人，你会感到厌恶，强烈的愤慨油然而生。"

在接下来的4个月里，远征队继续向南、向东前行，受到了当地人普遍友好的接待。这是因为斯坦利的桑给巴尔士兵早前帮他们赶走了来自布尼奥罗王国的袭击者，这些袭击者早些时候进入了这些领土，抢走了牛群，并占领了爱德华湖（Lake Edward）附近的盐沼地。斯坦利在给桑给巴尔领事的报告中写道："我们的远征得到了各国国王和人民自愿捐献的粮食、香蕉和牛群。我们没有支付一颗珠子或一码布。这些小布匹是我们自愿赠送的。"杰弗森可以被看作是一个可靠的证人，他没有反驳斯坦利的说法。[59]

远征队的规模一直不断变化。4月10日离开卡瓦利时，有570名来自赤道省的难民。到8月5日，减少到414人；10月4日，减少到311人。抵达印度洋沿岸的巴加莫约时，只剩290人。这少了的280人中，有80人因溃疡、发烧或过劳死亡，另外200人被留在当地酋长那里恢复身体。另一方面，当地的非洲人一直不敢前往海岸，因为除非和1000人左右的商队一起，不然这条路上危险重重。[60]

314

6

1889年12月4日，印度洋海岸，巴加莫约

救援艾敏帕夏的远征队接近印度洋海岸时，斯坦利提前写信通知在桑给巴尔的英国领事和在巴加莫约的德国人，远征队即将到达。英国派"皇家绿松石号"（HMS Turquoise）和"皇家索马里号"（HMS Somali）前往巴加莫约，将远征队送到桑给巴尔。德国派出了"雀鹰号"（Sperber）和"燕子号"（Schwalbe）战舰。巴加莫约一直是前往22英里外的桑给巴尔的主要港口，自从1886年的《英德条约》缩小了桑给巴尔苏丹控制的领土范围以来，巴加莫约一直是德国在东非的总部。

1889年12月4日，斯坦利的队伍到达巴加莫约郊外的金加尼

河（Kingani River）渡口，遇到了德国驻东非专员赫尔曼·冯·威斯曼少校，他骑马陪同斯坦利和艾敏进入巴加莫约。他们被带到德国军官的餐厅，在装饰有棕榈叶的楼上阳台享用了午餐。上好的香槟酒任其饮用，但斯坦利为了保持清醒，用德国矿泉水冲淡了香槟酒。[61]

当晚，在二楼的中央餐厅举行了宴会。宴会上，"燕子号"上的乐队在演奏，宾客们觥筹交错。威斯曼少校、斯坦利和艾敏帕夏发表了讲话，并致祝酒辞。多年来，这是艾敏第一次和他的德国同胞们在一起，他感谢赞助救援远征队的英国慈善家们，感谢德国人的盛情款待，感谢德皇威廉二世（Wilhelm II）向他致以的热烈欢迎和祝贺。演讲结束后不久，艾敏溜出了房间。

几分钟后，传来一声喊叫，说艾敏躺在楼下的路上，不省人事。艾敏显然是从一扇低矮的窗户里走出来的，以为那是通往二楼阳台的门。没有人确切地知道为什么会发生这种情况，但可能有三个原因。第一，艾敏不习惯这种多层的建筑。第二，他的双眼罹患白内障，使他的视力极差。席间坐在艾敏旁边的赫希伯格（Hischberg）上尉说，艾敏必须把食物放到离眼睛三四英寸的地方才能看得清楚。第三，艾敏在穆斯林地区生活多年，已不习惯于饮酒。斯坦利在艾伯特湖旁的卡瓦利为他开的香槟，可能是他多年来第一次喝到的酒。[62]

不省人事的艾敏被送往德国医院。他的几根肋骨骨折，头骨底部似乎也有一处大面积骨折。第二天，他恢复意识，已经能够抱怨全身的酸痛，他的耳朵里还渗出一种带血的液体。两天后，他患上了支气管肺炎。12月10日，虽有他的身体有明显好转的迹象，

315

但耳朵流血的症状直到第 20 天才消失。救援远征队的托马斯·帕克医生（Dr. Thomas Parke）一直照顾着艾敏，直到自己也病倒，帕克被送往桑给巴尔的法国医院，将艾敏交由德国医生照顾。到 1890 年 1 月 25 日，艾敏已经明显康复，给他的表弟写信道："我还在巴加莫约。因为摔倒导致我的头骨骨折，留下了一些严重的后遗症。多亏这里的悉心照料，我已逐渐恢复了健康，如今已可以走一小段路了。"然后艾敏告诉他的表弟，他没有回埃及或欧洲的打算。他写道："我打算几天后离开这里，重新开始科研工作。为此，我不得不再次延迟返回埃及的时间。"[63]

316　　　由于艾敏无法继续行程，12 月 6 日，即艾敏摔倒的两天后，救援远征队便随一支由英国和德国船只组成的舰队驶往桑给巴尔，留下帕克医生和大约 20 名艾敏的私人随从。在桑给巴尔，斯坦利给幸存的桑给巴尔人（或其主人，如果他们是奴隶）支付了工资，并为死者的遗孀和孤儿设立了救济基金。几天后，斯坦利、欧洲军官以及 260 名埃及和苏丹难民乘船前往埃及，于 1890 年 1 月 16 日抵达开罗。与他早些时候寻找戴维·利文斯通时惊人地相似，这一次，斯坦利回家时没有带着任何战利品。[64]

　　在给英国驻桑给巴尔领事的报告中，斯坦利列出了一个清单，显示了远征队惊人的损失。在亚丁执行任务的 13 名索马里人中，只有 1 人幸免于难。在开罗征募的 60 名苏丹人中，有 7 人早些时候从扬布亚营地被送回家，12 人随远征队返回海岸。在 620 名桑给巴尔人中，只有 225 人返回，55 人因扬布亚和艾伯特湖的途中发生的冲突丧生，202 人死于饥饿、溃疡、痢疾和劳累，2 人因倒卖步枪和弹药购买食物而被处死，剩下的 106 人是逃走的。在欧洲人中，巴特洛特被射杀，詹姆森死于发烧，其他人都平安回家了。[65]

也许杰弗森在他的日记中列出来的是这次任务最完整的资产负债表。在远征队离开艾伯特湖前往海岸之前，他写道："看看我们已失去多少生命。巴特洛特少校和约 450 名我们自己的人，更不用说死于我们之手的几百名马涅人和许许多多的当地人，我们强行摧毁了他们的村庄。再看看我们在这里和桑给巴尔之间失去的人数以及我们杀死的当地人。而回报我们的又是什么呢？艾敏帕夏？——唉，但他并不是我们想象中的反奴隶英雄艾敏帕夏——还有大约 50 名埃及雇员，他们的妻、妾、家人和奴隶，还有开罗和亚历山大的渣滓。我们得到的和我们失去的是一样的吗？就是回答千万次，答案也是：不。"[66]

艾敏帕夏救援远征是维多利亚时代非洲探险中最大的一场灾难，它给远征队成员和沿途的人们带来了死亡和破坏。尽管如此，这次救援远征还是产生了三点影响。第一，通过让蒂普·蒂普成为斯坦利瀑布区的总督，刚果自由邦和马涅马阿拉伯人之间的政治和经济关系得以重新调整。第二，它在刚果河上游和尼罗河上游之间，开辟了一条穿越雨林的路线。第三，蒂普·蒂普参与救援行动，最终迫使他离开马涅马。

317

第八章

分崩离析

　　斯坦利和他的艾敏帕夏救援远征队在雨林中艰难前行的同时，　318
刚果自由邦正在采取手段控制刚果河上游的象牙贸易。战斗在两条
战线上同时进行着。第一条战线是在刚果河上游的马莱博湖和班加
拉站之间，自由邦与欧洲的私人公司争夺着象牙。尽管1885年的
《柏林法案》保证在整个刚果河流域开展自由贸易，但利奥波德二
世利用欧洲日益高涨的反奴隶制情绪，发起了一次反奴隶制会议，
在会议上，他动员人们支持对私营企业征收关税。第二条战线在斯
坦利瀑布附近。任命蒂普·蒂普为斯坦利瀑布区总督后，欧洲人便
可以从马涅马的阿拉伯人手中购买象牙。自由邦不仅试图通过与蒂
普·蒂普进行独家交易来控制象牙贸易，而且还没收其他马涅马掠
夺队伍的象牙。

　　刚果自由邦与私人贸易公司之间在刚果河上游的竞争，以及蒂
普·蒂普与卢阿拉巴河沿岸大型阿拉伯商人之间的竞争，让整个象
牙贸易体系处于一种微妙的平衡，而蒂普·蒂普在一定程度上维系
了这种平衡。1890年，因为斯坦利向他提起的诉讼，蒂普·蒂普
被迫返回桑给巴尔，为自己辩护，此时，这种平衡变得更加难以维
持。欧洲的反奴隶制运动试图派遣一支"现代十字军"到刚果去打　319
击阿拉伯奴隶贸易，关于象牙的竞争进一步加剧。因为马涅马的掠
夺者掠夺象牙的同时，也掳走奴隶，刚果自由邦可以以反奴隶制的

名义为自己对掠袭者的侵略正名。因此，欧洲的反奴隶制情绪在刚果地区则转变成了反阿拉伯人的情绪。

1

1888年5月18日，刚果自由邦，斯坦利瀑布

当艾敏帕夏救援远征队的后纵队仍在扬布亚营地等待搬运工时，A.I.A号已载着刚果自由邦在班加拉的代理人纪尧姆·范·克霍温（Guillaume Van Kerckhoven）中尉于1888年5月18日抵达斯坦利瀑布。近一年来，这是表明自由邦仍有兴趣与蒂普·蒂普保持合作的第一个迹象。早前，自由邦曾从布鲁塞尔派来两名代理人担任蒂普·蒂普的助手，但其中一人死在利奥波德维尔，另一人在利奥波德维尔病得很重，不得不返回。[1]

蒂普·蒂普决定利用范·克霍温来访的机会出售他的一些象牙。他让范克霍温把2000—3000磅的象牙运往下游，出售给马莱博湖附近的商业公司，或者送到欧洲出售。范·克霍温欣然同意，但第二天，新荷兰贸易公司的安托万·赫雷斯霍夫（Antoine Greshoff）乘"荷兰号"载着大量贸易货物抵达，蒂普·蒂普与范·克霍温的这笔交易就破裂了。接下来的五天里，赫雷斯霍夫购买了五吨象牙，其中，三分之一用火药支付，这之中的一半是立即支付，另一半则在四至五个月内支付；三分之一用布支付；三分之一用桑给巴尔先令支付。这一交易说明，蒂普·蒂普将以货换货、信贷、国际货币兑换混为一谈。赫雷斯霍夫带着象牙离开时承诺，

320

他将很快返回，并在斯坦利瀑布建立一个贸易站。[2]

被荷兰人挫败的范·克霍温意识到，刚果河上游的象牙贸易性质正在发生变化。之前自由邦的做法是依靠其代理人阿方斯·万格尔，他乘坐汽船在水路上航行，从村民和非洲象牙商人那里购买象牙。然而，现在，诸如新荷兰贸易公司和桑福德远征公司等的商业公司正在刚果上游地区建立驻地，并从非洲村民和当地象牙贸易商那里购买象牙。到了 1888 年，私人公司拿走了来到马莱博湖的绝大部分象牙，范·克霍温担心，刚果自由邦将被挤出这场角逐。

自由邦 A.I.A 号工程师 J. R. 华纳（J. R. Warner）的分析进一步支持了这一看法。他观察到，这些公司一直在收购当地村民藏在森林里，或埋在房子地板下等待交易机会的"死象牙"。然而现在，当地猎人杀死一头大象后，会立即把象牙带到最近的商人那里，以更高的价格出售干净的白色象牙。华纳写道："现在，蒂普·蒂普和他的马涅马商队是否还会来到刚果，袭击并掠夺乌波托（Upoto）下游的村庄？我怀疑他是否能得到足够的象牙来支付他的火药。桑福德公司和荷兰贸易公司每两三周就会来到这些村子，只要当地人能弄来象牙，他们很快就全都买完。"范·克霍温认为，在这种情况下，自由邦从雨林的象牙资源中获利的最佳选择是从蒂普·蒂普和其他阿拉伯象牙猎人那里直接购买象牙。[3]

为了在与蒂普·蒂普的象牙贸易中获得优势，自由邦于 1889 年 2 月派遣前国际非洲协会代理人杰罗姆·贝克尔前往斯坦利瀑布，与蒂普蒂普达成了 40 吨象牙的交易。为了支付这笔费用，自由邦向蒂普·蒂普在桑给巴尔的商业代理塔利亚·托潘交存了一万英镑的黄金。贝克尔到达斯坦利瀑布两天后，新荷兰贸易公司的赫

321

雷斯霍夫乘"荷兰号"赶来，却得知蒂普·蒂普已承诺将所有象牙都给自由邦。荷兰公司抗议，因为《柏林法案》没有给自由邦从事商业活动的许可，自由邦则声称，它是代表一家不知其名的欧洲公司收购象牙。然而，桑给巴尔的户头显示，这家未透露名字的公司就是刚果自由邦。[4]

蒂普·蒂普在自传中将 1889 年描绘成他象牙贸易的繁荣时期。他写道："我们住在斯坦利瀑布，每个月都会有两三艘欧洲汽船抵达，他们满载象牙离开；有时他们无法带走全部库存。斯坦利瀑布的欧洲人越来越多，你想买的东西都有。斯坦利瀑布已成为一个繁荣的大港口，在这里你可以找到任何你想要的东西。比利时和法国公司在这里开设工厂。天啊！那真是太棒了。"这象征着斯坦利瀑布对刚果自由邦经济日益重要，1889 年 10 月 25 日，卡米尔·詹森总督抵达斯坦利瀑布，会见了蒂普·蒂普。[5]

虽然蒂普·蒂普的象牙承包给了刚果自由邦，但其他阿拉伯象牙贸易商可以自由地与欧洲的贸易公司进行交易。这些公司现在有大量的贸易货物库存，他们将把货物预付给阿拉伯贸易商，对方承诺稍后交付换取的象牙。不管这些欧洲人用什么方法从阿拉伯人那里预定象牙，这些都在从斯坦利瀑布获取象牙的热潮中很快被遗忘了。斯坦利在艾敏帕夏救援远征期间观察到，欧洲公司的汽船逐渐搬空了河道附近现有的"死象牙"库存，阿拉伯商人及其马涅马随从们沿着斯坦利瀑布东北的阿鲁维米河和韦莱河（Uele River）向着以前未开发的地域进发。

纵使蒂普·蒂普对象牙贸易的状况还感到满意，也仍然对这里的地缘政治局势感到棘手。自从他于 1887 年 2 月与斯坦利一起离开桑给巴尔去援助艾敏帕夏救援远征以来，从大西洋到印度洋的所有赤道非洲地区，都已被欧洲大国瓜分。刚果自由邦和法属殖民地的加蓬和刚果占据了从大西洋到坦噶尼喀湖的领土，现在，坦噶尼喀湖以东的地区已被德国和英国分别占据了南部和北部。蒂普·蒂普给在桑给巴尔的弟弟的信中写道："这就是他们和我说的，听到这个消息，我们感到十分惊讶。"[6]

323

甚至刚果自由邦也开始挑战蒂普·蒂普权力的边界。他给欧洲人的一贯印象是，作为斯坦利瀑布区的总督，他的权力范围是从斯坦利瀑布往下游直到 500 英里外自由邦的班加拉站，但比利时人声称，这一范围只往下游延伸 100 英里到阿鲁维米河河口。为了确保对蒂普·蒂普权力的下游界限没有歧义，范·克霍温中尉在没有事先通知蒂普·蒂普情况下，便在通往阿鲁维米的门户巴索科建立了一个军营。在与刚果自由邦打交道时，蒂普·蒂普从救援远征队的詹姆斯·詹姆森的建议中得到了宽慰："这个英国人说，我不属于比利时，而是一个独立的人，负责我自己的事务，他还补充说，比利时人使我成为统治者，管理实际上属于我的地方。"[7]

在马涅马，蒂普·蒂普的权威受到了一些阿拉伯大商人的挑战。虽然马涅马的象牙商人通常被称为"阿拉伯人"，但其中只有大约 40 人是真正的阿拉伯人，他们的祖先可以追溯到波斯湾周围的各个国家；其余的则是来自桑给巴尔或东非海岸的"瓦温古瓦纳"，他们是讲斯瓦希里语的非洲穆斯林。还有一些人来自马涅马，信仰伊斯兰教，着阿拉伯服饰。詹姆斯·詹姆森和蒂普·蒂普一起沿着卢阿拉巴河从卡松戈到斯坦利瀑布，对马涅马的政治地理状况有了一定的了解。他被告知，蒂普·蒂普控制着南部的卡松戈和北部的斯坦利瀑布，而不是两地之间的河边城镇。卢阿拉巴河流域最大的贸易城镇——尼扬圭被划分为三个独立的城镇，分别由姆温伊·莫哈拉（Mwinyi Mohara）、赛义德·本·阿贝德（Said bin Abed）和赛义德·本·哈比卜控制。[8]

324　　詹姆森了解到，19 世纪 70 年代，阿拉伯象牙商人第一次来到马涅马，他们之间发生了许多争吵和战斗，但这些矛盾已经解决，每个阿拉伯酋长现在各自独立控制着一个外围地区，在那里他的部下们突袭获取象牙和奴隶。在马涅马，最大的三位阿拉伯酋长分别是卡松戈的蒂普·蒂普，其次是尼扬圭的阿贝德和哈比卜。之后是一些较小的酋长，如承认阿贝德权威的基邦盖和从属于哈比卜的姆温伊·莫哈拉。这些酋长没有一个对蒂普·蒂普宣誓效忠，只在有共同的事业时，才会与蒂普·蒂普合作，一致行动。[9]

尽管权力结构存在分裂且极具争议，詹姆森还是称"蒂普·蒂普拥有整个马涅马"。虽然他没有详细说明，也没有界定马涅马的边界，但显然，詹姆森的意思是，对于从卡松戈到斯坦利瀑布的卢阿拉巴河沿线地区，蒂普·蒂普是主要的阿拉伯统治者。蒂普·蒂普对权力的主张部分来自于他在桑给巴尔的关系，这些关系在桑给巴尔为他提供了获得信贷、武器和贸易货物的特权。蒂普·蒂普的中尉萨利姆·本·穆罕默德告诉赫伯特·沃德，蒂普·蒂普将大部分利润投资于桑给巴尔的土地和房屋，他把大量贸易货物和枪支租借给较小的阿拉伯商人，使他们继续负债，并以此保持自己对他们的权威。[10]

尽管如此，如果蒂普·蒂普试图将刚果自由邦的权威加诸于阿拉伯商人，以防止他们掠夺俘虏或象牙，他仍然很难办。蒂普·蒂普作为刚果自由邦斯坦利瀑布区总督到达斯坦利瀑布时，发现哈比卜的部下"破坏了河流"往下游直到阿鲁维米河河口的地区，他们的突袭活动导致许多河岸上的村庄被遗弃。1887 年，他试图把搬运工带到扬布亚而失败，在那期间，他花了 12 天劝诱人们返回他们的村庄，但许多村庄还是空无一人，因为人们很害怕。一年后，他告诉范·克霍温中尉，哈比卜和阿贝德都拒绝承认自己作为总督的权威。[11]

　　尽管蒂普·蒂普拥有巨大的财富和众多的武装追随者，但仍对自己在马涅马的政治地位感到不安。1889 年 3 月，他在写给桑给巴尔的英国领事的信中写道："告诉他（比利时国王）给我送来一些武器。现在所有的阿拉伯人都成了我的敌人。他们指责我是把大陆的所有土地都交给比利时国王的人。我恳切地希望比利时国王不要让我孤立无援。"他对范·克霍温也说了类似的话："我被桑给巴尔的新苏丹彻底抛弃了。我就像一只没有翅膀的鸟，栖息在树枝上，而我的敌人们正想将它砍断……我将我所有的希望都寄托于我们的君主利奥波德二世国王，我会尽一切努力赢得他的支持。"[12]

　　桑给巴尔的两个突发事件迫使蒂普·蒂普中断他在斯坦利瀑布的贸易活动，并前往东非海岸。第一件是，1888 年 3 月 27 日桑给巴尔苏丹巴伽什去世，他的弟弟哈利法（Seyyid Khalifa）继承了王位。第二件则更加紧迫。蒂普·蒂普在他的自传中描述说："比利时国王从欧洲传来消息，告诉我一个来自斯坦利的严肃消息。斯坦利告诉他，我要对少校（巴特洛特）的死负责，我违反了协议，少校死亡的惩罚将由我来承担。此外，塔里亚·托潘的资金也被冻结了。他们对我提起了严重的诉讼！"[13]

325

这起诉讼令蒂普·蒂普大吃一惊。直到那时，他与斯坦利的沟通一直是友好的，而且并没有迹象表明斯坦利认为蒂普·蒂普应对巴特洛特少校的死亡负责。这起诉讼似乎是斯坦利在桑给巴尔结算艾敏帕夏救援远征的账目时构想的。那时，斯坦利了解到，蒂普·蒂普在桑给巴尔的商业代理人塔利亚·托潘持有刚果自由邦为蒂普·蒂普存放的 1 万英镑黄金。1889 年 12 月 19 日，斯坦利的律师向英国领事法院（British Consular Court）提起诉讼，指控蒂普·蒂普没为远征队提供搬运工，并要求 1 万英镑的赔偿。由于蒂普·蒂普人在斯坦利瀑布，法庭推迟了审讯，等到他能够出庭为自己辩护。同时，法官下令冻结了蒂普·蒂普的资金。[14]

布鲁塞尔的利奥波德国王也关注着此案，因为被冻结的资金来自刚果自由邦。桑给巴尔的一位比利时商人将法庭文件的副本寄给国王，其中附有他对斯坦利案件怀疑的评注。他写道："在我看来，斯坦利和蒂普·蒂普之间的合同似乎很模糊，合同双方的责任没有明确规定，蒂普·蒂普应提供的搬运工的数量和期限也都不明确。"国王收到文件后便敦促蒂普·蒂普赶快到桑给巴尔为自己辩护，并解冻资金。不久之后，蒂普·蒂普便收到了桑给巴尔英国领事法院法官克拉克纳尔（Cracknall）的正式传票，要求他在 6 个月内出庭，否则将没收冻结的钱款。[15]

1890 年 5 月或 6 月，蒂普·蒂普离开斯坦利瀑布，前往桑给巴尔。在到达坦噶尼喀湖西岸的姆托瓦（Mtowa）时，他遇到了英国传教士艾尔弗雷德·斯旺。斯旺写道："我发现他非常愤怒，因为他收到桑给巴尔官员的信，要求他出庭为斯坦利对他提起的诉讼辩护。"蒂普·蒂普指着那封信大声地说道："看，这张纸命令我在 2 个月内到达海岸。斯坦利指控我妨碍了他寻找艾敏帕夏的行程，并声称这是巴特尔洛特死亡的原因。如果我真的想妨碍他，我就不会按照合同给他送去 400 人而不是 600 人；几年前我就应该杀了他。我不会只是阻碍，而是摧毁！如果我决心提供帮助，就会不惜一切代价。"

由于担心错过出席法庭的最后期限，蒂普·蒂普让斯旺代他写一封信给克拉克纳尔法官申请延期。斯旺同意了，他写道："蒂普·蒂普、穆罕默德·本·哈尔凡（Mohamed bin Khalfan）、布瓦纳·尼齐格与纳苏尔·本·赛义夫（Nassur bin Seif）正一起赶往桑给巴尔。他们将在 2 个月内出发，和平地前去——至少他们让我把这一点提前通知领事。"为了加快行程，蒂普·蒂普安排他的商队将携带的象牙存放在乌吉吉，而他自己继续前行。蒂普·蒂普因病在塔波拉耽搁了些时日后，于 1891 年 7 月 20 日抵达桑给巴尔。[16]

在斯坦利提出诉讼和蒂普·蒂普抵达桑给巴尔之间的几个月里，新的证据出现，削弱了斯坦利的案件诉求。斯坦利出版了自己关于艾敏帕夏救援远征队的记录——《暗黑非洲；寻找、营救和撤离赤道省省长艾敏》（*In Darkest Africa; or, the Quest, Rescue, and Retreat of Emin, Governor of Equatoria*），书中他试图将蒂普·蒂普的性格和行为描绘得负面，但它反而表明蒂普·蒂普确实提供了搬运工。1890 年，巴特洛特少校和詹姆斯·詹姆森的日记和信件相继出版，进一步削弱了斯坦利的主张。这两个人的信息都非常可信，因为他们都死在刚果，不可能根据后来的事件修改他们的叙述。[17]

抵达桑给巴尔后，蒂普·蒂普让他的律师准备了一份声明，反驳了斯坦利的指控，并提出反诉，要求偿还他为远征队额外提供的

327

补给。蒂普·蒂普发表声明的第二天，艾敏帕夏救援远征队的律师出庭，撤回了诉讼，从而解冻了蒂普·蒂普的资金。这起诉讼的主要影响是在刚果自由邦与马涅马阿拉伯人关系微妙紧张时，将蒂普·蒂普带回桑给巴尔。蒂普·蒂普留在桑给巴尔，建了一座大房子，位于石头城（Stone Town）里离苏丹宫不远的某处，可以俯瞰**328**大海。到 1895 年，蒂普·蒂普成为桑给巴尔第二大土地所有者，仅次于苏丹，他拥有 7 个丁香种植园，多达 10000 名奴隶在其中工作。他将永远不会回到马涅马了。[18]

2

1888 年 7 月 1 日，巴黎，圣叙尔皮斯教堂

圣叙尔皮斯教堂（Église du Saint Sulpice）是巴黎第二大教堂，仅略小于巴黎圣母院（Cathedral of Notre Dame）。红衣主教拉维热里正在就天主教会在非洲内部奴隶贸易问题上的立场发表重要讲话。拉维热里是白神父会（White Fathers missionary society）的创立者，之所以称"白神父会"，是因为他们穿着马格里布式（Maghreb-style）的白色长袍。作为阿尔及尔大主教（Archbishop of Algiers），他多年来一直与将俘虏从西非的萨赫勒（Sahel）贩卖到北非的跨撒哈拉奴隶贸易作斗争，但最近他把注意力转向了赤道非洲。在那里，白神父会于 1885 年从利奥波德国王的国际非洲协会手中接管了坦噶尼喀湖畔的两个站点——卡雷马和姆帕拉（Mpala）[19]。

拉维热里告诉听众们，虽然奴隶制已经从美洲逐渐消失，但奴隶和奴隶制正在非洲的中心地带增加。十年前，当白神父会第一次来到马涅马边境时，该省是该地区人口最多的省份，全境都是村庄和农田。"今天，蒂普·蒂普的奴隶贩子把这个地区最大一部分——面积相当于法国三分之一的地区——变成了一片贫瘠的沙漠，人们只能在那里找到死者的骨头，见证着之前居住在此的居民。"[20]

拉维热里大部分以利文斯通和卡梅伦的著作为基础，对赤道非洲的奴隶突袭和奴隶商队进行了生动而恐怖的描述，然后他呼吁建立一支"十字军"。他说："我认为，五六百名组织严密、指挥得当的欧洲士兵，足以镇压在非洲大陆高地上的奴隶抢掠和贩卖。" 329他让听众们回想中世纪的"十字军东征"，然后急切地呼吁一场新的"十字军东征"："我强烈呼吁，欧洲各国的基督教青年们，并且我想问，是什么阻碍了你们复兴……祖先们的崇高功绩？为什么我们不能在教会和牧师的支持下，见证昔日的荣耀——无私奉献的复兴？"拉维热里红衣主教呼吁建立一种自中世纪末以来在欧洲未出现过的军事—宗教秩序。[21]

7月底，拉维热里红衣主教在伦敦皮卡迪利街（Piccadilly）的王子大厅（Prince's Hall）向英国和外国反奴隶制协会发表演说，这里是伦敦最大的会场之一。事前的宣传中将这次活动称为"反奴贸易的十字军"（Crusade Against the Slave Trade）。英国前外交大臣格兰威尔勋爵主持了这次会议，台上的名人还包括曾同利文斯通进行赞比西远征的探险家维恩·洛维特·卡梅伦和霍勒斯·沃勒。利奥波德二世坐在观众席中，他特意从奥斯坦德的海滨别墅穿越英吉利海峡前来参加这次活动。[22]

拉维热里红衣主教身着一件饰有红色纽扣的黑色长袍，戴着红色的无檐帽，系着一条红色的丝绸腰带，脖子上挂着一个巨大的金十字架链子。他用法语发表演说，当想引起听众们的同情或愤慨时，他故意轻轻抬高声调，并在演说之中做长时间的停顿。有一次，他举起一根双叉奴隶轭，以此来展示奴隶贸易商队的恐怖。他的发言一开始谈论了跨撒哈拉的奴隶贸易，他作为阿尔及尔大主教多年来一直与之作斗争，但他很快就谈到了他的主要议题：从马涅马到东非海岸的奴隶贸易。

330　他告诉听众们："撒哈拉的奴隶贸易与……非洲中心的毫无可比性。"然后，他将东非奴隶贸易与象牙贸易联系起来："这里的象牙极其丰富，因为在此之前，还没有人来这里寻找象牙。象牙如今是商业贸易的主要物品。在某些地区，如马涅马，人们发现象牙是如此丰富，以至于他们甚至将象牙用作园子的围栏和简陋棚屋的支柱。正是由于象牙，这个不幸的地区的灾难随之而来……没有怜悯，毫无仁慈，这些强盗袭击了温顺的村民，他们屠杀了所有起来反抗的人，然后把其他人用锁链拴起来，并以威胁或武力迫使这些人充当驮畜，行进到遥远的海岸，在那里，他们连同他们运来的象牙被卖掉。"随后，拉维热里红衣主教号召组建一支由500名坚定的欧洲人组成的武装部队，加入他的"十字军"，打击奴隶贩子。他还强烈呼吁在场的所有妇女们发挥她们的影响力，让她们的丈夫、父亲和兄弟加入他的"十字军"。[23]

英国和外国反奴隶制协会发觉自己正处于一个尴尬的境地。一直以来，它的策略是动员舆论，发挥道德（moral）的力量，而不是实际的军事力量；并且是对公认的政府施加压力，而不是采取单方面行动。红衣主教在演讲结束时因神经痛发作而突然离开。会议接着通过了一系列决议，谴责阿拉伯奴隶贸易，但没有提到"十字军东征"或军队。拉维热里红衣主教的言论使反奴隶制协会感到非常困扰，以至于印刷他演讲的英文译本时，协会摘掉了他组织一场新的"十字军东征"的计划。我们之所以能够知道拉维热里红衣主教试图招募志愿者组建军队，是因为他的这篇演讲由《伦敦日报》（Daily News）报道了。[24]

在前往布鲁塞尔进行下一次重要演讲之前，红衣主教拉维热里在奥斯坦德停留，拜访了利奥波德国王的别墅。利奥波德国王对红衣主教唤起公众舆论反对阿拉伯奴隶贩子的努力表示赞赏，但他也有两个顾虑：第一，任何进入刚果自由邦领土的独立武装部队都不应是劫掠者，他们应在国王和自由邦政府的权威和指导下行动；第二，红衣主教在巴黎演讲中援引的蒂普·蒂普的名字，不应再在布鲁塞尔提及。蒂普·蒂普现在是刚果自由邦斯坦利瀑布地区的总督，利奥波德国王不希望蒂普·蒂普被描绘成一个十恶不赦的坏人。

8月15日，红衣主教在布鲁塞尔最大的天主教教堂——圣弥额尔圣古都勒主教座堂（Église Saints Michel et Gudule）发表演讲。在用类似于他在巴黎和伦敦所做的演讲点燃了听众之后，他把重心集中在比利时："你们已经睡着了，比利时的天主教徒们……你们没有把所有的努力都投入到反对野蛮残暴行为的战斗中，而这对你们来说，是一项义务。"然后，他呼吁100名志愿者加入与奴隶贩子的战斗，并募集100万比利时法郎用于为坦噶尼喀湖购买一艘汽船。第二天，超过50名年轻人报名参加"十字军"。8

331

月 25 日，拉维热里红衣主教成立了比利时反奴隶制协会（Belgian Anti-Slavery Society），并任命前比利时军事学院（Belgian École Militaire）指挥官雅克马尔（Jacmart）中将担任协会主席。拉维热里在宣布成立新组织时说，其目标是在必要时以武力铲除刚果的奴隶制和奴隶活动。[25]

在比利时反奴隶协会成立 6 个月后，700 名年轻人报名成为现代"十字军"的一员，协会在安特卫普、布鲁塞尔、根特、列日、那穆尔（Namur）和其他几个比利时主要城市都有地方分会。很快就会有 19 个分会成立，它们致力于动员公众舆论，筹集资金和招募志愿者。协会的计划是派遣一支志愿军到坦噶尼喀湖，阻止从马涅马到东非海岸的奴隶贸易。然而，湖泊以东地区战争加剧、局势日趋动荡，商路变得不再安全，协会开始探索将其志愿军从马莱博湖乘汽船送到斯坦利瀑布，然后用独木舟送到尼扬圭。他们将从那里沿陆路商队路线继续前往坦噶尼喀湖。到 1889 年 6 月，刚果河的路线方案遇到了障碍。在一封写给所有响应拉维热里红衣主教号召的年轻志愿者的信中，协会主席解释说，尽管刚果自由邦愿意用他们的汽船运送"十字军"，但目前能力有限。他让所有志愿者耐心等待，协会的负责人们正在制定通往坦噶尼喀湖的路线和交通工具。[26]

尽管拉维热里红衣主教的一番活动尚未向非洲派遣任何"十字军"，但它们非常成功地向欧洲各国政府施加了压力，使其回应从马涅马到东非的奴隶贸易引起的人道主义问题。特别是英国，正面临着来自英国和外国反奴隶制协会的压力，现在又受到拉维热里红衣主教的激励，利奥波德国王也是如此。由于掠夺奴隶活动的中心主要在刚果自由邦，英国政府建议利奥波德国王召开一次大国会议，讨论如何协调他们的行动反对奴隶贸易。英国政府最初建议召开一次由 5 个主要的海上强国参加的小型会议，但利奥波德二世很快就对一个新想法产生了兴趣，他坚持认为，1885 年《柏林法案》的所有签署国都应参加。当时英国人还不明白，利奥波德国王正打算利用这场奴隶贸易会议，让所有《柏林法案》的签署国来重新修正他们曾签署的《柏林法案》。[27]

1889 年 11 月 18 日，奴隶贸易会议（Slave Trade Conference）在布鲁塞尔开幕，引起了公众的极大兴趣。会上展出了一个分叉的棍状的奴隶轭，还展示了比利时外交部收集的关于奴隶贸易恐怖的资料。拉维热里红衣主教向每位代表分发了一套文件，内容是关于他的反奴隶制运动历史，出版物《布鲁塞尔景点》（*Bruxelles Attractions*）在证券交易所宫（Palais de la Bourse）举办了一次关于奴隶贸易的公开讲座。比利时外交大臣在会议开幕时说："你们即将承担的使命是伟大而纯粹的。它是慷慨的、无私的。它甚至不需要这些不同种族人民的感激……他们的安全是你们的使命。"与会者还包括代表美国的亨利·谢尔顿·桑福德和代表桑给巴尔苏丹的约翰·柯克。[28]

在会议开幕之前，刚果自由邦发布了一份报告，记录了刚果自由邦为制止奴隶贸易而采取的政治和军事措施。报告重点介绍了马涅马的阿拉伯奴隶贸易，概述了班加拉和斯坦利瀑布之间的哨卡修建情况以及由接受过军事训练的当地部队组成的部队情况。它强调，班加拉的哨卡和阿鲁维米河河口的巴索科设立的新哨卡，将有效阻止阿拉伯人的前进。最后，报告指出，蒂普·蒂普被任命为斯

333

坦利瀑布区总督，并承认这一任命并没有达到结束斯坦利瀑布区奴隶袭击的预期效果，但称这一举动"在某种程度上有助于限制劫掠奴隶的恐怖行为"。事实上，这份报告将刚果自由邦的军事扩张描绘为反对奴隶制的代名词。[29]

会议一开始就按照比利时的计划进行，首先考察非洲奴隶被俘的地区，然后是水陆路线，最后是奴隶被贩卖和分散的目的地区。会议上讨论的主要奴隶俘获区是马涅马，不过代表们还定义了一个包括从北纬20°到南纬22°的更大的非洲"奴隶贸易区"。利奥波德国王没有亲自出席这次会议，但他极为密切地关注着会议的进程，并在适当的时候通过他的代表进行干预。随着会议的进行，代表们似乎普遍同意，欧洲殖民者需要更有效地占领自1885年以来在条约中被分割的领土。这将需要更多的政府站点、军事哨卡和更好的交通运输系统。这样一来，反奴隶制情绪便无缝地转化为帝国主义项目。[30]

334　　在1890年5月10日的会议上，有人提出，由于1885年的《柏林法案》禁止刚果自由邦对进口货物征收关税，所以刚果自由邦在执行法案建议措施方面将特别容易受到限制。提议中说："鉴于……目前的条约因禁止奴隶贸易而造成的费用，签署各国应允许对进口到上述国家和领地（即刚果盆地）的商品征收进口税。"这一提案随即被分配给会议的一个小组委员会进一步研究。[31]

1890年7月2日，经过7个多月的讨论和审议，《布鲁塞尔奴隶贸易会议总议定书》（General Act of the Brussels Slave Trade Conference）终于通过。第一条列出了打击非洲境内奴隶贸易的必要措施，包括设立政府站点、军事哨卡，修建公路、铁路、电报线路和限制进口现代武器。会议认为，殖民占领是现在解决奴隶贸易这一持续问题的最佳方案。《总议定书》经表决通过后，会议提出了一项特别声明。会议承认《总议定书》对"已约定的刚果盆地"内拥有领地的大国规定了新的义务，而履行这些义务需要投入更多财政资源，因此允许在刚果河流域拥有领地的任何国家对进口货物征收关税，但关税比率不得超过 10%。虽然葡萄牙、法国、英国和德国占领"已约定的刚果盆地"的一小部分，但这一问题所针对领土的绝大部分属于刚果自由邦。[32]

利奥波德国王取得了一项重大的胜利。5 年前在柏林，他承诺建立自由贸易区，从而控制了刚果河流域。如今，他又废除了这一承诺，并获得了征收进口税的权利，获得了他可以随心使用的新收入。特别声明并没有规定他把钱花在打击奴隶贸易上。利奥波德国王巧妙地利用了拉维热里红衣主教和其他人在欧洲激起的反奴隶制情绪，推翻了《柏林法案》，让刚果自由邦获得了新的权力。此外，会议还为利奥波德二世提供了将阿拉伯人赶出马涅马的道德支持。他现在只需要等待一个合适的契机。

335

3

1890 年 6 月，刚果自由邦，斯坦利瀑布区

蒂普·蒂普于 1890 年 5 月或 6 月离开斯坦利瀑布时，留下了他的侄子拉希德·本·穆罕默德（Rashid bin Muhammad），也就是布瓦纳·尼齐格的儿子担任斯坦利瀑布区的代理总督。刚果自由

邦向拉希德发出了正式任命书。在接受任命之前，拉希德一直在洛马米河下游（从斯坦利瀑布下游 70 英里处汇入刚果河）收集象牙，他经常住在洛马米河和刚果河的交汇处的伊桑吉。1888 年 4 月，艾敏帕夏救援远征队的 J. 罗斯·特鲁普（J. Rose Troup）在拉希德的营地呆了几天。特鲁普这样描述拉希德："他举止得体，带着自力更生的姿态和领袖的气场。我立刻被他在部下中所激起的敬畏所打动，他们视他为名副其实的首领和指挥官……他总是穿着一尘不染的白色阿拉伯长袍，寻常的长度，十分飘逸，他戴着纯白色的头巾，衬托出他那张精致的面庞。"蒂普·蒂普的商业事务留给了穆罕默德·本·阿里处理，詹姆森早些时候曾称他为"蒂普·蒂普在瀑布的代理首领"。[33]

　　对于蒂普·蒂普来说，因为刚果自由邦在获取象牙方面变得越来越咄咄逼人，所以此时并不适合离开马涅马。自由邦在位于阿鲁维米河河口巴索科的军营标志着一个新的阿拉伯人所控制地区的下游边界。条约允许阿拉伯商人及其马涅马士兵在巴索科和班加拉站点之间进行贸易，但不允许进行劫掠活动。自由邦班加拉站代理人范·克霍温中尉认为，阿拉伯和斯瓦希里商人通过偷窃和掠夺获得他们所有的象牙，而没有用任何商品作为交换，因此自由邦有权没收这些象牙。1891 年 4 月，斯坦利瀑布的自由邦代理人伊西多尔·托巴克（Isidore Tobback）写信给两个阿拉伯象牙商人，告诉他们："国王不希望（象牙）落到外国人手中，或国王的国家以外的任何地方。这是件大事，不会让他高兴的。"为了缓和语气，他补充说："你想从我们这里得到什么，就直截了当地告诉我们，即使它（价值）3500 磅的象牙，我们都会给你的。"[34]

　　1891 年，利奥波德国王任命范·克霍温率领一支军事远征队，沿韦莱河（与阿鲁维米河平行，位于其北约 120 英里），将自由邦的边界延伸到尼罗河上艾敏帕夏的旧总部拉多。国王指派给范·克霍温 14 名欧洲军官和一支由 600 名非洲士兵组成的特遣队，到 1892 年，这一数字已增加到 1000 人。1891 年 3 月，这些士兵集结在距巴索科下游约 100 英里的刚果河沿岸的本巴（Bumba），从那里向北行进，直到抵达韦莱河。他们沿着韦莱河向东，并沿着韦莱河的一些支流往上游，攻击阿拉伯掠夺团队并没收他们的象牙。1891 年 10 月 24 日，范·克霍温发动的一次袭击中缴获了 800 根象牙，几天后又发动了一次袭击，在一个阿拉伯营地杀死了 1800 人。[35]

　　远征队的一名军官路易-拿破仑·查尔丁（Louis-Napoleon Chaltin）中尉描述了他对阿拉伯/马涅马营地发动的一次突袭："一天，黎明时分，我们突袭了正在睡梦中的商人营地，缴获了一整队的奴隶、象牙、旗帜、武器和弹药。只有几个商人逃掉了。"另一个军官皮埃尔-约瑟夫·蓬捷（Pierre-Joseph Ponthier）对韦莱河的一条支流莫孔戈河（Mokongo River）沿岸的一个阿拉伯/马涅马营地发动了突袭，在随后的两天里他们继续追击并试图歼灭逃离的马涅马部队。他报告说："简而言之，莫孔戈一带的马涅马部落遭受的不仅是失败，还是一场他们不会很快从中恢复的真正的灾难。"[36]

　　阿拉伯和马涅马贸易商队并不是范·克霍温远征队的唯一受害者。范·克霍温远征队与一群向他们发射毒箭的森林住民进行了长达 3 周的战斗，抓获了 370 名男人和妇女，还有大量儿童。远征队的两名英国成员称，范·克霍温把所有的男人和女人绑在一起，排成一列，然后下令射死他们。一位友好的首领塞米斯（Semis）恳

337

求克霍温放过他们，克霍温回答说，他们给了他太多麻烦，他厌倦了。然后他下达命令，这些人被全部枪杀。儿童则作为奴隶被交给一些友好的酋长。[37]

范·克霍温的远征因其残暴的行径和缴获的大量象牙而引起了人们的关注。1892 年 2 月 3 日，蒂普·蒂普的儿子赛义夫·本·哈米德（Sayf bin Hamed）写信给蒂普·蒂普，说一个名叫伊斯梅尔（Ismail）的商人告诉他，"比利时人拿走了他所有的象牙，杀死了许多人，只有几个人逃脱了"。伊斯梅尔将这次袭击归咎于一个名叫"巴雷斯坦迪"（Barestendi）的欧洲人。信中这个音译的名字无疑指的是"打开的帐篷"（Bula-Matende）——范·克霍温的非洲绰号。远征队的记录证实，一支由蓬捷和戴恩（Daenen）率领的分队对伊斯梅尔的营地发动了一次突袭，在突袭中俘虏了伊斯梅尔，并缴获了 10 吨象牙。[38]

范·克霍温沿韦莱河袭击的马涅马突袭队是由主要的阿拉伯象牙贸易商派出的，他们驻扎在斯坦利瀑布、沿卢阿拉巴河一带。商业代理人查尔斯·多雷（Charles Doré）报告说，范·克霍温远征队缴获了属于蒂普·蒂普的 500 根象牙，以及属于蒂普·蒂普的侄子、现斯坦利瀑布代理总督拉希德的 700 根象牙。商业代理人亚瑟·霍迪斯特（Arthur Hodister）报告说，拉希德损失了价值 50 万比利时法郎的象牙，一名只知道代号为"某先生"（Mr. N.）的自由邦代理人没收了他的 1400 根象牙。阿拉伯贸易商人们不仅损失了钱，而且没有象牙偿还他们从新荷兰贸易公司和接管了桑福德远征公司的比利时公共有限公司获得的预付款。在尼扬圭，被称为姆温伊·莫哈拉的阿拉伯酋长报告说，范·克霍温远征队袭击了他在韦莱河的商队，杀死了他的人，并没收了他的象牙。他声称自己损失了价值超过 150 万法郎的象牙。总之，欧洲商人在 1892 年估计，自由邦从蒂普·蒂普、拉希德、姆温伊·莫哈拉和其他人处没收了共 9.5 吨象牙。[39]

也许，受范·克霍温远征队影响最大的阿拉伯商人是哈马迪·本·阿里，也就是众所周知的基邦盖。他最初来自科摩罗群岛，1892 年据称成为富有而强大的阿拉伯商人，可以调动 5000 支枪，并独立于蒂普·蒂普。1892 年 9 月，自由邦听说，基邦盖的商业伙伴阿贝德收集了几百吨象牙，正从韦莱河上游返回。由于搬运工不足，他把大部分货物存放在沿途的仓库里。自由邦代理人菲维（Fivé）提醒范·克霍温去搜寻这批丰富的贮藏。当阿贝德晚了三个月返回时，基邦盖告诉一位自由邦代理人，刚果自由邦没收了蒂普·蒂普的象牙，现在正来拿走他的象牙。范·克霍温远征队没收的象牙总量尚不清楚，不过，在 1892 年 8 月，《地理运动》（*Le Mouvement Géographique*）刊登了一则通告："范·克霍温先生远征所得的重要象牙货物陆续运抵……存放在自由邦站点本巴的仓库，正在通过自由邦的汽船运往利奥波德维尔。据估计，已有价值数百万法郎的许多吨象牙离开本巴。"[40]

由于蒂普·蒂普不在，刚果自由邦侵略性的行动在阿拉伯地区引起了巨大政治动荡。在斯坦利瀑布，拉希德受到蒂普·蒂普的严格命令——避免暴力，他温顺地默许了自由邦将象牙运走，但自由邦的行动使他感到了屈辱和悲哀。他对一位比利时商业代理人说："如果自由邦想让我们离开这里，我们又能说什么呢？我们只能离开并返回马斯喀特。"但其他独立于蒂普·蒂普的阿拉伯商人们

339

则主张抵制自由邦的行动。阿拉伯抵抗运动的第一批伤亡者是为一家由亚瑟·霍迪斯特运营的新成立的辛迪加商业公司（Syndicat Commercial）工作的比利时人。在 1892 年 3 月、4 月和 5 月间，霍迪斯特和辛迪加商业公司的其他商业代理人在基伦杜和卡松戈之间、卢阿拉巴河沿线分散开来，讨论建立贸易站点来收购马涅马的象牙。他们的想法是，这些贸易站将省去阿拉伯象牙贸易商将象牙运到斯坦利瀑布或桑给巴尔的麻烦。在基伦杜，辛迪加受到了热烈的欢迎，收购了近一吨象牙；但在卢阿拉巴河上游更远的一个贸易城镇里巴－里巴，他们却备受怀疑。里巴－里巴的酋长穆罕默德·本·阿米西（Muhammad bin Amici），也被叫做恩塞雷拉（Nserera），隶属于尼扬圭的姆温伊·莫哈拉。恩塞雷拉告诉远征队，他必须先得到姆温伊·莫哈拉的批准才能与之进行谈判。[41]

到达尼扬圭后，霍迪斯特得知，自从四年前艾敏帕夏救援济远征队的詹姆斯·詹姆森来过这里以后，情况发生了很大变化。哈比卜在前往桑给巴尔的途中去世，姆温伊·莫哈拉现在是尼扬圭无可争议的酋长；阿贝德被驱逐，被迫迁往基伦杜。1891 年，据说姆温伊·莫哈拉指挥着 4000 支步枪，控制了洛马米河中游沿岸的象牙贸易。商业代理人多雷认为，姆温伊·莫哈拉和蒂普·蒂普一样强大，而且更令人恐惧。霍迪斯特在尼扬圭与姆温伊·莫哈拉会面时得知，这位阿拉伯酋长对于他在范·克霍温远征中遭受的损失感到十分愤怒。他不仅失去了大量的象牙，还失去了 100 多名手下。他对霍迪斯特说："沿韦莱河的远征队袭击了我的队伍，杀了我的人，抢走了我的象牙。所有白人都是一样的。他们对阿拉伯人一样残暴。我不希望在我的地盘上看到任何白人。"然后，他命令霍迪

340

斯特立即离开尼扬圭，再也别回来。[42]

　　霍迪斯特骑着马，和 3 名骑着驴子的辛迪加商业公司的比利时代理人，带着一队搬运工返回斯坦利瀑布。他们在接近里巴－里巴的途中遇到了一支阿拉伯贸易商人的武装部队。霍迪斯特下马并走近对方头领，想要商量目前的状况，但枪声响起，霍迪斯特被击毙。他的 3 个同伴也被枪杀。虽然这次袭击是里巴－里巴的恩塞雷拉酋长组织的，但毫无疑问，命令来自尼扬圭的姆温伊·莫哈拉。5 月12 日，即霍迪斯特遇袭前的两三天，自由邦代理人伊西多尔·托巴克经过基伦杜时，看到了姆温伊·莫哈拉发给卢阿拉巴沿线所有酋长的信，信中要求将白人驱逐出马涅马。霍迪斯特一行的遇袭标志着卢阿拉巴河沿岸的阿拉伯商人对刚果自由邦发动了更大规模的的暴动。1892 年 10 月，《地理运动》报道说："姆温伊·莫哈拉、恩塞雷拉和卡苏库（Kasuku）已经宣战；基邦盖叛逃；赛义夫正在被敦促离开瀑布。拉希德还能忠诚多久？"这篇文章发表后不久，又一名欧洲人在马涅马被杀。他就是闻名于世的德国旅行家艾敏帕夏。[43]

341

　　一系列离奇的情况莫名地把艾敏带到了马涅马。在德国举办的宴会上跌倒受伤的艾敏在巴加莫约养好身体，想继续追求自己的理想，收集生物标本，但苦于缺乏资金。他接受了德国东非事务专员赫尔曼·冯·威斯曼的提议，带领一支探险队进入内陆，与当地酋长签署条约。1890 年 4 月 26 日，就在艾敏和斯坦利一起到达巴加莫约 5 个月后，他的德国探险队准备出发前往内陆。艾敏收到的命令是确保维多利亚湖南岸以及维多利亚湖与坦噶尼喀湖之间的所有领土，"以阻挠英格兰在这些领土上取得影响力的企图"。

然而，在艾敏一行到达维多利亚湖之前，英国和德国政府就签署了一项新条约，解决两国领地的边界争端。9月7日，艾敏收到新条约副本，他清楚地意识到，他不需要再去阻止英国人了。1890年12月初，威斯曼命令艾敏全速返回海岸。艾敏1891年4月5日写信给他的妹妹说："赫尔曼·冯·威斯曼先生来信中否定了我迄今为止所做的一切，并说巨大的变化即将到来，命我尽快返回海岸。事情就是这样的，我必须要离开了。好吧，我不是在怪他们。他们不再需要我了，一切都结束了。"[44]

威斯曼的信解放了艾敏，他可以去追求他的收藏理想。他将大部分人送到印度洋海岸，然后自己带着一小群士兵和搬运工向西北方向的艾伯特湖行进，大致沿着他曾随斯坦利走过的路线，按相反的方向，探索这片区域，并收集标本。接着，他向西进入伊图里雨林，沿着艾敏帕夏救援远征队的路线反向前进。他写信给他的妹妹说："我终于解决了长期以来困扰我的问题，即：莫松瓜（Mosongua）附近、艾伯特湖以西存在着一片原始森林，等等。伊图里雨林是它的延伸。森林里的黑暗延伸，与热带草原形成鲜明对比，真是太神奇了。我现在很能理解草原上的土著人是如何敬畏地看待黑暗的森林及其奥秘的。"事实证明，雨林是标本采集者的天堂，充满了各种奇异的鸟类、蝴蝶和蛇，甚至还有一种罕见的红色老鼠。

1892年1月29日，艾敏接待了一个名叫伊斯梅利（Ismaili）的马涅马象牙商人的两个信使，邀请他前往伊图里雨林。伊斯梅利是一个为阿拉伯商人赛义德·本·阿贝德工作的头领，赛义德·本·阿贝德是马涅马最有权势的阿拉伯商人之一，最近才从尼

342

扬圭搬到卢阿拉巴河下游，与基邦盖一起定居在基伦杜。3月6日，伊斯梅利派来的搬运工抵达艾敏的营地。在他们的帮助下，艾敏进入了刚果自由邦，并于3月12日到达伊斯梅利的营地。5月28日，艾敏一行离开前往赛义德·本·阿贝德位于伊波托的营地；6月18日抵达时，却发现阿贝德已经带着200支枪去基伦杜加入阿拉伯人反抗刚果自由邦和蒂普·蒂普党人的运动。[45]

8月1日，艾敏的探险队在伊斯梅利的陪同下离开了伊波托，阿贝德有时会和他们会合。在热带雨林的泥泞和沼泽里穿行了两个月，商队到达了基龙杜西约175英里的基内纳（Kinena）。赛义德让艾敏和伊斯梅利留在基内纳，而他先去基伦杜争取允许艾敏加入他们的许可。艾敏写于1892年10月22日的倒数第二篇日记表明，他已意识到范·克霍温远征队在卢阿拉巴河沿线引起的动乱。他写道："姆温依·莫哈拉想战斗。布瓦纳·基邦盖，又名哈马迪·本·阿里，寄来一封友好的信：我很快就来。"但是，艾敏不知道的是，基邦盖还写信给基内纳酋长，命令他杀死艾敏。

之后发生的事只能从后来伊斯梅利的证词中得知。1892年10月23日，基内纳酋长、伊斯梅利和其他人来到艾敏的住处，让他派他的士兵在大约一个小时路程外的树林里采集芭蕉。艾敏的士兵一走，两个人便抓住了艾敏的手臂。基内纳酋长看着他的脸说："帕夏，你必须死！"艾敏问："你是谁，为什么要杀死我？"基内纳回答说："这是基邦盖的命令。他是我的主人，我必须服从他。"艾敏反抗说他收到了基邦盖让他自由通行的许可，基内纳酋长向艾敏出示了基邦盖的另一封命令杀死他的信。四名男子随后将艾敏按倒在地上，第五个人割断了他的喉咙。几个小时后，艾敏的断头被

343

放进一个盒子里，送给了基邦盖。[46]

基邦盖到底是出于什么动机下令杀死艾敏的并不十分清楚，毕竟艾敏对基邦盖并没有构成利益上的威胁。然而，从更广泛的角度来看，艾敏的死亡显然是范·克霍温远征队行动所附带的伤害。奥斯卡·鲍曼（Oscar Baumann）曾于 1886 年在斯坦利瀑布拜访蒂普·蒂普，他这样解释这一联系："血腥的交战发生。范·克霍温袭击了几个阿拉伯营地，劫掠大批珍贵的象牙。阿拉伯人的愤怒可想而知……如果说阿贝德自己本想保护艾敏，但当他面对愤怒的马涅马人和因范·克霍温而四散逃亡的同胞时，他不可能这样做。"[47]

1892 年 5 月，辛迪加商业公司代理人被杀，随后，10 月艾敏又被杀害。这无疑表明，刚果自由邦（在斯坦利瀑布以拉希德为代表，在卡松戈以赛义夫为代表）与卢阿拉巴河沿线的其他阿拉伯定居点之间的战争一触即发。而唯一有能力调解这场冲突的蒂普·蒂普，正远在桑给巴尔，因斯坦利的起诉为自己辩护。能够稳定局势的人物不在，事态无可挽回地走向了全面战争的爆发。

344

4

1894 年 7 月，康涅狄格，艾沃里顿

到了 19 世纪 90 年代，康涅狄格生产梳子、钢琴琴键和台球的两家象牙工厂不再只从桑给巴尔进口象牙。康斯托克切尼公司和帕蒂兰德公司各自每月消耗约 10 吨象牙，它们的需求远比桑给巴尔能提供的象牙更多。1894 年 7 月，帕蒂兰德开始试用来自刚果河

河口的"刚果象牙"，在接下来的六个月里，从 28 根刚果象牙中
切割出 1489 套钢琴琴键贴面。1894 年 11 月，阿诺德切尼象牙进
口公司的 W. H. 阿诺德（W. H. Arnold）给帕蒂兰德总经理乔治·L.
切尼（George L. Cheney）的信中写道："我希望您能告诉我您对刚
果象牙的看法。"两个月后，他重申了这一点："如果我们要更新（产
品），就必须研究这种刚果象牙的优缺点，以及我们可以使用它的
哪些特性。" [48]

　　到 1895 年中期，刚果象牙逐渐体现出它的价值。1895 年 6 月
12 日，阿诺德写道："我希望尽一切努力继续使用刚果象牙，我们
得知大批刚果象牙运抵安特卫普，售价将进一步下跌。"1896 年间，
这家象牙进口公司从其在桑给巴尔的代理商那里购买了 7840 磅象
牙，从伦敦购买了 7900 磅桑给巴尔象牙，但也从安特卫普购买了
6100 磅刚果象牙。1898 年，帕特兰德购买了 70052 磅刚果象牙，
而康斯托克切尼工厂买了 26666 镑。仅 1898 年，两家公司就合计   345
购买了近 50 吨刚果象牙。[49]

　　从某种意义上说，区分桑给巴尔象牙和刚果象牙的差别是没有
意义的，因为蒂普·蒂普和马涅马森林中的象牙猎人往非洲两岸都
运送象牙。到达欧洲或美国的象牙是根据运送它的非洲港口区分
的，而不是大象被杀死的具体地点。如果蒂普·蒂普把象牙卖给了
刚果河上的欧洲公司，这批象牙就被贴上刚果象牙的标签；如果他
把象牙送到桑给巴尔，这批象牙就被贴上桑给巴尔象牙的标签。
1888 年，传教士乔治·格伦费尔在日记中勾勒出的一个故事充分
证明了这一点。故事说，一个猎人在斯坦利瀑布地区杀死了一头大
象，并将其中一根象牙卖给了刚果河上的欧洲商人，另一根则卖给   346

了桑给巴尔的阿拉伯商人。这个故事追踪了两根象牙走的不同路线，最后，它们同时出现在伦敦的码头。[50]

在 19 世纪 80 年代，康斯托克切尼公司占用的土地已经以"艾沃里顿庄"（Village of Ivoryton）闻名，表示对其生产的象牙产品的庆祝。随着公司的发展，康斯托克切尼公司建造了更多的房子出租给员工，1881 年该公司拥有 11 栋房子，10 年后增至 29 栋。为了吸引工人，公司在纽约市埃利斯岛（Ellis Island）雇佣代理人，引导新移民到艾沃里顿定居，在那里，他们可以从公司的房产里找到住房。直到 1885 年，康斯托克切尼公司的工人大多是斯堪的纳维亚和德国的移民，但在 1885 年之后，工人大多是意大利人和波兰人。到 1899 年，康斯托克切尼公司大楼占地 30 英亩，吹嘘拥有约 10 万平方英尺的厂房。公司拥有 40 间出租公寓和一间可容纳60 人的寄宿楼，为 600 名员工提供住宿。[51]

一根象牙变成钢琴琴键的象牙贴面要经历一个复杂的过程，其中包含许多步骤。首先就是为钢琴生意选择象牙（selection）。一般需要的是成熟的象牙，重 40 磅以上，没有斑点、斑纹、裂缝或裂环。接下来是切段（junking），用细齿锯子将象牙锯成 4 英寸长的象牙段。然后是分块（blocking），在 4 英寸长的圆柱段的横截面上标记一系列矩形，在中间切出楔子。然后是分离（parting），在这个过程中，工人用圆锯把长方体状的木块从象牙圆柱里切出来。楔块被用来制作牙签、耳勺或工具手柄。在切片阶段（slitting），用圆锯将这些楔块切成每个厚 16 英寸的长条状，切片方式类似于在肉店切肉片。接下来是化学漂白（chemical bleaching）。为了使钢琴琴键白度均匀，象牙条需要在过氧化氢溶液中漂白 72 小时后，在温水中清洗，然后送到干燥室干燥。

曝晒漂白（*sun bleaching*）是制作象牙贴片的最后一步。自 19 世纪 40 年代以来，象牙切割工就知道，持续的曝晒和热量会使象牙变白，并加速化学漂白剂的活性。为了达到这一效果，康斯托克切尼公司使用专业的漂白屋。这些屋子是由金属框架构成的长玻璃建筑，有点像温室，不同在于漂白屋的主要一面有一个呈 45 度倾斜的屋顶，高 11 英尺。放置象牙贴面的木质托盘将在阳光下曝晒长达一个月或更长的时间，时间长短取决于季节。在此期间，工人们会定期翻面，以使每条边缘都变白。这之后，这些象牙贴面才可以开始配对、修剪，然后用热胶粘合在木键上。1899 年，康斯托克切尼公司的漂白房共计长达 3500 英尺。[52]

虽然康斯托克切尼公司的钢琴琴键最为闻名，但它没有忽视象牙台球和一般台球的生产。公司声称有一项漂白和干燥的工艺专利，这使其生产的台球比其他制造商的产品更耐用且更不容易开裂。利用这种方法，该公司生产直径从 2.25 英寸到 3 英寸的象牙台球，以及直径从 2.125 英寸到 2.375 英寸的普通台球。不过，该公司还是更青睐生产钢琴琴键，因为一根普通的成年非洲象牙只能制作 4—5 个象牙台球，而可以生产 50—55 个完整的象牙贴面琴键键盘。[53]

在艾沃里顿以东 3 英里，坐落于狄普河畔的帕蒂兰德公司也在蓬勃发展。1881 年 7 月 31 日，一场大火烧毁了公司的主要工厂和周围的商铺。该公司拥有一块 50 英亩的土地，在这片土地上新建了一个四层的厂房，配备了最新的机械，并配置了机器车间、锻造车间、烘干房、匹配房（用于将象牙贴面与木琴键匹配）、漂白房和一座办公楼。火灾发生时，公司雇用了大约 160 名工人。这两家象牙公司的管理是相互关联的：1878 年成为康斯托克切尼公司总裁的乔治·A. 切尼，是 1877 年帕蒂兰德公司总裁本杰明·阿诺德（Benjamin Arnold）的表兄，也是 1892 年帕蒂兰德公司总经理的乔治·L. 切尼的父亲。[54]

1899 年，报纸《狄普河新纪》（*The Deep River New Era*）这样总结当地推动主义（boosterism）热潮下的康涅狄格州艾沃里顿："几年前艾沃里顿庄还是一片荒野，如今已是全州最美丽的村庄之一，这主要得益于塞缪尔·康斯托克的努力。"然而，1889 年，亨利·莫顿·斯坦利在给英国驻桑给巴尔领事的报告中揭露了象牙贸易的阴暗面。他写道："英国人根本不知道现在的象牙收集手段……意味着什么。由 500—600 名装配有恩菲尔德卡宾枪（Enfield carbine）的马涅马武装部队，在桑给巴尔阿拉伯人和斯瓦希里人的指挥下，出没于刚果河上游东部这片巨大的森林里。他们摧毁他们发现的每一个地区，当地人为躲避枪击而不得不躲到森林中的隐秘处。"然后，斯坦利概述了突袭队的基本行动："在半径为几天行进路程的巨大圆圈的中心，象牙掠夺者选择一片芭蕉丰富的地方，种植几英亩的粮食，在庄稼生长期间，由 20 或 40 人组成的小分队出击，摧毁圆圈内的每个村庄……因此，这片土地的象牙被扫荡干净，但不幸的是，它也变成了一片荒芜。"[55]

斯坦利刚写这份报告不久，刚果自由邦就开始用武力从阿拉伯掠夺者手中夺取象牙。即使是斯坦利这样餍足了的帝国主义者也知道，像康涅狄格州艾沃里顿这样的繁荣，是建立在刚果河流域人民的苦难和死亡之上的。

5

1893 年 3 月 4 日，马涅马地区，尼扬圭

当黎明破晓时，一支由吉尼亚（Genia）渔民担任桨手、由 100 艘大型独木舟组成的舰队到达了着陆点，它位于卢阿拉巴河西岸的沼泽地带，刚果自由邦军营附近。这支舰队过来将自由邦的士兵运过卢阿拉巴河，以袭击赤道非洲象牙和奴隶贸易的主要商业城镇——尼扬圭。加拿大裔的刚果自由邦军队上尉西德尼·兰福德·辛德（Sidney Langford Hinde）将 1893 年的尼扬圭形容成"一个拥有 2.5 万或 3 万居民的精心建造的阿拉伯城镇"。[56]

吉尼亚独木舟舰队大肆渡河的行动，令尼扬圭的阿拉伯人和他们的马涅马士兵大吃一惊。自由邦军队在卢阿拉巴河西岸驻扎了 6 个星期，但没有试图渡河，顶多是在这条河的最窄处（大约有 1000 码宽）向对岸开几枪。子弹发射时弥漫的烟雾让对方在听到枪响之前有机会躲起来。姆温伊·莫哈拉是尼扬圭毫无争议的酋长。三个月前，他在与卢阿拉巴西岸的自由邦政府军的冲突中被杀，这使尼扬圭的领导人变得不确定。自由邦政府军在卢阿拉巴东岸登陆并爬上堤岸进入城镇后，惊讶地发现在这里几乎没有遇到反抗。辛德写道："我们成功登陆并占领了镇上大部分地区，几乎没有开枪。到那天晚上十点，我们已经在城内的高处建起了防御工事。"9 天后，政府军镇压了一场叛乱。由于担心发生进一步的暴动，政府军烧毁了城镇的大部分地区。到 4 月 17 日，大部分政府军离开尼扬圭，辛德报告说，在短短的 6 周内，尼扬圭"已经从一个有 3 万

人口的精致城镇，变成了只有军营和坚固防御工事的地方"。[57]

1892—1893 年间，马涅马阿拉伯人与刚果自由邦双方当局都多少试图避免双方之间发生战争。蒂普·蒂普于 1890 年 5 月或 6 月离开马涅马前往桑给巴尔时，留下侄子拉希德负责斯坦利瀑布的事务，而他的儿子赛义夫则在往南约 350 英里的卡松戈的总部，代为统治他的大帝国。在蒂普·蒂普的两个权力中心之间的卢阿拉巴河沿岸的贸易城镇中，姆温伊·莫哈拉和基邦盖等阿拉伯酋长正在全力反抗自由邦及其代理人。然而，根据赛义夫的计算，他的贸易帝国面临的主要威胁不是来自斯坦利瀑布的自由邦代理人或卢阿拉巴河沿岸反叛的阿拉伯酋长，而是来自恩戈恩戈·卢泰塔，他是一个泰泰拉①奴隶，蒂普·蒂普把他安置在卡松戈西南地区的洛马米河上游，代为管理此地事务。

象牙贸易的发展要求贸易领土不断扩大，恩戈恩戈·卢泰塔向西扩张中与刚果自由邦产生了冲突。刚果自由邦于 1890 年已在桑库鲁河（Sankuru River）上的卢桑博（Lusambo）设立了一个哨卡。汽船可以沿开赛河向东行驶到卢桑博哨卡，然后继续航行到桑库鲁河。位于刚果河和阿鲁维米河交汇处的巴索科的自由邦军营用于阻止斯坦利瀑布地区的阿拉伯人西进，与之类似，卢桑博哨卡作为卢阿拉巴区（Lualaba District）的总部，主要作用是阻止阿拉伯区（Arab Zone）南端的阿拉伯人前进。

当自由邦设置军事屏障以阻止阿拉伯人扩张的同时，恩戈

---

① 泰泰拉人（Tetela），复数为巴泰泰拉人（Batetela），刚果（金）的班图族，他们大多数讲泰泰拉语。

恩戈·卢泰塔正在往西南地区扩张到卢巴（Luba）地区，使卢巴的大酋长伦蓬古（Lumpungu）和姆帕尼亚·穆通博（Mpania Mutombo）成为他的附庸。1890年，他的部队在与自由邦部队的冲突中被击败。两年后，他进行另一次西南远征，在与由卢阿拉巴区专员弗朗西斯·达尼斯（Francis Dhanis）领导的自由邦部队的战斗中再一次被击败。在那之后，他的附庸伦蓬古和姆帕尼亚·穆通博秘密地向自由邦投降了。失去这两个强大的附庸极大地削弱了恩戈恩戈·卢泰塔的地位，而且他不想继续把象牙送到卡松戈的赛义夫那里，因此，他与达尼斯结盟，允许刚果自由邦在他的都城——洛马米河上的恩甘杜（Ngandu）建一个哨卡。

据达尼斯说，恩戈恩戈告诉他："阿拉伯人为我做了什么……他们想要我所有的象牙，他们拿走了所有的象牙，却什么也没有给我。我所拥有的一切，都是靠自己的力量获得的。"人们很容易将达尼斯的报告斥为一种自我的幻想，但是它与蒂普·蒂普对恩戈恩戈的描述相符合。蒂普·蒂普在自传中写道："我从未见过像他这样顺从的奴隶，他把他得到的所有东西都交给我。我把我所有的商业信息都告诉他，并让他掌管我在卡松戈–拉什的王国。"然而，到1892年，恩戈恩戈·卢泰塔试图摆脱他的阿拉伯主人，即使这样做需要与刚果自由邦结盟，并交出大量的象牙库存。[58]

在蒂普·蒂普的马涅马总部卡松戈，赛义夫认为恩戈恩戈·卢泰塔的叛逃影响十分重大，自己不仅失去了对一大片领土的控制，而且也失去了该地区的象牙收入，例如，1886年，恩戈恩戈曾向卡松戈的蒂普·蒂普交付32吨象牙。此外，如果恩戈恩戈可以叛逃却不用付出任何代价，其他人可能会效仿。按照传统的阿拉伯习

352

俗，赛义夫派一名信使带着一把锄头和一颗步枪弹壳去找恩戈恩
戈，让他选择。如果他选择了锄头，表明他会屈服；但如果他选择
了弹壳，那就意味着战争。而恩戈恩戈送还赛义夫一块天鹅绒的裹
尸布作为回复。不久，赛义夫便率领一支估计有 1 万人的军队进入
卢阿拉巴和洛马米之间的地区。他的目标是惩罚恩戈恩戈这个叛
徒，恩戈恩戈不仅是他的政治附庸，更是他父亲的奴隶。[59]

为了阻止战争爆发，刚果自由邦在卡松戈的代表让－弗朗索
瓦·利彭斯（Jean-François Lippens）以赛义夫的名义给指挥官达尼
斯写信，提出了两个要求。首先，自由邦需撤走其在恩戈恩戈首都
的哨卡。赛义夫将接受自由邦在洛马米河上设卡，但他坚持由自己
选择设卡点。其次，自由邦需在即将到来的赛义夫和恩戈恩戈之间
的战争中保持中立。这封信表明，自由邦并没有准备好与一支拥有
15000 支枪的阿拉伯部队开战。当时，自由邦只有 400 名豪萨士兵，
而恩戈恩戈·卢泰塔有 2000 支枪，恩戈恩戈曾经的附庸伦蓬古酋
长有 3000 支枪。1892 年 12 月 3 日，自由邦回应了利彭斯的要求，
命令达尼斯保持防御姿态，尽量避免与阿拉伯人发生冲突。与此同
时，蒂普·蒂普的一封信送到了斯坦利瀑布，命令拉希德和赛义夫
与刚果自由邦保持友好关系。[60]

尽管刚果自由邦和蒂普蒂普都不愿开战，但当地局势的发展却
使冲突一触即发。赛义夫的马涅马部队认为，惩罚恩戈恩戈·卢泰
塔的背叛，责无旁贷。他们越过洛马米河进入自由邦的领土，但被
赶了回去。随后，尽管没有授权，刚果自由邦、恩戈恩戈·卢泰塔
和伦蓬古的联合部队还是越过洛马米河进入蒂普·蒂普的领地，
追击赛义夫。自由邦政府军现在包括 6 名欧洲军官、400 名刚果自

由邦雇用的豪萨士兵和 25000 名非洲盟军，他们许多人手持长矛和弓。向卢阿拉巴行进途中，他们遇到了前来支援赛义夫的尼扬圭酋长姆温伊·莫哈拉的军队。在 1892 年 12 月的一系列战斗中，政府军杀死了姆温伊·莫哈拉，歼灭了他的部队，并缴获了 5000 支枪。1893 年 1 月 28 日，政府军接近卢阿拉巴河，看到了对岸的尼扬圭。3 月 4 日，他们乘坐独木舟越过卢阿拉巴，占领了尼扬圭。[61]

政府军的下一个目标是卡松戈，这个城镇居住着 2 万人，曾是蒂普·蒂普的总部，但现在由他的儿子赛义夫掌管。卡松戈位于尼扬圭以南 35 英里，距离卢阿拉巴河内陆 9 英里，最近，它的人口达到了 6 万人左右，其中包括逃离马涅马的人，以及布瓦纳·尼齐格（1886 年将自由邦赶出斯坦利瀑布）、赛义德·本·阿贝德（陪同艾敏帕夏的最后一次旅行）和穆罕默德·本·阿米西（负责策划杀害霍迪斯特的里巴－里巴酋长）的部队。因为从未想到卡松戈可能会受到攻击，赛义夫的人正在加紧建造防御工事。

4 月 22 日，在接近卡松戈时，政府军的主力部队走错了路线，从后方接近，而其他纵队则从主干道进攻。在两支队伍的夹击下，城中的守军及以及成群的妇女、儿童和奴隶被迫撤退。不到两个小时，政府军就占领了城内的主要据点。辛德上尉写道："卡松戈比宏伟古老的奴隶之都尼扬圭建造得还要精致。在这里，我们发现了许多几乎已经忘记其用途的欧洲奢侈品：蜡烛、糖、火柴、银杯和玻璃高脚杯，以及琳琅满目的玻璃酒瓶。我们还带走了大约 25 吨象牙，10 吨或 11 吨火药，数以万计的火帽和子弹，各式枪支和可能曾经制造过的左轮手枪，一些炮弹，以及阿拉伯人在德属东非拿走的一面的德国国旗。"他们还发现了一个金属盒子，里面装着艾敏帕夏的文件，包括他 1892 年 1 月至 10 月期间的日记。但他们并没有找到赛义夫和其他阿拉伯酋长，这些人和撤退的士兵一起逃跑了。[62]

在拉希德代表刚果自由邦统治的斯坦利瀑布地区，巴索科军营（位于阿鲁维米河口）的政府军在得知达尼斯正在向卡松戈和尼扬圭进军后，气势变得更加嚣张。为了确保洛马米河下游能够阻止阿拉伯或马涅马的扩张，他们乘坐两艘自由邦的汽船在洛马米河上巡航，发现阿拉伯人在贝纳坎巴（Bena Kamba）的哨卡已被遗弃。他们从陆路向东行进到卢阿拉巴，发现里巴 – 里巴（一年前霍迪斯特远征队遇袭的地方）被匆忙抛弃，并在他们进攻之前被部分烧毁。1893 年 5 月 6 日，他们返回洛马米河上等待他们的"布鲁塞尔维尔号"（*Ville de Bruxelles*）时，收到了来自斯坦利瀑布的消息，拉希德加入了阿拉伯起义，那里的自由邦驻军正在遭受攻击。他们及时赶到了斯坦利瀑布，给阿拉伯人以沉重一击，带走了 1500 名囚犯。但拉希德逃掉了。虽然自由邦和阿拉伯人都使用当地征募的军队作战，但自由邦政府军的优势在于，士兵们接受了经验丰富的军官针对实战的训练，而阿拉伯军队中的士兵大多是从未经历过重大军事战争，只是劫掠过象牙和奴隶。[63]

6 月 25 日，一艘汽船载着班加拉区专员休伯特·洛泰尔（Hubert Lothaire）和最近升任上尉的皮埃尔 – 约瑟夫·蓬捷以及 200 名班加拉士兵一同抵达斯坦利瀑布。6 月 28 日，在斯坦利瀑布招募了 100 名士兵作为补充增援后，政府军乘坐 50 艘从吉尼亚渔民手中征用的独木舟，往卢阿拉巴河上游进发，驱逐剩余的阿拉伯人。当他们到达基邦盖在基伦杜的城镇时，发现这里已被遗弃，空无一人，于是继续沿卢阿拉巴河向尼扬圭方向前进。7月10日，在与拉希德和基邦盖的联合部队作战中，政府军俘虏了6000—7000名囚犯，但拉希德和基邦盖逃脱了。8月16日，政府军再次追上拉希德和基邦盖，但他们再次逃脱。之后，拉希德和基邦盖便兵分两路。拉希德向东南逃往卡班巴雷（Kabambare），它位于乌吉吉和尼扬圭之间主要贸易商路上；而基邦盖则向东北移动，在林迪河（Lindi River）上游建立自己的据点。在卢阿拉巴河战斗了3个月后，洛泰尔带着缴获的超13吨的象牙返回班加拉。蓬捷和他的班加拉部队继续沿卢阿拉巴河行进，在卡松戈与达尼斯的部队会合。[64]

尼扬圭和卡松戈陷落后，乌吉吉的阿拉伯酋长鲁马利扎（Rumaliza）率领一支庞大的军队从坦噶尼喀湖抵达。他先驻扎在坦噶尼喀湖和卢阿拉巴河中间的卡班巴雷，然后向卢阿拉巴前进，并在卡松戈以南建造了几个堡垒，作为夺回卡松戈的集结地。在1893年10月中旬至11月中旬期间，鲁马利扎的部队被赶出堡垒，向东朝坦噶尼喀湖方向撤退。1893年11月下旬，政府军袭击了姆瓦纳姆库万加（Mwana Mkwanga）附近的一座临时阿拉伯堡垒。赛义夫在战斗中受了重伤，几天后便死亡了。

1894年1月25日，政府军占领了卡班巴雷，接受了赛义德·本·阿贝德和拉希德的投降。但乌吉吉的阿拉伯酋长鲁马利扎逃走了，他越过坦噶尼喀湖，投靠了现在控制乌吉吉的德国人。阿贝德因杀害艾敏帕夏被军事法庭宣判无罪，而拉希德被驱逐到刚果自由邦的开赛地区，负责一个农业项目。他后来被船遣送回桑给巴尔，以防止他再次返回马涅马。[65]

1894年，达尼斯离开刚果，洛泰尔接任阿拉伯区指挥官，并 357

负责消除阿拉伯抵抗的残余势力。基邦盖指挥的一支重要阿拉伯部队仍在斯坦利瀑布以东、与阿鲁维米河平行的林迪河上游地区活动。洛泰尔的部队在林迪抓获了基邦盖，并于 1895 年 1 月 1 日以杀害艾敏帕夏的罪名处决了他。5 天后，他们截获了英国象牙商人查尔斯·斯托克斯（Charles Stokes）的一封信，信中告诉基邦盖，他正带着枪和弹药赶来。他们随即追击了斯托克斯，在阿蓬布利（Apombuli）附近的帐篷里抓住了他，并缴获了 60 支德国毛瑟步枪、8 支后装式施耐德步枪、各种子弹以及 350 千克火药。他们还在分散的几处仓库里发现了超 7 吨象牙。斯托克斯被带到林迪，匆忙组建的军事法庭判定他向奴隶贩子提供武器和弹药，他于 1 月 15 日凌晨被行绞刑。[66]

斯托克斯被军事法庭草草处决的消息在英国引起了强烈抗议，因为斯托克斯作为英国公民，应当以平民的身份接受审判，并享有上诉权。在英国的外交压力下，刚果自由邦在刚果博马的上诉法院以杀人罪对洛泰尔进行了审判，洛泰尔被判无罪。由于英国人的抗议，洛泰尔被布鲁塞尔的刚果自由邦最高委员会重审，在那里他再次被无罪释放。洛泰尔声称，处决斯托克斯是将阿拉伯奴隶主赶出刚果自由邦之战斗的必要手段，但英国和德国的许多人认为这是一场争夺象牙库存的战斗。

随着阿拉伯象牙贸易商在马涅马全境撤退，刚果自由邦迅速进入马涅马雨林开发资源。而 1894 年 1 月 2 日，E. J. 格莱夫和一支小商队沿主要贸易路线经坦噶尼喀湖和卡班巴雷到达卡松戈，途中他观察到了这一切。作为一名记者，格莱夫为纽约出版的《世纪杂志》（*The Century Magazine*）撰写了一系列文章。虽然他在完成旅

358

程之前便死于发烧，但该杂志还是在其去世后出版了他的日记。

抵达卡松戈时，格莱夫写道："种种迹象表明，卡松戈曾是一个最重要的城镇，当然，也是我在非洲迄今所见最大的城镇。每一寸土地上都建有由大块黏土和风干的土坯建成的房屋，里面有无数的房间。每一个阿拉伯姆古瓦纳（mgwana），或任何重要的男人，都有一座大房子，他们自己和妻妾们住在其中，仆人和奴隶们则住在其他地方。而如今，这些房子已完全成了废墟。人们还居住在卡松戈时，一条东西向、宽 30 英尺的道路上没有一棵杂草。道路两旁都建有大型的房屋。现在，杂草丛生，似乎正要覆盖每一处昔日辉煌的痕迹。现在只有少数几个次要的瓦温古瓦纳（"姆古瓦纳"的复数形式）还在这里；所有其他人都按命令前往卢阿拉巴河畔、刚果自由邦站点新卡松戈（New Kasongo）附近定居。"

2 天后，格莱夫抵达尼扬圭——现在这个城镇只剩下一个刚果自由邦站点和一个大军营。他写道："连同站点，一共有 5000 人（非常备非洲部队）被派往各地收俘当地人。他们以 1000 个男人、妇女和儿童为一个队伍出发，带着他们所有东西，在一个富庶的地区选择合适的地点定居下来，然后控制当地土著，为白人在此处建立哨卡铺平道路。"自由邦哨卡的负责人告诉格莱夫，如果有更多的村庄被置于自由邦的控制之下，尼扬圭周围地区每月可以生产 15 吨橡胶；象牙被作为贡品运来，也用于出售。[67]

格莱夫于 2 月 11—19 日访问了斯坦利瀑布站，他观察到："自由邦按照阿拉伯人的方式平定这一地区，所以当地人根本不能从中获益。受雇于自由邦的阿拉伯人被迫带来象牙和橡胶，他们被允许采取任何可以获得象牙和橡胶的必要措施。他们使用的手段与过去

359

蒂普·蒂普还在这里主掌局势时一样，突袭村庄，掠走奴隶作为用象牙交换的人质。自由邦并没有压制奴隶贸易，而是通过驱逐阿拉伯人和瓦温古瓦纳的竞争对手，确立自己的垄断地位。"格莱夫引用了一位名叫卡扬巴（Kayamba）的斯瓦希里商人的例子："他现在致力于为自由邦的利益效力，为他们抓来奴隶，并从内陆的土著人那里窃取象牙。"他还提到，两名士兵在洛马米河上的自由邦哨卡被打死，之后，"阿拉伯人被派去惩罚当地土著。许多妇女和儿童被掠走，21 个人头被带回斯坦利瀑布，并被斯坦利瀑布站站长罗姆上尉（Captain Rom）用作房子前花坛的装饰"。

自由邦尤其急需橡胶。格莱夫写道："如果某个村庄不同意制造橡胶，该地区的姆古瓦纳，即阿拉伯官员或斯瓦希里官员，有权袭击这个'挑事'的村庄，并杀死和带走囚犯，这是相当普遍的现象。"到达阿鲁维米河河口的巴索科时，格莱夫听到了威胁自由邦哨卡的战鼓声，并注意到周围地区正在发生全面叛乱。在一次袭击中，反叛分子在 3 小时内杀死了 22 名政府军士兵。格莱夫写道："这是自由邦严厉而残暴政策的必然结果，他们从这些人手中榨干所有的橡胶而不付钱。革命还将持续。"这一预测在格莱夫 2 月 27 日到达本巴时便得到了证实，格莱夫还发现站长出发去战事远征了："自由邦不断地向当地人索取橡胶和象牙，最终导致了叛乱的发生。所有人都同意这一点。"[68]

在马涅马战争之后，不同的参与者对其影响表达了截然不同的
360 观点。在达尼斯给利奥波德二世国王的报告中，达尼斯将这场战争描述为一次试图结束东非奴隶贸易的努力。"阿拉伯政权的湮灭，彻底镇压了他们毁灭性的袭击活动，那就是，为了设法获得奴隶，

他们一直用火和剑袭击从北部的韦莱河到南部的桑库鲁河一带地区。有了他们，奴隶贸易就从他们剥削的地区消失了，因此我们希望，很快，奴隶贸易将在刚果自由邦境内消失。"但辛德上尉强调，这次战争改变了马涅马的政治地理环境。1895 年 3 月 11 日，他在对伦敦皇家地理学会发表的演说中说道："比利时在阿拉伯人中发起的运动，彻底改变了刚果河上游地区的政治地理环境。在非洲的这片地区，流传着一句这样的俗语：'条条大路通尼扬圭。'利文斯通、斯坦利和卡梅伦都曾到访过这个城镇，而直到最近它还是非洲最大的市场之一，如今却已不复存在。我最后一次看到它时，那里只剩下了孤零零的一所房子。"[69]

第九章

特许公司和殖民暴力

19 世纪 90 年代，刚果自由邦和法属刚果的殖民统治形成了鲜 361
明的对比。刚果自由邦起初是比利时国王利奥波德二世的私人财
产，从一开始，目标就是成为一家赚钱的企业。因此，它所投入的
基础设施、设备、管理人员和军队都旨在及时产生利润。而创收最
快捷的方法是掠夺雨林中的可售资源。马涅马的阿拉伯人展示了他
们的方式：通过突袭村庄来掠夺象牙以及可用来换取象牙或留作奴
隶的俘虏。刚果自由邦借用了这一体系，收购蒂普·蒂普所有的象
牙，并攻击阿拉伯贸易商队以夺取其库存。

刚果自由邦在马涅马和韦莱河沿岸对阿拉伯人发动象牙战争的
同时，也在设法开采马莱博湖和斯坦利瀑布之间地区的自然资源。
在茂密的热带雨林中，人们很难定位和接近大象，即使是配备最新
型步枪的猎人也感到射杀大象是困难的。因此，象牙被证明是一种 362
繁荣 – 萧条性商品（boom-and-bust commodity）。因为第一批到
达这里的象牙贸易商买走了贮藏丰富的"死象牙"，这些象牙是几
十年积累下来的，而此后，象牙贸易商要买象牙，只能从刚被杀死
的大象那里获得，这导致象牙数量骤减。

刚果自由邦需要采取一种更可持续的方法来开发刚果盆地雨林
的自然资源。斯坦利曾推荐比动物资源更可持续的植物资源，如橡
胶等。但野生橡胶很难找到和收获，而如果价格不够可观，收集的

橡胶数量也会不足。自由邦的结论是，只有实行强制的生产制度才能生产大量的野生橡胶，而不用支付市场价格；而只有诸如刚果自由邦这样的大型实体，或对这片土地和人民拥有完全控制权的大型特许公司，才能实施这样的制度。

刚果自由邦的狂热活动与法属领地形成了对比。法属领地从刚果河和乌班吉河的南北一线延伸到大西洋。1886 年 8 月 1 日，柏林会议后，法国宣布这片法属领地为加蓬和刚果殖民地（Colony of Gabon and Congo），并于 1891 年 4 月 30 日将其更名为法属刚果殖民地（Colony of the French Congo）。为了避免混乱，下文将称其为法属刚果（French Congo）。直到 1898 年，它一直由皮埃尔·萨沃尼昂·德·布拉柴以很少的工作人员来管理，他们的主要工作是维护贸易路线沿线的和平。法属刚果对非洲人口不征税，政府收入的主要来源是大西洋沿岸港口征收的进出口税。虽然有人谈到发展运输基础设施以促进沿海地区和刚果河流域之间的贸易，但由于缺乏资金，一直没有采取任何行动。尽管布拉柴是法属刚果的总干事（commissioner-general），但他经常离开位于加蓬的利伯维尔总部，有时甚至离开长达两年的时间。布拉柴管理的殖民政权在环境上是可持续的；但对于巴黎，这在政治上是不可持续的，法国议会要求提高开采程度和利润水平。

363

1

1888 年 2 月 14 日，布鲁塞尔，证券交易所宫

1888 年 2 月 14 日，10 万股刚果自由邦无记名债券在布鲁塞尔证券交易所上市。这是为刚果自由邦筹集 1.5 亿比利时法郎的三期计划中的第一期。每张债券面值为 100 法郎，可在九十九年赎回。虽然它的面值每年增长 5 法郎，但由于它没有复利，这种增长不是真正的利息。然而，这个债券的特别吸引力在于每年举行的 6 次抽奖。每次抽签都选择 25 股债券，以溢价立即赎回，中标债券将获得 20 万法郎。比利时金融界的一些观察员认为这个计划"十分有意思"，但布鲁塞尔证券交易所的主要金融家们则认为这"很奇怪"而不予考虑。[1]

这个债券计划展示了利奥波德国王的财务状况之困窘。1885年 9 月 27 日，国王的殖民事务秘书艾伯特·蒂斯（Albert Thys）写道："国王陛下每小时重复十次，说我们要破产了，说他不知道该如何支付他的花销，说银行家不会再借给他任何钱，等等。我们仁慈的君主一直都是这样。"到 1886 年，由于刚果自由邦资金太过紧张，自由邦位于刚果河上游的大部分站点被关闭，大多数代理人也被召回。在这种情况下，利奥波德二世别无选择，只能寻求比利时政府的援助。比利时政府同意发行债券，但不提供担保。由比利时通用公司（Société Générale de Belgique）牵头的一个银行财团为债券提供了担保。[2]

1888 年 2 月，刚果自由邦债券以每股 83 法郎的价格首次发行了 10 万股，随后，其价值剧烈波动，利奥波德二世迫不得已自己 364

出资购买债券，以保持价格上涨。第二期的 60 万股在一年后开售，但到那时，第一期债券的发行价已远远低于第二期 84 法郎的发行价格。第二期债券只卖出了约 26 万股。第三期债券有 80 万股，还未发行，装满未发行债券的箱子被存放在利奥波德二世的私宅中。随着他的财务状况越来越不稳定，国王常常显得心烦意乱。一天，当他焦躁不安地来回踱步时，他的妻子喊道："但是，利奥波德二世，你的刚果会毁了我们！"[3]

1885 年，利奥波德二世请求议会批准其兼任比利时国王和刚果自由邦的君主，比利时政府与刚果自由邦之间的财政关系得以确定。谈判期间，利奥波德二世提出免除比利时政府对刚果的一切财政责任，从而赢得了支持。奥古斯特·贝纳尔（Auguste Beernaert）总理向议会保证，刚果自由邦是国王的个人项目，与比利时政府无关。到 1885 年 5 月初，两院才通过了决议："比利时国王利奥波德二世陛下被授权担任刚果国际协会在非洲成立的国家之元首。比利时和新的刚果国家之间的联盟将完全是个人的联盟。"[4]

利奥波德二世继承了 1500 万比利时法郎的个人财产（1 比利时法郎等于 1 法国法郎）。当他将个人资金投资于刚果自由邦时，这笔资金进入自由邦预算中的特别资金范畴（special funds），特别资金仍由利奥波德二世控制，由奥古斯特·戈菲内男爵（Auguste Goffinet）监管，他也管理国王的个人财产。特别资金账户还包括了国际非洲协会解散后留下的资金，以及来自出售刚果自由邦债券的资金。相比之下，刚果自由邦预算中的一般资金（general funds，与"特别资金"相对）来自象牙销售、出口关税、税收、债券和直接贷款。利奥波德的目标是尽可能多地用别人的钱来资助他的刚果事业。[5]

当刚果自由邦债券未能提供预期的资金时，利奥波德二世试图说服比利时政府直接贷款给他。利奥波德二世的主要金融资产就是刚果本身。极为戏剧性地，利奥波德写了一份遗嘱，在他死后刚果自由邦将留给比利时，以换取 2500 万法郎的贷款。16 年前，利奥波德二世曾向法国承诺，一旦他的事业破产，他将把刚果交给法国；如今他又向比利时做了保证，以避免这种破产。这笔贷款于 1890 年发放，10 年无息，此后，如果比利时政府愿意，将有权接管刚果。作为贷款的条件，未经比利时政府的书面许可，利奥波德二世不能再申请任何其他贷款。

利奥波德二世在比利时寻找资金的同时，也谋划着从刚果自由邦自身获取更多的收入。尽管自由邦代理人正积极地从阿拉伯人手中夺取象牙库存，但利奥波德二世深知，象牙资源在日益减少。1885 年，斯坦利概述了开发雨林植物产品的理由。他写道："象牙，在盆地的天然产物中仅位居第五。目前，这一地区所有的象牙的总价值只等同于……3 万吨橡胶。如果生活在刚果河近岸的每个战士及其通航的富裕阶层，全年每天都收集约三分之一磅橡胶……并将其转交给贸易商出售，将获得价值 500 万英镑的植物产品，而不会耗尽野生森林的资源。[6]

从一开始，刚果自由邦就已对刚果土地的产品提出了所有权要求。1885 年 7 月 1 日，《刚果自由邦公报》（*Bulletin Officiel de l'État Indépendant du Congo*）公布了第一项法令，其中规定"空置土地是属于国家的资产"。空置土地后来被定义为所有没有直接居住或耕种的土地。换句话说，空置土地即村庄和耕地以外所有的土地。然

366

而，自由邦所认为的空置土地并不一定是当地居民所认为的空置土地。正如传教士查尔斯·帕德菲尔德（Charles Padfield）所解释的那样，"在这个地区，没有'不被使用的土地'。'空置土地'完全是用词不当。找到一片根据当地法律和习俗未被占有的森林是不可能的"。然而，刚果自由邦法令的目的并不是夺取非洲村民手中的个人土地，而是为今后对村庄和田野以外的森林中的橡胶、象牙和其他森林产品提出所有权奠定法律基础。[7]

另外还有如何组织收集野生橡胶和其他森林资源的问题。1890年，在布鲁塞尔皇宫召开的一次会议上，利奥波德二世与法属刚果副总督查尔斯·德·夏凡纳讨论了这一问题。这次会议是为刚果河流域制定进口税而召开的。在简短的开场白之后，利奥波德二世开始了一番长篇大论。他谈到了他为开发刚果而花费的所有资金，以及矿产丰富的奎卢－尼阿里地区是如何被法国接管，而他曾对这里能够收回他的投资寄予厚望。最后，他提出了他的主要问题："我们如何才能最大限度地利用当地的土著劳动力？"

夏凡纳的回应是，恢复殖民时期普遍存在的对非洲人的刻板印象。他说，他所谓的"土著"有一种"过时的心态，这导致他们宁愿挨饿也不进行日常的工作"。他还补充说，攒钱的概念对他们来说是完全陌生的，在领取了一两天的工资后，"他们会回归到他们那种本能的懒惰状态，直到钱花光为止"。而国王可能不知道的是，1890—1893 年担任刚果自由邦赤道区专员的查尔斯·莱梅尔（Charles Lemaire）对非洲工人有着截然不同的看法。莱梅尔写道："那些浮于表面的观察员经常报告说，黑人没有工作的欲望。这是一个极大的误解：我们可以观察到，黑人不想白白工作；换句话

367

说，他们渴望享受自己的劳动成果……在这一方面，他们与白人没有任何不同。"[8]

夏凡纳给了利奥波德二世两个建议。第一个是，两个刚果的小型贸易公司之间的竞争将推高他们对非洲资源的购买成本，从而鼓励非洲人这种"懒惰的方式"。解决方案是将经济建立在拥有有效垄断的大公司之上。他的第二个建议是对非洲人实行强迫劳动制度。他认为，这种强迫劳动可以被视为相当于欧洲国家所实行的兵役制度，而非洲人必须缴纳一般税，以换取"欧洲文明花费巨大代价给他们带来的诸多利益"。夏凡纳告诉利奥波德二世，他的建议在法国永远不会被接受，他指出，在法国，"人道主义理想主宰了一切，甚至是基本逻辑。但也许在比利时，我的建议更能被接纳"。利奥波德国王若有所思地听着，然后称赞了他的回答。[9]

1892 年 10 月 30 日颁布的一项法令概述了刚果自由邦垄断橡胶采集的法律基础，法令赋予自由邦收集橡胶的专属权利，范围是刚果河拐弯处以北和以南的一系列河流流域，同时法令保留了斯坦利瀑布上游洛马米河和卢阿拉巴河的未来开采权。为了动员和利用非洲劳动力，该法令规定，在划定的地区收集橡胶的非洲人必须将一定比例的橡胶作为税款上交自由邦。12 月 5 日，国王发布了一项新的法令，要求刚果自由邦政府采取一切其认为有效或必要的措施，确保橡胶区域内的资源得以充分开发利用。该法令指出："长期以来，政府认为有权以劳动的形式向当地人征税，并有权将这一权利下放给私营公司，但不具体说明所求回报的性质和水平，也不说明实施这些的手段。"而这条法令从未在《公报》上公布，却成为了刚果自由邦强制收集橡胶的法律依据。[10]

368

这一时期，欧洲和美国对橡胶的需求迅速增长，使得利奥波德最终决定把重点放在橡胶上。1871 年，美国进口了大约 5000 吨橡胶，占世界橡胶贸易的 50%。主要用途是制造橡胶鞋和靴子，其次是生产如密封圈和皮带等的工业用品，再次是制作斗篷和雨衣。1888 年，橡胶业迎来了一项重大发展。居住于爱尔兰贝尔法斯特（Belfast）的约翰·博伊德·邓禄普（John Boyd Dunlop）申请了一项充气自行车轮胎专利并投入使用，取代了实心橡胶轮胎。1895 年，法国橡胶制造商爱德华（Edouard）和安德鲁·米其林（André Michelin）驾驶一辆装有充气轮胎的汽车，参加了巴黎—波尔多赛车比赛（Paris-Bordeaux race）。虽然这次比赛用掉了 22 个内胎，但这辆车却顺利开到了波尔多。在此之后，轮胎和内胎推动了对橡胶需求的不断扩大。19 世纪末，俄亥俄州的阿克伦（Akron）是"世界橡胶之都"，拥有一批新兴的橡胶公司，如成立于 1880 年的古德里奇公司（B. F. Goodrich Company）、始于 1890 年代的钻石橡胶公司（Diamond Rubber Company）、成立于 1898 年的固特异公司（Goodyear）以及成立于 1900 年的凡士通轮胎和橡胶公司（Firestone Tire and Rubber Company）。[11]

到 1892 年，利奥波德国王已经找到了投资者，组建了开发刚果橡胶资源的公司——英国 – 比利时印度橡胶公司，人们熟悉它的缩写"Abir"。这家公司获得了刚果河弯道以南一片椭圆形土地的特许权，面积约为 25000 平方英里；而安特卫普公司（Société Anversoise）获得了刚果河弯道以北蒙加拉（Mongala）流域 22000 平方英里的特许权。两片特许经营区的面积都大约是比利时面积的两倍。这些公司在其特许经营区域内拥有开采森林所有资源

369

的专属权利，为期 30 年。同时，他们享有"警署权"（rights of police），有权建立和使用私人军队，还享有"拘留权"（rights of detention），允许经营私人监狱和劳改营。[12]

"Abir"是由英国金融家约翰·托马斯·诺思（John Thomas North）上校带领的一批英国投资者创立的，他曾在智利的硝酸盐矿投资上赚了一大笔钱。在该公司的 2000 股资本中，1800 股由英国投资者持有。此外，还有 2000 红利股（*actions de jouissance*），它们没有面值，但仍可得到股息。如果公司在某一年获得利润，股东获得 6% 的投资利息，其余利润由这些红利股份平分，红利股份的一半是由刚果自由邦持有的。简而言之，刚果自由邦没有投入任何资金，却获得了丰厚的利润份额。相比之下，安特卫普公司拥有 2500 股资本，但没有红利股。它的主要股东是安特卫普的银行家亚历山大·德·布朗·德·蒂热（Alexander de Browne de Tiège）和他的兄弟康斯坦·德·布朗·德·蒂热（Constant de Browne de Tiège），亚历山大与利奥波德国王有着密切的财务关系。到 1892 年底，法律、财政和公司架构均已到位，它们对刚果自由邦的橡胶资源和居住在橡胶特许经营区的人民正式发起了攻击。[13]

370

2

1890 年 12 月，刚果自由邦，赤道站

查尔斯·莱梅尔于 1890 年 12 月抵达赤道站，开始担任新成立的赤道区的首任专员，他的主要任务是执行强制橡胶收集制度。1890 年 3 月 27 日，卡米尔·詹森（Camille Janssen）总督向刚果

自由邦所有地区专员发出一封通函，宣称："国王认为，需要在经过审慎选择的关键地点设立一系列小型军事和财政哨卡。这些哨卡……的任务是向当地人介绍收割橡胶的技术……并要求他们把橡胶产品运进来。"[14]

371　　与需要专业猎人和精心制作的陷阱才能捕猎到大象相比，橡胶采集可以由普通村民完成。森林中的野生橡胶主要来自非洲藤胶，它看起来和其他一些不产生橡胶的藤蔓非常类似。橡胶采集工会深入森林寻找合适的藤蔓，然后在藤蔓上切一个切口，在切口下面挂一个小土罐收集滴下来的乳胶。为了不用大锅和生火加热就能凝固乳胶，橡胶采集工会把乳胶擦到手臂、胸部和肚子上，利用身体的热量使其凝固，接着，剥离身上的橡胶层，把它揉搓成一个球。如果一棵藤蔓没有产出足够的乳胶，那就继续寻找另一棵。下一次再去收集橡胶，橡胶采集工得前往森林更深处，寻找尚未切口的藤蔓。随着一次次的橡胶采集，收集工作会变得越来越艰难。正如桑福德远征公司在卢埃博哨卡所了解的，如果价格合适，人们愿意在农闲时去采集橡胶。然而，全年强制收集橡胶制度完全又是另一回事了。

　　莱梅尔并没有听从总督的指示，而是在 1892 年发出了他自己的通知，宣布国家垄断橡胶采购，但避免提及强迫橡胶收集。莱梅尔的桀骜不驯引起了埃德蒙·范·艾特菲尔德（Edmond Van Eetvelde）的注意。艾特菲尔德于 1890 年取代施特劳赫上校，成为利奥波德国王在布鲁塞尔管理刚果的得力助手。艾特菲尔德告诉总督，莱梅尔应该收集有关赤道区橡胶资源的详细信息，并"尽一切努力在整个地区收集尽可能多的橡胶"。[15]

　　1893 年，恩格列斯（Engerieth）带着艾特菲尔德的介绍信来到赤道区，这场争端变得无关紧要。介绍信上说："这封信的持有人是英国－比利时印度橡胶公司（即 Abir）在您管理区域的负责人恩格列斯先生，他和他的助手将在洛波里河（Lopori River）和马林加河（Maringa River）设置站点……如您所知，自由邦承诺建立一定数量的哨卡，并把它们连同其周围半径 15 英里的领土交由公司管理。应妥善选择这些哨卡的位置，以利于产品的收获。"莱梅尔还接到指示，要用当地建材建造哨卡，向哨卡提供武器和弹药，并将公司代理人介绍给当地酋长。[16]　372

到 1894 年底，位于马林加河和洛波里河交汇处的巴桑库苏（Basankusu）的 Abir 总部开始运作，并在距离洛波里河上游约 120 英里的邦甘丹加（Bongandanga）设立了第二个哨卡。Abir 代理人在 14 名武装哨兵的陪同下抵达邦甘丹加，他们与当地酋长们达成了一项协议：如果当地人能够带回橡胶作为回报，Abir 将帮助他们驱逐侵入其领土的恩贡贝（Ngombe）移民。当地村民起初是心甘情愿工作的，但后来，他们渐渐厌倦了橡胶收集工作，后来他们得知，自己的名字已经被记了下来，那些每两周不能交出要求的橡胶配额的人将受到惩罚。随着人们对 Abir 的抵抗越来越强烈，Abir 公司在附近的每个村庄都部署了武装哨兵，以确保继续收集橡胶。这里使用的"哨兵"一词指的是特许公司雇用的武装力量，与为自　373
由邦工作的"士兵"相区分。1894 年一年时间，邦甘丹加哨卡每月运进近 2 吨橡胶。

在 1895 年和 1896 年期间，Abir 又设立了 6 个哨卡，每个哨卡都有一两名欧洲代理人和一支武装哨兵特遣队。一位老人描述了巴林加哨所附近一个村庄开始橡胶收集工作时的情形。"哨兵来让我们去收集橡胶，我们拒绝了，他们便会去告诉那个欧洲人，欧洲人会说：'你去和他们打一场吧。'他们就拿着枪来打我们。我们派了一个叫恩吉拉（Ngila）的人去告诉那个白人，叫他不要再跟我们打仗了。我们接受了橡胶收集工作，接着我们就去工作了。"1896年一年，Abir 特许公司出口了 190 吨橡胶。[17]

1898—1900 年期间，自由邦警察指挥官克努兹·叶斯柏森（Knud Jespersen）在赤道区进行了广泛的游历，观察了自由邦控制区和 Abir 控制区的情况。他的回忆录使我们得以一窥自由邦和橡胶公司对领土的控制方式和对民众的统治方式。叶斯柏森最初被派往鲁基河（Ruki River）支流沿线的一个自由邦哨卡。哨卡官员配备有 150 名非洲士兵，其中约三分之一是从赤道区招募的，其余是来自开赛河地区的泰泰拉和卢巴新兵。对于他们的到来，当地村民烧毁了他们的棚屋，逃离了哨卡周围的直接领地，以此作为回应。为了控制这些村子，自由邦官员派遣了由 20—25 名士兵组成的特遣队到 5 个指定地区，队伍由非洲军官指挥。每个士兵都配备了一支单发阿尔比尼步枪（Albini），这是比利时 1889 年以前军队的标准步兵步枪。在每个地区，非洲军官（中士或下士）与两三名士兵一起驻扎在主要村庄，并将其余士兵分散至邻近村，每个村庄有一两名士兵。这些士兵可以像暴君一样统治该村庄，只要能够获得他们想要的象牙和橡胶。[18]

在自由邦的哨卡，叶斯柏森看到驻扎在周围村庄的士兵运送橡胶。自由邦官员要求叶斯柏森给每个士兵分发两个阿尔比尼弹夹，并检查士兵放在一边的篮子里的东西。在篮子里，他发现了大约50 只各种大小的断手。根据自由邦军事条例，每个士兵都必须出示一只左手来证明其发射子弹的正当理由，即证明子弹是在战斗中发射的。叶斯柏森指出，篮子里的许多手来自在战斗中被杀的人，但他也看到了儿童、妇女和老人的手，这些手可能是从活着的受害者身上直接割下来的，用于证明那些未经授权就用掉的子弹是合理使用的。叶斯柏森在村子里看到村子有人的手不见了，他的怀疑得到了证实。

1899 年，叶斯柏森受命进入 Abir 特许公司。在那里，洛波里河上的卢科伦盖（Lukolenge）哨卡周围村庄的一场叛乱成功地赶走了 Abir 哨兵，还缴获了许多枪支。叶斯柏森乘一艘自由邦的汽船来到 Abir 在巴桑库苏的总部，发现这里又大又豪华，有果园和花园。这个站点收到了来自欧洲的各种优质产品：两种面粉、丹麦黄油、挪威鲱鱼和酒精饮料，包括红酒、波尔特酒、威士忌和香槟。这个站点除了 Abir 总部外，还有比利时公共有限公司、赤道刚果学会（Société de l'Ikelemba）和安特卫普公司（另一家主要的橡胶特许公司）的办事处。这一安排表明，虽然不同的特许公司和贸易公司是竞争对手，但它们也在共同利益上合作。叶斯柏森报告说，这些公司名义上属于刚果自由邦管辖，但他们认为自己在自己的领地上享有主权。[19]

叶斯柏森乘两艘各配有 30 名桨手的大独木舟沿洛波里河往上 375 游航行了 14 天后，来到了位于邦甘丹加的 Abir 哨卡，在那里他得知了关于前 Abir 代理人的离奇故事。那个人表现出一种亢奋的精神状态——叶斯柏森称之为"热带愤怒"（tropical rage）。他像暴君一样统治周边的人口，在他的房子周围设置了许多装满空包弹的步枪，到晚上就开枪，让人们彻夜难眠。他还拦截了所有前往洛波里河上游更远的 5 个 Abir 哨卡的船只，并用枪作威胁扣押了他们的货物，特许公司不得不派一支武装特遣队前去逮捕他，并将他带回位于巴桑库苏的公司总部。叶斯柏森在回忆录中写道："洛波里河从强盗手中解放出来，但还有其他人留在那里。"

在下一个哨卡——埃库奇（Ekutshi），叶斯柏森受到了热烈欢迎，但他的刚果士兵被限制留在河岸，Abir 代理人拒绝给他们任何食物。叶斯柏森了解到，虽然每个哨卡都被授权可以拥有 25 个哨兵和 25 支阿尔比尼步枪，但实际的人员和武器数量要多得多。Abir 的欧洲代理人们会出售一些他们收集到的橡胶和象牙给竞争对手公司，以谋取个人利益。只要收集到足够的橡胶，Abir 就会对有关腐败和虐待当地居民的控诉睁一只眼闭一只眼；但如果控诉得到证实，公司会解雇该代理人，之后就不再管了。Abir 代理人的薪水很低，但他们也能够从他们所生产的每吨橡胶中抽取佣金。一些代理人签合同在非洲干 3 年然后回国，可以赚得高达 10 万法郎的报酬。考虑到 Abir 的初始资本是 100 万法郎，那么，一个代理人 10 万法郎的奖金真是一笔巨款了。埃库奇的代理人告诉叶斯柏森，一些自由邦的军官也在秘密为 Abir 工作，他们的工作报酬很高。接着，埃库奇的代理人提出，如果叶斯柏森忘掉自己所看到的虐待行为，并写一份对其有利的报告，他就可以获得 3—6 万法郎的报酬。叶斯柏森拒绝了。

376　　叶斯柏森访问的下一站是伊泰科（Iteko）。这个 Abir 代理人有着盎格鲁 - 比利时血统，认为自己比他的同事们更优雅、更有修养。他夸口说，自己没有像其他代理人那样，因各种违规行为而射杀村民。相反，那些与公司发生冲突的人被像沙袋一样拳打脚踢。

叶斯柏森注意到，哨卡周围的非洲人里，有些人的脸是畸形的，有的耳朵残缺，有的鼻子扁平，有的眼睛被挖了出来。下一站是反抗特许公司的叛乱爆发的地方——洛科伦盖（Lokolenge）。那里的代理人带着一副像是大领主一样神气的样子，非常彬彬有礼而又居高临下地接待了叶斯柏森。晚餐时，这位 Abir 代理人得到了 6 盘食物，叶斯柏森有 4 盘，叶斯柏森的每个助手都只有 2 盘。

叶斯柏森到达洛波里河上最后一个 Abir 哨卡辛巴（Simba）时，遇到了一个名叫威廉斯（Willems）的年轻代理人，他看起来像个正常人。威廉斯的父亲是一名医生，他自己受到过良好的教育，但为了能够有一次非洲冒险的经历和赚点快钱，他放弃了学业。威廉斯谴责他的上司对当地人实施的虐待行为，这位上司曾派遣武装哨兵进入村庄强迫人们收集橡胶，从而引发了村民的叛乱。由于威廉斯与当地人关系融洽，叶斯柏森得以有几天时间走访附近的村庄，并与村民谈论叛乱的事情。叶斯柏森向村民们保证，这些虐待很快便会终结，但他们得先归还他们缴获的枪支。很快，枪支就被归还回来。

威廉斯告诉叶斯柏森，Abir 代理人们会为了自娱自乐而玩一些残酷的"游戏"。其中之一就是强迫非洲村民爬上一棵高大的棕榈树，然后头朝下爬下来，这将不可避免地导致他们摔死或重伤。在第二个"游戏"中，两个村民将被绑在一起，扔进洛波里河，随波逐流。然后，Abir 代理人用他们来练习打靶，直到他们死于枪击，或被淹死。一个代理人怀疑他的非洲妾室对他不忠，便将她绑在一棵爬满火蚁的树上，直到她被簇拥而上的火蚁咬死。

在 Abir 特许区待了几个月后，叶斯柏森再次回到巴桑库苏，

377

又遇到了砍手的做法。他在一个村庄停了下来，几个人告诉他："你想让我们给你带来橡胶，但我们怎么能做到呢？我们已经没有手了。"然后给他看了他们残肢。回到巴桑库苏的 Abir 总部后，叶斯柏森发现赤道区的自由邦专员也在那里，这也表明了特许公司与自由邦之间存在密切的合作关系。在向地区专员提交报告后，叶斯柏森返回欧洲度假。没有证据表明有人对他的报告采取了任何行动和措施。

赤道区人民自己讲述的故事更加印证了叶斯柏森记叙中的全景。1953 年，比属刚果赤道省巴马尼亚（Bamanya）的天主教传教士埃德蒙·布拉尔特神父（Father Edmond Boelaert）和圣心宣教会（Sacred Heart Mission）向教师、布道者、传教士、中学生和其他有文化的非洲人发出呼吁，呼吁他们叙写第一批白人到来，并强迫他们在家乡采集橡胶的故事。他们被指导通过和村庄里的长辈们交谈了解相关信息，然后写下简短的叙述文字。所有提交的作品都将获得一定的回报，最好的作品将获得 2500 法郎的奖金。布拉尔特神父收到赤道省各地共计 280 篇叙述，其中 18 篇涉及到前 Abir 领地。在这些故事中，区分白人不是通过他的欧洲名字，而是通过非洲人称呼他们的绰号。[20] 下文是一些例子。

来自瓦卡（Waka）的布鲁诺·巴法拉（Bruno Bafala）写道："一名哨兵从博科恩戈翁戈洛（Bokongoongolo）的哨卡出来时，战争开始了。他叫洛库瓦马（Lokwama）。他命令我们去收割橡胶。第二天，一个白人亲自来了，他说 Abir 公司的白人代理人……他给了我们 10 天时间来收集橡胶。接着，橡胶收集的工作开始了，但他杀了两个人。我们逃到了对岸的巴林加……但是一个来自 Abir

公司的白人也追到了这里。在橡胶称重的这段时间里，冲突发生了。他们用枪，而我们用弓箭。他们开始用的是手枪，然后用上了阿尔比尼步枪。"

来自洛马（Loma）的费迪南·博坎巴（Ferdinand Bokamba）撰写的叙述重点介绍了 Abir 公司招募哨兵的情况："我们在洛马科（Lomako）下游突然看到一艘独木舟。里面坐着一个叫洛奎奎（Lokwekwe）的白人，他的两个非洲助手，还有很多食物。他住进了我们的茅草屋。一周后，他招募了 31 人，给他们穿上了黑色的衣服，戴上了红色的帽子。他让我们叫那些人"警察"。他给每个警察 4 根铜棒作为报酬。他命令人们为他用黏土坯建造一座大房子。"然后就是命令收集橡胶。博坎巴写道："两个月后，他强迫人们收集橡胶球。随着这条命令，警察们进行了武装，每个人都收到一支步枪，并被指导如何使用它……我们的同胞们收集橡胶。那个白人的警察杀死了两个没有屈从的人。他们杀死所有拒绝收集橡胶的人：父亲、母亲和儿子。"

来自邦甘丹加的休伯特–贾斯汀·邦蓬加（Hubert-Justin Bompunga）的叙述强调了当地酋长隆滕贝（Lontembe）的同谋。邦蓬加写道："起初，我们拒绝收获橡胶。但白人开始发动战争。很多人被杀。白人试图贿赂当地酋长，向他提供大米、肥皂、盐和其他各种商品……在经历了许多磨难之后，酋长隆滕贝让他的人去收割橡胶。每个人都服从了，开始收集橡胶。这之前经历了一个可怕的过程，那些人杀死或监禁了没能带来所要求数量橡胶的人。"

来自洛诺拉（Lonola）的里昂·乔治·伊森格（Leon George Iseng）的叙述提到了橡胶公司切断人手的做法："第一个到达洛诺

379　拉的白人是隆甘盖（Longange）。他命令酋长们：'每个人都应该带来大块的橡胶。'在交易日，他会给人们盐或一米布。如果你的篮子里没有足够的橡胶，你就会被杀了。每个哨兵都给这个白人带来了15—20只从死尸上卸下的断手。然后那个白人命令我们带来球状的橡胶。"

　　西蒙·伊隆加（Simon Ilonga）叙述的重点在洛波里河上游的辛巴地区，那里的阿拉伯人以前是从马涅马来收集象牙的。他这样描述橡胶收集的开始："白人派了哨兵来强制收集橡胶。村民很愤怒，开始攻击这些人。村民们在森林中避难……白人给他们的哨兵配备步枪，他们像阿拉伯人以前所做的那样虐待当地村民……邦甘多人（Bongando）愤怒地宣称：'来吧，我们将像以前反抗阿拉伯人那样采取行动。我们给了他们我们的妻子，给他们食物，做他们要求我们做的工作，然后他们决定杀了我们！不！我们必须杀死那些人和那些白人。'当夜晚来临时，他们拦住了白人的哨兵，缴获了他们的步枪，并杀死了他们中的一些人。然后，他们逃往赤道的森林里去了。"

　　这里摘录的最后一篇记述来自尼古拉斯·阿弗伦贝（Nicolas Afolembe）。和上一篇一样，它提到了住在洛波里河上游辛巴附近的邦甘多人，他写道："阿拉伯人离开后，为了获取橡胶的白人随之而来。长辈们称这一时期为'Abir 公司时代'。每个村庄都有一个由白人派出的哨兵，强迫人们收集橡胶。正因为如此，村民们饱受苦难……每次橡胶称重时，如果哨兵或其管辖下的人收集的橡胶数量不足要求，哨兵就会受到河马皮鞭的抽打（chicotte）或监禁的惩罚。这就是哨兵杀死了许多人的原因。在进行称重之前，他们将核实每个人收获的重量是否足够。重量不够的就被杀掉。结果，许多人被杀。"

关于强制性的橡胶收集，Abir 特许经营区的每一个村庄都有自己独特的故事。然而，当它们放在一起时，却又极其相似。尽管许多村庄和村民抵制这些要求，但他们的抵抗还是被残酷地镇压了。对于生活在洛波里河上游的人们来说，19 世纪末是一个极具破坏性的时期。在忍受了阿拉伯人及其马涅马随从们的象牙掠夺行径之后，他们又成为欧洲殖民者强制收集橡胶的受害者。

3
1900 年 1 月，恩多博，安特卫普特许区

美国探险家埃德加·卡尼修斯（Edgar Canisius）曾在南太平洋服役，并为刚果自由邦工作了 3 年。1899 年，他以安特卫普公司雇员的身份返回了刚果。他从刚果自由邦的首都博马出发，他的这趟行程显然说明了自 1885 年柏林会议以来，刚果发生了极大的变化。第一个变化是他乘火车从博马到马莱博湖。1896 年他第一次来到刚果时，乘火车最远只能到达金帕斯①，然后徒步跋涉 15 天才能到达马莱博湖。而这一次，他可以一路乘火车直到湖区。修建这条长 242 英里的铁路耗时 8 年，每次有多达 6 万名应征的工人工

① 据原文 Kimpasse 译出，疑为刚果（金）西部城市金佩塞（Kimpese），位于首都金沙萨西南方向。

作，其中许多人像奴隶或囚犯一样被锁链栓起运送到工作地点。许多工人死于事故、营养不良、缺乏住所和疾病。虽然刚果自由邦官员只承认 1800 名非洲人死于铁路工程，但当地流传的说法认为，每块铁路枕木都代表了一个陨落的非洲生命。卡尼修斯乘自由邦的一艘汽船离开马莱博湖，前往刚果河上游，途中，他观察到有 100 多艘汽船正定期往返于刚果河及其支流。这些船大多是船尾轮，最大的一艘可以运载 150 吨货物。这些船大多数属于刚果自由邦，刚果自由邦几乎已经垄断了所有的运输业务。[21]

1900 年 1 月，卡尼修斯抵达刚果河北岸的安特卫普特许区，发现这里已陷入一片混乱之中。橡胶生产逐渐变缓。1895—1897 年期间，特许区只生产了 152 吨橡胶，而 Abir 特许区的产量为 516 吨。1897 年 7 月，安特卫普公司聘请了前刚果自由邦阿拉伯区指挥官休伯特·洛泰尔，他在草草处决英国象牙贸易商查尔斯·斯托克斯后失去了政府职位。而他的军事背景和好战的声誉正是特许公司所需要的。[22]

洛泰尔的策略是对抵制橡胶配额的村庄进行恐怖统治。1900 年，安特卫普出版的一份自由报纸《小布鲁报》（*Le Petit Blue*）刊登了一份声明，安特卫普代理人约瑟夫·莫雷（Joseph Moray）描述了一个对和平村庄的袭击。"在安巴斯（Ambas），我们是一个某'X'领导下的 30 个人的队伍，他把我们送进了一个村庄，以确定当地人是否在收集橡胶；如果情况恰好相反，就杀掉所有人，包括男人、女人和孩子。我们发现当地人安静地坐在那里。我们问他们在做什么。他们不能回答。于是，我们袭击了他们，毫不留情地杀死了他们。"屠杀只是可怕后果的前奏。正如莫雷所说："一小时后，某'X'加入了我们，我们告诉他我们已经做了什么。他回答说：'这很好，但你们做得还不够！'于是他命令我们砍掉男人们以及他们性成员的头，挂在村子的栅栏上，并把妇女和儿童以十字架的形式挂在栅栏上。"[23]

另一位安特卫普代理人路易斯·拉克鲁瓦（Louis Lacroix）向安特卫普《新公报》（Nieuwe Gazet）写了一封认罪书。他写道："我将接受法官的审判，罪名是：（1）暗杀了150名男子，砍断了60只手；（2）将妇女和儿童钉在十字架上；肢解了许多男子，把他们的遗体挂在村子的栅栏上；（3）用左轮手枪射杀了一名土著人；（4）谋杀了一名土著人。"由于多个证人的举证，1900年9月和10月，博马上诉法院（Court of Appeals）对莫雷和拉克鲁瓦的所有罪名定罪。法院还判定代理人利奥波德·马西斯（Leopold Matthys）监禁、饿死和折磨莫敦巴拉（Modumbala）村50名妇女和蒙比亚（Mombia）30名妇女，她们大多数没有在这场磨难中幸存下来。洛泰尔的恐怖达到了其预期的结果：橡胶产量从1897年的93吨上升到1898年的298吨，在1899年1月至1900年7月的18个月期间又增加到641吨。作为公司的主管，洛泰尔从每公斤生产的橡胶中获得0.10法郎的佣金。[24]

1900年1月，在位于蒙加拉河和刚果河交汇处的莫贝卡（Mobeka）的公司总部，埃德加·卡尼修斯见到了洛泰尔，并收到继续前往恩多博的指示，恩多博是位于刚果河上该公司特许经营区东半部分的一个哨卡。卡尼修斯在恩多博待了几个星期，有机会观察到了那里橡胶特许制度的实际运作。卡尼修斯估计，安特卫普特许公司的经营区域面积是比利时的2倍。特许公司由设在莫贝

383

卡的总部管理，分为 5 个区，每个区都有一名欧洲"区长"（zone chief），负责监督欧洲哨卡代理人的工作。每位区长每生产 1 公斤橡胶，可获得 0.10 法郎的佣金。他了解到，只要橡胶数量达到配额，哨卡代理人有权毁灭村庄，滥杀滥伤，奴役或监禁男人、女人和儿童。在与一名从一开始就与安特卫普公司合作的代理人的讨论中，卡尼修斯指出，自公司于 1893 年开始刚果业务以来，大约有 10000 名非洲人被屠杀。那个人却回答说，这个数字的两倍可能更准确。[25]

在恩多博附近有十几个村庄，当地人被要求每 15 天运送一次橡胶。公司的在每个村庄都驻有一名被称为"卡皮塔"（capita）的雇员作为监工，负责确保收集的橡胶数量按时达到相应的橡胶配额。这些卡皮塔每人配备了一把火枪或后膛枪，他们通常来自刚果的其他区。因此作为外乡人，他们与当地居民没有共情。他们从公司得到工资，村民们为他们提供食物和住所。交货的日子，卡皮塔们带着他们的村民们出现在哨卡，每个村民都拿着一个应该装满橡胶球的篮子。[26]

白人代理人逐一检查每个篮子的橡胶数量是否足额，然后以每磅橡胶大约一便士的价格付给他们黄铜。那些橡胶不足的人则被命令站在一边接受鞭笞。他们通常会被鞭笞 25 或 50 下，但这取决于橡胶缺口的大小，有挨了多达 100 下鞭打的例子。鞭笞结束后，他们才会被放回自己的村庄。卡尼修斯解释说："这个哨卡的代理人已经收集了至少 1000 磅的橡胶，但仅仅花费了大约 4 英镑的成本，包括送给酋长和卡皮塔们的礼物。就这样，在恩多博每月'收集'两次橡胶。"

卡尼修斯写道："对这么多男人和男孩的残酷鞭笞可能会对一个新来的人产生一种特殊的影响，但在一定程度上，我已经麻木了。我在自由邦 3 年的工作和经历使我熟悉了刚果人生活中许多此类，甚至更糟的事件。例如，在我长期驻扎的政府哨卡，一名男子死于白人官员特别严厉的惩罚，在其他地方，我还看到妇女的后背流下血来。"

据卡尼修斯估计，村庄里约有四分之三的人被登记在公司的账簿上，其他人可能由于年纪太大或体弱，无法收集橡胶。对于那些登记在册的村民来说，收集橡胶占据了他们几乎所有的时间，他们必须要到森林深处去"四处搜寻"非洲藤胶。他这样描述藤胶："在非洲丛林中，树液是从一个巨大的藤蔓植物（通常其底部直径为 6 英寸）中提取出来的。这种植物冲着赋予生命的阳光向上生长，蜿蜒盘旋在周围其他的植被上。在到达森林最高的树冠层后（通常离地面 100 英尺），藤蔓还会继续向上生长，直到它由于自重而弯回到支撑它的最顶端的枝条上。然后，藤蔓沿着这些树枝和可能还有其他大树的树枝攀爬，直到橡胶采集工的砍刀斩断它的生命。"

然后，卡尼修斯描述了收集橡胶的过程："通常，刚果本地人准备出发去采集橡胶时，会和其他村民一起前往丛林深处。搭建好一个简陋、没什么遮蔽的临时营地后，再开始出发寻找那些蔓生植物。当找到了一个足够大的藤蔓，采集工人用刀在树皮上切一些切口，让汁液慢慢地滴入挂在藤蔓下面的小陶罐里。如果这个藤蔓被采割过了，采集工人就得爬上藤蔓依附的大树，在离地面很高的藤蔓上切口，因为这里的树胶还没有滴尽。然后他会留在这里等待，直到滴落停止，有时得等上一整天。这多少要冒些个人风险。"卡

385

尼修斯注意到，许多橡胶采集工因为从高大的树木上跌落而丧生，他得出结论："除非迫不得已，很少有非洲人会在冒着丧命的危险去采集橡胶。"[27]

虽然居住在恩多博附近的恩贡贝人甘愿忍受橡胶公司的暴行，但居住在较远的内陆地区的布贾（Buja）人却强烈抵制强征橡胶。1900 年 1 月底，布贾起义爆发，距离最近的刚果自由邦军事哨卡的 200 名士兵随即抵达，并向内陆行进，他们不战而胜，占领了扬巴塔（Yambata）。此后不久，安特卫普公司的小汽船载着主管洛泰尔和 50 个哨兵抵达恩多博，与扬巴塔的政府军会合。陪同他们的卡尼修斯指出，政府军指挥官只是执行了洛泰尔下达的命令。士兵们随即出发，镇压叛乱。

2 月 11 日，远征队抵达雅隆博（Yalombo），安特卫普公司早些时候曾试图在此处设立哨卡。搭建了简易的防御栅栏后，主征队伍继续前进，卡尼修斯被留下来加强防御，修建堡垒。几天后，一支纵队出去巡逻时，遭到了伏击，120 人中除了 6 人外，全部被打死。布贾人缴获了 100 多支步枪和几千发弹药。几天后，卡尼修斯和他剩下的 30 名士兵放弃了雅隆博，前往公司在蒙乔阿（Monjoa）的哨卡。几天后，他收到了命令要求返回恩多博，也就是远征队出发的地方。对布贾人的行动持续了 6 个星期，杀死了 900 多名布贾男子、妇女和儿童。但公司和刚果自由邦也损失了一半的武装部队。卡尼修斯计算，如果这次行动成功地控制了这一地区，它每月会为公司再多生产 20 吨橡胶。然而，就目前的情况而言，他们并没有征服布贾人。

卡尼修斯在安特卫普特许公司的最后一次执勤是在阿库拉

（Akula），它就位于蒙加拉河上公司莫贝卡总部的上游。在那里，他观察到另一种组织收集橡胶的方法。之前驻守在恩多博时，村里的卡皮塔们会陪同村民运送他们的橡胶到哨卡，而在阿库拉，每位卡皮塔直接用库存的货物来支付橡胶采集工。卡尼修斯称这些人为"卡皮塔酋长"，因为他们有自己的贸易商品库存。然而，许多卡皮塔酋长并不付钱给橡胶采集工，而是利用公司的贸易商品来购买妻子和奴隶，并吸引随从。卡尼修斯写道："其中的一些卡皮塔，有数百名武装追随者，他们成群结队地袭击村庄，蹂躏妇女，并射杀哪怕只有最轻微程度挑衅的男子。他们使整个地区处于一种极其恐怖的状态。"他补充说："他们简直是"吃掉"了整个地区，强迫当地人给他们带来山羊、家禽和其他物品，却支付极其少量的商品……最初是为了补偿橡胶采集工。"更不用说那些橡胶采集工，他们什么也得不到。[28]

在阿库拉的几个月里，卡尼修斯几次进入内陆。他写道："在我所到的每处，我发现了一个令人震惊的状况，饿殍遍野。在白人的命令下，他们不断地受到骚扰和屠杀，无法进行耕种，没有食物，他们从自己的劳动中无法获得任何回报，那些卡皮塔和士兵夺走了他们的一切；如今，人们像野兽一样生活在森林里，以树根、蚂蚁和其他昆虫为生。"

在阿库拉，卡尼修斯发现了一支由布雷克曼（Braeckman）中尉指挥的政府军和公司士兵的联合部队。他写道："后来，联合部队袭击了一个名为瓜卡斯（Gwakas）的小部落。根据中尉的说法，大约有300名瓜卡斯人在这次袭击中被杀。死者被指控的罪名仅仅是，他们抛弃了自己的村庄而来到丛林中，在混乱中杀死了一个卡

387

皮塔……中尉返回阿库拉时，带回了许多战俘——大多数是妇女，她们瘦弱而憔悴，亟需从饥饿和疲惫中解脱。"[29]

由于健康状况恶化，卡尼修斯就在合同到期前，于1901年4月离开刚果。离职后，他被利奥波德国王授予"服务之星"（Star of Service）；并因他"在蒙乔阿的四个月里表现出魄力"而获得了安特卫普公司布贾区主管颁发的500法郎奖金。他在回忆录中的离别之词指出："我为之遭受了如此多苦难的公司已经摇摇欲坠……毫无疑问，特许公司已经失去了它大部分的价值。"[30]

屠杀、恐怖和暴行，卡尼修斯所描绘的画面在1900年9月和10月博马对3名安特卫普的欧洲代理人的审判中得以确证。除了承认各种罪行外，他们还供述了橡胶采集的一般运作体系。代理人莫雷解释道："当地人把橡胶带到工厂，一名代理人会接待他们，他们被士兵包围。接着给篮子称重。如果篮子里的橡胶数量不足所要求的5千克，当地人就会受到100下的鞭笞；如果重量合格，该名工人就会获得一块布或其他物品。如果一个村庄有100名男性居民，而只有50人带着橡胶来到工厂，这50人就会被扣留为人质，一支部队会被派出，把其余50名不守规矩的土著人抓来，烧毁他们的村庄。"[31]

388　　在辩护中，代理人们争辩说，他们只是在执行洛泰尔和地区负责人的计划。审判开始之前，洛泰尔辞去了安特卫普行动负责人的职务，匆匆离开刚果，赶上了第二天就要起航离开马塔迪港口的一艘轮船。自由邦的法官瓦利夫（F. Waleffe）宣布对安特卫普代理人的判决时称，如果洛泰尔还会回到刚果，他打算逮捕洛泰尔，因为他认为被定罪的代理人只是在执行洛泰尔的命令。[32]

3 名欧洲代理人分别被判处十五年、十二年和十年徒刑，但其中一人在监狱中死亡，另两人服刑仅三年后获释。博马的上诉法院对减刑的理由是："就算没有通过正式命令，特许公司的负责人至少是用他们的先例和宽容，诱使了他们的代理人摒弃土著人的权利、财产和生命；使用本应用作防御和维持秩序的武器和士兵，强迫土著人向他们提供物资、为特许公司工作，追捕那些企图逃脱强制要求的叛乱和不法分子。" [33]

1901 年 10 月，洛泰尔返回刚果河下游，为安特卫普公司比利时董事亚历山大·德·布朗·德·蒂热执行一项贸易任务。瓦利夫法官得知洛泰尔在刚果，便想立即逮捕他，但总督否决了这一想法，因为没有证据表明洛泰尔亲自犯下他的下属所犯的罪行。瓦利夫法官在结束任期后返回比利时，拜见了利奥波德国王，国王授权刚果自由邦司法机构审理此案。瓦利夫法官立即给博马现任法官发了电报，逮捕洛泰尔，但此时，洛泰尔已经动身前往海岸。新法官从自由邦征用了一艘小型轮船，在巴纳纳港赶上了洛泰尔。洛泰尔解释说，他正要前往安哥拉的罗安达，处理一些非常重要的事务，但他以比利时军官身份的荣誉向法官保证，他将在回程时随时待命。法官接受了他的承诺后，洛泰尔搭上了一艘葡萄牙的船前往里斯本，从那里回到安特卫普。洛泰尔再一次成功地从刚果自由邦的基本司法制度中逃脱。[34]

389

4

1898 年 1 月 13 日，法属阿尔及利亚，阿尔及尔

法属刚果总干事皮埃尔·萨沃尼昂·德·布拉柴正在阿尔及尔的别墅疗养时，他的邻居，阿尔及利亚政府高级官员卢恰尼（Luciani），路过时对布拉柴被解雇的消息表示了遗憾。这个消息让布拉柴大吃一惊。就在几个小时前，他和妻子特雷瑟（Thérèse）还与法属阿尔及利亚总督在冬宫（Winter Palace）共进午餐，显然，当时总督因太尴尬并没有提及此事。布拉柴赶紧坐马车来到订阅了《官方报》（l'Officiel）的波尔多咖啡馆，确认自己已不再是法属刚果的总干事。1897 年秋，布拉柴暂休病假来到阿尔及利亚，当时阿尔及利亚是法国的一个官方省。在看到报纸公告的几天后，布拉柴收到了一封来自法国殖民地部长的信，这使他原本短期的休假被无限延长。[35]

据说，布拉柴以罗马斯多葛主义（Roman stoicism）的方式接受了这个消息，暗示他可能怀疑这个消息的到来。19 世纪 80 年代，法国报纸将布拉柴塑造成民族英雄，而到了 1897 年却开始公开反对他，甚至试图通过宣称他已经成为穆斯林和共济会（Freemason）成员来强调他的异国身份。法属刚果传教士奥古阿尔主教写道："与探险家相比，他作为政府官员的素质还远远不够。法国定居者指责布拉柴过于温和。似乎对他来说，总是定居者错了。布拉柴用殖民地资源，但却什么都没做到。"一位法国种植园主抱怨说："他一直在做慈善事业，而不是进行殖民地化的工作。"另一位评论家强调，殖民化的目的是"开发殖民地国家和殖民者的物质财富。而这

一目标偶尔才能通过与当地人友好的协商实现"。另一家报纸声称，布拉柴"尽管拥有一切手段和资源，但他却无所作为"。[36]

从 1886 年 4 月布拉柴被任命为加蓬和刚果（1891 年加蓬和刚果合并为法属刚果）的总干事以来，他低调的行事风格与斯坦利和刚果自由邦政府强硬的手腕形成了鲜明对比。在接受任命前 3 个月，布拉柴在巴黎的一次讲座上对着 5000 名听众说，他认为刚果河流域的"未来依赖于当地土著人的贸易和文化……我比任何人都知道，在不强迫殖民地发展、不要求殖民地符合预定的发展模式的情况下，创造一个新的殖民地是十分困难的"。因此，他预见了一个极其漫长的过程："对一个国家进行殖民统治，需要时间和耐性。"[37]

由于法国在非洲有许多殖民地，而刚果从来没有成为优先事项，法国政府一直容忍布拉柴的这种不紧不慢的方式。1893 年，外交部长提醒布拉柴，法国"有义务将我们的努力集中在其他地方……这表明，在一个迄今为止我们的利益相对薄弱的国家，你不应该过分谨慎"。再者，法国相信利奥波德二世的项目会失败，刚果自由邦将如 1884 年《英法协议》中所述的那样，由法国接管。因此，法国政府目前只是满足于让布拉柴充当占位者，而实际却在等待一个时机，扩大法国非洲殖民帝国。开发这块领土，只是早晚的问题。[38]

在担任总干事的 12 年里，布拉柴经常长期不在加蓬利伯维尔的办公桌前。1886 年第一次接受任命后，他在巴黎停留了 9 个月才前往利伯维尔。他随后于 1887 年 3 月至 1888 年 2 月对殖民地进行了长时间的访问，并于 1889 年 11 月至 1891 年 4 月返回巴黎待了 18 个月。1891 年底，他开始了为期 2 年的桑加河（Sangha

391

River）流域探险，桑加河在阿利马河以北汇入刚果河。1895 年 1 月，他在阿尔及尔和巴黎度长假，12 月返回利伯维尔。1897 年初秋，他去阿尔及尔休病假，得知被解雇的消息。[39]

布拉柴长期不在利伯维尔期间，他的日常事务交由历任副手诺埃尔·巴莱、查尔斯·德·夏凡纳和艾伯特·多利西（Albert Dolisie），他们都是他曾经的探险同伴。法国政府最初的设想是，布拉柴是有远见的人，而副手处理行政的日常细节。1886 年 6 月 21 日的一项法令明确指出，布拉柴应该专注于"他提出的和平扩张的项目，而不应被监督和管理千丝万缕的行政事务的工作分散注意力"。然而，这种分工很糟糕。巴莱是法国公务员的模范，他对布拉柴的行政风格一直感到失望。1888 年，巴莱将殖民地的政府概括为"不明确、不规范、虚假的，任由总干事随心所欲变化"。巴莱于 1889 年辞职，随后于 1900 年至 1902 年担任法属西非总督。[40]

作为法属刚果的总干事，布拉柴的主要任务是在这片面积远大于法国本土的殖民地区上确立法国的存在和地位，并且用少量的殖民管理者达到这一目的。1890 年，只有 22 名站长和 35 名辅助代理人。到 1897 年，人数增加到 52 名站长和 26 名辅助人员。但即便如此，他们常常不是全部在岗。1894 年，副总督抱怨说，6 名高级行政人员中只有 2 人在岗位；其他人因行政休假或病假离开。对站长工作的限定十分松散——悬挂法国国旗，与当地人民发展良好关系，调解当地冲突，并鼓励经其领土范围的商业流通。由于人员短缺，站长们很少冒险远离哨所，这使得站点周围的村庄几乎未被打搅过。至于非洲人员，布拉柴在很大程度上依赖引进的塞内加尔士兵和达荷美（Dahomean）搬运工。法属刚果政府只有需要独木舟划手以通过奥果韦河上游的急流时，才依靠当地的非洲劳动力。殖民政府没有对非洲人口征税，财政主要依赖对外贸征收的关税，以及欧洲贸易公司支付的许可证费、税费和租金。[41]

由于殖民地的大部分经济活动集中在沿海平原，法国人面临的主要问题是如何开辟从大西洋海岸到刚果河流域的路线。布拉柴在早期的探险任务中，曾乘汽船沿奥果韦河往上游到达急流，然后改乘独木舟到达航行极限，再经陆路穿过大陆分水岭到达阿利马河上游，继而乘船前往刚果河。布拉柴后来通过与当地酋长、独木舟手和搬运工谈判建立了良好的合作关系，发展了一个可行的运输系统。但他抱怨说，沿途关键哨卡的法国殖民官员缺乏外交技能和文化敏感性，无法保持运输系统的正常运作。1893 年，布拉柴开始与一家法国公司谈判，成立一家垄断奥果韦河上游运输的特许公司。这家公司将获得 1100 万公顷森林，并垄断奥果韦河 435 英里长的河道。经过长时间的谈判，上游奥果韦公司于 1897 年开始运作，当时布拉柴正准备离开刚果前往阿尔及尔。[42]

除了奥果韦路线外，唯一的代替路线是从沿海的洛安戈（Loango），经奎卢－尼阿里河山谷，到马莱博湖的布拉柴维尔。布拉柴认为，可以在主要急流周围修建运河，保证从海岸到布拉柴维尔 60 英里以内的河流运输，从布拉柴维尔可以建造一条马路。然而，法国政府并没有兴趣投资这个项目，因此人力搬运工队成为了唯一的选择。与奥果韦路线一样，布拉柴试图向私营公司提供许可，以建立一个综合运输系统。在与两家法国公司的谈判破裂后，布拉柴开始与新荷兰贸易公司谈判。直到他被解雇时，谈判仍在进行中。[43]

393

法国政府试图派遣一支军事远征队前往刚果河和乌班吉河上游，到达苏丹境内的尼罗河上游，由让－巴普蒂斯特·马尔尚（Jean-Baptiste Marchand）少校指挥。此时，通往内陆的交通困难已极其严重。英国和法国都想占领苏丹南部废弃的埃及要塞法绍达（Fashoda），以便将他们在非洲分散的领地连接起来。因此，抓住时机至关重要。因为法国人希望占领尼罗河上游，而英国人正忙于镇压更北的马赫迪叛乱。马尔尚远征队的物资将由船送到洛安戈港，再由搬运工沿 300 英里长的商路运送到布拉柴维尔，通常在旱季需要 25 天，在雨季则需要 30 天。1896 年 5 月和 6 月，大约有 3000 搬运工单位的物资运抵洛安戈，布拉柴接到命令组织队伍将物资运送到布拉柴维尔。但商队的路线已经因为洛安戈仓库积压的 25000 箱货物受到严重影响。最后，远征队在布拉柴维尔等待补给，耽搁了 6 个月，在前往布拉柴维尔的途中，物资损失了 20% 至 40%。[44]

由于通往刚果河流域的路线困难重重，法国沿刚果河上游的贸易一直没有发展起来。1893 年，在法国多马－贝劳德（Daumas-Beraud）商行于 1892 年被比利时公共有限公司收购后，布拉柴维尔只有新荷兰贸易公司和比利时公共有限公司两家贸易公司。在沿海和奎卢河（Kwilu River）下游有 3 家英国贸易公司、1 家荷兰贸易公司、2 家德国贸易公司、1 家比利时贸易公司、3 家葡萄牙贸易公司和 2 家美国贸易公司。这一地区法国商行只有利伯维尔的布兰登（Brandon），在洛安戈和奎卢河设有哨卡的安塞尔·塞茨（Ancel Seitz），在奥果韦沿岸设有四个哨卡的萨茹（Sajoux）。贸易从 1890 年的 360 万法郎缓慢增长到 1897 年的 530 万法郎。主要贸易产品是橡胶、象牙和木材，但贸易公司也在奥果韦河下游附近经营一些咖啡和可可种植园。19 世纪 90 年代，法属殖民地的橡胶出口量平均为每年 500—600 吨，与 1899 年刚果自由邦出口的 3746 吨橡胶相比，简直微不足道。[45]

尽管法属殖民地的官僚机构极其简陋，也没有开展大型基础设施项目，但每年还是有财政赤字，这主要是因为法国人把殖民地作为向乌班吉上游朝乍得湖和尼罗河上游进行重大军事远征的集结地。1896 年，殖民地的收入为 142.8 万法郎，而法国政府提供了 143.5 万法郎的补贴，外加 100 万法郎的特别拨款。尽管如此，刚果在 1896 年仍出现了 225 万法郎的赤字，这很大部分是用于马尔尚的远征开支。[46]

1898 年，法国殖民地部长给出了两个解雇布拉柴的理由。首先，布拉柴未能按时将马尔尚远征军的物资运送到布拉柴维尔；其次，他的预算赤字"难以解决"。但事实上还有另一个原因，法国和比利时的公司呼吁法属刚果采用类似于刚果自由邦的特许经营制度。随通知布拉柴被解雇的邮件而来的还有一封来自布拉柴长期秘书的信，这封信也给出了布拉柴被解雇原因的一些线索："我刚刚离开殖民地部……刚果地图像棋盘一样被分成了若干方格，悬挂在各个办公室里。整个殖民地被划分为许多特许公司，我听说，数量是 42 个。"[47]

19 世纪 90 年代末，刚果自由邦的特许公司获得了创纪录的利润，此消息一出，法国和比利时的投资者纷纷呼吁要求在法属刚果采用类似的特许制度。两个刚果同属于一片赤道雨林，且两个殖民地的居民有着类似的小规模政治组织。尤金·艾蒂安（Eugène

Étienne）曾活跃在一个名为"法国殖民党"（French Colonial Party）的非正式压力集团中，担任副手。19 世纪 90 年代中期，艾蒂安在《时报》上发表一系列文章，主张通过私营公司实行更多的经济殖民。1898 年头几个月，殖民地部就收到了大约 119 份向法属刚果提出特许的申请。部长随即设立了一个额外的议会委员会，以制定在法属刚果授予特许权的计划。1899 年 5 月 24 日，殖民地部在一份通告中公布了这一计划。[48]

在接下来的一年里，有 40 家公司成立，它们获得了法属刚果 70% 领地的特许权。其中最大的特许经营区是上乌班吉苏丹公司（Company of the Sultanates of the Upper Ubangi），面积几乎是比利时本土的 5 倍，而最小的恩凯梅 – 恩凯尼（Nkeme-Nkeni）面积只有 1200 平方公里。总体而言，这 40 家公司的股票价值为 6000 万法郎，尽管实际上可能只有大约 4000 万法郎被认购。然而，鉴于法国政府在 1890 年至 1897 年间对法属刚果的总投资约为 1300 万法郎，再增加 4000 万法郎的资本金则是一笔不小的数目。这些资本中很大一部分来自比利时。在 6 家法属刚果公司的所有董事中，Abir 和安特卫普的董事会成员占半数以上，在 40 家法国公司中有 29 家的董事会中有比利时人。此外，刚果自由邦自己还挂名向法国公司投资 300 万法郎。[49]

1898 年布拉柴被解雇后，他指定的继任者亨利·德·拉莫特（Henri de Lamothe）被召回巴黎，讨论在法属刚果实行特许制度的事宜。返回利伯维尔时，他请来了一批法国官员，他们中的一些在他担任塞内加尔州长时曾在他手下任职；然而，许多已经在法属刚果任职多年，特别是那些与布拉柴工作密切的官员，则被命令回到

396

法国，接受重新分配。结果，法国官员几乎全部更换。

1899 年，新总干事宣布，对所有成年男子每年征收 2 法郎的税。由于刚果的法郎稀缺，因此政府鼓励人们以实物形式纳税。因为缺乏完备的行政管理体系，第一年几乎没有实际收入税款，但这种税的存在为特许公司以"实物税"的形式强制收集橡胶奠定了法律基础。随后，一场"特许区争夺"开始了，因为这些公司试图尽快占领自己的领土。这些领土只是在地图上被分割成若干区域，特许权持有者对其所占地区的实际政治和地理现实知之甚少。其中 5 家公司在抵达后才发现，它们的领地内大多是沼泽，或是根本没有可开采的重要资源。[50]

1904 年，巴黎上诉法院的律师朱尔·勒费比尔（Jules Lefébure）向巴黎大学法学院提交了博士论文，其中概述了强迫收集橡胶的法律案件。他首先指出："以经济规律为基础、纯粹而简单的商业，不足以支付在一个原始和不文明的国家花费的资本。"因此，许多特许公司考虑在刚果自由邦的基础上实行强制劳动制度。他承认，自由邦的强制劳动制度其实就是奴隶制的一种变体，但他认为，"实物税"如果仅限于合理地支付殖民国家所提供的服务，则是可以接受的。然而，他警告说："他们绝不能将其升级为一年 12 个月都要支付的强制和不确定的工作（corvées）。"然而，实物税仅仅是一个更激进的强迫劳动制度的开端。很快，法属刚果将完全效仿刚果自由邦。[51]

397

5

1897 年 6 月 27 日，比利时，安特卫普

1897 年 6 月 27 日，比利时"艾伯特维尔号"（*Albertville*）在安特卫普靠岸，来自刚果自由邦的 267 名非洲人受到音乐和庆祝活动的热烈欢迎。船上的大部分刚果人直接被运送到特尔菲伦（Tervuren），但 65 名士兵和 24 名军乐队手（主要是军号手）组队在安特卫普进行了游行。然后，他们登上了一列开往布鲁塞尔的火车，尽管下着倾盆大雨，他们在火车站还是受到了人群的欢迎和致意。最后，他们乘新建成的有轨电车，前往特尔菲伦，全程 6 英里，他们将在那里居住 2 个月。他们来到比利时是为了参加 1897 年利奥波德国王举办的殖民财富和权力庆典，并在盛会上表演，这场盛典被称为"1897 年殖民地展览"（Colonial Exhibition of 1897）。[52]

这次展览是在刚果自由邦作为企业开始盈利的时候举行的，盈利主要是由于橡胶特许公司的收入增加。1896 年，刚果自由邦的橡胶出口额首次超过了象牙，到 1900 年，橡胶出口额将是象牙出口的近 8 倍。1890 年，由于橡胶收入的增长，刚果自由邦首次平衡了预算；在随后的几年里还经常出现盈余。利奥波德国王利用 1897 年在特伦菲尔举行的殖民地展览，将他伟大的人道主义事业——旨在为赤道非洲带来商业和基督教文明的刚果自由邦展现于世人。[53]

这场展览延续了 1894 年安特卫普国际展览会（Antwerp International Exhibition）的成功。安特卫普国际展览会开放了一个

398

刚果展馆，展示了铁路和商队路线的立体模型，开放了一个题为"刚果橡胶：工业转型和制成品"的展览。比利时反奴隶制协会的展览突出了在刚果打击阿拉伯奴隶贸易的斗争，展示了一个双叉棍式奴隶轭、锁链和枷锁，以及在反对阿拉伯人的军事运动中捕获的阿拉伯赃物和比利时英雄的肖像。在美术馆旁边还建有一个刚果村，来自各种族裔群体的 144 名刚果人为游客重现了刚果的日常生活场景。[54]

相比之下，1897 年在特尔菲伦的殖民地展览只是布鲁塞尔世界博览会的分支。展览最初计划于 1895 年举行，为了让奥波德国王能够完成特尔菲伦殖民地展览的建筑和场地建造，博览会推迟了两年。作为布拉班特公爵（Duke of Brabant），利奥波德国王拥有特尔菲伦的大公园，包括特尔菲伦城堡（Château de Tervuren）。他的妹妹夏洛特公主（Princess Charlotte）一直住在那里，直到它1879 年毁于大火。1895 年，利奥波德下令拆除废墟，建造用于殖民地展览的殖民地宫殿（Palace of Colonies），宫殿周围环绕着花园、游泳池和喷泉，并通过新建的有轨电车，直接通往布鲁塞尔的世界博览会主会场五十周年纪念公园（Cinquantenaire Park）。

与殖民地宫殿宏伟的石质建筑相辅相成的是 3 个"传统"的非洲村落，里面是采用班加拉风格用竹子和茅草搭建的房屋。其中两个村落位于一个大水池边，靠近水岸处停着独木舟。第三个村落在远离水边的树林中。村落四周种满了棕榈树和其他热带植被，营造出一种真实感。欧洲游客不允许进入村落，但他们可以从铁栅栏外观看，就像他们在动物园里看动物一样。一块牌子上甚至还写着："禁止投喂黑人，他们已经被喂食。"[55]

虽然特尔菲伦展览上的刚果人大多数是男子，但一同来比利时的刚果人队伍中至少有 35 名妇女和一些儿童。在族群上，他们大多是班加拉人，少数恩贡贝人和巴索科人。还有两名来自阿鲁维米地区的姆布蒂俾格米人和一名有 3 个妻子和 1 个儿子的马涅马阿拉伯人。这些刚果人实际上并不住在这 3 个传统村落里，而是在殖民地宫殿的一个附属建筑里吃饭和睡觉。如果天气良好，他们则在村庄里度过一天，做做手工和日常家务，准备和享用午饭。非洲士兵定期举行军事演习或列队游行，军乐队手举行音乐会，有时演奏一点比利时流行歌曲片段。刚果人表演者的行动通常被限制在展览场地，但他们不时也会被带到布鲁塞尔的电影院或马戏团参加集体游览。

第四个非洲村距其他 3 个村落很远，被称为海泽海姆（Gijzegem），以北部佛兰德斯（Flanders）镇的名字命名，阿贝·范·因佩（Abbe Van Impe）在那里为刚果的男孩开办了一所学校。作为"文明村"，海泽海姆的房子表现出更为西式的风格，村里还有一所乡村学校。30 个身穿校服的孩子住在村里，他们演唱比利时歌曲，用吉他和曼陀林伴奏，以此来招待游客。因为这些孩子来自比利时的海泽海姆，而不是直接来自刚果，阿贝·范·因佩尽量不让他们与其他三个村庄的"原始"刚果人混在一起。"文明村"的目的是向游客展示在基督教和西方文明影响下的刚果的图景。[56]

殖民地宫殿里的许多展品，旨在让游客了解他们国王的新殖民地。长长的民族志大厅里包含有绘画、雕塑和各种手工艺品，展示了刚果自由邦六个不同地区的物质文化和生活方式。许多空间都用于展示殖民经济，陈列着象牙、橡胶、烟草、咖啡、异国木材和

400

其他产品。总计有 180 万名游客来到特尔菲伦观看殖民地展览，而 600 万名游客参观了布鲁塞尔的世界博览会展览。到特尔菲伦的游客可以看到来自遥远土地的和平而满足的"土著人"，那片土地为比利时和利奥波德国王带来了财富。[57]

利奥波德二世准备在特尔菲伦展示一个幻想版的刚果自由邦的期间，还参与了一系列秘密谈判，以开发刚果自由邦剩余的未开发地区，并为自己保留一部分利润。他将这些计划严格保密，部分原因是这些计划证明了他将刚果自由邦描述为人道主义事业的虚伪，另一原因是《柏林法案》和他与比利时政府的贷款协议限制了他的行动。这些计划如果成功，将使刚果自由邦境内被高度开发的领土数量增加一倍。

401

1894 年 12 月 4 日，比利时大臣会议（Belgian Council of Ministers）主席朱尔·德·布尔莱（Jules de Burlet）听到一个谣言，国王即将把刚果自由邦 65637 平方英里的土地卖给一家由英国投资者控制的新成立的公司。在皇宫匆忙安排的会议上，国王在把地图放在桌子上，标明他计划出售的三块领土的位置。最大的一块是马涅马。阿拉伯人刚被赶出去，利奥波德国王就把这整块领土都卖了。另两块是马伊恩东贝湖[①] 和通巴湖[②] 周围的领土，都位于赤道以南和刚果河以东。这三块领土的总面积是比利时本土面积的五倍多。国王随后向首席大臣出示了他 1894 年 11 月 30 日的秘密法令

---

① 马伊恩东贝湖（Lake Mai-Ndombe），1972 年以前称利奥波德二世湖（Lake Leopold II），位于刚果（金）西部，在刚果河以东，向南流入菲米（Fimi）河后注入开赛河。

② 通巴湖（Lake Tumba），位于刚果（金）西北部。

和一份合同草案。该法令设立了一家"通用农业公司"（General Agriculture Company），合同草案中以 665 万法郎的价格将领土卖给了一群投资人，这群投资人是由他的老朋友约翰·托马斯·诺斯上校组织起来的。这不是一种特许权安排，而是一种彻底的土地出售，尽管保留了某些权利给刚果自由邦。通用农业公司计划于 1895 年 1 月 1 日开始运营。[58]

当全体内阁成员第二天开会时，大臣们命令利奥波德二世撤回创建通用农业公司的秘密法令。他们给出了几个理由。第一，土地出售的复杂条款表明，这实际上一种变相的贷款，因此它违反了国王与比利时政府 1890 年签订的贷款协议。第二，将如此大规模的领土让渡给英国的利益集团，可能威胁到控制刚果自由邦以东和以西领土的德国和法国的利益。第三，如果比利时自己接管刚果，"拟议的垄断可能会证明是一个严重的错误"。在大臣们的强烈反对下，利奥波德二世撤回了法令，解散了该公司。[59]

402　　随着土地出售被取消，利奥波德二世又回到他的地图上，在马伊恩东贝湖地区划定了一块"皇室领地"（Crown Domain）——专为国王自己的目的开发。从一开始，"皇室领地"就是个秘密。它是由 1896 年 3 月 8 日的一项秘密法令创建的，但直到 1902 年，《官方公报》一条简短的公告才概述了它的领土范围，并宣布它是一个合法实体，由国王选定的三人组成的委员会管理。由于它的部分同时属于三个不同的行政区，这块领地并没有出现在官方地图上。相关行政区的自由邦代理人在自由邦士兵的帮助下收集橡胶，但收入计入皇室领地，而不是自由邦。[60]

利奥波德国王的下一步行动是加强对在刚果自由邦经营的两家

主要橡胶特许公司 Abir 和安特卫普的控制。诺斯上校于 1896 年去世，他的继承人将他在 Abir 的股份卖给了来自安特卫普的一个投资者，从而清除了公司中的英国资本。1898 年，Abir 和安特卫普公司根据刚果自由邦的法律清算并立即重组，以避免比利时的税收和金融监管。新的股东构成表明，这两家公司已交织在一起。在 Abir 公司的 2000 股中，安特卫普公司总裁亚历山大·德·布朗·德·蒂热以刚果自由邦代理人的身份持有 1000 股，以个人名义持有 60 股。相似地，在安特卫普公司的 3400 股股份中，刚果自由邦持有一半股份，第二大股东是亚历山大·德·布朗·德·蒂热，持有 1100 股。合计这两家公司的股份，刚果自由邦和亚历山大·德·布朗·德·蒂热共持有超过 70% 的股份。[61]

在刚果自由邦年度预算中，来自特许公司的股息收入出现在"投资组合产品"一栏，且没有明确指出这笔款项是属于自由邦当局控制的一般资金，还是由利奥波德国王控制的特别资金。但这完全符合利奥波德二世将股息存入特别资金账户的运作模式，这样一来，如果刚果自由邦的预算有盈余，他就可以把钱带回比利时。[62]

两家橡胶特许公司进行财务重组是在它们的橡胶生产和利润达到峰值时。Abir 的产量从 1898 年的 410 吨增加到 1899 年的 539 吨，1900 年增加到 701 吨。同时，它的利润从 1898 年的 250 万法郎增加到 1899 年的 280 万法郎，1900 年达到了惊人的 590 万法郎。在洛泰尔的激进领导下，安特卫普公司在 1898 年生产了 298 吨橡胶，在随后的 18 个月中生产了 641 吨，1898 年和 1899 年的利润分别为 390 万法郎和 300 万法郎。除了公司股份股息外，刚果自由邦每出口一吨橡胶还获得 300 法郎的特许权使用费，25 法郎的出口税，再加上在安特卫普市场销售价格的 5% 的提成。[63]

随着 19 世纪渐近尾声，刚果自由邦的预算每年都有盈余，利奥波德国王本人也从皇室领地获得了可观的收入。由于预算有盈余，国王开始将特别资金账户的资源转用于比利时的项目。1897年特尔菲伦殖民地展览的参观者们并不知道攫取这些利润的肮脏细节，它们被隐瞒了。在刚果自由邦，关于橡胶收集的真正本质的秘密带来了一个主要后果，那就是，利奥波德国王和刚果自由邦的官员都没有意识到，在剥削统治制度下，这种利润是不可能持续的。[64]

第十章

"红橡胶"的丑闻

在 20 世纪初，利奥波德国王通过刚果自由邦行动和私人特许　404
公司联合的制度体系，榨干了刚果盆地雨林最宝贵的资源，这似乎
是一个成功的经济案例。两位比利时经济学家宣称，Abir 橡胶公
司的利润"达到了我国工业史上的巅峰"；刚果自由邦的预算出现
盈余；刚果自由邦的橡胶制度被法属刚果成功复制。然而，随之而
来的三个问题，给这一制度的可持续性打上了问号。第一，关于资
源——野生橡胶，和象牙一样，随着时间的推移日渐减少，其实是
一种稀缺资源；第二，关于人——橡胶采集制度对橡胶采集的劳动
人口产生了毁灭性的影响，导致了人民的死亡、逃跑和反抗；第三，
关于政治——本土的公众舆论和友好的欧洲政府还能对两个刚果不
断传来的虐待和暴行的故事忍耐多久，这是个问题。[1]

由于刚果自由邦是由一次国际会议创建的，对其暴行和丑闻
有兴趣的远不止比利时。在英国，利物浦的报纸编辑莫雷尔（E. D.
Morel）希望通过揭露橡胶制度的恐怖行径，促成刚果改革。他的　405
努力促使英国领事对刚果进行调查，随行的是由利奥波德国王亲
自任命的一个调查委员会。莫雷尔的《红色橡胶：1906 年刚果橡
胶奴隶贸易的繁荣》（*Red Rubber: The Story of the Rubber Slave Trade
Flourishing on the Congo in the Year of Grace 1906*）一书，给伴随着刚
果自由邦强制收集橡胶而发生的流血和暴力事件书写了不可磨灭的

公众形象。[2]

在法国，对法属刚果的殖民暴行的报道，迫使政府派出自己的调查委员会。委员会成员奉命对他们的调查结果保密，但一位名叫费利西安·查拉耶（Félicien Challaye）的年轻哲学教师在巴黎《时报》上发表了一系列关于虐行的文章。刚果自由邦和法属刚果的丑闻给本土政府启动改革施加了压力，但对橡胶制度的最大威胁来自当地的现实情况——资源的枯竭和当地的抵制正危及着橡胶公司的利润。

1

1902 年，班加拉区，安特卫普特许区

埃德加·卡尼修斯在为安特卫普公司工作期间，发现了刚果自由邦强制收集橡胶制度的一个致命缺陷。斯坦利曾认为橡胶是比象牙更丰富的资源，与之相比，卡尼修斯认识到，刚果雨林中提供大部分橡胶的藤蔓并不像自由邦和特许公司想象的那么多，也没有他们设想的那么可持续。与通常只有一两种典型的主要树种的温带地区森林不同，热带雨林的特点是一系列物种混杂在一起。非洲雨林中生长着 7000 种开花植物，科学家们在一个有三个足球场大的测试区里发现了多达 100 种不同种类的树木。由此得出，任何单一物种的标本是在分散的地点找到，而不是集中在某些地方。[3]

1902 年，卡尼修斯在回忆录中写道："我曾在官方文件和那些曾穿越非洲森林的探险家们的著作中看到这样的说法，有些地区的

406

丛林简直就是一团缠绕的橡胶藤蔓。这种说法真是太荒谬了，因为根本没有蔓生植物生长得这么繁茂。与所有热带丛林被一样，橡胶藤蔓与许多其他类似的植物分布在广泛的区域，这些植物可能属于同一属，但不是真正的橡胶藤蔓。在一英亩的丛林中，你很难找到同属一个种类的两棵树，热带灌木丛生的大型蔓生植物，或藤本植物也是如此。"卡尼修斯理解这种情况的实际后果。他写道："在刚果那些长期被攫取的地区，橡胶藤蔓储备正在迅速枯竭。无论我在这广阔的土地上的何处……当地人愤恨地哀叹，出产橡胶的藤本植物日益稀少，他们恳求被允许从事橡胶收集以外的其他工作。"[4]

在这种条件下，橡胶采集工们发展了三种满足配额的方法。第一种方法是砍下橡胶藤。卡尼修斯观察到，橡胶采集工"如果受紧迫的时间所限，正如他们在刚果通常所处的情况那样，面对白人的恐吓，恐惧着士兵们手中的阿尔比尼枪和卡皮塔们手中的火枪，采集工们直接切断巨大的蔓生植物的长段，然后再对它们进行细分，使树液更快地渗出。"这种做法十分普遍，以至于利奥波德国王于1904年发布了一项法令，规定为了提取胶乳而直接切断藤蔓或剥去树皮的做法是非法行为。第二种方法是用类似的蔓生植物来生产所谓的假橡胶，这种树脂物质在刚打出时类似于乳胶，但在干燥过程中会呈现出光泽。这种现象十分普遍，1901年3月，总督泰奥菲尔·瓦希斯（Théophile Wahis）向所有大区专员和地区负责人发出一份通告，抱怨橡胶的质量恶化，因为优质的非洲藤胶中混合了"劣质乳胶"（即假橡胶）或其他物质。第三种方法是涉及入侵其他群体的领地。卡尼修斯写道："每个部落只有有限面积的森林，可以称之为它的专属领地，因此，这种事情频繁发生：当他们自己的"丛林"被耗尽时，来自这个村庄的土著人会违抗部落使用的规则，进入另一个村庄的领土……结果，村庄之间频频出现争端，而在此之前，可能在相当长的时间里，它们都一直处于和平状态。"[5]

安特卫普公司试图重新征服位于刚果河以北的布贾地区以保持产量，那里仍有未采割的藤蔓。1900 年，重新占领雅隆波、扬巴塔和蒙乔阿哨卡的运动以失败告终后，安特卫普公司撤出布贾地区，直到 1903 年，刚果自由邦士兵发动了一场血腥的攻势，持续了 6 个月。与以前的尝试一样，这次也失败了，部分原因是布贾人在 1900 年战争期间从自由邦军队和特许公司哨兵那里缴获了大量阿尔比尼步枪和子弹。1904 年，自由邦派遣一支由 500—600 名士兵组成的特遣队对布贾又一次发动了进攻。[6]

1904 年 3 月，刚果自由邦中止了安特卫普公司 15 年的特许经营权，并由自由邦士兵取代特许公司哨兵，开始直接管理这片领土。对于自由邦这么做的原因，众说纷纭。英国记者 / 旅行家蒙莫雷斯子爵（Viscount Mountmorres）写道，这是因为"其代理人的不当行为和滥用权力"，但埃德加·卡尼修斯则有不同的解释。他写道："公司的代理人们都说，长期以来，蒙加拉地区的橡胶作物产量每月高达 60—80 吨，在欧洲价值约 2 万—2.5 万英镑。这高额的利润唤起了刚果自由邦——这一地区更大的垄断者的贪婪和嫉妒，而对暴行的严厉"镇压"仅仅是迫使安特卫普公司对刚果自由邦进行照顾的权宜之计。后来发生的事情很快证实了卡尼修斯的分析。负责生产的自由邦官员并没有承认供应量的降低，减少橡胶配额，而是通过谋杀、监禁和摧毁村庄的计划，将产量提高到每月 60 吨。在他返回比利时后，橡胶产量减少到每月 20 吨左右。[7]

Abir 特许公司面临着与安特卫普公司同样的收益减少，但它采取了不同的策略——在原有哨卡之间的空白区域增加新的哨卡。Abir 在 1900 年有 14 个哨卡，1902 年增加了 15 个新的哨卡，1903 年增加了 11 个，1904 年又增加了 5 个，这一做法的主要后果却是加速了橡胶藤的枯竭。橡胶藤不足地区的村民经常觉得自己别无选择，只能逃离，因此，防止村民个人和整个村庄移居成为了特许公司哨兵的主要任务之一。特许公司是如此地害怕村民们移居离开，以至于要求村民只有在获得许可证后才能前往另一个村庄，并且公司代理人被指示遣返任何来自另一个 Abir 哨所的移民。[8]

来自传教士的零散报告让我们得以一窥 1902 年和 1903 年 Abir 特许区内广泛的人口流动情况。在一个哨卡，4 名酋长因试图与他们的村庄一起移民而被关进监狱。在迪基拉（Dikila）哨卡，利卡人（Lika）试图搬到更远的地方，但遭到了 Abir 哨兵的阻止。桑巴（Samba）哨卡周围的村庄向南迁徙，受到了 Abir 哨兵的追击。居住在马林加河以北的恩松戈姆波约人（Nsongo Mboyo）试图逃离特许区，但其中许多人被抓住并被流放到马林加河上游，而其他 6 个族群——利孔戈（Likongo）、利安贾（Lianja）、恩科莱（Nkole）、扬加 - 扬朱（Yanga-Yanju）、恩翁戈 - 因戈利（Nongo-Ingoli）和洛福马（Lofoma）——成功地向南逃往楚阿帕河[①]。[9]

在情况不允许人们集体移民和重新定居的地方，他们有时会分散成小的部落，隐居在森林中。传教士在 1901 年报告说，生活在亚拉（Yala）哨卡的内陆居民抛弃了他们原本的村庄，分散生活在

---

① 楚阿帕河（Tshuapa River），刚果河支流之一，起源于刚果（金）边境。

森林中，这种情况带来了严重的健康风险。虽然人们一生都生活在热带雨林中，但除了偶尔的狩猎和采集，他们大部分时间都住在林中较开阔的的空地，避免真得生活在昏暗潮湿的森林之中。萨默维尔·吉尔克里斯特（Somerville Gilchrist）是刚果巴洛洛特派团（Congo Balolo Mission）的传教士，在卢隆加（Lulonga）地区已生活了 14 年，他认为肺部和肠道疾病是造成这一地区居民过早死亡的主要原因。虽然 1900 年左右洛波里地区爆发了昏睡病（sleeping sickness），1899—1902 年天花流行病肆虐，但他仍然估计，死于肺部和肠道疾病的人数比死于昏睡病的人数高出 20 倍，比死于天花的人数高出 40 倍。他报告说："毫无疑问，肺部和肠道问题的很大一部分病例都是为采集橡胶税收而风吹日晒、为躲避士兵藏在森林里和现在居住在简陋小屋的人，以及现在居住在简陋小屋中的当地人，因为他们没有时间也没有心思去建造更好的房子。"[10]

要反驳吉尔克里斯特的分析可能很简单，因为他并不是医生。但国际救援委员会（International Rescue Committee，IRC）2004 年的一份报告显示了当时在刚果（金）肆虐的战争所造成的死亡，这份报告证实了吉尔克里斯特的大致观点。IRC 的报告是由五名医生组成的委员会撰写的，该报告得出结论，战区的绝大多数死亡不是由于战争相关的暴力，而是由于"容易预防和治疗的疾病，如发烧和疟疾、腹泻、呼吸道感染和营养不良"，这些疾病在战争地区混乱的环境中变得致命。虽然现在已无法得知在殖民橡胶战争期间，暴力死亡和疾病死亡之间的确切比例，但似乎来自疾病的无声暴力甚至比 Abir 哨兵的枪更加致命。[11]

随着橡胶藤日益减少，Abir 特许区的叛乱也越来越频繁。马林

411

加河沿岸的巴林加哨卡上游地区在 1897 年的战争中遭受严重袭扰，以至于传教士们取消了原定的一次传教之旅。在马林加河上游更远的地方，一次针对塞凯图卢（Seketulu）人的 Abir 惩罚性远征，造成 400 多人死亡，无数人沦为囚犯，其中 100 人在囚禁中死亡。在洛波里河沿岸，1899 年报告了一起大规模的"贸易纠纷"，其中五个哨兵在 1901—1902 年在邦甘丹加哨卡附近被打死，Abir 哨兵镇压了亚蒙戈（Yamongo）、博翁德（Boonde）和博丰吉（Bofongi）的叛乱。在洛波里河支流博隆博河（Bolombo River）沿岸，利兰吉（Lilangi）、博肯达（Bokenda）、普卡翁加（Pukaonga）和凯兰加（Kailanga）部落发生反叛，但被镇压。在 Abir 特许区，很可能还爆发了许多传教士们没有观察到或报告的其他叛乱。作为暴力 412 程度的一个标志，1903 年，一个 Abir 哨卡进口 33 支阿尔比尼步枪、126 支雷管火枪、17600 发阿尔比尼子弹、29255 个雷管和 22755 支步枪。[12]

强制收集橡胶不仅加速了橡胶藤资源的枯竭，而且威胁到雨林中人类生存的基础。在农学家称之为"轮耕"的农业体系中，当旧的土壤肥力枯竭，人们需要每三年开垦一次新的田地。这是一个需要密集劳动和大量耗时的过程，可能需要长达两个月的日常劳动。然而，橡胶采集工必须每两周上交一次橡胶，没有时间清理新的田地。而妇女们继续在贫瘠的旧地上耕种，产量大幅下降。Abir 地区传教士 1899 年报道了"可怕的饥荒"，这是最有可能的解释。Abir 哨兵为维持他们奢靡的生活方式，袭击菜园、没收动物，更加剧了这一问题。这种饥荒解释了为什么赤道区的人后来把 Abir 时期称为"隆卡利"（Lonkali），即饥荒时期。[13]

2

1903 年 5 月 20 日，伦敦，下议院

下议院晚会七点三十分会议开始，赫伯特·塞缪尔（Herbert Samuel）发言，披露了刚果自由邦的恶行。虽然这位议员来自约克郡，而该地与非洲贸易没有什么重要联系，但他还是原住民保护协会（Aborigines Protection Society，APS）的成员，这个协会于 19 世纪 90 年代成为对英国殖民政策施压的主要人道主义团体。尽管原住民保护协会缺乏广泛的民众支持，但它作为一个游说团体运作，从殖民地收集信息，并向殖民地部请愿，寻求对各种问题的补救。

413　　　相反，英国和外国反奴隶制协会对刚果自由邦的事情却一直异常地保持沉默。反奴隶制激进主义（anti-slavery activism）与殖民主义之间的关系十分复杂，因为许多反奴隶制活动家认为殖民统治是根除非洲奴隶制和奴隶贸易的最佳希望。英国反奴隶制协会的长期秘书查尔斯·艾伦（Charles Allen）在发起 1889—1890 年布鲁塞尔反奴隶制会议（Brussels Anti-Slavery Conference）的过程中发挥了关键作用，这场会议呼吁各殖民大国扫除非洲的奴隶制度。1892—1893 年，这次会议加上随后将阿拉伯奴隶贩子驱逐出刚果自由邦的两件事，使利奥波德国王成为反奴隶制事业的英雄。由于无事可做，反奴隶制协会伦敦办事处将其工作时间缩短到一周中的某些日子，其执行委员会开始讨论完全关闭该组织的问题。直到 1902 年，反奴隶制协会的新秘书特拉弗斯·布克斯顿（Travers

Buxton）才开始支持原住民保护协会对刚果自由邦的批判。[14]

1903 年 5 月 20 日，赫伯特·塞缪尔在下议院提出一项决议，要求 1885 年《柏林法案》的签署国采取措施，结束在刚果自由邦普遍存在的殖民暴行。他承认，在下议院批评其他国家是非常罕见的，但他指出，刚果自由邦在世界历史上都是独特的存在。它是在柏林会议上由所有大国共同同意创立的，而它的治理权被委托给一个个人——比利时国王。但他称，"这是在一定的条件下授予的"。首要条件是"促进当地人的道德和物质生活福祉"，其次是"所有国家的贸易都应该享有完全的自由"。塞缪尔对这两个问题的强调，是在吸引议会中人道主义和商业利益群体。[15]

塞缪尔控诉说，这些条件，都没有得到满足。按照利奥波德国王 1892 年的法令，"整个刚果自由邦，除了斯坦利瀑布西部很小的一部分，都被视为私人财产。大部分地区是由自由邦直接运作，414自由邦将橡胶收集起来，交给政府官员，还有大片土地被租给特许公司，而自由邦持有这些公司一半的股份。"谈到对待非洲人的问题时，塞缪尔指出，刚果自由邦成立之时，"世界对它饱含着同情，慈善家们报之以热忱。"在列举了自由邦和特许公司一系列的虐待和暴行之后，塞缪尔指出，英格兰联合商会（Associated Chambers of Commerce of England）3 月通过了一项决议，要求政府代表英国商人采取行动；还指出，自由教会（Free Churches）已通过决议，谴责橡胶制度引发的虐行。

塞缪尔议员随后提议，成立一个国际委员会，采取措施来消除这些罪行。为了明确自己在人权问题上的立场，他指出，他"不是那些目光短浅的慈善家，认为土著人必须在所有方面都受到与白人平等的对待"，但他认为，"有些权利是人类共有的。自由和受到公正待遇的权利应是全人类的共同权利"。

这项决议得到了前外交国务次卿查尔斯·迪尔克（Charles Dilke）爵士的附议。和赫伯特·塞缪尔一样，他也是原住民保护协会的成员。迪尔克对下议院说："至于当地人的问题，整个反奴隶制世界都被刚果邦行政当局欺骗了。"他声称，早期支持刚果自由邦的英国人"出于诚实的初衷；他们希望改善当地人的状况，但是……他们被刚果邦行政当局欺骗了"。在一个段落中，他两次使用了"被刚果邦行政当局欺骗"。辩论结束时，通过了一项动议，要求"国王陛下的政府与其他大国——承认刚果自由邦存在的《柏林总议定书》签署国进行协商，以便采取措施消除自由邦普遍存在的罪恶"。

415　　外交部不知如何回应这项决议，于是决定寻求更多关于刚果局势的信息。6月4日，就在下议院辩论两周后，外交部向其驻博马的领事罗杰·凯斯门特（Roger Casement）发了一封电报，要求他对刚果河上游的橡胶地区进行调查。凯门斯特本就计划前去那里，第二天便出发了。他在刚果有相当丰富的经验，曾于1884—1886年为刚果自由邦及其前身国际非洲协会工作；1886—1887年担任桑福德远征公司的代理人；并于1887—1891年组织刚果河下游的运输。[16]

凯斯门特乘坐他从美国浸礼会传教士联盟（American Baptist Missionary Union）租来的汽船"亨利·里德号"前往刚果河上游，于1903年7月19日抵达博洛博。博洛博还没有被强制征收橡胶，但凯斯门特到这儿时，听说皇室领地的难民最近定居在了博洛博地区。他花了 3 天时间拜访这些难民们，听关于杀戮和断肢的故事，这些故事听起来是如此的恐怖，哪怕这些难民本身就是最实际的证据，他最初也是拒绝相信这些故事的。

一个叫莫约（Moyo）的人告诉他："以前要花 10 天才能收集到 20 篮橡胶。我们总是在森林里，如果我们迟到了，就会立即被杀掉。我们不得不越来越深入森林深处寻找橡胶藤，没有食物，我们的女人不得不放弃耕种的田地和菜园。因此我们饱受饥饿。我们在森林里工作时，像豹子一样的野兽杀死了我们中的一些人，而另一些人则迷路或因日晒和饥饿而死亡。"莫约随后解释了当他们试图从强制征收橡胶中解脱出来时发生的事情："我们恳求白人放我们自由，说我们得不到更多橡胶了，但是白人和他们的士兵说：'快走！你们只是野兽。你们就是肉（*nyama*）。'我们尝试了，总是要往森林更深处，而当我们失败了、带回的橡胶数量不足，士兵们就来到我们的村子把我们杀了。许多人被枪杀，有些人的耳朵被切下来，其他人被用绳子绑在脖子和身体上带走。"后来，凯斯门特在卢科莱拉采访了其他难民，英国传教士斯克里夫纳牧师（Rev. A. E. Scrivener）曾在皇室领地游历 3 周，这些都证实了这些故事的真实性。[17]

在伊雷布，凯斯门特发现，这个他曾作为桑福德远征公司雇员于 1887 年访问过的繁荣的贸易小镇早已被遗弃，取而代之的是一个军事训练营地。许多人为了逃避橡胶的强制征收，越过刚果河逃往法国领土。凯斯门特沿着伊雷布水道（Irebu Channel）到通巴湖，得知自由邦于 1893 年强行征收橡胶，但因由此引发的持续战斗，在 1901 年便废弃了。当地人称这段橡胶时期为"战争"时期。

一位传教士给了他一份湖边村庄的人口名单：博卡卡（Bokaka）从500 人减少到 30 人；洛布瓦卡（Lobwaka）从 300 人减少到 30 人；博博科（Boboko）从 300 人下降到 35 人；等等。随着村庄基本上被遗弃，人们"像被猎杀的动物一样躲在灌木丛中，扔几根树枝在一起作为遮蔽，因为他们不相信暂时平静的状态会继续下去"。

沿刚果河到卢隆加河，凯斯门特发现，这一区域由名为卢隆加的商业贸易公司（Lulonga Company）垄断控制着，这家公司已采用与特许公司相同的方式强制收集橡胶。凯斯门特拜访博隆戈（Bolongo）时，人们抱怨说他们那里已经没有橡胶了，但卢隆加公司仍要求每两周上缴固定数量的橡胶。五个公司哨兵驻扎在村子里以确保橡胶供应，一支由一个白人指挥的政府军于五月临时占领了村庄，造成 2 人死亡。在下一个村庄，凯斯门特发现有 11 名妇女被哨兵囚禁，直到她们的丈夫拿出她们的橡胶配额。所有这些都发生在所谓的自由贸易区。

417

凯斯门特此行的主要目标是 Abir 特许公司，马林加河和洛波里河勾勒出该特许区的轮廓，这两条河在巴桑库苏合流形成卢隆加河。凯斯门特来到了沿洛波里河上游距离巴桑库苏 Abir 总部约 125 英邦甘丹加哨卡。1903 年 8 月 29 日到达时，他看到有人从大约 20 英里外的地区，正运送橡皮过来。他描述道："他们排成一长队，在 Abir 公司哨兵的看守下行进着……到处都是 Abir 的哨兵，看守和控制着当地土著人，其中许多人还带着刀和矛。哨兵经常配备阿尔比尼步枪，其中一些子弹夹在手指之间，准备随时使用。其他人用雷管枪。"

凯斯门特详细说明了橡胶称重的场面："每个被看守的人带上

来的橡胶，都是由 Abir 的两个代理人之一称重……如果发现橡胶
的重量正好，它的卖主将被引导到切割房或其中一个干燥房。如果
在称重时发现其本地卖主带来的橡胶严重低于规定的重量，则将违
约的个人拘留在"人质所"（maison des ôtages）中处理。"后来，
凯斯门特探访了监狱前面的围场，"我数了数，有 15 个男人和青年，
他们在看守的监视下制作哨卡建筑使用的垫子。后来有人告诉我，
他们中的一些是上一个交货日的违约者，作为强制劳工以弥补他们
上缴橡胶的不足"。

凯斯门特随后前往其中一些人的家乡，了解他们的情况。他写
道："为了得到橡胶，他们首先从家里出发走 2 天的路程，留下他
们妻子，待个 5—6 天。他们在监视下走向森林深处的边界，如果
第 6 天还不回来，麻烦可能会接踵而至。要想在森林里得到橡胶，
一般来说，因为有很多沼泽，需要花费很多力气，而且往往找不找
一条树液流动良好的藤蔓。此外，能够供应橡胶的面积减少的同时，
对橡胶的需求却不断增加。"1903 年 9 月 3 日，罗杰·凯斯门特
离开邦甘丹加，启程返回博马。到 12 月 1 日，他已在伦敦撰写他
的报告。[18]

1904 年 2 月，英国政府发布了凯斯门特的报告，为保护证人，
以及避免对自由邦或特许公司雇员提出未经证实的指控，证人的姓
名和地名被删除，由字母或符号代替。然而，即使是以这种部分编
辑过的形式，报告仍然呈现了惨绝人寰的画面，展现了自由邦和刚
果河上游橡胶公司的罪恶活动。6 月 9 日，下议院对刚果问题再次
进行辩论。在听取了一系列发言者要求采取具体行动后，自由派外
交发言人，即之后的外交部长爱德华·格雷（Edward Grey）发言，

418

支持在刚果河上游建立英国领事馆，以监督刚果自由邦的活动，并呼吁召开一次国际会议，修订1885年《柏林法案》。[19]

利奥波德国王并不会轻易被外国政府的批评所打动，但他想不惜一切代价避免柏林会议重开。为了阻止这种事态的发展，他勉强同意派遣自己的调查委员会前往刚果。虽然他打算只是将此作为一场公关活动，但英国外交部和一群比利时改革者说服他派出一个国际委员会，进行严肃公正的调查。国际调查委员会成员有比利时布鲁塞尔最高法院助理检察总长埃德蒙·詹森（Edmond Janssens），在博马的刚果自由邦上诉法院首席法官意大利人贾科莫·德·尼斯科（Giacomo de Nisco）男爵，以及瑞士洛桑州（Lausanne）的司法部部长埃德蒙·冯·舒马赫（Edmond von Schumacher）。他们的任务是"去调查在领土的某些地区，当地土著人是否受到无论私人或是自由邦代理人的虐待，指出改善的实际办法，并在调查发现这种虐行时，提出关于终止这种虐行的最佳办法的建议"。委员会有权审查文件、传唤证人和举行公开审讯。[20]

419

委员会于1904年10月5日抵达博马，并于1905年2月21日离开刚果。在4个多月的时间里，他们乘汽船沿着刚果河及其支流航行，最远到达斯坦利瀑布，沿途停留了大约25次，听取证词，审查文件。委员会成员在Abir特许区待了约5个星期。他们典型的工作日是，上午8点至12点举行上午会议，下午3点至7点举行下午会议。调查委员会没有在其最终的报告中列入任何证人的证词，因为它"认为调查的目的不是确定个人责任，而检视当地土著人的状况，而不是个别的事实，才是它的责任"。

在离开刚果7个月后，调查委员会于1905年10月30日在布鲁塞尔向刚果自由邦的行政官员提交了报告。报告提出了委员会关于土地保有权、税收、军事远征、特许权制度和司法制度等广泛问题的结论，并对行政和法律改革提出了建议。税收这一关键问题占了报告三分之一的篇幅，关于这一问题，委员会支持将"劳动税"作为刚果自由邦文明使命的一部分，"使一个种族文明化意味着改变其经济和社会状况、智力和道德地位；意味着要根除其思想、习俗和习惯，将那些我们不赞成的思想、习惯和习俗替换成我们的"。关于适用到非洲人上，委员会指出："正是由于当地土著人自己不 420 想这样做，我们才从一开始就必须劝服他们摆脱他们天生的懒惰，进而改善他们的状况。因此，一项将幸福和常规工作强加于土著人的法律是激励他们工作的唯一手段；虽然这是一项经济法，但同时也是一项人道主义法。"

委员会支持强制劳动的一般制度，同时，委员会提议进行修改，使之不那么繁重。关于除此之外的其他，委员会建议，1903 年 11 月 18 日自由邦颁布的法令中要求每月强制劳动 40 小时，这一标准应被解释为最高限度；只有自由邦代理人（而不是私营公司）在特许地区有警察权和进行人身拘留的权力；如果野生橡胶供应耗尽，应允许非洲人以其他商品的形式支付"税款"；应任命更多法官调查所上报的虐待行为。

虽然报告只是简要概述了委员会委员们在刚果遇到的情况，但它们足以证实罗杰·凯斯门特和英国传教士们更详细的报告是可信的。关于强制收集橡胶引起的虐待行为，报告还特别指出了安特卫普、Abir 和卢隆加公司尤为恶劣。报告指出："从对有关蒙加拉（即安特卫普）文件的审查，以及委员会对 Abir 特许公司的仔细调查来看，我们所说的那些行为在这些公司控制的领土上似乎异常频繁。在我们到访的不同的 Abir 哨卡，从来没有人否认，将妇女作为人质监禁、强制酋长进行奴颜婢膝的工作、对违法者进行鞭笞的管理以及黑人监工滥用职权的现象，通常都是一种惯例。卢隆加向委员会报告了类似情况。

421 委员会还承认橡胶藤已经枯竭，"当然，委员会无法对它所看到的森林里的橡胶财富作出任何估计……不过，毫无疑问，持续了若干年的开采将导致那些当地村庄毗邻地区的橡胶藤完全枯竭"。在这种情况下，委员会承认，对非洲人来说，收集橡胶的任务已变得尤为繁重："在大多数情况下，他必须每两周出发去收集一次橡胶，每次需要两三天，有时更长，才能到达森林中可以找到足够数量橡胶藤的地方。在那里，他得过几天艰难的日子……他必须把收集到的东西带到自由邦哨卡或公司后，只有到那时，他才能返回他的村庄，但常常只能短暂停留个两三天，直到下一次的交货时间在即……几乎没有明说出来，这种状况公然违反了'40 小时'的法律。"

调查委员会处理的一个棘手问题是人口的减少。委员会承认，强制收集橡胶的制度已经导致了大量的死亡、流离失所、营养不良和疾病，但它认为，人口减少的主要原因 19 世纪 90 年代席卷了刚果河流域河谷的大流行病天花和昏睡病。对刚果河沿线的城镇来说，这一观察是准确的。1900 年，在夸穆特（Kwamouth）的天主教传教会因昏睡病失去了 600 名儿童而终止布道，而楚姆比里（Tchumbiri）的人口因昏睡病而大量减少，以至于浸礼会传教会考虑放弃它。这两个城镇都没有橡胶配额。在上游的法属卢科莱拉，天花病使人口从 1000 人减少到 50 人。[21]

　　然而，委员会没有承认的是，这些流行病是旅行和人口流动增加的直接后果，而这些旅行和人口流动的增加正是由于自由邦和欧洲公司的活动。河上航行的蒸汽船上经常载有感染天花士兵和公司员工，船上还藏匿着已感染病毒、能传播昏睡病的舌蝇。委员会把重点放在天花和昏睡病上——这些病不论人强壮或虚弱都会感染，而委员会未能给予由于疟疾、肠道疾病和呼吸系统疾病造成的更日常的死亡同样的关注，而这些疾病在人们营养不良、居住条件恶劣和过劳时可能变得致命。[22]

　　人口统计学方程的另一因子是更低的出生率。传教士指控说，妇女通过堕胎来避免生孩子，这样就更容易从军事远征军中逃脱。委员会承认堕胎在橡胶生产地区确实存在，但将其归因于"一种由巫师鼓励的迷信思想"。这两种解释都可能是正确的，因为尽管堕胎是出于实际原因，但通常以神秘的术语来谈论。然而，委员会将重点放在堕胎上，忽略了淋病（可引起女性盆腔炎和男性睾丸附睾炎）和梅毒（可导致女性流产和死胎以及男性附睾炎）在降低出生率方面的影响。自由邦士兵和公司哨兵在橡胶区的移动使得这些疾病的传播显著增加。[23]

　　传教士们和调查委员会都没有尝试估算强制收集橡胶制度造成的死亡总数。虽然在橡胶地区经常能看到人口减少或被废弃的村庄，但很难确定有多少之前的居民被杀害，而不是背井离乡或散落到别处。来自皇室领地的难民定居在博洛博腹地，这表明，人们为了寻求安全会长途迁移，法属刚果总督在 1900 年声称，来自 Abir 特许公司的 30000 人已越过刚果河寻求庇护。[24]

422

423　　然而，其他评论员们则有着大胆的估计。一名代理人告诉埃德加·卡尼修斯，在 1893 年至 1900 年期间，在安特卫普特许区有多达 20000 人被杀，可以推测，在随后对布贾的战争中，可能有同样数量的人被杀，这样总数就达到 40000 人。比利时人类学家和历史学家丹尼尔·凡赫伦韦格（Daniel Vangroenweghe）曾估计，在 Abir 特许区，"数千"刚果人被杀，"数万"人因没有上交足够的橡胶而死于惩罚和报复。英国改革家和报纸编辑莫雷尔在 1906 年估计，自 1890 年以来，由于暴力、强迫劳动、营养不良和疾病，整个刚果自由邦的人口至少减少了 150 万人，尽管他承认他的计算"可能只是假设"。另一方面，罗杰·凯斯门特认为莫雷尔估计的数字太低，真实数字接近 300 万人。鉴于在橡胶战争之前或之后没有对刚果自由邦进行人口普查，这些数字仍然是一个猜测。[25]

3

1904 年 12 月，巴林加，英国 – 比利时印度橡胶公司特许区

　　利奥波德国王的调查委员会拒绝公布其结论所依据的证词，但英国 – 比利时印度橡胶公司特许区的一些英国传教士写下了他们的证词记录，并将副本寄给了利物浦的莫雷尔。莫雷尔将其出版为一本题为《调查委员会的证据》（*Evidence Laid Before the Commission of Inquiry*）的小册子。刚果巴洛洛特派团的约翰和爱丽丝·哈里斯提供了一些尤为引人入胜的证词。他们于 1898 年在英国结婚，而424　蜜月旅行则是前往刚果自由邦开始他们的传教，最初是在邦甘丹加

的 Abir 哨卡附近，后来在巴林加，也在英国 – 比利时印度橡胶公司特许区境内。

爱丽丝有一台柯达相机，用来记录她在非洲遇到的奇事。1900年，她写给妹妹的信中说："我用我的相机拍摄了大自然、奇怪的昆虫、有趣的动物的照片。而我的相机的另一个用途是这个；我们见过缺了一只手的几个小孩子和年轻人，有时两只手都没有……我会继续拍照作为一种记录，然后把它们送回伦敦传教士总部以外的地区，看看人们是怎么看待这些的。在我的心里，我怀疑，这远比我们所能理解的更加邪恶。"然而，她不愿意把责任归咎于利奥波德国王。"我无法想象利奥波德国王会忍受任何违背秩序的事情，"她写道，"如果他发现他的手下没有按照他的愿望进行良好的治理。他曾答应把这里的土著人从阿拉伯奴隶贩子手中解救出来。在这种情况下，我们在工作时必须更加小心，谨慎地保存真相，不传播流言蜚语或含沙射影。"[26]

在调查委员会于 1904 年 12 月来到巴林加时，哈里斯夫妇已收集到足够的证据证明他们早先的怀疑是真的。约翰提供了在最近 2 名 Abir 代理人管理期间发生的若干具体谋杀和暴行的证据。然后，他讨论了"所有代理人共有的违规行为"，并根据自己的经历举例说明。他描述了人人皆知的鞭笞，即男子被鞭打 100 下，并指出，对男人、妇女和儿童的监禁导致许多人在监狱中死亡或获释后立即死亡。他还讨论了代理人们强制征收的非正规税收，并指控"整个村庄都处于他们绝对专制的控制之下"。隆图鲁（Lontulu）酋长的证词是戏剧化的，他带来了 110 根长短不一的树枝来代表被 Abir 哨兵杀死的男人、女人和孩子。在听取了附近四个村庄 200 起谋杀

425

案的证据后，委员会同意认可以下事实，作为一项真正的一般性声明："在这个橡胶地区，有数百人被杀，我可以提供大量的目击者来证明这一点。"[27]

爱丽丝·西利·哈里斯证实了她丈夫证词中她亲自目睹的部分，然后谈到了邦甘丹加的女囚犯。她说："如果某个村或某些村落没能拿出足够的橡胶，那么这些地方的一些妇女将被抓起来关进监狱，直到男人们补足她们的橡胶差额。Abir 代理人经常告诉我，这是公认的征收'税收'最好的方法。"爱丽丝还描述了一支橡胶采集工的队伍，这支队伍曾经过她的传教点。他们从 30—40 英里外过来，被武装哨兵看守着，他们看起来像一支凶犯队伍。她还报告说看到了橡胶采集工在被狠狠鞭打了一顿后，被他们的朋友带走了。[28]

426 英国传教士的证词后来得到了蒙莫雷斯子爵的进一步证实。蒙莫雷斯作为《环球报》（*The Globe*）的特约记者，在调查委员会进行调查的同时，对刚果自由邦进行了广泛的游历。他没有像委员会那样，从西部沿卢隆加河进入 Abir 特许区，而是从东北进入，从东到西穿过 Abir 的领地。他写道："部分走陆路，部分靠独木舟游过各种较小的水道，我从一个村庄到另一个村庄工作，无意间到访了这家公司的一些主要交易站点。"[29]

蒙莫雷斯发现 Abir 特许区的村庄已成为一片废墟。他写道："洛波里河沿岸、洛波里河以南的其支流马林加河、耶科科拉（Yekokora）河和博隆博河沿岸，以及它们之间的整个地区，人们几乎看不到一个像样的村庄。但是，到处可见的茅屋和种植园废墟，都证明这里曾有相当多定居点。这些棚屋和种植园早已被废弃，正在逐渐被热带灌木吞噬……但是，在大多数情况下，聚集在一起的人口似乎很少，所占的面积不过最原始的树叶窝棚，他们两三人为一组，分散在最茂密、最不易接近的丛林深处。"

至于整个 Abir 体系，蒙莫雷斯将 Abir 哨兵称为"一种能想象到的最残酷和最压迫的奴役形式的奴隶驱赶者（slave driver），因为它对奴隶的生命、健康或舒适毫不在意"。他指出，欧洲代理人基本上都是那些"由于名誉扫地而被迫不惜任何代价接受欧洲以外的工作"的人。他了解到，有一名 Abir 的代理人以前曾因所属公司"认为他是犯下暴行的犯罪疯子"，而被法属刚果的一家公司解雇。蒙莫雷斯的结论是："责任首先必须由公司承担，尽管大多数代理商无法通过任何企图让公司承担他们私人和个人的责任，来免除他们残酷无情的暴行。"虽然蒙莫雷斯子爵没有向调查委员会提供证据，但因为调查委员会并不知道他在 Abir 特许区，所以他的报告具有独立性，充实了传教士的证词。

调查委员会离开后，Abir 特许区的情况迅速恶化。1905 年 3 月 25 日，传教士约翰·哈里斯写道："Abir 正试图用几十个带着前装枪的哨兵来强收橡胶。博伦博洛科（Bolemboloko）的博莫洛（Bomolo）酋长、洛托科（Lotoko）的伊塞卡隆吉（Isekalongi）酋长和其他酋长赌咒发誓说，他们会在委员会到来之前选择死亡而不再次受苦。他们说，'告诉我们在哪里可以找到橡胶，我们就去工作；如果不，就来杀了我们；我们只能死一次'。"4 月 10 日，约翰·哈里斯在巴林加写道："我们非常遗憾的是，Abir 现在正回到他们的老路子上去。在埃莱科（Eleko）区或是卢伊扎（Luiza）区，人们已经离开了城镇，躲近森林里，但我们后来得知，他们最

427

终的意图是迁往楚阿帕……我们显然清楚地看到，按照目前的要求，橡胶的获得只能通过不断地牺牲生命、流血、彻底毁坏森林和灭绝土著种族。"传教士埃德加·斯坦纳德（Edgar Stannard）在 4月 7 日的报告中证实了哈里斯的评价："当地人已经被告知，很快哨兵就会再次来到，杀死更多的人，如果他们不带来橡胶，他们很快就会'完蛋'。当然，我们会将此事上报给自由邦政府，但这又有什么用呢？"[30]

Abir 利润的最大威胁不是调查委员会，而是热带雨林中野生橡胶藤蔓的枯竭。约翰·哈里斯曾在雨林中行进了 100 英里，却没有看到一棵活的橡胶藤，已经死掉的藤蔓倒是见到很多。传教士查428 尔斯·帕德菲尔德沿马林加河前行时，他被告知橡胶已经没有了。有人告诉他："我们被派去寻找橡胶，直到遇到了楚阿帕人，然后我们去了伊凯伦巴（Ikelemba），那个白人叫我们切藤蔓，我们切断了橡胶藤，还挖了根，现在在这里还剩下什么呢？"据报道，到1905 年，90% 的 Abir 橡胶来自楚阿帕河的上游源头，而这一片从未开发的区域位于 Abir 特许区边界之外。[31]

1905 年 8 月，刚果自由邦派士兵前往 Abir 特许公司，强制增加橡胶产量，这与它一年前在安特卫普特许公司的做法如出一辙。来自伊雷布军营的两个政府军士兵连巡视了 Abir 特许区，在每个村庄停留，威胁说如果村民不生产橡胶，他们就会回来开战。人们恳请说这里没有橡胶了，但这些恳求显然被忽略了。他们不但没有降低每个村庄的配额，反而提高了配额。10 月，第三支连队开始以类似的方式巡视特许区。但这是白费力气。来自 Abir 最大的 30个哨卡的数据显示，橡胶的月产量从 1905 年 8 月的 19 吨下降到

1906 年 1 月的 17 吨,再到 1906 年 4 月的 7 吨。由于刚果自由邦在 Abir 橡胶生产上投入了相当可观的资源,有传言说自由邦正计划像以前对安特卫普所做的那样接管该公司的特许权。[32]

1906 年 9 月 12 日,刚果自由邦正式接管了 Abir 和安特卫普两家公司的特许权,并承诺在 1952 年前,每交付到安特卫普 1 千克橡胶,自由邦将支付给这些公司 4.5 法郎。在签订协议时,安特卫普的橡胶价格为每千克 13.5 法郎,这给自由邦带来了可观的利润,特别是考虑到自由邦拥有这两家公司一半的股份。政府军已经分别于 1904 年和 1905 年占领了安特卫普和 Abir 特许区,因此 1906 年 11 月的正式协议只是将现状合法化。现在,两个主要的特许领土已完全掌握在了刚果自由邦手中。[33]

429

利奥波德国王的皇室领地位于 Abir 特许区以南的马伊恩东贝湖区,由于地理位置偏远且是自由邦机密,基本上没有受到负面宣传的影响。然而,它存在的迹象曾偶尔泄露给世界。1899 年,一些传教士曾沿鲁基河 / 布西拉河(Busira)/ 楚阿帕河往上游一带去,以和当地的人们交流。他们不知不觉地进入了皇室领地,意外地被 30 个自由邦士兵押送,他们不允许传教士们与当地人说话,甚至不让他们从那里购买食物。一个月来,传教士们试图与当地人建立关系,但没有成功,于是他们放弃了,乘独木舟返回了鲁基河下游。[34]

下一个进入皇室领地的传教士是斯克里夫纳,他来自博洛博英国浸礼会,在 1903 年到访了皇室领地。在那里,他听到了关于自由邦来到这个曾经偏远的地区的故事。斯克里夫纳了解到,带着步枪的白人从马伊恩东贝湖闯进来、叫人们去收集橡胶之前,这里的人们原本生活在和平与安宁中。起初还有一个小小的奖励，但奖励逐渐减少，直到人们被告知得无偿上缴橡胶。当他们试图拒绝，"有几个人被士兵开枪打死了，其余的人被咒骂和殴打，要立刻去收集橡胶，否则将会有更多的人被打死"。[35]

正如斯克里夫纳描述的那样："他们被吓坏了，并开始为离开村庄两周准备食物，这是因为要去采集橡胶。士兵发现他们坐在附近，斥责道：'什么，还没走？'砰！砰！砰！一个又一个人倒在妻子和同伴中间。人们骇人地号啕大哭，并想要为死者准备葬礼，但这不被允许。所有人都必须立刻去森林……许多人由于日晒和饥饿死于森林中，而更多的人是死于凶残的哨卡士兵的步枪。尽管他们竭尽全力，橡胶数量仍在下降，也有越来越多的人被杀。"

斯克里夫纳报告说："有人带我参观了这个地方，并指出了以前大酋长们定居点的位置。一份据说是 7 年前（即 1896 年）的人口评估显示，在四分之一英里的半径内，有 2000 人居住在哨卡及其附近。大家都说，现在这里已凑不齐 200 人，人们太过悲伤和沮丧，以至于这里的人口正在迅速减少。"1904 年 11 月 7 日，调查委员会在博洛博听取了斯克里夫纳的证词，他告诉调查委员会说，他访问过的皇室领地的新自由邦代理人已经停止了屠杀和暴行，但橡胶制度本身仍然是强制性的。村民们仍然必须要进入森林几天才能找到橡胶，然后把橡胶带到最近的政府哨卡，有时距离很远。[36]

1907 年 7 月和 8 月，英国浸礼会驻博洛博的卡西·默多克（Cassie Murdoch）在皇室领地进行了为期 7 周、长 450 英里的旅程。他报告说，随着野生橡胶的枯竭，情况变得更加糟糕。他证实了斯克里夫纳的观点，即强制橡胶收集早期阶段的屠杀和暴行已经基本消失，但他认为，强制橡胶收集的"残酷而煎熬的制度"仍然存在。他写道："利奥波德二世湖（即马伊恩东贝湖）以西的皇室领地的人口已经减少到令人震惊的程度。证据随处可见。我经过了至少 3 个曾经有过非常大型城镇的区，现在完全空无一人……毫无疑问，自由邦是造成人口减少的直接原因。被他们射杀或以其他方式折磨致死的人数不计其数。也许还有同样多或更多幸存于枪口的人死于饥饿和日晒。"默多克承认，很难确定具体的死亡人数。他写道："我远不能肯定所有这些人都被屠杀了。有些人现在住在皇室领地之外的'私人领地'（*Domaine Privé*），另一些人在偏僻 431 的角落建造了小村庄，试图将自己隐藏起来，从橡胶税和士兵的劫掠中逃脱。"[37]

　　默多克报告说，对于那些仍受自由邦控制的人来说，橡胶税"要求每月劳动 20—25 天……过了一段时间，我才发现在利奥波德二世湖以西的皇室领地，根本没有橡胶……我还发现，橡胶是从距离皇室领地边界 10—40 英里的'私人领地'中的森林采集的……我仔细计算了一下我遇到的人必须步行的距离，发现平均路程不会少于 300 英里，往返……而其余的时间都用于寻找橡胶藤和导出橡胶"。尽管如此，他们的努力并不总是成功的。他写道："在我离开皇室领地回去的 2 天后，我看到一些人空手而归。他们已经在森林里搜寻了至少 8 天，但一无所获。那些糟糕的恶棍们将会做出什么来，我无法想象。"

4

1905 年 2 月 16 日，巴黎

1905 年 2 月 16 日，巴黎丑闻报纸《晨报》（*Le Matin*）的头版报道，几名醉酒的法属刚果殖民官员用炸药炸死了一名非洲男子。1904 年 7 月 14 日，他们在布拉柴维尔庆祝法国国庆，举行了盛大的宴会和慷慨的奠酒仪式。当所有人都喝得烂醉如泥时，他们决定做一个实验，看看炸药对黑人的影响。据报纸报道："醉醺醺的官员们兴高采烈地称赞这样一个巧妙的想法，当这个提议的发起者……将提议付诸行动，他们高兴个没完。"他们抓来一个非洲青年，把他绑起来，将炸药棒绑在他的背上。然后，他们突发奇想，将炸药棒塞进他的肛门，使他呕吐。文章说："随着一声爆炸的巨响，血淋淋的碎片、身体残块和肠子被喷射到很远的地方。"很快，法国各地的报纸转载了故事的全部或部分内容，将故事带给了数百万读者。[38]

正如人们对一家丑闻报纸所预期的那样，《晨报》搞错了诸多细节。这一事件不是发生在布拉柴维尔，而是发生在距离其东北约 800 英里的克兰佩尔堡（Fort Crampel）；它发生的时间是 1903 年，而不是 1904 年；受害者不是无辜的旁观者，而是一个已经被判死刑的人；而且炸药固定在他的脖子上。尽管如此，故事令人震惊的本质是正确的，它揭露了在法属刚果发生的令人发指的事件。在这则炸药故事之后，一些更具权威的报纸报道了法属刚果行政人员素质低下、虐待招募的搬运工、不公正税收及诸多叛乱等问题。公众

432

清楚地知道比利时调查委员会最近在刚果自由邦进行了调查，因此开始呼吁设立一个类似的委员会来调查法属刚果的情况。[39]

为了平息报纸的报道，并避免在国际舆论中与刚果自由邦混为一谈，法国殖民地部长设立了一个调查委员会。他设想着进行一次例行调查，提出一些无关痛痒的官僚建议，于是任命艾蒂安·杜巴尔（Etienne Dubard）担任委员会主席。艾蒂安·杜巴尔是一位资深的殖民督察员，曾任殖民地督察长。杜巴尔因健康状况不佳，拒绝了这份工作。于是，政府决定聘用布拉柴，他自7年前被解除法属刚果总督职务以来，一直在阿尔及尔处于退休状态。

布拉柴并不是（殖民地和）外交部长的首选，他担心布拉柴很难控制。但在法国总统提到他的名字、布拉柴亲自游说了几位内阁部长后，布拉柴得到了这份工作。外交部非洲司司长古斯塔夫·宾格（Gustave Binger）后来抱怨说，内阁想都不想就对布拉查青睐有加，因为他们认为布拉柴可以为政府争取公众的支持。但如果外交部对布拉柴持谨慎态度，报纸就会欣喜若狂。《世纪报》（*Le Siècle*）的编辑说："我几乎不好意思对部长派遣布拉柴先生第二次出访刚果表示祝贺，法国政治家们能有如此简单的想法，简直太不可思议了。"[40]

布拉柴接受这份工作的条件是，他可以挑选自己的调查小组成员。除了布拉柴以外，委员会的主要成员包括殖民地监察长办公室的3名人员、有非洲经验的3名殖民地行政人员、外交部的一名成员和殖民地部的一名成员。或许其中最令人意外的人选是费利西安·查拉耶，他是巴黎一所中学的哲学老师，30岁，曾担任布拉柴的私人秘书，并一直陪伴着他。查拉耶在柏林大学完成了两年的

433

哲学深造，随后获得了一笔赠款，可以进行两次到世界"边缘"地区的旅行。他在《半月丛刊》（Cahiers de la Quinzaine）上发表了一封信，谴责印度支那的殖民暴行，这封信引起了巴黎《时报》记者的注意。为了刚果之行的目的，他获得了《时报》记者的资格，他的文章将坦率地审视布拉柴委员会观察到的情况。作为唯一与法国政府或军队没有联系的成员，他不受沉默的潜规则的约束。[41]

根据机密指示，委员们应明确区分法属刚果的特许权制度和刚果自由邦的特许权制度，并强调法属刚果制度所依据的基本原则与自由邦的完全不同。这些指示还声称，法属刚果的殖民军队的存在仅仅是为了维护和平，而不是强迫人们上交橡胶。委员们被命令，为比较之需要，谨慎地收集刚果自由邦相关的信息，但他们被警告，在进入自由邦领土后，不要带走任何文件或笔记，以免落入他人之手。[42]

1905 年法属刚果的行政结构与布拉柴 1898 年离开时大不相同。刚果自由邦自马塔迪至马莱博湖的铁路建成后，布拉柴维尔不再是一个孤立的点，法属刚果首都和行政首府于 1904 年从利伯维尔迁到布拉柴维尔。由于法国军队向乌班吉河上游前进，并向北往乍得湖逼近，法属刚果现在被划分为 4 个不同的区域：加蓬、中央刚果（Middle Congo）、乌班吉 – 沙里（Ubangi-Chari）和乍得。这些地区都由布拉柴维尔的总干事管辖。[43]

在到达刚果河河口之前，委员会沿奥果韦河向上游进行了一次短途旅行，到达内河汽船的航行极限恩乔莱。布拉柴曾将这一地区移交给上奥果韦公司（Société du Haut Ogooué，SHO），该公司在奥果韦上游沿线开发了综合运输系统，从而获得了垄断贸易地位。

当委员们到达恩乔莱时，一群酋长欢迎了他们。酋长们看起来很高兴见到布拉柴，但对特许公司有诸多抱怨。虽然上奥果韦公司进口欧洲商品，并以此来换取橡胶，像寻常的贸易公司一般经营，但是酋长们抱怨说，他们对其商品收取的价格比获得垄断权之前要高得多。酋长们还抱怨了人头税，称其为"罚款"。为了逃避税收，许多人离开了他们在河边的村庄，躲进森林重建新的村庄。然而，与委员会在刚果河流域发现的情况相比，这些抱怨要温和许多。[44]

435

委员会接着回到之前的行程，沿大西洋海岸前往刚果河河口。他们在刚果自由邦的马塔迪港登陆，接着，他们通过自由邦的铁路到达马莱博湖，然后乘汽船穿过马莱博湖到达法属刚果的新首都布拉柴维尔。委员会委员们受到了总干事埃米尔·让蒂尔（Émile Gentil）"礼节性"的欢迎——如果不算紧张的话，但布拉柴认为，让蒂尔在幕后无所不用其极地阻碍着委员会的工作。1905 年 5 月 20 日，委员会乘"艾伯特·多利西号"（Albert Dolisie）离开布拉柴维尔，前往刚果河。布拉柴对记者保罗·波尔德（Paul Bourde）写道："我们一离开布拉柴维尔，障碍接踵而至——殖民地部长为阻碍委员会的调查，精心策划了一场地下阴谋，到目前，我仍然不知道阴谋的全部。"[45]

在法属卢科莱拉短暂停留时，委员们发现当地人对在该地区成立的特许公司全面反抗。接着，他们离开刚果河，沿乌班吉河往上游。他们穿过了一个地区，那里估计有 80 万邦乔（Bonjo）人，但没有一个法国政府哨卡。法国特许公司是这一地区唯一的殖民当局。查拉耶指出，特许公司利用这种现状"对黑人施以暴行，残酷剥削"。特许公司的哨兵强迫男人们收集橡胶，掳走他们的妻子，并以千百种要求奴役他们。

对此，委员会获悉，一群邦乔反叛分子策划了一个阴谋，给负责公司哨卡的塞内加尔代理人送去鸡、漂亮的女奴和棕榈酒作为礼物。当公司所有职员都喝醉后，反叛分子入侵了哨卡，闯入仓库，缴获枪支弹药。一些反叛分子已经拥有的武器和弹药，是之前与特许公司用象牙和橡胶换来的。随着叛乱的蔓延，特许公司的 24 名非洲代理人被杀。为了镇压叛乱，法国殖民政府派遣了一连队的塞内加尔士兵，但他们不习惯在道路狭窄的茂密森林里战斗，因此容易遭受伏击。查拉耶写道："士兵们不可能接近敌人，甚至不可能看到他们。"乌班吉一带的邦乔叛军的战术与刚果自由邦安特卫普特许公司的布贾叛军十分相似。这两场叛乱都尤为成功。[46]

在标志着汽船航行极限的班吉（Bangui）停留之后，委员会继续乘坐能够通过急流的鲸船往乌班吉上游前行。它于 6 月 30 日抵达波塞尔堡（Fort de Possel），然后改由陆路向北前往乍得湖。委员会的委员现在正穿越一片稀树草原，那里的草高大稀疏，中间零星分布着一些小树和高高的土白蚁丘。委员们骑马前往锡布堡（Fort Sibut），然后前往位于乌班吉河以北 150 英里的最终目的地克兰佩尔堡。这是将供给运往乍得首都拉密堡（Fort Lamy）的主要商队路线，住在沿线的人被征召充当商队搬运工。在邻近地区，每年仅有 12000 人可运送 360 吨的物资，其中许多人住在离商队路线步行 3 天距离远的地方。当人们为了避免成为搬运工而试图搬到更远的地方时，政府设立了哨卡和军营，阻止他们的迁移。[47]

查拉耶指出，法属刚果现任总干事埃米尔·让蒂尔于 1895 年首次率领一支远征队穿过这片领土时，曾形容这一地区是繁荣的。让蒂尔写道："这里到处都是村庄，周围是无垠的谷子和木薯种植园。富足和繁荣无处不在。"但当1905年查拉耶来到这里时，眼前的一切令他心烦意乱。他写道："昨天的富裕和今天的苦难对比起来是多么得令人叹惋啊！这里不再有村庄。法国哨卡周围只有几个小棚屋。也再没有种植园；搬运工甚至连最起码的食物都找不到。即使是白人，也很难以一个好价钱买到几只鸡。到处都是荒地，到处都是饥荒。"[48]

对布拉柴来说，他正因无法获得准确信息而感到沮丧："在通过这一地区期间，他们做了各种努力，阻止我获得信息。尽管有这些障碍，倘若我还是没有成功地与当地人建立起个人而直接的关系，那将会造成令人难以置信的局面，那意味着，我以法国的名义通过这一地区的行为即是对这里曾犯下的所有暴行的认可。"[49]

查拉耶于7月18日抵达克兰佩尔堡，他注意到，克兰佩尔堡周围地区由一家特许公司控制，这家特许公司曾引起民众的一场反抗。1904年，特许公司曾逮捕了一名当地酋长，因为他的村民没有上交规定数量的橡胶。在酋长死在监狱里一个月后，人们起来反抗，杀死了该公司的27名非洲代理人。法国殖民军队带着塞内加尔士兵来镇压叛乱时，看到死去的代理人头骨里塞满了橡胶球。查拉耶认为这是一个巧妙的象征，恰当地表达了人们起义的原因。[50]

8月10日，委员会回到班吉，乘鲸艇前往蒙贡巴（Mongumba），以获得一起涉及女囚犯事件的更多信息，布拉柴在早些时候经过班吉期间已开始调查该事件。据查拉耶说，事件的基本事实如下：1904年4月，班吉的法国行政长官需要增收人头税。他派出了一名国家代理人，以及一支"区域警卫"部队——一支从当地招募的武装部队，针对河边居民。区域警卫在许多方面类似于 Abir 和安特卫普在刚果自由邦招募的"哨兵"。国家代理人常驻蒙贡巴村，向每个村派出 2 名区域警卫，迫使酋长上交橡胶。区域警卫行径残暴、强奸妇女，导致许多村民越过乌班吉河逃往刚果自由邦。

为了防止人们逃跑，国家代理人派出他的区域警卫到周围的村庄，扣押妇女和儿童作为人质，直到男人们交上橡胶，国家代理人再将橡胶上交特许公司。有进一步的证据表明，征税只是迫使人们向特许公司上交橡胶的借口。由于特许公司认为橡胶数量不足，这些妇女被送往班吉，在班吉，58 名妇女和 10 名儿童被锁在一间 20 英尺长的储藏室里，储藏室除了门外，没有任何其他开口，他们只是偶尔会得到食物。在最初的 12 天里，便有 25 人死亡，其余的人被转移到更大的建筑里。但他们仍然没有足够的食物，死亡还在继续。一名法国医生到达班吉时，听到大楼里传来的哭声，要求把门打开。在里面，他发现有 13 个女人和 8 个孩子还在垂死挣扎，而其余的已经死了。在班吉，共有 45 名妇女和 2 名儿童死在狱中，几名幸存者也在获释后不久死亡。[51]

布拉柴个人对此案颇感兴趣，在委员会离开之前，他通过一艘比利时船将一份报告和 42 份附加文件汇编成一份厚厚的卷宗档案，送交殖民地部长。他将自己的调查报告总结如下："我荣幸地通知您，1904 年 5 月期间，政府一名代理人在特许领土上征收实物税，其方式包括绑架妇女和儿童并将其送往班吉。之后，在 58 名妇女和 10 名儿童中，45 名妇女和 2 名儿童在 5 周后死亡。"布拉柴补充说："我认为我有责任提请您注意这一事件的重要性，因为此事

439

并非孤例。相反，仅就我亲自到访的地区而言，到当地村庄绑架妇女，用作从波塞尔堡到克兰佩尔堡的商路上的搬运工，这已是惯常的手段。"[52]

沿着刚果河向布拉柴维尔驶去，两岸高耸着令人惊叹但终究单调的热带雨林，查拉耶突然非常想重读但丁的《地狱篇》。尽管他手边没有这本书，但丁笔下的形象、文字和短语依旧在他的脑海中闪现："放弃一切希望；血流成河；血泪之地；万丈深渊；冤魂遍野。"他还特别回忆了一段话："我在山谷中看到了新的苦难、新的折磨、新的刽子手。"他最后写道："只要我活着，我将亲眼目睹真正地狱的悲伤。"[53]

到 8 月 21 日，委员会已经回到布拉柴维尔，正好赶上了对前克兰佩尔堡行政长官乔治·托凯（George Toqué）和他的助手费迪南-利奥波德·戈（Ferdinand-Leopold Gaud）的审判，他们涉嫌臭名昭著的炸药事件。除了共同的罪行外，两人都被指控犯有各种个人罪行。当法官要求描述犯罪发生的大背景时，托凯描述了获得搬运工的方法：袭击村庄，绑架男人们的妇女和儿童，直到搬运工完成他们的任务才能被释放。托凯说，1901 年，他偶然发现了一个隐藏在灌木丛中的人质营地，发现了 20 名妇女和 150 名死于饥饿的尸体。他说，曾经，他们也用相同的方法来征税。[54]

炸药事件是在第二天发生的。受害者名叫帕克帕（Pakpa），他曾给法国人做向导。他被指控故意带领区域警卫队陷入伏击，在伏击中 2 名警卫被打死，数人受伤。托凯向戈发出命令逮捕帕克帕并用行刑队处决他，之后，帕克帕于 7 月 12 日被捕，并被关进了克兰佩尔堡的深井中。由于法国在 7 月 14 日的巴士底日释放囚犯

440

的传统，戈询问托凯应该如何处理井中的 3 名囚犯。托凯建议释放另外 2 人，但对是否释放帕克帕犹豫不决。最后，他对戈说："想干什么都随你。"然后，戈在一名区域警卫的帮助下，把帕克帕从井里带出来，把炸药系在他的脖子上炸死了他。

441　　　在布拉柴维尔的审判结束后，辩护律师请求理解这两个年轻的殖民地行政长官的困境，他们负责每月运送 3000 负荷到克兰佩尔堡，但却没有一个可行的体系来获取搬运工。最终，两人都因部分罪名被判有罪，因处境情有可原，每人只被判处 5 年监禁。法国的一些人认为判决太轻，但布拉柴维尔的法国官员对这两人被判刑感到愤怒。

　　　到委员会 8 月 29 日离开布拉柴维尔前往海岸时，布拉柴已因病在自己的房间里待了 10 天。为了赶上汽船将他们载过马莱博湖、在利奥波德维尔登上火车，委员会工作人员准备了一个吊床来抬他，但布拉柴坚持走路，沉沉地倚着拐杖。在这次旅途中一直陪伴布拉柴的查拉耶，总结了这位探险家最后一次离开刚果时的情形。查拉耶写道："无尽的悲伤令他本已身心俱疲的身体愈加沉重。他看到一个专制而贪婪的政府征收着不当、或者说令人伤脑筋的税收……他看到特许公司的狡猾和贪婪，它们试图建立一个新的奴隶制，试图通过威胁或暴力将报酬微薄的劳动强加给当地人……这些险恶的发现，让布拉柴的内心深处饱受折磨。它们加速了他生命的终结。"[55]

5

1906 年，英国，教会教区礼堂

教区礼堂里的灯渐渐暗了下来，幻灯片开始播放。幕布上出现了"刚果暴行：60 张摄影幻灯片之讲座"的标题。它还指出，故事由莱利兄弟有限公司（Riley Bros. Ltd.）的威廉·莱利（William Riley）撰写，莫雷尔和牧师约翰·哈里斯修订。幻灯片中没有提到大多数照片是由爱丽丝·西利·哈里斯拍摄的，尽管这一信息后来在叙述中有透露。 442

这次活动由罗杰·凯斯门特和莫雷尔于 1904 年 3 月创立的刚果改革协会（Congo Reform Association，CRA）主办。莫雷尔曾是利物浦的埃尔德-登普斯特（Elder-Dempster）航运公司的航运办事员，他对贸易统计数据感到震惊，大量枪支和弹药被运往刚果，橡胶被运来。1903 年，莫雷尔辞去了工作，开始担任《西非邮报》（West Africa Mail）的全职编辑。《西非邮报》是一份贸易周刊，内容包括批判刚果自由邦的文章，混有航运时间表和贸易统计数字。从 1903 年 12 月开始，在与罗杰·凯斯门特的一系列会晤中，两人起草了一份计划，组建一个致力于刚果自由邦改革的组织。它将由莫雷尔领导，并得到了如原住民保护协会福克斯·伯恩（H. R. Fox Bourne），域外传道联盟（Regions Beyond Missionary Union）的亨利·格拉顿·吉尼斯（Henry Grattan Guinness）和利物浦商人约翰·霍尔特（John Holt）等各方人士的支持。

刚果改革协会将商业利益、世俗人道主义和宗教热情巧妙地融

443 为一体。作为普世人权的倡导者，莫雷尔坚信："当地人享有对其土地和土地果实的权利；他有权出售这些果实给任何他希望的人；作为一个自由人，他享有自由的权利——这些才是真正的关键原则。"莫雷尔所说的"自由"主要指的是与英国商人贸易的自由，而不是政治权利或自治。因此，比利时人很容易将他斥为利物浦和曼彻斯特商会的代理人。而相比之下，吉尼斯牧师则更强调传教士在履行其"文明使命"方面的作用，通过皈依基督教和传道教育终结奴隶制、一夫多妻制和食人等异教徒习俗。总的来说，几股不同的思想框架内形成了一个不稳定的联盟，这个联盟与戴维·利文斯通著名的"基督教、商业和文明"（Christianity，Commerce，and Civilization）相适应。[56]

1904 年 3 月 23 日，刚果改革协会在利物浦举行创立会议，确认其主要任务是通过《西非邮报》的"刚果特别增刊"（Special Congo Supplement）和莫雷尔长期撰写的长篇小册子，传播有关刚果的信息。虽然莫雷尔幻想这场运动会像 19 世纪的反奴隶贸易运动一样盛大，但他缺乏基层动员的经验。1905 年末，爱丽丝和约翰·哈里斯从刚果回来休假，刚果改革协会决定派他们进行巡回演讲，以争取福音教会的支持。巡回演讲成功的关键是基于爱丽丝拍摄的照片制作的幻灯片。莫雷尔担心传教士会把他们的宗教目标置于人道主义理想之上的优先地位，约翰·哈里斯回应说："你吸引的是受过更多教育的阶层和政治家；而我想做的是吸引大众。"[57]

1906 年，两个不同版本的刚果暴行幻灯片展在英国各地的礼
444 拜堂和会议厅里上演。第一个版本是由爱丽丝和约翰·哈里斯展示的，使用的文本主要由爱丽丝撰写，他们有时一起展示，有时各自

展示。当他们一同展示时，爱丽丝用她清晰的声音讲述，有时提起她在英格兰西南部威尔特郡（Wiltshire County）的成长经历，而约翰则帮忙提供特效。爱丽丝后来解释说，当她用幻灯片展示河马皮鞭时，约翰会"在我说话的时候把鞭子啪的一声拍过舞台、狠狠地拍在木地板上，以此来支撑我的观点。疼痛，折磨，口吐白沫。这就是我们的重点"！爱丽丝补充说："我认为，运用手法并不总是一件坏事。我们需要唤起同情心。我们不能说英国人不知道这些暴行。我们要提醒听众们，英国已在1833年废除了奴隶贸易，而现在是1906年，还有成千上万的海那边的人们，他们理应得到同样的恩惠。"[58]

相比之下，莱利兄弟的一套玻璃幻灯片可以从幻灯机商那里购买或租用，并为讲演者提供完整的文本。莱利兄弟公司是世界上最大的幻灯投影机制造公司，拥有数千张玻璃幻灯片，他们将其编排成套，并辅以叙述文本。莱利兄弟的"刚果暴行"幻灯片不仅引用了以违反《柏林法案》为重点的人权框架，还引用了一个关注利奥波德国王的殖民体系之残酷与邪恶的宗教框架。幻灯片把非洲人描绘成野蛮人和食人族，强调了被利奥波德国王的贪婪所出卖的伟大的"文明使命"。一些摘录展现了该讲演的风格和基调。[59]

随着标题幻灯片的消失，屏幕上出现了一张非洲地图，刚果自由邦被高亮。叙述者沉声道："女士们、先生们，在过去的一段时间里，英国和美国的许多人都把目光都投向了非洲中部这片被称为刚果自由邦的广大地区。自自由邦成立以来，一直都有人怀疑其创立者的意图和诚意，但近年来……现在已被曝光的真相，其恐怖程度远超过了邪恶先知们最疯狂的想象。现在是时候彻底唤醒这个国

445

家的良知了。因此，我恳请你们认真听我的演讲，我将在你们面前简短而明确地对所谓'自由邦'的主权，提出严厉的控诉。"

第6张幻灯片展示了国王利奥波德二世："欧洲有一个满腹雄心的人，那便是比利时国王利奥波德二世。他为复兴和拯救非洲种族的慈善计划吸引了所有人。他的想法是保护这一片广阔的区域不受那些为了贪图钱财的目的而瓜分非洲的掠夺者的侵扰，并使它成为一个'自由'的国家，在那里，当地人将受到公正的基督教文明的所有祝福。斯坦利、英国商会、新教传教士协会以及所有人，或者说几乎是所有人，都难逃这位慈善君主的魔咒。"

随后的几张幻灯片展示了雨林原住民，把他们描绘成食人族和野蛮人，从而强化了欧洲人脑子里"最黑暗的非洲"的概念。虽然传教士听说过一些关于食人族的未经证实的谣言，但他们中没有一个人亲眼目睹过。第9张幻灯片名为"食人族村庄的入口"："（刚果盆地）是一个由孤立的部落和族群组成的地区，除了南部的，几乎所有的部落和族群都被确认是食人族……无尽无休的战争和奴隶袭击在这里发生，它们的目的不是为了争夺劳动力，而是抢夺妻子，最重要的是准备食人宴的受害者……哈里斯夫人出色的照片显示了一个食人族村庄的入口，它如笼子一般，有时很容易被用作陷阱。"第15张幻灯片——"野蛮的 Abir 哨兵"："士兵本身就是野蛮人，有些甚至是食人族。他们受过使用步枪的训练。在许多情况下，他们被派出执行命令而没有任何监督同行，他们会按自己的意愿肆意妄为。一旦他们来到某个村子，没有人的财产或妻子是安全的……你们所看到的这些士兵为了橡胶谋杀了许多当地土著人。"

第17张幻灯片——"鞭笞"："现在，我们谈谈这一点。国王

446

需要橡胶，当地人必须被迫生产橡胶。为了使他们顺从，出现了这种鞭子。它是一种看起来十分凶残的杀人工具，用河马皮制作，长5英尺，一端加厚，便于抓握……永远不会有人知道，有多少男人和女人死于鞭笞……蛮行仅仅这些吗？愿上帝保佑真的如此！城镇被烧毁，妇女被凌辱，妇女和儿童被肢解，成千上万的人被杀害。"

下一节"暴行的照片"共有12张幻灯片，展示了人质、肢解的尸体和切断的手脚。一幅最震撼的图片上，一位父亲看着他的小女儿博阿莉（Boali）被Abir哨兵杀死留下的断手和断脚。爱丽丝·哈里斯后来回忆道："当我们讲述恩萨拉（Nsala）可爱的小女儿博阿莉的故事时，台下一片啜泣声。成年男士们努力克制着他们的情绪。"演讲随着第60张幻灯——"最后的手段"结束，幻灯片中展示了一艘英国军舰，它可能封锁刚果河河口以阻止橡胶出口。叙述者激昂地说："刚果森林深处响起了对正义和仁慈的呐喊，我们能充耳不闻吗？当然不能！"[60]

447

当灯再次亮起时，一位指定的听众站起来提出了一项决议，提议将其提交给外交大臣和当地议员。这份附有幻灯片的决议范本中部分写道："这次会议展示了对刚果当地土著人所遭受之野蛮行径的强烈愤慨并……敦促国王陛下的政府，尽最大可能利用英国的外交资源，以期重新召开一次大国会议，创建刚果国家。"决议按惯常的方式在鼓掌中通过。

1906年，爱丽丝和约翰·哈里斯进行了300多场演讲；使用的莱利兄弟的幻灯片的演讲场数不详。自19世纪反奴隶制运动的辉煌时代以来，这些演讲和会议所激发的如此热情还从未有过。然而，尽管刚果改革运动产生了诸多热情和请愿，但英国政府能做的却是寥寥。不过，莫雷尔定期公布的证据和重新召开柏林会议的讨论，还是对比利时的议员们和利奥波德国王本人施加了压力。[61]

第十一章

终　结

正当刚果河流域殖民暴行的揭露达到高潮时，改变刚果河流域 448
雨林命运的三位探险家和国家的缔造者相继离开了这个世界。约
翰·罗兰兹（亦称亨利·莫顿·斯坦利）、哈米德·本·穆罕默
德·穆尔吉比（亦称蒂普·蒂普）和皮埃尔·萨沃尼昂·德·布拉
柴（又名皮埃尔·萨维尔南·德·布拉柴）均在 1904 年 5 月 10 日
至 1905 年 9 月 14 日的 16 个月间离世。他们的"贡献"问题至今
仍在争论中。三个人都是热忱的"帝国"缔造者，对于作为领主统
治刚果河流域的人民心安理得，尽管他们对这将带来的影响有着截
然不同的看法。最后，他们三个人都失去了对由他们所开始的故事
的控制。[1]

斯坦利于 1904 年 5 月 10 日在伦敦去世。1890 年，他从艾敏帕
夏救援远征队回到英国后，终于得到了他一直渴望的尊重和赞扬，
尽管这次远征本身是一场灾难，也没有达到任何可见的成就。当他
的船在多佛港靠岸时，大批人群在等待着他，在伦敦的维多利亚车
站也是如此。威尔士亲王[①]在圣詹姆斯大厅为他主持了一个正式的
招待会，皇家地理学会为斯坦利的演讲预定了伦敦最大的皇家阿尔
伯特大厅（Royal Albert Hall）。维多利亚女王在温莎城堡接见了他， 449

---

① 当时的威尔士亲王是后来的爱德华七世。

牛津大学、剑桥大学和爱丁堡大学授予他荣誉博士。历史学家爱德华·贝伦森（Edward Berenson）将这些事件描述为英国的"斯坦利热潮"。[2]

　　尽管斯坦利在成年后的大部分时间里都谎称自己是美国人，但他最终接受了自己的英国血统，并在1892年正式成为英国公民。尽管他觉得演讲和辩论很乏味，但还是在妻子的力劝下，于1895年到1900年在下议院任职。1899年，他被授予爵位，成为"亨利爵士"。斯坦利的妻子请求将他葬在威斯敏斯特教堂里戴维·利文斯通的墓旁，但这一请求遭到了威斯敏斯特主任牧师的拒绝，因为"他的一些探险活动充满了暴力甚至残忍"。不过，威斯敏斯特教堂还是同意为之举办葬礼，之后他的遗体将被转移到其他地方安葬。[3]

　　在艾敏帕夏救援远征之后，斯坦利再也没有踏足刚果，但他仍对自由邦的事务保持着兴趣。1896年，利奥波德国王要求他给《泰晤士报》写一封信，声明有关自由邦官员暴行的报道只是个别事件。斯坦利按照要求做了，但他还是承认了这些报道的真实性。在听到更多有关暴行的传言后，他前往布鲁塞尔，敦促利奥波德二世派遣国际委员会进行调查，但利奥波德二世愤怒地拒绝了这个想法。1897年9月，斯坦利去比利时特尔菲伦参观殖民展览时，要求与利奥波德二世会面，但国王拒绝见他。从此，两人便再也没有见过面。1904年2月，罗杰·凯斯门特在英国发表了一篇报告，揭露了刚果自由邦强制收集橡胶的暴行时，斯坦利已病得无法阅读，3个月后便去世了。直到去世，他还没有完全理解橡胶特许经营制度所固有的恐怖。[4]

1905 年 6 月 13 日，蒂普·蒂普在桑给巴尔死于一场猛烈的疟疾。自 1891 年回到桑给巴尔以来，他一直忙于打理自己的种植园、与家人和朋友相处，但在 1890 年英国宣布成为桑给巴尔的保护国之后，岛上的很多事情都发生了变化。1896 年的继承权争夺中，一个觊觎苏丹王位的人携数千名武装支持者占领了苏丹王的宫殿，5 艘英国军舰对其进行轰炸以将叛乱者驱逐出去。但不知怎么的，宫殿废墟的楼梯上的一块绿色大理石，最后出现在蒂普·蒂普家门前的台阶上。第二年，英国废除了桑给巴尔的奴隶制的合法地位。奴隶们可以向英国法院申请获得自由证书，但是，除非他们能证明自己有地方可住、有谋生手段，否则就可能被宣布为流浪者。尽管很少有奴隶能够利用这项法令，但它还是启动了一个进程，通过与以前的主人协商新的工作和生活安排，奴隶们逐渐获得了自由。[5]

在朋友海因里希·布罗德的催促下，蒂普·蒂普用阿拉伯字母的斯瓦希里语写了他的自传。布罗德后来将文本转录成拉丁字母，并翻译成德语。蒂普·蒂普的自传被发表在 1902 年和 1903 年的《东方语言学会会刊》（*Proceedings of the Institute of Oriental Languages*）上。布罗德对蒂普·蒂普斯瓦希里语文本的拉丁化翻译后来被还被翻译成英语和法语。根据蒂普·蒂普的自传以及自己对蒂普·蒂普的采访内容，布罗德还撰写了一本德语的蒂普·蒂普传记。这本书于 1905 年在柏林出版，1907 年在伦敦出版了英文译本。[6]

1905 年 9 月 14 日，皮埃尔·萨沃尼昂·德·布拉柴在从法属刚果调查任务归来的途中，在塞内加尔达喀尔的一家医院里去世。

在布拉柴维尔就患上的病令他无法离开房间，在返回法国的船上，他的病更加严重了。在与其他委员的交谈中，他不断重复着："法属刚果决不能成为又一个蒙加拉！"他指的是刚果自由邦臭名昭著的安特卫普许经营公司。几内亚科纳克里（Conakry）的法国医生建议将他送往达喀尔的法国医院，那里有更好的药物和设备。到达达喀尔，布拉柴的妻子和一名陪同人员将他搬下船，他向他的同僚们挥手再见，仿佛这是与他们的永别。第二天布拉柴去世了，他的遗体被送往法国安葬。至于他是死于疟疾还是痢疾，医生们意见不一，但他的妻子特蕾瑟认为，布拉柴是被人毒死的，目的是阻止他回到法国为改革而斗争。[7]

布拉柴于 1905 年 10 月 3 日在巴黎安葬。在圣克罗蒂德圣殿（Basilica of Saint Clotilde）举行完葬礼后，这支长长的送葬队伍蜿蜒穿过协和广场，经过卢浮宫，队伍一望无际。道路两旁挤满了人，路边窗户和阳台上也挤满了围观的人。送葬队伍在下午 1 点 15 分到达拉雪兹神父公墓，开始致悼词。[8]

殖民地部长艾蒂安·克莱芒泰尔（Étienne Clémentel）于四位发言人中第一位发言。他向着人群说："布拉柴还没有离开我们，他虽不再是首领，他会成为一个榜样；他昨天的梦想仍然是我们明天的理想，他悲剧性的结局令这一理想更显神圣。"克莱芒泰尔在讲话结束时援引了一段法国历史："在漫长的历史进程中，法国一直在寻求更高的目标……布拉柴的伟大榜样一直被他的信徒和追随者效仿。它使我们永远不会对永恒的正义和人道传统失去希望，这是法国的光荣。"站在这一大群人面前，克莱芒泰尔没有提到他已经解散了布拉柴委员会，并没收了它的文件。[9]

随着斯坦利等三人的离世，刚果河流域热带雨林人民的命运就落在了殖民官僚和宗主国议会的手中。1906 年 2 月 20 日，比利时和法国的议会就刚果改革问题进行了辩论。两场辩论都以各自调查委员会的报告为基础，但结果却大相径庭。这两场重叠的辩论揭示了一个普遍的共识，即殖民统治将继续存在；唯一的问题是它将采取何种形式。

452

1

1906 年 2 月 20 日，布鲁塞尔，众议院

比利时工党领袖、社会主义政治家埃米尔·范德维尔德郑重地说道："先生们，在此我荣幸地向议会提出一个问题，这个问题不是关乎政党的问题……整个问题归结即：对于作为其受害者的当地土著及其所谓的受益者比利时，在刚果采用的制度是否会带来罪恶的后果。"他提醒他各位议员，他在几年前曾多次向议院提出相同的问题，但每一次他都被指责是反君主制、不爱国和与英国结盟，而他的证据被认为是夸大或不真实而被驳回。[10]

然而，现在的情况不同了，因为他可以引用"三个有道德、有良知、有品格的人的意见，他们是英国政府强迫刚果政府派出的调查委员会的成员"。在议院宣布将委员会的报告副本提供给每一名议员之后，埃米尔·范德维尔德抱怨报告是不完整的，因为它只提供了委员会的结论和一则对证据的简短摘要，而没有提供证词本身。

根据调查委员会的报告，范德维尔德认为，理性的殖民制度与刚果现存的制度之间存在着一条"可怕的鸿沟"。他解释道："一个理性的殖民制度将承认土著土地所有权，承认以公平的条件交换其自由劳动产品的权利。"与此相反，"刚果制度是建立在对土著土地的没收、强制劳动和一种导致最可怕的虐待的强迫制度基础之上"。在列举了报告中所揭示的主要胁迫形式之后，范德维尔德问道："在比利时，是否有一个人敢为人质、哨兵和惩罚性远征制度辩护？谁能说烧毁村庄、屠杀村民、将无辜者连同有罪的人一起杀死而让上帝自己去分辨对错与否的行为是正确的，是公正的，是有必要的呢？"这时，极左派的议员们爆发出热烈的掌声。

接着，范德维尔德开始检视这一制度的主要受益者——特许经营公司和皇室领地。至于特许经营的公司——安特卫普和 Abir——他指出，从 1898 年到 1903 年，安特卫普公司每股 500 法郎的股票平均每年分红 425 法郎。至于 Abir，从 1898 年到 1903 年，每股的股息平均为 1229 法郎。对于这两家公司，刚果自由邦都拥有一半的股份。范德维尔德引用调查委员会报告中关于 Abir 监禁妇女人质及使用鞭笞刑罚的一段文字，然后说道："此外还有惩罚性的探险，烧毁的村庄，被屠杀的当地人，被哨兵从尸体或还活着的人身上切下的手，然后你会明白 Abir 股东和管理者们的财富从何而来。"

然后，范德维尔德把注意力集中在由利奥波德国王本人控制的皇室领地。他对代表们说："除了被特许公司剥削的领土之外，还有一个惊人的创造，它被称为皇室领地……这一领地是如何形成的？我们并不知道。在过去的几年里，这片土地又是如何被剥削的？我们也不知道。在 1903 年以前，除了自由邦的代理人之外，没有一个欧洲人曾到过这里。"在没有确凿数据的情况下，范德维尔德运用了布鲁塞尔自由大学（Free University of Brussels）殖民法学教授费里西安·卡蒂埃（Félicien Cattier）的估算。卡蒂埃教授利用皇室领地的领土面积估计，在 1896—1905 年的十年间，该领地为其创立者利奥波德国王带来了 7000 万法郎的利润。随后的研究提供的可靠数据很少。1906 年，比利时司法大臣看到了一张皇室领地的地图，上面显示皇室领地五个区在 1905 年总共生产了橡胶 650 吨，这带来了 600 多万法郎的收入。1957 年，比利时历史学家让·斯丹热估计，皇室领地在 1901—1907 年间产生的总收入为 4000 万法郎。因为卡蒂埃的数据是基于一个更长的时间跨度，所以该数字相差不会太远。[11]

为了花掉从皇室领地中获得的利润，利奥波德国王创建了皇室基金会（Crown Foundation），比利时首相保罗·德·斯梅特·德·纳耶尔（Paul de Smet de Naeyer）在 1903 年形容皇室基金会是：在比利时或刚果，创建或资助"艺术作品、建筑工程和通用机构"并"将刚果的优势扩展到比利时"的机构。在基金会没有任何财务记录的情况下，卡蒂埃对房地产交易的研究显示，皇室基金会在布鲁塞尔和奥斯坦德购买了价值超过 1800 万法郎的房地产。除此之外，还有王室年俸管理人戈斐内男爵（Baron Goffinet）代表皇室基金会购买的房产，以及利奥波德国王在法国里维埃拉（Riviera）的家族地产，这些将使房地产总投资达到 3500 万法郎。皇室基金会的其他支出包括：3000 万法郎，用于翻修和扩建在拉肯（Laeken）的王宫；500 万法郎，用于修建布鲁塞尔五十周年纪念公园凯旋门（*Arcade du Cinquantenaire*）；不详数额，用于建造

特尔菲伦刚果博物馆，该博物馆建于殖民地宫殿遗址之上，用于
1897 年的殖民展览。[12]

皇室基金会还有另外两个资金来源。第一个是外部贷款，1890
年的贷款协议已禁止了这种贷款形式。1901 年，比利时议会投票
决定暂停该协议的条款，并将吞并问题留待日后解决。此后，利奥
波德可以代表刚果自由邦自由地借出新的贷款。卡蒂埃估计，贷款
总额为 1.3 亿法郎。由于刚果自由邦的预算赤字累计为 2700 万法郎，
那么就剩下 1.03 亿法郎供国王用于在比利时投资房地产和公共工
程建设。第二个资金来源是国王 1888 年失败的债券计划。他发行
的第三期也是最后一期债券，票面总值 8000 万法郎，因缺乏公共
利益，于 1890 年停止发行，但最终还是在 1902 年发行了。和以前
一样，这些债券卖得并不好，因此议会在 1903 年投票决定将它们
转换成面值为 120 法郎的证券，支付 3% 的复利，由刚果自由邦自
己担保。即使进行了这样的修改，证券销售依然缓慢，而利奥波德
二世手中仍然有相当多尚未售出的证券。他撕掉证券票根，将证券
像使用现金一样支付项目和服务费用。通过这些方法，利奥波德国
王为皇室基金会筹集资金的同时，向刚果自由邦政府注入债务，这
些债务最终将由比利时政府接管刚果时偿还。[13]

在概述了刚果自由邦的债务状况后，范德维尔德谈到了刚果自
由邦丰富的资产组合抵消债务的说法。他说："这些股票的大部分
是刚果公司的股票，还有 Abir 公司、安特卫普公司和类似公司的
股票。只要现行制度继续下去，一切都会没事。只要还像目前一样
继续疯狂开发象牙、柯巴胶和橡胶，一切都会进展顺利。但是，当
象牙和橡胶的产量不能达到同样的水平、对当地人的压迫制度消失

时，情况就会完全改变。赤字时代将随之而来。到那时，投资组合将不能抵消公共债务，而我们将经历这种状况的种种不利，而其他人将从中获得所有利润。"这时，极左派报以热烈的掌声。

范德维尔德强调，刚果自由邦没有能力进行自我改革。他指出，调查委员会支持强制劳动制度，它提出了"一些无关紧要的措施"，"只是治标不治本"。因此，他对利奥波德国王在调查委员会发布报告后设立的改革委员会毫无信心。改革委员会的 14 名成员包括刚果自由邦的 7 名现任官员、开赛公司（Kasai Company）的董事（刚果自由邦持有开赛公司一半的股份）以及 Abir 公司的董事——他还是利奥波德国王的密友。令人惊讶的是，改革委员会中没有一个来自比利时天主教传教使团的代表。

由于刚果自由邦本身缺乏有意义的改革，范德维尔德认为有必要考虑由比利时兼并刚果自由邦。他回顾了 1901 年曾被搁置的兼并法案（既未通过也未被否决）并认为，重新实施该法案将允许就刚果的未来进行适当的讨论，并明确比利时可以选择的方案。他对议院表示："因此，我们的处境与 1901 年完全相同。"范德维尔德呼吁成立一个委员会，研究"比利时最终兼并刚果，以及为确保保全土著人民并改善他们生存的道德和物质条件而完成必要的改革，将给比利时带来的财政影响"。本质上，他是在要求比利时迈出接管刚果的第一步。

一周后，辩论继续进行，又持续了 4 天。首相保罗·德·斯梅特·德·纳耶尔对卡蒂埃教授关于皇室领地的利润和国王在比利时的投资数据提出了质疑，多位发言者就当前步骤和长期目标发表了自己的看法。在辩论结束时，议员们似乎普遍认同比利时将在不久

457

后兼并刚果，现在只是制定条款和条件的问题。1906 年 3 月 2 日，议院一致通过了一项非常简短的决议，最后一则条款具有实质性意义："议会……决定立即着手审议 1901 年 8 月 7 日关于比利时殖民地政府的法律草案。"这暗指了比利时将吞并刚果自由邦。[14]

在接下来的 4 个月里，欧洲各国政府加紧外交活动，向比利时施压吞并刚果。在伦敦，外交大臣爱德华·格雷爵士（Sir Edward Grey）于 11 月 2 日在外交部接见了一个由十几个对刚果改革感兴趣的人士组成的代表团。所有这些人都受到了邀请，但举行这次会面的目的是为了使他们看起来像是一个独立的请愿者代表团。代表团包括：刚果改革协会代表蒙克韦尔勋爵（Lord Monkwell），下议院自由派议员代表查尔斯·迪尔克爵士，代表英国国教的萨瑟克主教（Bishop of Southwark），利物浦商会代表约翰·霍尔特，以及后来参与了刚果改革的英国和外国反奴隶制协会代表托马斯·福韦尔·巴克斯顿。迪尔克在开场白中承认，他们因为"商会、慈善家和其他创建刚果自由邦的人"聚集于此，而现在他们正在寻求对这个他们曾助力创建的国家进行改革。

英国外交大臣告诉代表团，需要对利奥波德国王调查委员会的报告采取行动，而最好是由比利时吞并。然而，他警告称，如果比利时政府未能吞并刚果，"那么我认为，我们将有责任探听其他大国对此事的看法。"实际上，他是在威胁要重新召集 1884 年至 1885 年柏林会议的参与国。第二天早上的《泰晤士报》刊登了格雷对比利时政府的警告，几家比利时报纸转载。利奥波德国王和比利时政府不会听不到这个消息。[15]

对利奥波德国王来说，更坏的消息接踵而至。12 月 3 日，比利时驻德国大使的一份急件显示，如果英国召开关于刚果问题的国际会议，德国将会跟上。12 月 4 日，一家比利时报纸报道称，美国总统西奥多·罗斯福曾表示，他将认真考虑召开国际会议的请求。12 月 5 日，比利时驻法国大使在与法国外长会面时针对英国长篇大论了一番，结果却被告知，如果召开这样的会议，法国很可能会站在英国一边。

比利时外交大臣保罗·德·法弗罗（Paul de Favereau）担心欧洲大国对召开刚果问题国际会议的想法会持续升温。在 1884—1885 年的柏林会议上，利奥波德国王曾动员各大国支持他的"刚果自由邦"计划；现在，同样的这些大国正在动员起来要将它夺走。1906 年 12 月 6 日，法弗罗告诉国王，在英国可能会举行一次国际会议，他担心会议结果会对比利时不利。避免这种命运的唯一办法是由比利时政府迅速吞并刚果自由邦。然后，他建议比利时政府对此发表声明。国王回应说："我不反对发表这一声明。政府表示，他们赞成兼并，他们正在等待合适的时机提出。如果会议举行，我们不会参加。"[16]

大约一年以后，比利时于 1907 年 11 月 28 日签署了一项条约，宣布利奥波德二世将把刚果自由邦的主权交给比利时政府。又过了几乎一年，比利时议会才通过了《殖民地宪章》（Colonial Charter），其中概述了比利时对刚果的殖民管理制度。这些法令为比利时在 1908 年 11 月 15 日吞并刚果自由邦扫清了道路。关于兼并的谈判漫长而曲折，但在 1906 年 12 月之后，结果已不再有疑问。利奥波德知晓自己对刚果的个人统治即将结束，便秘密成立了下菲尔巴赫基金会（Niederfullbach Foundation），这是一家在德国

459

注册的个人基金会，然后利奥波德国王开始从皇室基金会转移资产，试图让这些资产脱离比利时政府的控制。1908 年夏天，国王命令助手烧毁了他与刚果自由邦有关的所有记录。[17]

2

1906 年 2 月 19—21 日，巴黎，法国国民议会

来自塞纳省（Department of Seine）的社会党代表古斯塔夫·鲁阿内（Gustave Rouanet）说："先生们，请记住，当我们得知归罪于三位分别名叫普拉什（Prache）、戈和托凯的殖民主义官僚的那些行径时，这种愤怒的情绪席卷了全国。"他将在法国国民议会展开一场持续 3 天的辩论。在仔细阅读了布拉柴委员会从法属刚果带回的报告和文件后，鲁阿内想要分享其中的重点部分，并提议将所有文件公开。他告诉议员们，对布拉柴委员会的任命曾在一个困难的时刻安抚了公众的良知。"我们相信光明——所有的光明——将照亮这片黑暗大陆上的恐怖，那些对此负有责任的人将不再逍遥法外。"议事厅里响起"太好了！太好了！"的喊叫声。[18]

1905 年 9 月 14 日布拉柴在达喀尔去世后，委员会的命运一直悬而未决。由于工作日程很紧，在布拉柴维尔最后的 10 天里，每个委员都在奉命撰写报告。然后，布拉柴本打算把各个报告合并成一份最终的报告，但因突来的疾病和死亡而未能实现。在抵达达喀尔后下船之前，布拉柴任命了殖民地督查查尔斯·瓦罗－德斯吕索（Charles Hoarau-Desruisseaux）接替他的职位，但这一任命还没

有得到殖民地部长的批准。

9月22日,委员们抵达波尔多附近的波雅克(Pouillac)的码头,他们面临着媒体铺天盖地的猛烈报道。法属刚果总干事埃米尔·让蒂尔在委员会之前离开了布拉柴维尔,准备政府对这份预期内的报告的回应,并散布谣言抹黑委员会。结果,个别委员会成员被媒体描绘成有偏见的、天真的、不值得信任的人,而布拉柴也被指控密谋取代让蒂尔成为法属刚果的总干事。在指控和反指控的迷雾中,殖民地部长于9月23日召集了委员们,并告知,由于布拉柴的去世,委员会将立即解散,他们应该上交所有的文件和报告。[19]

殖民地部随即成立了一个新的委员会,由前印度支那总督让-玛丽·德·拉内桑(Jean-Marie de Lanessan)领导。在7名成员中,2名是监察长,5名是前法属殖民地总督。虽然一些布拉柴党人认为这只是企图打压委员会的工作,但殖民地部长艾蒂安·克莱芒泰尔有理由要求一份严肃的报告。一段时间以来,他一直计划着对构成法属刚果的4个殖民地进行大规模重组,以获得更大的预算,他需要这份报告来支持自己的计划。[20]

拉内桑委员会(Lanessan Commission)只用不到3个月的时间就完成了工作。倒数第二次会议后,它于1905年12月10日发出一份新闻通稿,宣布该报告将对法属刚果的行政制度大加批评,但是它不会责备总干事让蒂尔,"尽管他如此请求,但他从来没有获得开发这一被遗弃太久的殖民地所需的财政支持"。报道将严厉谴责特许经营公司某些代理人的行为,并建议彻底改组行政制度,修建公路和一条铁路。[21]

461

拉内桑委员会的报告于 12 月 19 日提交给殖民地部长，殖民地部长将报告转交给外交部，外交部的审查人员试图通过删除或修改 47 个不同的段落来美化这份报告。即便如此，他们仍警告称，该报告揭示了对 1885 年《柏林法案》的侵犯。由于法属刚果的大部分地区位于刚果河流域，根据法案，他们有义务"为土著居民谋福利，改善他们的道德和物质条件"。审查员在一份批注中说明："即使是经过了校正和部分修订的报告也表明，我们做了不被允许的事情，而我们也没有做规定我们要做的事情。"这句话的意思是说，《拉内桑报告》（Lanessan Report）决不能向公众发布。[22]

462 　拉内桑委员会的报告分为四部分。第一部分复查了委员会发现的几项选定罪行的证据，对于这些证据，委员会或是认为证据不足而驳回，或是免除了让蒂尔对于这些罪行的一切责任。第二部分涉及预算、收入和财政问题，特别是以货币支付的税收与以实物支付的税收的问题。第三部分审查了贸易问题，尤其是特许经营公司。第四部分涉及法属刚果的行政重组，提出了在行政结构、司法组织、军事组织和交通运输等方面进行变革。

　至于特许经营公司，报告侧重于其总体影响，而不是具体的罪行和暴行。最初的 40 家特许经营公司中，有 33 家仍在运营。在 1904 年，只有 6 家特许经营公司盈利，总共盈利 2529878 法郎，而其他特许经营公司的亏损总额为 12508193 法郎。1899—1902 年，橡胶出口一直稳定在 660 吨，1903 年增至 842 吨，1904 年增至 1249 吨。尽管如此，与 1904 年刚果自由邦出口的 2600 吨橡胶相比，这个结果简直是微不足道。鉴于特许公司的业绩不佳，拉内桑委员会建议：（1）不再给予特许权；（2）政府应对公司施以影响，使其尊重当地土著的人身和自由；（3）政府不应该强迫当地土著为特许经营公司工作。[23]

1906 年 2 月 11 日，殖民地部长迅速响应报告中的建议，颁布了两项法令，概述了一系列的改革措施。第一项法令将法属刚果重新划分为三个殖民地——加蓬、中央刚果和乌班吉‑沙里‑乍得（Ubangi-Chari-Chad）[①]，乌班吉‑沙里‑乍得又细分为乌班吉‑沙里和乍得。三个殖民地都有独立的财政预算，每个殖民地都由一位副总督负责，该副总督向在布拉柴维尔的总干事汇报。第二项法令要求在该领土三个动乱且服务不完备的地区设立法院。[24]

接着是一长串殖民地部长直接向让蒂尔的指示。第一，关于　　463
到乍得湖的搬运工的问题，部长要求开发一条新水路，途径尼日尔河和贝努埃河（Benue River）。关于特许经营公司，部长澄清说，政府的代理人只负责维持政治秩序，他们不应将这项工作转包给特许经营公司。他要求将人头税（这是一项政府职能）与橡胶（这是一项经济活动）的征收分离开来。第二，他希望建立一个检查和控制的服务机构来监督特许经营公司的行为和做法。第三，他威胁要撤销那些不履行以人道主义对待非洲之义务的特许经营公司的许可。克莱芒泰尔巧妙地利用调查委员会进行了他想要的行政和财政重组，同时采用最简便的方法处理了由布拉柴委员会揭露的虐待和暴行。[25]

1906 年 2 月 19 日，在如此状况下，国民议会的辩论开始了。

---

① 乌班吉‑沙里‑乍得（Ubangi-Chari-Chad），乌班吉沙里，即中非刚果共和国旧称，因流经境内的乌班吉河及沙里河得名。

发言人鲁阿内议员只看了拉内桑委员会报告的一部分，但没有看结论。他还阅读了布拉柴委员会个别成员的报告和他们在调查期间收集的证明文件。在总结了班吉的妇女人质事件后，鲁阿内就其根本原因进行了进一步的探讨。他对殖民地部长说："以向公司缴税的形式进行的橡胶收集，构成……政府官员应首要和持续关注的问题。他们从总干事那里得到晋升的速度与他们带来橡胶税收的速度成正比。您所谓的个别错误，和您所认为的孤立事件，布拉柴先生称它是一个系统性的问题，一个至少从 1901 年就开始运作的政治制度。"

接着，鲁阿内转而谈起特许经营公司："我无法重述特许经营公司的某些代理人所犯下的所有劫掠和暴行。在奥果韦公司，乌尔森（Ourson）先生实施了数次袭击，那些被掳走的人被用来勒索赎金；在上奥果韦公司，特勒伊（Treuil）先生将许多当地人折磨致死；皮热（Puget）先生烧毁了村庄，令当地人饱受虐待，这种痛苦难以言说。"他指出，费尔南·瓦兹公司（Fernand Vaz Company）曾出口价值 30000 法郎的森林产品，却没有支付非洲人任何商品作为交换。鲁阿内总结说，特许权制度"与法国不相称，与这个国家不相称，也与民主制度不相称"。

在鲁阿内慷慨激昂演说的第二天，他提议，要求公布布拉柴委员会收集的所有报告、文件和补充材料。他说："为了法国的荣誉和利益，必须要将布拉柴任务的结果公诸于世。"他坐了下来，赢得了来自众议院左侧代表们的掌声。

第三天，来了几位为法属刚果政府辩护的发言人。最主要的一位是殖民地部长艾蒂安·克莱芒泰尔，他提出了两个主要观点：第

464

一，他承诺布拉柴委员会所报告的嫌疑罪行将由法属刚果法院进行调查；第二，他宣布鲁阿内所提到的结构性问题已在他2月11日颁布的法令和指示中得到解决。他强调说，他准备撤销那些不履行义务的特许经营公司的许可。随着辩论的继续，克莱芒泰尔宣布，他将同意出版拉内桑委员会报告的提议，但不会同意出版来自布拉柴特派团的文件。在这些保证下，议院以345票对167票否决了鲁阿内的提议。因此，议会无权公布这两个委员会的报告。[26]

尽管克莱芒泰尔做出了承诺，但拉内桑委员会的报告一直未公布。它一直由殖民地部保管，直到1907年5月，非洲司司长下令将它印刷10份，每份都标明"绝密"。一份副本显然被送到了殖民地部长那里，另外9份则被锁在了保险库里。布拉柴委员会成员收集的报告和文件最终被装进一个盒子，送到法国国家档案馆海外档案部——位于巴黎乌迪诺街（Rue Oudino）的一个独立机构。盒子上没有存档编号，只是简单地贴上了"非洲补编——布拉柴特派团"（Afrique Supplement—Mission de Brazza）的标签。这个档案盒一直无人知晓，直到1983年，艾克斯–马赛大学（University of Aix-Marseille）的一名硕士研究生发现了它，并在她的硕士论文中引用了其中的一些材料。20世纪80年代，巴黎海外档案部的档案被转移到普罗旺斯地区艾克斯（Aix-en-Provence）的新址，布拉柴委员会的材料才得到了存档编号，并被悄悄整合进了档案馆。[27]

审视曾一度成为紧张的行政和司法监管对象的姆波科公司（Mpoko Company），可以为评价克莱芒泰尔提出的改革所产生的影响提供一种途径。该公司位于班吉北部，是法国规模较小的特许公司之一，其特许区面积约为比利时领土的一半。在1900年之前，

465

该公司的董事古尔布兰德·舍特（Gullbrand Schiötz）曾是利奥波德国王皇室领地的二号指挥官。1900年，他带着30名刚果自由邦士兵调动到了姆波科公司。1906年，一位名叫加斯顿·居贝（Gaston Guibet）的年轻法国殖民官员来到这一地区，负责管理政府新成立的姆波科区（Mpoko District），并监督该公司。居贝到达姆波科不久，便听到了与橡胶收集有关的暴行的报告，于是通知了班吉的政府督察比泰尔（Butel）。

1907年，行政长官居贝、督察比泰尔和政府驻班吉的地方法官米舍莱（Michelet）组成了一个调查委员会，对姆波科特许区进行了一系列的调查。在18个月的时间里，调查委员会在该公司的南部地区发现了750起已证实的谋杀和1500起可能的谋杀的证据，北部地区的数量大致相似。姆波科的橡胶收集制度与刚果自由邦的制度几乎完全相同。每个村庄都有武装哨兵驻守，妇女被作为人质扣押，直到交上橡胶才能被释放。试图逃跑的村民或被监禁，或被击毙。没有完成定额的工人将会被鞭打或绑在树上枪毙。根据比泰尔督察的说法，"犯罪已经成为一种制度，被无情地实施，并且被认为是从一系列强制方法中选择出的最有效的一个"。[28]

被指控的非洲哨兵和欧洲代理人被送往布拉柴维尔接受审判，数名哨兵被判谋杀罪，并处以监禁。到1908年底，所有27名被控犯罪的欧洲代理人都通过无罪释放、健康准假（health furloughs）或简单地以保释的方式离开了刚果。1909年5月，所有审判突然结束，案件都被驳回，这一切显然是由于法国总统的命令，他希望避免另一起托凯-戈式的丑闻。从那以后，便再没有对特许经营公司的哨兵和代理人进行审判，法国媒体也没有再报道更多的丑闻。

不过，这桩丑闻让姆波科公司陷入了险境。法属刚果新成立的特许经营委员会（Commission on Concessions）曾考虑撤销该公司的许可，但裁定这些罪行不满足终止许可的法律标准。1910 年，姆波科作为 11 家特许经营公司大规模合并的一部分，被并入桑加 – 乌班吉林业公司（Compagnie Forestière du Sangha-Oubangui），从此不复存在。[29]

3

劫后余生：1908—1929 年

比利时接管刚果自由邦后并没有立即进行改革。比利时政府取代利奥波德国王成为主权当局，但是自由邦的法律和法令仍然有效，行政机构仍然存在。比利时和英国的改革者原本希望比利时政府会投资开发刚果，但相反，新政府继续从刚果榨取资源、投资比利时。因此，英国的刚果改革协会继续向比利时政府施压，要求其进行有意义的改革，英国议会再次指责比利时政府违反了《柏林法案》的相关条款。[30]

改革以缓慢而零碎的步调展开。1908 年，由于橡胶藤枯竭，Abir 公司的橡胶配额减少到每年 6 千克[①]。到 1910 年，整个比属刚果的野生橡胶资源已经非常匮乏，以至于政府宣布，砍伐橡胶藤并通过碾磨树皮来提取橡胶不再是违法的。同年，政府宣布取消橡

467

---

① 原文如此。

胶税，取而代之的是用刚果法郎支付的税，刚果法郎可以通过多种方式获得。1911 年，国家以土地让渡作为补偿，撤销了 Abir 和安特卫普特许公司的特许权。随后，这两家公司合并成为一家买卖橡胶和其他产品的合法的商业公司——刚果比利时公司（Compagnie du Congo Belge）。尽管橡胶收入减少，比利时政府还是开始在刚果投资，1912 年在各种项目上支出了 200 万法郎。为表彰这些改革，刚果改革协会在 1913 年 6 月 16 日举行了最后一次会议，并通过了一项决议，宣布"这个协会……记录了这样一种信念，即它的主要目的已经可以确保会实现，它的努力将可以光荣地结束。"改革者们从来没有反对过欧洲在非洲的殖民统治；他们只是想结束利奥波德橡胶特许经营制度下触目惊心的暴行。[31]

1913 年，刚果盆地雨林的橡胶制度迎来了最后致命一击。马来亚（Malaya）和印度尼西亚的橡胶种植园开始向世界提供大量优质橡胶，导致刚果野生橡胶的价格从 1913 年的每千克 12 法郎，下降到 1914 年的 4.7 法郎。随着橡胶贸易不再高额盈利，在橡胶贸易在比属刚果已变得无关紧要，比利时政府开始将注意力转向开采基洛（Kilo）和莫托（Moto）的金矿，以及将成为世界最大铜矿的加丹加铜矿，三个矿产基地分别于 1905 年、1911 年和 1911 年建立。为了招募铜矿工人，比利时人成立了一家名为加丹加劳工交易所（Katanga Labor Exchange）的私人公司，从比属刚果各地招募工人。卢巴酋长伦蓬古是该交易所招募矿工的主要供应商之一，他发动突袭来获得工人，并以三年的合同将他们送往矿井。伦蓬古曾是恩戈恩戈·鲁泰塔奴隶掠夺的附庸，他显然继续着他以前的生活方式。他招来的许多矿工都死在了去矿井的路上，另一些人则再也没能返回自己的家园，而他们被拖欠的工资是由伦蓬古酋长亲自收取的。[32]

1910 年，法属刚果重组为法属赤道非洲联邦（Federation of French Equatorial Africa），它被划分为四个殖民地：加蓬、法属刚果、乌班吉 - 沙里和乍得。随后，世界野生橡胶价格的下跌并没有使特许经营公司倒闭，部分原因是他们发起了一场增加棕榈油产量的运动，棕榈油的产量从 1913 年的 70 吨增加到 1918 年的近 400 吨。由于法国在第一次世界大战期间亟需橡胶，控制着法属刚果大约一半领土的桑加 - 乌班吉林业公司在殖民地政府的帮助下，将产量从 1914 年的 180 吨提高到 1917 年的 1225 吨。为了使橡胶生产有利可图，政府降低了橡胶出口的关税，并通过谈判将橡胶通过内河船运至布拉柴维尔的成本降低了 45%。与此同时，该公司通过减员降低了成本，欧洲员工从 1913 年的 136 名代理人减少到 1924 年的 18 名。在 20 世纪 20 年代，大约有 75% 从法属刚果出口的橡胶来自于这家林业公司。[33]

1926 年，法国小说家安德烈·纪德在该林业公司特许区旅行，　469
他见到了一种极其残忍的惩罚方式，被称为"邦比奥舞会"（Bambio Ball）。1926 年 9 月 8 日，一个由 10 名橡胶采集工组成的工作组到达了位于邦比奥的公司哨卡，上一个月他们没能完成定额。虽然这一次他们带来了双倍的数量，但还是受到了惩罚。"舞会"从早上 8 点开始，持续一整天，期间有政府的管理员和公司代理人在旁观看。橡胶采集工们不得不顶着烈日，扛着沉重的木梁，绕着公司的哨卡一圈又一圈地走。如果他们摔倒了，卫兵就用河马皮鞭抽打他们，直到他们站起来。当有人站不起来时，那管理员说："我一点也不在乎"，然后命令"舞会"继续进行。邦比奥的居民和前来赶集的邻近村庄的酋长们目睹了整个可怕的场面。

第二天，纪德有了更多的发现。他写道："这里恐怖横行，周围的村庄被废弃。当我们问其他酋长们：'村中有多少人？'他们掰着手指，一根一根数着。很少有超过 10 个的时候。"晚上，因脑海里总是与"邦比奥舞会"有关的思绪不断浮现，纪德无法入眠，他写道："我所目睹的巨大的悲剧已经占据了我的全部，我现在知道了一些我无法接受的事情。"安德烈·纪德偶然碰见了法属刚果橡胶特许经营制度的最后一次猛击。特许经营公司于 1899 年获得为期 30 年的特许权。1929 年，特许协议到期而没有续签。在布拉柴委员会进行调查的 24 年后，橡胶特许经营公司终于破产了。[34]

随着橡胶公司从比属刚果和法属刚果消失，刚果盆地热带雨林的生活并没有回到从前的样子，部分原因是比利时和法国强加于当地以殖民酋长制度（colonial chiefdom），引入了一套新的、更专制的地方统治形式。1912 年，比利时殖民政府将刚果划分为若干行政区，这些地区又被划分为若干领地，这些领地又被划分为若干部落，每个部落都由政府任命的酋长统治。在法属刚果，殖民政府开始强行合并分散的小聚落，建立由政府任命的酋长统治的大村庄。它还试图废除大量的小土地领主，以组建大的部落，但很难找到可以被任命为部落酋长的有足够影响力的土地领主。比利时和法国殖民政府将破碎而分散的热带雨林人口重组，置于政府任命的酋长的权威下，这并不是重建传统的热带雨林政治体制，而是创造一些完全不同的东西。因此，几个世纪以来，在雨林中，由白手起家的"大人物"领导小而独立的政治单位的传统逐渐消失在历史的长河中。[35]

　　尽管进行了进一步的行政重组，但直到 1960 年两个刚果独立，殖民酋长制度一直存在。比属刚果于 1960 年 6 月 30 日成为刚果民主共和国，法属刚果于 8 月 15 日成为刚果共和国。20 世纪 70 年代末，当我沿着刚果河上游进行口述史研究时，人们经常将殖民酋长制度描述为他们"传统"或"习惯"的地方统治体系，他们没有意识到，早期的雨林分权统治的传统不经意间早已被抹去，逐渐被遗忘。虽然森林民族分权的政治制度在象牙猎人和橡胶公司的攻击中幸存了下来，但最终还是被殖民改革家的重压压垮了。

471　　　　　　　　　　　**致　谢**

　　许多主题使本书的结构生动地组织起来，这些主题首次讲演是于 2006 年 5 月和 6 月，在德国法兰克福的法兰克福大学（Johann Wolfgang Goethe University）弗罗贝尼乌斯研究所（Frobenius Institute）举办的"延森纪念讲座"（Jensen Memorial Lectures）上。我与卡尔 - 海因茨·薛尔（Karl-Heinz Kohl）主任、马马杜·迪亚瓦拉（Mamadou Diawara）副主任以及他们研究所同事的讨论，对帮助我确定本书的定义和框架颇有益处。在我研究欧洲和非洲的各种档案时，尤其得到了比利时特尔菲伦中非皇家博物馆亨利·莫顿·斯坦利档案馆已故馆长毛里茨·维因安茨（Maurits Wynants），设在布鲁塞尔的比利时外交部非洲档案馆（Archives Africaines）馆员们，以及法国艾克斯省国立海外档案馆（Archives Nationales d'Outre-Mer）馆员们的帮助。

　　本书得益于许多学者和历史学家的帮助，他们耐心地编辑和出版了这本书中许多人物的信件、日记和报告。由于他们的努力，皮埃尔·萨沃尼昂·德·布拉柴、亨利·莫顿·斯坦利、戴维·利文斯通、艾敏帕夏、亨利·谢尔顿·桑福德、菲利普·奥古阿尔、蒂普·蒂普、威廉·容克（Wilhelm Junker）、罗杰·凯斯门特和其他人的著作变得易于查阅。特别值得注意的是，弗朗索瓦·邦坦克（François Bontinck）对蒂普·蒂普自传的译本进行了编注，

117 页脚注对蒂普·蒂普提到的各种人、地点和事件提供了交叉参照。其次，要感谢的是这本书中许多关键人物的传记作者。利文斯通、斯坦利、布拉柴、蒂普·蒂普和利奥波德二世国王，他们都是已被精心研究的传记主题，这些传记对他们的活动、动机和性格都有重要的启示。最后，感谢历史学家们，他们在 19 世纪末和 20 世纪初对赤道非洲的区域历史进行了有价值的研究。他们包括研究苏丹问题的罗伯特·柯林斯（Robert O. Collins）、东非专家诺曼·贝内特（Norman Bennett）和约翰·威尔克森（John C. Wilkerson）、研究比属和法属刚果橡胶特许公司的丹尼尔·方龙韦赫（Daniel Vangroenweghe）、研究刚果自由邦的尤勒斯·马夏尔（Jules Marchal）和刚果内部盆地问题的塞缪尔·纳尔逊（Samuel Nelson）。

472

特别感谢简·范西纳。在他对赤道非洲民族志和历史的长期研究和写作生涯中，他提出了许多影响本书的框架和叙述的概念。但极为惭愧的是，这本数年研究的成果可能仅仅是对范西纳曾发表的一个简明扼要的评论的阐发。

这项研究得到了耶鲁大学全球化研究中心（Yale Center for the Study of Globalization）、富布赖特-海斯基金（Fulbright-Hays）、耶鲁大学惠特尼和贝蒂·麦克米伦国际与地区研究中心（Whitney and Betty MacMillan Center for International and Area Studies）的资助。最后感谢我的妻子桑德拉（Sandra）在研究和写作中的陪伴。她陪伴着我去了欧洲和非洲的档案馆，在我长时间伏案工作期间始终保持着她的幽默风趣，令本书的研究和写作成为一趟美妙的探险。

注 释

序 言

1. David Livingstone to Lord Frederick Stanley, Bambarre, Manyuema Country, November 15, 1870, in "Despatches Addressed by Dr. Livingstone, Her Majesty's Consul, Inner Africa, to Her Majesty's Secretary of State for Foreign Affairs, in 1870, 1871, and 1872," 19th Century House of Commons Sessional Papers, Command Papers, vol. LXX (1872), paper no. C 598 (London: Harrison & Sons, 1872), 2; Henry M. Stanley, *Through the Dark Continent*, 2 vols. (New York: Harper & Brothers, 1878), vol. 2, 130.

2. "The Congo Basin Forest," *Global Forest Atlas*, accessed August 28, 2018, https://globalforestatlas.yale.edu/region/congo.

3. Claire Grégoire, "The Bantu Languages of the Forest," in *The Bantu Languages*, ed. Derek Nurse and Gérard Philippson (New York: Routledge, 2003), 349–370; Jan Vansina, *Paths in the Rainforests: Toward a History of Political Tradition in Equatorial Africa* (Madison, WI: University of Wisconsin Press, 1990), 5–6. The ethnographic unity of this vast region was first noticed by the explorer Henry Morton Stanley in 1890. See Henry M. Stanley, *In Darkest Africa; or, the Quest, Rescue, and Retreat of Emin, Governor of Equatoria*, 2 vols. (New York: Charles Scribner's Sons, 1890), vol. 2, 97.

4. Vansina, *Paths in the Rainforests*, 73–83.

5. The segmented trading system is described in Robert Harms, *River of Wealth, River of Sorrow: The Central Zaire Basin in the Era of the Slave and Ivory Trade, 1500–1891* (New Haven: Yale University Press, 1981).

6. Félicien Challaye, *Le Congo Français: La Question Internationale du Congo* (Paris: Félix Alcan, 1909), 107. The phrase *land of tears* comes from *Inferno*, by Dante Alighieri, Canto III. See Dante Alighieri, *Inferno*, trans. Henry Wadsworth Longfellow (New York: Modern Library, 2003), 17.

7. On the European Scramble for Africa, see Thomas Packenham, *The Scramble for Africa, 1876–1912* (New York: Random House, 1991); Ronald Robinson and John

Gallagher, *Africa and the Victorians: The Official Mind of Imperialism* (New York: St. Martin's Press, 1967); Muriel Evelyn Chamberlain, *The Scramble for Africa* (London: Longman, 1974).

8. On the role of Arabs and Turks, see John C. Wilkinson, *The Arabs and the Scramble for Africa* (Bristol, CT: Equinox, 2015); Mostafa Minawi, *The Ottoman Scramble for Africa: Empire and Diplomacy in the Sahara and the Hijaz* (Stanford, CA: Stanford University Press, 2016); Norman R. Bennett, *Arab versus European: Diplomacy and War in Nineteenth-Century East Central Africa* (New York: Africana, 1986).

9. There are numerous biographies of these figures. On Stanley, see John Bierman, *Dark Safari: The Life behind the Legend of Henry Morton Stanley* (London: Hodder & Stoughton, 1991); Frank McLynn, *Stanley: The Making of an African Explorer, 1841–1877* (New York: Cooper Square Press, 2001), and *Stanley: Sorcerer's Apprentice* (London: Constable, 1991); James L. Newman, *Imperial Footprints: Henry Morton Stanley's African Journeys* (Washington, DC: Brassey's, 2004); Tim Jeal, *Stanley: The Impossible Life of Africa's Greatest Explorer* (New Haven: Yale University Press, 2007). On Tippu Tip, see Heinrich Brode, *Tippoo Tib: The Story of His Career in Central Africa, Narrated from His Own Accounts* (London: Edward Arnold, 1907); François Renault, *Tippo Tip: Un Potentat Arabe en Afrique Centrale au XIXe Siècle* (Paris: Société Française d'Histoire d'Outre-Mer, 1987); Stuart Laing, *Tippu Tip: Ivory, Slavery, and Discovery in the Scramble for Africa* (Surbiton, UK: Medina, 2017). On Brazza, see Général de Chambrun, *Brazza* (Paris: Plon, 1930); Richard West, *Brazza of the Congo: European Exploration and Exploitation in French Equatorial Africa* (London: Cape, 1972); Jean Martin, *Savorgnan de Brazza, 1852–1905* (Paris: Les Indes Savantes, 2005); Isabelle Dion, *Pierre Savorgnan de Brazza: Au Coeur du Congo* (Aix-en-Provence: Archives Nationales d'Outre-Mer, 2007).

10. On the Congo Free State, see Adam Hochschild, *King Leopold's Ghost: A Story of Greed, Terror, and Heroism in Colonial Africa* (New York: Houghton, Mifflin, 1998); Martin Ewans, *European Atrocity, African Catastrophe: Leopold II, the Congo Free State and Its Aftermath* (New York: Routledge Curzon, 2002); Daniel Vangroenweghe, *Du Sang sur les Lianes: Léopold II et Son Congo* (Brussels: Didier Hattier, 1986); Jules Marchal, *L'Etate Libre du Congo: Paradis Perdu: l'Histoire du Congo 1876–1900*, 2 vols. (Borgloon, Belgium: Editions Paula Bellings, 1996); Jules Marchal, *E. D. Morel Contre Léopold II: l'Histoire du Congo 1900–1910*, 2 vols. (Paris: L'Harmattan, 1996). On the French Congo, see Catherine Coquery-Vidrovitch, *Le Congo au Temps des*

Grandes Compagnies Concessionnaires, 1898–1930 (Paris: Mouton, 1972). On the Arab Zone, see P. Ceulemans, *La Question Arabe et le Congo, 1883–1892* (Brussels: Académie Royale des Sciences Coloniales, 1959); Bennett, *Arab versus European;* Wilkinson, *The Arabs and the Scramble for Africa.*

11. David Livingstone, *The Last Journals of David Livingstone in Central Africa from Eighteen Hundred and Sixty-Five to His Death*, ed. Horace Waller (New York: Harper Brothers, 1875), 369.

12. See Richard Huzzey, *Freedom Burning: Anti-Slavery and Empire in Victorian Britain* (Ithaca, NY: Cornell University Press, 2012).

13. Neal Ascherson, *The King, Incorporated: Leopold II in the Age of Trusts* (London: Allen and Unwin, 1963); Barbara Emerson, *Leopold II of the Belgians: King of Colonialism* (London: Weidenfeld and Nicolson, 1979); Hochschild, *King Leopold's Ghost.*

14. Johannes Fabian, *Out of Our Minds: Reason and Madness in the Exploration of Central Africa* (Berkeley: University of California Press, 2000), 214–216; Prosper Philippe Augouard, "Voyage à Stanley Pool," *Les Missions Catholiques* 14 (1882): 140; David Livingstone, *Livingstone Letters, 1843 to 1872: David Livingstone's Correspondence in the Brenthurst Library, Johannesburg*, ed. Maurice Boucher (Houghton, South Africa: Brenthurst Press, 1985), 206; Henry M. Stanley, *Through the Dark Continent*, 2 vols. (New York: Harper & Brothers, 1878), vol. 1, 47–48; David M. Gordon, "Interpreting Documentary Sources on the Early History of the Congo Free State: The Case of Ngongo Luteta's Rise and Fall," *History in Africa* 14 (2014): 5–33.

15. Megan Vaughan and Henrietta Moore, *Cutting Down Trees: Gender, Nutrition, and Agricultural Change in the Northern Province of Zambia, 1890–1990* (Portsmouth, NH: Heinemann, 1994), xviii–xxiv. Ann Laura Stoler has urged scholars to take a humbler stance and read "along the grain" before reading against it. Ann Laura Stoler, *Along the Archival Grain: Epistemic Anxieties and Colonial Common Sense* (Princeton: Princeton University Press, 2009), 50–53.

16. Frits Andersen, *The Dark Continent? Images of Africa in European Narratives about the Congo*, trans. William Frost and Martin Skovhus (Aarhus, Denmark: Aarhus University Press, 2016), 14–18, 181; Fabian, *Out of Our Minds*, 221–226. The only known eyewitness account of cannibalism is ambiguous. James Jameson's diary records that he and Tippu Tip witnessed the murder and dismemberment of an enslaved girl (which they themselves had instigated), but he never actually saw the

flesh being cooked and eaten. Jameson died of fever a few months later, and Tippu Tip later denied the whole affair. See James Jameson, *The Story of the Rear Column of the Emin Pasha Relief Expedition* (New York: United States Book Co., 1891), 291; Andersen, *The Dark Continent?*, 240–247; Brode, *Tippoo Tib*, 234–236. On cannibalism as a discourse that was coproduced by Europeans and Africans, see Jared Staller, *Converging on Cannibals: Terrors of Slaving in Atlantic Africa, 1509–1670* (Athens, OH: Ohio University Press, 2019), 7–11. On atrocity accounts, see Robert M. Burroughs, *Travel Writing and Atrocities: Eyewitness Accounts of Colonialism in the Congo, Angola, and Putumayo* (New York: Routledge, 2011), 49–97; Andersen, *The Dark Continent?*, 371–398.

17. Vansina, *Paths in the Rainforests*, 239–248.

第一章 马涅马

1. United Nations Environment Program, *Africa: Atlas of Our Changing Environment* (Nairobi: UNEP, 2008), 4–11.

2. Richard Burton, *The Lake Regions of Central Africa* (New York: Harper & Brothers, 1860), 309–310.

3. David Livingstone, *The Last Journals of David Livingstone in Central Africa*, ed. Horace Waller (New York: Harper & Brothers, 1875), 173; Tippu Tip, *Maisha ya Hamed bin Muhammed el Murjebi, yaani Tippu Tip, kwa maneno yake mwenyewe*, trans. W. H. Whitely (Nairobi: East African Literature Bureau, 1966), 23.

4. Henry M. Stanley, *How I Found Livingstone* (New York: Scribner, Armstrong & Co., 1872), 5–8.

5. Abdul Sheriff, *Slaves, Spices, and Ivory in Zanzibar* (Athens, OH: Ohio University Press, 1987), 253–256; Burton, *Lake Regions of Central Africa*, 540; Livingstone, *Last Journals*, 350.

6. Livingstone, *Last Journals*, 170–171, 207; Joseph Thomson, *To the Central African Lakes and Back: The Narrative of the Royal Geographical Society's East Central African Expedition, 1878–80* (Boston: Houghton, Mifflin & Co., 1881), 285–286.

7. Burton, *Lake Regions of Central Africa*, xiv, 226–228, 233–235, 314–316; Alfred J. Swann, *Fighting the Slave-Hunters in Central Africa*, 2nd ed. (London: Seeley & Co., 1910), 58.

8. Sheriff, *Slaves, Spices, and Ivory in Zanzibar*, 48–73.

9. James Christie, "Slavery in Zanzibar as It Is," in H. A. Fraser, Bishop Tozer,

and James Christie, *The East African Slave Trade and the Measures Proposed for Its Extinction as Viewed by Residents of Zanzibar* (London: Harrison and Pall Mall, 1871), 31–45; Emily Ruete, *Memoirs of an Arabian Princess from Zanzibar* (Zanzibar: Galley Publications, 1998); Livingstone, *Last Journals*, 173, 422. A summary of sources onKhamis wad Mtaa is found in Tippu Tip, *L'Autobiographie de Hamed ben Mohammed el-Murjebi Tippu Tip (ca. 1840–1905)*, translated and annotated by Francois Bontinck (Brussels: Académie Royale des Sciences d'Outre-Mer, 1974), 198–199.

10. Sheriff, *Slaves, Spices, and Ivory in Zanzibar*, 48–73; Matthew Hopper, "Slaves of One Master: Globalization and the African Diaspora in Arabia in the Age of Empire," *in Indian Ocean Slavery in the Age of Abolition*, ed. Robert Harms, Bernard K. Freamon, and David W. Blight (New Haven: Yale University Press, 2013), 223–240; Minutes of Evidence, July 20, 1871, 53, in "Report from the Select Committee on Slave Trade (East Coast of Africa)," August 4, 1871, *Parliamentary Papers/House of Commons Papers*, vol. 12, 1871, paper 420.

11. For a comprehensive study of the East African ivory caravans, see Stephen J. Rockel, *Carriers of Culture: Labor on the Road in Nineteenth-Century East Africa* (Portsmouth, NH: Heinemann, 2006).

12. David Livingstone and Charles Livingstone, *Narrative of an Expedition to the Zambesi and Its Tributaries* (New York: Harper & Brothers, 1866), 140; "Despatches Addressed by Dr. Livingstone, Her Majesty's Consul, Inner Africa, to Her Majesty's Secretary of State for Foreign Affairs, in 1870, 1871, and 1872," *Parliamentary Papers/Command Papers*, vol. LXX (1872), paper C-598, 19–24; "Memorandum by Kazi Shahabudin respecting the Banians of Zanzibar and the Slave Trade," *in Correspondence Respecting Sir Bartle Frere's Mission to the East Coast of Africa, 1872–73*, Confidential, Printed for the Use of the Foreign Office, July 1873, UK National Archives, Kew, FO881/2270, 181-4.

13. Edouard Foa, *La Traverseé de l'Afrique du Zambeze au Congo Français* (Paris: Librairie Plon, 1900), 193–194; "Manyema," *Encyclopedia Britannica*, 11th ed. (London: Encyclopaedia Britannica Co., 1911).

14. "Despatches Addressed by Dr. Livingstone," 1–5.

15. Stanley, *Through the Dark Continent*, vol. 2, 1–2. On the many meanings of *waungwana*, see Thomas McDow, *Buying Time: Debt and Mobility in the Western Indian Ocean* (Athens, OH: Ohio University Press, 2018), 93–97.

16. Helen Tilly, *Africa as a Living Laboratory: Empire, Development, and the Problem of Scientific Knowledge, 1870–1950* (Chicago: University of Chicago Press, 2011), 36–38. For a comprehensive study of the search for the source of the Nile, see Tim Jeal, *Explorers of the Nile* (New Haven: Yale University Press, 2011).

17. David Livingstone to Roderick Murchison, February 2, 1867, Royal Geographical Society Archives, London, DL 4/4/6.

18. Livingstone to Bartle Frere, July 1868, Royal Geographical Society Archives, London, DL 4/7/2.

19. Livingstone, Last Journals, 250; Stanley, *Through the Dark Continent*, vol. 2, 98.

20. Livingstone, *Last Journals*, 400. Henry Stanley had not yet settled on a middle name. At various times he tried Morely, Morelake, and Moreland before selecting Morton. See John Bierman, *Dark Safari: The Life behind the Legend of Henry Morton Stanley* (London: Hodder & Stoughton, 1991), 64, 68.

21. Livingstone, *Last Journals*, 292.

22. Queen Victoria, *The Queen's Speeches in Parliament*, comp. and ed. F. Sidney Ensor (London: W. H. Allen & Co., 1882), 266–270.

23. Matthew Hopper, *Slaves of One Master: Globalization and Slavery in Arabia in the Age of Empire* (New Haven: Yale University Press, 2015), 39, 196–201; Lindsay Doulton, "The Flag That Sets Us Free: Antislavery, Africans, and the Royal Navy in the Western Indian Ocean," in *Indian Ocean Slavery*, ed. Harms et al., 102–103.

24. Stanley, *Through the Dark Continent*, vol. 2, 428–435, 559–560; quotation in Richard Hall, *Stanley: An Adventurer Explored* (London: Collins, 1974), 225.

25. *Morning Post* (London), April 20, 1874. The letter, dated Unyanyembe, South-Eastern Africa, April 9, 1872, was published in London in *The Morning Post, the Daily News, The Standard, and the Daily Telegraph* on April 10 and 11, 1874, and in the *New York Herald* on April 25, 1874; Livingstone, *Last Journals*, 419.

26. Stanley, *How I Found Livingstone*, 460–461.

27. Emile Banning, *L'Afrique et la Conférence Géographique de Bruxelles* (Brussels: Librairie Européenne C. Muqardt, 1877), 119–122.

28. Jean Stengers, "L'Agrandissement de la Belgique: Rêves et Réalités," in *Nouveau Regards sur Léopold I et Léopold II*, ed. Gustaaf Janssens and Jean Stengers (Brussels: Fondation Roi Baudoin, 1997), 237–240. The quotations are in Vincent Viaene, "King Leopold's Imperialism and the Origins of the Belgian Colonial Party," *The Journal of Modern History* 80 (2008): 753–755.

29. Barbara Emerson, *Leopold II of the Belgians: King of Colonialism* (London: Weidenfeld & Nicolson, 1979), 58.

30. Jean Stengers, "King Leopold's Imperialism," in *Studies in the Theory of Imperialism*, ed. Roger Owen and Bob Sutcliffe (London: Longman, 1972), 248–276; Viaene, "King Leopold's Imperialism," 755–757.

31. Jean Stengers, "Leopold II entre l'Extreme-Orient et l'Afrique (1875–1876)," in *La Conférence de Géographie de 1876: Recueil d'Etudes* (Brussels: Académie Royale des Sciences d'Outre-Mer, 1976), 303.

32. Auguste Roeykens, *Léopold II et la Conférence Géographique de Bruxelles, 1976* (Brussels: Académie royale des Sciences Coloniales, 1956), 71–72.

33. Émile Banning, *Africa and the Brussels Geographical Conference*, trans. Richard Henry Major (London: Sampson, Low, Marston, Searle, & Rivington, 1877), 136.

34. Jean Stengers, "Introduction," in *Conférence de Géographie de 1876*, xx–xxi.

35. Banning, *Brussels Geographical Conference*, 162–164.

36. Rutherford Alcock, "African Exploration Fund, August 1877," *Proceedings of the Royal Geographical Society of London* 21, no. 6 (1876–1877), 601–602; Rosaline Eredapa Nwoye, *The Public Image of Pierre Savorgnan de Brazza and the Establishment of French Imperialism in the Congo* (Aberdeen: Aberdeen University African Studies Group, 1981), 50–53; Jean Stengers, "Introduction," xxiii–xxiv; François Bontinck, "Le Comité National Américain de l'A.I.A." in *Conférence de Géographie de 1876*, 490–492.

37. Roger Anstey, *Britain and the Congo in the Nineteenth Century* (Oxford: Clarendon Press, 1962), 61–63; Alcock, "African Exploration Fund," 603–604.

38. Albert Chapaux, *Le Congo: Historique, Diplomatique, Physique, Politique, Economique, Humanitaire & Colonial* (Brussels: Charles Rozez, 1894), 132; Oscar Lenz, "L'Expédition Autrichienne au Congo," *Bulletin de la Société Royale Belge de Géographie* 11 (1887): 221; Herbert Ward, *Five Years with the Congo Cannibals* (London: Chatto & Windus, 1890), 173–174.

39. Tippu Tip, *Maisha*, 69; Ward, *Congo Cannibals*, 173–174.

40. Heinrich Brode, *Tippoo Tib: The Story of His Career in Zanzibar and Central Africa, Narrated from His Own Accounts* (London: Edward Arnold, 1907), v.

41. Tippu Tip, *Maisha*, 5; Brode, *Tippoo Tib*, viii; Stuart Laing, *Tippu Tip: Ivory, Slavery, and Discovery in the Scramble for Africa* (Surrey: Medina Publishing Ltd., 2017), 280–282.

42. Burton, *Lake Regions of Central Africa*, 228–230.

43. On Tippu Tip's use of interpreters, see Oscar Lenz, "L'Expédition Autrichienne au Congo," *Bulletin de la Société Belge de Géographie* 11 (1887): 221–222; James S. Jameson, *The Story of the Rear Column of the Emin Pasha Relief Expedition* (New York: United States Books Co., 1891), 254.

44. For the war against Nsama, see Tippu Tip, *Maisha*, 17–25. An alternative account is given in Andrew Roberts, "The History of Abdullah bin Suliman," *African Social Research* no. 4 (1967): 249–253.

45. Tippu Tip, *Maisha*, 25.

46. Tippu Tip, *Maisha*, 25.

47. Livingstone, *Last Journals*, 461; Andrew Roberts, "Tippu Tip, Livingstone, and the Chronology of Kazembe," *Azania: ArchaeologicalResearch in Africa* 2 (1967): 115–131. For a broader perspective on these events, see Giacomo Macola, *The Kingdom of Kazembe: History and Politics in North-Eastern Zambia and Katanga to 1950* (Hamburg: Lit Verlag, 2002), 136–146.

48. Tippu Tip, *Maisha*, 61–73; Brode, *Tippoo Tib*, 89.

49. Tippu Tip, *Maisha*, 75–79.

50. Anon., *History of Middlesex County, Connecticut* (New York: J. B. Beers & Co., 1884), 357; Donald Malcarne, "Ivoryton: Introduction and History," unpublished manuscript held in the Comstock-Cheney Archives Room at the Ivoryton Library, Ivoryton, CT, 1–11; Anon., "Comstock, Cheney & Co, Ivoryton," unidentified article held in the Comstock-Cheney Archives Room in the Ivoryton Library, 276.

51. Nancy V. Kougeas, "Manufacturer and Merchant: Samuel M. Constock, George A. Cheney, and the Growth of the Ivory Industry in Essex Connecticut, 1827–1872" (MA thesis, Wesleyan University, 1994), 46–59.

52. Philip Northway, "Salem and the Zanzibar-East African Trade, 1825–1845," *The Essex Institute Historical Collections* 90 (1954): 373.

53. Rufus Greene to Frederick Seward, May 4, 1863, in *New England Merchants in Africa: A History through Documents, 1802 to 1865*, eds. Norman Bennett and George Brooks (Brookline, Mass.: Boston University Press, 1965), 522.

54. Anon., *History of Middlesex County, Connecticut*, 357; Malcarne, "Ivoryton: Introduction and History," 1–11; Anon., "Comstock, Cheney & Co, Ivoryton," 276.

55. Arthur Loesser, *Men, Women, and Pianos: A Social History* (New York: Simon & Schuster, 1954), 511–512; Anon., "The Piano in the United States," *The Atlantic*

Monthly, July 1867, 82.

56. Loesser, *Men, Women, and Pianos*, 494–496, 512–513; Cyril Erlich, *The Piano: A History* (London: J. M. Dent & Sons, 1976), 58–62.

57. Michael Phelan, *Billiards without a Master* (New York: D. D. Winant, 1850), 122–127; Phelan and Collender, *The Rise and Progress of the Game of Billiards* (New York: Phelan and Collender, 1860), 5, 7–11, 38–40. On Chicago, see *History of Cook County Illinois*, eds. Weston A. Goodspeed and Daniel D. Haley, 2 vols. (Chicago: Goodspeed Historical Association, 1909), vol. 1, 582.

58. Stanley, *Through the Dark Continent*, vol. 2, 77–78.

59. Stanley, *How I Found Livingstone*, 462–463.

60. Livingstone, *Last Journals*, 337.

61. Daniel Biebuyck, *Lega: Ethics and Beauty in the Heart of Africa* (Gent, Belgium: Snoeck-Ducaju & Zoon, 2002), 15–37; Elisabeth Cameron, "The Stampeding of Elephants: Elephant Imprints on Lega Thought," in *Elephant: The Animal and Its Ivory in African Culture*, ed. Doran H. Ross (Los Angeles: Fowler Museum of Cultural History, UCLA, 1992), 295–302.

62. Henry M. Stanley, *The Exploration Diaries of H. M. Stanley*, ed. Richard Stanley and Alan Neame (London: William Kimber, 1961), 136; Stanley, *Through the Dark Continent*, vol. 2, 133–143.

63. Livingstone, *Last Journals*, 338, 355.

64. Livingstone, *Last Journals*, 318, 333; David Livingstone, *Livingstone's Letters, 1843 to 1872*, ed. Maurice Boucher (Johannesburg: Brenthurst Press, 1985), 204–219.

65. Stanley's Field Notebook, August 21, 1876–March 3, 1877, entry for October 18, 1876, Stanley Archives, Royal Museum of Central Africa, Tervuren, Belgium, no. 18; Stanley, *Through the Dark Continent*, vol. 2, 95.

66. Tippu Tip, *Maisha*, 81.

67. Stanley, *Through the Dark Continent*, vol. 2, 97–99; Stanley, *Exploration Diaries*, 132–133.

68. Tippu Tip, *Maisha*, 81, 89.

69. Stanley's Field Notebook, August 21, 1876–March 3, 1877, entry for November 5, 1876.

70. Henry M. Stanley, *Stanley's Despatches to the New York Herald*, 1871–1872, 1874–1877, ed. Norman R. Bennet (Boston: Boston University Press, 1970), 323.

71. Stanley, *Stanley's Despatches*, 317–327. The letter was dated Nyangwe, October 28,

1876, and was published in the *New York Herald* on October 10, 1877, and in the London *Daily Telegraph* on October 11, 1877; Stanley, *Exploration Diaries*, 134.

72. Stanley, *Stanley's Despatches*, 477–482; Norman R. Bennett, "Introduction to the Second Edition," in Alfred J. Swann, *Fighting the Slave-Hunters in Central Africa*, 2nd ed. (London: Frank Cass & Co., 1969), viii–ix.

73. Stanley, *Through the Dark Continent*, vol. 2, 99–107.

74. Stanley, *Exploration Diaries*, 135; Tippu Tip, *Maisha*, 83; "Despatches Addressed by Dr. Livingstone," 2.

75. Stanley, *Through the Dark Continent*, vol. 2, 184–188; Stanley, *Exploration Diaries*, 140–144.

76. Tippu Tip, *Maisha*, 83.

77. Stanley's Field Notebook, August 21, 1876–March 3, 1877, entries for August 21, 1876, and December 27, 1876; Tippu Tip, *Maisha*, 81, 87; James Jameson, *The Story of the Rear Column of the Emin Pasha Relief Expedition* (New York: United States Book Company, 1891), 300.

78. Tippu Tip, *Maisha*, 85–87; Jérôme Becker, *La Vie en Afrique, ou Trois Ans dans l'Afrique Centrale*, 2 vols. (Paris: J. Lebegue, 1887), vol. 2, 37; Jameson, *The Story of the Rear Column*, 300; Stanley, *Stanley's Despatches*, 379.

79. Stanley, *Exploration Diaries*, 145–146.

80. The large dugout canoe on display at the Royal Museum for Central Africa in Tervuren, Belgium, is seventy-four feet long and weighs 7,716 lbs. Stanley's eighty-five-foot canoe would have been much heavier.

第二章　大西洋海岸的角逐

1. Richard Burton, *Two Trips to Gorilla Land and the Cataracts of the Congo*, 2 vols. (London: Sampson Low, Marston Low & Searle, 1876), vol. 2, 282–302.

2. David Livingstone, *The Last Journals of David Livingstone in Central Africa*, ed. Horace Waller (New York: Harper & Brothers, 1875), 424.

3. David Eltis and David Richardson, *Atlas of the Transatlantic Slave Trade* (New Haven: Yale University Press, 2010), map 98, 141; Leslie Bethell, *The Abolition of the Brazilian Slave Trade* (Cambridge: Cambridge University Press, 1970), 18–19.

4. Quoted in Egide Devroey, *Le Bassin Hydrographique Congolais* (Brussels: G. Van Campenhout, 1941), 66; Bethell, *Abolition*, 187–188.

5. Burton, *Two Trips to Gorilla Land*, vol. 2, 85–86, 92–97, 311.

6.   Roger Anstey, *Britain and the Congo in the Nineteenth Century* (Oxford: Clarendon Press, 1962), 15; W. Holman Bentley, *Pioneering on the Congo*, 2 vols. (London: Religious Tract Society, 1890), vol. 1, 42; Catherine Higgs, *Chocolate Islands: Cocoa, Slavery, and Colonial Africa* (Athens, OH: Ohio University Press, 2012), 12, 53.

7.   Bentley, *Pioneering on the Congo*, vol. 1, 72–74.

8.   Anstey, *Britain and the Congo*, 41–56.

9.   On the translation of this term, see Henry M. Stanley, *Stanley's Despatches to the New York Herald*, 1871–1872, 1874–1877, ed. Norman R. Bennet (Boston: Boston University Press, 1970), 357.

10.   Henry M. Stanley, *The Congo and the Founding of Its Free State*, 2 vols. (New York: Harper & Brothers, 1885), vol. 1, 2, 202; Jacques Bellin, "Carte des Royaumes de Congo, Angola, et Benguela," in Antoine François Prévost, *Histoire Générale des Voyages*, 19 vols. (Paris, 1754), vol. 4, no. 15.

11.   Henry M. Stanley, *The Exploration Diaries of H. M. Stanley*, ed. Richard Stanley and Alan Neame (London: William Kimber, 1961), February 1, 1877, 158–159; Henry M. Stanley, *Through the Dark Continent*, 2 vols. (New York: Harper & Brothers, 1878), vol. 2, 268–278.

12.   Camille Coquilhat, *Sur le Haut-Congo*, (Paris: J. Lebègue, 1888), 183–185.

13.   Stanley, *Exploration Diaries*, July 18, 1877, 199–200.

14.   Verney Lovett Cameron, *Across Africa* (New York: Harper & Brothers, 1877), 279.

15.   The notable exception was the August 1875 incident on Bumbireh Island in Lake Victoria, where Stanley's men sailed close to the shore and opened fire on hostile islanders armed with spears and bows, killing thirty-three and wounding over one hundred. This was done to punish them "with the power of a father punishing a stubborn and disobedient son" for an attack on Stanley's landing party three months earlier. See Stanley, *Exploration Diaries*, 76, 93–95.

16.   Tippu Tip, *Maisha ya Hamed bin Muhammed el Murjebi, yaani Tippu Tip, kwa maneno yake mwenyewe*, trans. W. H. Whitely (Nairobi: East African Literature Bureau, 1966), 87.

17.   For a history and analysis of the Bobangi trading network, see Robert Harms, *River of Wealth, River of Sorrow: The Central Zaire Basin in the Era of the Slave and Ivory Trade* (New Haven: Yale University Press, 1981).

18.   Stanley, *The Congo and the Founding*, vol. 2, 22.

19.   E. J. Glave, *Six Years of Adventure in Congo-Land* (London: S. Low, Marston & Co.,

1893), 128-131.

20. Robert Harms, *Games Against Nature: An Eco-Cultural History of the Nunu of Equatorial Africa* (New York: Cambridge University Press, 1987), 172-173.

21. Stanley, *The Congo and the Founding*, vol. 1, 294-296.

22. Bentley, *Pioneering on the Congo*, vol. 1, 460-461; Harms, *River of Wealth, River of Sorrow*, 24-47.

23. Bentley, *Pioneering on the Congo*, vol. 1, 460-461; Harry Johnston, *George Grenfell and the Congo*, 2 vols. (New York: Appleton & Co., 1910), vol. 1, 91.

24. Prosper Philippe Augouard, "Voyage à Stanley Pool," *Missions Catholiques*, 1882, 141.

25. Harry Johnston, *The River Congo from Its Mouth to Bolobo*, 3rd ed. (London: Sampson Low, 1884), 116; Bentley, *Pioneering on the Congo*, vol. 1, 43.

26. Susan Herlin Broadhead, "Beyond Decline: The Kingdom of the Kongo in the Eighteenth and Nineteenth Centuries," *The International Journal of African Historical Studies* 12 (1979): 615-650; Susan Herlin Broadhead, "Trade and Politics on the Congo Coast, 1770-1870" (PhD diss., Boston University, 1971), 225-228; Anne Hilton, *The Kingdom of Kongo* (Oxford: Clarendon Press, 1985), 221-225.

27. Bentley, *Pioneering on the Congo*, vol. 1, 73-74.

28. Stanley, *Dark Continent*, vol. 2, 507-508; Bentley, *Pioneering on the Congo*, vol. 1, 365.

29. Stanley, *Exploration Diaries*, February 18, 1877, 165.

30. Stanley, *Exploration Diaries*, March 15, 1877, 171.

31. Stanley, *Exploration Diaries*, July 18, 1877, 200.

32. Stanley, *Exploration Diaries*, July 18, 1877, 199.

33. Johnston, *The River Congo from Its Mouth to Bolobo*, 117.

34. Henry Morton Stanley, "Address to the Manchester Chamber of Commerce," in the microform collection *The Nineteenth Century* (Cambridge: Chadwyck-Healey, 1990), title no. 1.1.4678.

35. This section relies heavily on the following published collections of Brazza's letters, reports, and lectures: Pierre Savorgnan de Brazza, *Brazza Explorateur: L'Ogooué 1875-1879*, ed. Henri Brunschwig, Documents pour Servir à l'Histoire de l'Afrique Equatoriale Française (Paris: Mouton, 1966); Pierre Savorgnan de Brazza, *Conférences et Lettres de P. Savorgnan de Brazza sur ses Trois Explorations dans l'Ouest Africaine de 1875 à 1886*, ed. Napoléon Ney (Paris: M. Dreyfous, 1887), re-edition, Heidelberg: P. Kivouvou, 1984); Pierre Savorgnan de Brazza, *Les Voyages de Savorgnan de Brazza: Ogooué et Congo, 1875-1882*, eds. Didier Neuville and Charles Bréard (Paris: Berger-

Levrault, 1884). A first-person account of the trip, possibly ghostwritten by Brazza's collaborator Jules-Léon Dutrueil de Rhins, appeared in the Paris magazine *Le Tour du Monde* in 1887, second semester, 289–336, and 1888, second semester, 1–64. Those two articles were reprinted in 1992 as Pierre Savorgnan de Brazza, *Au Coeur de l'Afrique, 1885–1887* (Paris: Phébus, 1992). Brazza's report is in Brazza, *Brazza Explorateur: L'Ogooué*, 165.

36. Brazza, *Brazza Explorateur: L'Ogooué*, 17, 23–24, 29–33.

37. Brazza, *Brazza Explorateur: L'Ogooué*, 53–56. On the length of the canoes, see Brazza, *Au Coeur de l'Afrique*, 42.

38. Brazza, *Brazza Explorateur: L'Ogooué*, 99–100, 117; Brazza, *Au Coeur de l'Afrique*, 63.

39. Brazza, *Au Coeur d'Afrique*, 40; Brazza, *Brazza Explorateur: L'Ogooué*, 100, 104, 127; Robert Harms, "Slavery in the Politically Decentralized Societies of Equatorial Africa," in *African Systems of Slavery*, eds. Jay Spaulding and Stephanie Beswick (Trenton, NJ: African World Press, 2010), 161–172.

40. Brazza, *Brazza Explorateur: L'Ogooué*, 99 fn. 2, 101–104, 117, 129, 158; Brazza, *Au Coeur de l'Afrique*, 46–47, 51.

41. Brazza, *Au Coeur de l'Afrique*, 94.

42. Brazza, *Brazza Explorateur: L'Ogooué*, 100 n. 1, 130; Brazza, *Conférences et Lettres*, 68.

43. Brazza, *Brazza Explorateur: L'Ogooué*, 60–67.

44. Brazza, *Brazza Explorateur: L'Ogooué*, 156, 161; Brazza, *Au Coeur de l'Afrique*, 113–117.

45. Brazza, *Au Coeur de l'Afrique*, 116.

46. Jacques Aldebert de Chambrun, *Brazza* (Paris: Plon, 1930), 51.

47. Brazza, *Brazza Explorateur: L'Ogooué*, 81; Brazza, *Les Voyages de Savorgnan de Brazza*, 90.

48. Brazza, *Brazza Explorateur: L'Ogooué*, 39, 165.

49. Sanford to Latrobe, July 30, 1877, reprinted in François Bontinck, *Aux Origines de l'Etat Indépendant du Congo: Documents Tirés d'Archives Américaines* (Louvain: Editions Nauwelaerts, 1966), 8–16.

50. Rutherford Alcock, "African Exploration Fund, August 1877," *Proceedings of the Royal Geographical Society* 21, no. 6 (1876–1877): 601–615.

51. David Livingstone, *Dr. Livingstone's Cambridge Lectures*, 2nd ed. (Cambridge: Deighton, Bell & Co., 1860), 165.

52. Bontinck, *Aux Origines*, 8–16, 25–26.

53. Brazza, *Conférences et Lettres*, 31; Brazza, *Voyages de Savorgnan de Brazza*, 94;

Brazza, *Brazza Explorateur: L'Ogooué*, 132–133.

54. Jan Vansina, *The Tio Kingdom of the Middle Congo, 1880–1892* (London: Oxford University Press, 1973), 3, 11–12.

55. Brazza, *Au Coeur de l'Afrique*, 188–189; Brazza, *Brazza Explorateur: L'Ogooué*, 191.

56. Vansina, *Tio Kingdom*, 258; Brazza, *Brazza Explorateur: L'Ogooué*, 137, 177–178; Brazza, *Conférences et Lettres*, 35.

57. Gustav Nachtigal, *Sahara and Sudan, vol. 4, Wadai and Darfur*, trans. Allan Fisher and Humphrey J. Fisher (Berkeley: University of California Press, 1971), 249; Harms, *River of Wealth, River of Sorrow*, 57–58; Brazza, *Conférences et Lettres*, 34–35.

58. Georges Mazenot, *La Likouala-Mossaka: Histoire de la Pénétration du Haut-Congo, 1878–1920* (Paris: Mouton, 1970), 26–30.

59. Brazza, *Voyages de Savorgnan de Brazza*, 101.

60. Brazza, *Voyages de Savorgnan de Brazza*, 101, 151.

61. Brazza, *Brazza Explorateur: L'Ogooué*, 189; Brazza, *Voyages de Savorgnan de Brazza*, 103.

62. Brazza, *Brazza Explorateur: L'Ogooué*, 198.

第三章 贸易大通道

1. London *Daily Telegraph*, September 17, 1877, October 11, 1877, and November 12, 1877; Auguste Roeykens, *Les Débuts de l'Oeuvre Africaine de Léopold II* (Brussels: Académie Royale des Sciences Coloniales, 1955), 283, n. 1. The letters are reprinted in Henry M. Stanley, *Stanley's Despatches to the New York Herald, 1871–1872, 1874–1877*, ed. Norman R. Bennet (Boston: Boston University Press, 1970), 341–372.

2. The letter is reprinted in Pierre Van Zuylen, *L'Echiquier Congolais ou le Secret du Roi* (Brussels: C. Dessart, 1959), 43–44.

3. *Bulletin de la Société de Géographie de Marseilles*, vol. 2 (1878), 8–9; François Bontinck, *Aux Origines de l'Etat Indépendant du Congo: Documents Tirés d'Archives Américaines* (Louvain: Editions Nauwelaerts, 1966), 27–31; Henry M. Stanley, *The Congo and the Founding of Its Free State*, 2 vols. (New York: Harper and Brothers, 1885), vol. 1, 21.

4. London *Daily Telegraph*, November 12, 1877.

5. Frank Hird, *H. M. Stanley: The Authorized Life* (London: Stanley Paul, 1935), 171. Hird was granted special access to Stanley's papers. Unfortunately, the book has no footnotes, and the date of the diary entry is not given. Henry Morton Stanley, *The Autobiography of Sir Henry Morton Stanley*, ed. Dorothy Stanley (Boston: Houghton

Mifflin, 1909), 334.

6. The descriptions of the two battles at Bumbireh Island were published in the London *Daily Telegraph* on August 7 and 10, 1876, while the first mention of the thirty-two battles on the Congo was published in the *Daily Telegraph* on September 17, 1877. John Gallagher and Ronald Robinson, "The Tyranny of Free Trade," *The Economic History Review*, n.s., 6, no. 1 (1953): 14. Draft, Colonial Office, February 8, 1876, UK National Archives (Kew), FO 84/1459, fo. 8–10; Robert S. Thomson, *Fondation de l'Etat Indépendent du Congo* (Brussels: Office de Publicité, 1933), 63.

7. Roeykens, *Les Débuts*, 349–350.

8. The texts of the two contracts are given in Marcel Luwel, *Stanley* (Brussels: Elsevier, 1959), 64–66.

9. Bontinck, *Aux Origines*, 54–55; the Act of Constitution is reprinted in J. Guebels, "Rapport sur le Dossier J. Greindl, Annex V," *Bulletin des Séances, Institut Royal Colonial Belge* 24, no. 2 (1953): 613–618. The British contributions were listed in pounds sterling, which I converted to Belgian francs using a ratio of twenty-five to one, based on the gold values of the two currencies.

10. Henry M. Stanley, *The Congo and the Founding of Its Free State*, 2 vols. (New York: Harper and Brothers, 1885), vol. 1, 68; Th. Van Schendel, *Au Congo Avec Stanley en 1879* (Brussels: Albert Dewit, 1932), 19, 137–139.

11. Stauch's memo is reprinted in Henry M. Stanley, *H. M. Stanley: Unpublished Letters*, ed. Albert Maurice (London: W. & R. Chambers, 1957), 22–23; letter from Stanley to Colonel Strauch reprinted in Stanley, *The Congo and the Founding*, vol. 1, 52–54.

12. The text of Brazza's lecture is given in Piere Savorgnan de Brazza, *Les Voyages de Savorgnan de Brazza: Ogooué et Congo, 1875–1882*, eds. Didier Neuville and Charles Breard (Paris: Berger-Levrault, 1884), 84–108.

13. Pierre Savorgnan de Brazza, *Brazza Explorateur: L'Ogooué, 1875–1879*, ed. Henri Brunschwig, Documents pour Servir à l'Histoire de l'Afrique Equatoriale Française (Paris: Mouton, 1966), 130.

14. Bontinck, *Aux Origines*, 101–102. In 1865, the value of the French franc and the Belgian franc were both set at 0.29 grams of gold by the Latin Monetary Union, which included France, Belgium, Switzerland, and Italy.

15. Jean Autin, *Pierre Savorgnan de Brazza: Un Prophète du Tiers Monde* (Paris: Perrin, 1985), 56–57; Henri Brunschwig, *L'Avènement de l'Afrique Noire* (Paris: A. Colin, 1963), 143.

16. Pierre Savorgnan de Brazza, *Brazza Explorateur: Les Traités Makoko, 1880-1882*, ed. Henri Brunschwig, Documents pour Servir à l'Histoire de l'Afrique Equatoriale Française (Paris: Mouton, 1972), 14-16; Brunschwig, *L'Avèmement*, 143.

17. Claire Grégoire, "The Bantu Languages of the Forest," in *The Bantu Languages*, eds. Derek Nurse and Gérard Philippson (New York: Routledge, 2003), 349-370.

18. Brazza, *Les Traités Makoko*, 31, n. 4.

19. Brazza, *Les Traités Makoko*, 43 and n. 4.

20. Robert Harms, *River of Wealth, River of Sorrow: The Central Zaire Basin in the Era of the Slave and Ivory Trade, 1500-1891* (New Haven: Yale University Press, 1981), 210. When I was doing research among the Bobangi in 1975-1976, rumors spread that I was a long-lost ancestor who had been carried away in the slave trade and had returned to look for his family.

21. Discours fait par M. de Brazza à la Sorbonne le 23 Juin, 1882, Archives Nationales d'Outre-Mer (Aix-en-Provence), Papiers Brazza, PA 16, II, 4; Pierre Savorgnan de Brazza, *Conférences et Lettres de P. Savorgnan de Brazza sur ses Trois Explorations dans l'Ouest Africaine de 1875 à 1886*, ed. Napoléon Ney (Paris: M. Dreyfous, 1887), 150; Maria Petringa, *Brazza: A Life for Africa* (Bloomington, IN: AuthorHouse, 2006), 99.

22. Jan Vansina, *The Tio Kingdom of the Middle Congo, 1880-1892* (New York: Oxford University Press, 1973), 410; footnote by Vansina in Brazza, *Les Traités Makoko*, 36, n. 3.

23. Henri Brunschwig, "La Négotiation du Traité Makoko," *Cahiers d'Etudes Africaines* 5, no. 17: 11; Léon Guiral, *Le Congo Français du Gabon à Brazzaville* (Paris: E. Plon, 1889), 293.

24. See the footnote by Vansina in Brazza, *Les Traités Makoko*, 30, n. 5.

25. Vansina, *Tio Kingdom*, 317, 389-394.

26. Brazza, *Les Traités Makoko*, 29, n. 1; 58, n. 1; and 63, n. 3.

27. Brazza, *Les Traités Makoko*, 63.

28. Brazza, *Les Traités Makoko*, 60, n. 3, and 63, n. 3.

29. Brazza, *Conférences et Lettres*, 159-160; Brazza, *Les Traités Makoko*, 62, n. 3; Charles de Chavannes, *Avec Brazza: Souvenirs de la Mission de l'Ouest-Africaine, Mars 1883-Janvier 1886* (Paris: Librairie Plon, 1935), 241.

30. Harms, *River of Wealth, River of Sorrow*, 133, 138; Vansina, *Tio Kingdom*, 373; Henry M. Stanley, *The Exploration Diaries of H. M. Stanley*, ed. Richard Stanley and Alan Neame (London: William Kimber, 1961), 169.

31. Brazza, *Voyages de Savorgnan de Brazza*, vii.

32. Brazza, *Les Traités Makoko*, 160, 219; W. Holman Bentley, *Pioneering on the Congo*, 2 vols. (London: Religious Tract Society, 1900), vol. 1, 355.

33. Stanley, *The Congo and the Founding*, vol. 1, 130.

34. The diary entry is reprinted in Stanley, *The Congo and the Founding*, vol. 1, 138.

35. Stanley, *The Congo and the Founding*, vol. 1, 147–148, 236–237; Roland Oliver, "Six Unpublished Letters of H. M. Stanley," *Bulletin des Séances, Académie Royale des Sciences Coloniales*, vol. 3 (1957), 351; Robert Harms, *Games Against Nature* (New York: Cambridge University Press, 1987), 172–173.

36. Stanley, *The Congo and the Founding*, vol. 1, 164–171.

37. Stanley, *The Congo and the Founding*, vol. 1, 154–155, 196.

38. Stanley, *The Congo and the Founding*, vol. 1, 231–232; "Banquet du Stanley Club, 18 Octobre, 1882," Archives Nationales d'Outre-Mer (Aix-en-Provence), Papiers Brazza, PA 16, II, 4.

39. Charles Notte, *Document Notte: Stanley au Congo, 1879–1884*, Archives, Doc. 1 (Brussels: Ministère du Congo Belge et du Ruanda-Urundi, 1960), 15.

40. Letter reprinted in Stanley, *The Congo and the Founding*, vol. 1, 159.

41. Notte, *Document Notte*, 37–38, 43–53.

42. Stanley's journal, vol. 1, Congo, 1878–1882, Henry M. Stanley Archives, Royal Museum of Central Africa, Tervuren, Belgium, no. 34, 196.

43. Henry Brunschwig, "Les Cahiers de Brazza (1880–1882)," *Cahiers d'Etudes Africaines* 6, no. 22 (1966): 157–227; Brazza, *Les Traités Makoko, 1880–1882*, 160.

44. Prosper Philippe Augouard, "Voyage à Stanley Pool," *Les Missions Catholiques* 14 (1882): 141; Stanley, *The Congo and the Founding*, vol. 1, 282.

45. The texts of the Makoko Treaty and the possession document are found in Brazza, *Les Traités Makoko*, 279–280. Bentley, *Pioneering*, vol. 1, 366.

46. Bentley, *Pioneering*, vol. 1, 350; Augouard, quoted in Stanley, *Unpublished Letters*, 71.

47. On Ngaliema, see Bentley, *Pioneering*, vol. 1, 461.

48. Stanley, *The Congo and the Founding*, vol. 1, 320.

49. Chavannes, *Avec Brazza*, 158.

50. Stanley, *The Congo and the Founding*, vol. 1, 373. Stanley is quoting from his diary.

51. Augouard, "Voyage à Stanley Pool," 127; Bentley, *Pioneering*, vol. 1, 365; Stanley to Strauch, January 14, 1882, in Stanley, *Unpublished Letters*, 99.

52. Stanley, *Unpublished Letters*, 73; Notte, *Document Notte*, 122–125.

53. Bentley, *Pioneering*, vol. 1, 462–463.

54. Notte, *Document Notte*, 138.

55. Stanley to Strauch, Stanley Pool Station, March 25, 1882, in Letter Book: My Congo Letters, Henry M. Stanley Archives, Royal Museum of Central Africa, Tervuren, Belgium, no. 48, 373–381; Notte, *Document Notte*, 5, 79, 138.

56. Brazza, *Les Traités Makoko*, 74–75.

57. Guiral, *Le Congo Français*, 216–217.

58. Bentley, *Pioneering*, vol. 1, 81; Notte, *Document Notte*, 93.

第四章 归 途

1. *Le Temps*, June 25, 1882; *Le Figaro*, June 24, 1882.

2. Pierre Savorgnan de Brazza, *Brazza Explorateur: Les Traités Makoko*, ed. Henri Brunschwig, Documents pour Servir à l'Histoire de l'Afrique Equatoriale Française (Paris: Mouton, 1972), 88–89, 262; Pierre Savorgnan de Brazza, *Les Voyages de Savorgnan de Brazza: Ogôoué et Congo, 1875–1882*, ed. D. Neuville and Ch. Breard (Paris: Gerger-Levrault, 1884), xvi.

3. Henry M. Stanley, *H. M. Stanley: Unpublished Letters*, ed. Albert Maurice (London: W. & R. Chambers, 1957), 70–72; Léon Guiral, *Le Congo Français du Gabon à Brazzaville* (Paris: E. Plon, 1889), 234–235.

4. Brazza, *Les Traités Makoko*, 257–277.

5. Discours fait par M. de Brazza à la Sorbonne le 23 Juin, 1882, Archives Nationales d'Outre-Mer (Aix-en-Provence), PA16-II-4.

6. See the map by P. S. de Brazza, "Tracé Provisoire des Itinéraires de l'Ogooué au Congo, 1880," in *Bulletin de la Société de Géographie*, Décembre 1881, reprinted in Isabelle Dion, *Pierre Savorgnan de Brazza Au Coeur du Congo* (Aix-en-Provence: Archives Nationales d'Outre-Mer, 2007), 53.

7. Henry M. Stanley, *The Exploration Diaries of H. M. Stanley*, ed. Richard Stanley and Alan Neame (London: William Kimber, 1961), 169–170; Brazza, *Les Traités Makoko*, 29, 31.

8. Stanley, *Exploration Diaries*, 170; Henry M. Stanley, *Through the Dark Continent*, 2 vols. (New York: Harper & Brothers, 1878), vol. 2, 332.

9. Brazza, *Les Traités Makoko*, 273.

10. Brazza, *Les Traités Makoko*, 150–152.

11. Pierre Savorgnan de Brazza, *Conférences et Lettres de P. Savorgnan de Brazza*, ed. Napoléon Ney (Paris: Maurice Dreyfus, 1877, reprint Brazzaville: Editions Bantous,

1984), 172–174.

12. Brazza, *Conférences et Lettres*, 162, 173–174.

13. Brazza, *Conférences et Lettres*, 173.

14. Edward Berenson, *Heroes of Empire: Five Charismatic Men and the Conquest of Africa* (Berkeley: University of California Press, 2011), 68–72; *Le Temps* (Paris), September 30, 1882.

15. *Le Petit Parisien*, October 1, 1882, and October 4, 1882.

16. Jean Stengers, "The Partition of Africa: L'Impérialisme Colonial de la Fin du XIX-Siècle: Mythe ou Réalité？" *Journal of African History* 3 (1962): 476; *Le Temps*, October 31, 1882.

17. Stengers, "Partition of Africa," 474, n. 15 and 17.

18. Jean Stengers, "King Leopold and the Anglo-French Rivalry, 1882–1884," in *France and Britain in Africa*, ed. Prosser Gifford and William Roger Louis (New Haven: Yale University Press, 1971), 144; Jean Stengers, "Leopold II et l'Association Internationale du Congo," in *Centenaire de l'Etat Indépendant du Congo* (Brussels: Académie Royale des Sciences d'Outre-Mer, 1988), 52; Henry M. Stanley, *The Congo and the Founding of Its Free State*, 2 vols. (New York: Harper & Brothers, 1885), vol. 1, 462.

19. Stanley, *The Congo and the Founding*, vol. 1, 463–465.

20. Charles Notte, *Document Notte: Stanley au Congo*, 1879–1884, Archives, Doc. 1 (Brussels: Ministère du Congo Belge et du Ruanda-Urundi, 1960), 91–113; Stengers, "Partition of Africa," 473.

21. Auguste Roeykens, *Les Débuts de l'Oeuvre Africaine de Léopold II* (Brussels: Académie Royale des Sciences Coloniales, 1955), 222, n. 1.

22. Henry M. Stanley, Journal, vol. 1, Congo, 1878–1882, Henry M. Stanley Archives, Royal Museum of Central Africa, Tervuren, Belgium, no. 34, 196.

23. Stanley to Strauch, Stanley Pool Station, March 25, 1882, Letter Book: My Congo Letters, Henry M. Stanley Archives, Royal Museum of Central Africa, Tervuren, Belgium, no. 48, 379–380; *Le Voltaire*, October 8, 1882, as reported in *Le Temps*, October 8, 1882.

24. *Le Temps*, October 8, 1882; Harrison Wright, ed., *The New Imperialism: Analysis of Late Nineteenth-Century Expansion* (Lexington, MA: D. C. Heath, 1976), vii.

25. Brazza, *Les Voyages de Savorgnan de Brazza*, x, n. 1; *New York Herald*, October 20, 1882; Banquet du Stanley-Club, October 19, 1882, Archives Nationles d'Outre-Mer (Aix-en-Provence), Papiers Brazza, PA 16 II 4.

26. The text of Stanley's speech is found in Banquet du Stanley Club.

27. Banquet du Stanley-Club; Berenson, *Heroes of Empire*, 69.

28. Henri Brunschwig, *L'Avènement de l'Afrique Noire* (Paris: Librairie A. Colin, 1963), 160; Frank Hird, *H. M. Stanley: The Authorized Life* (London: Stanley Paul, 1935), 189.

29. G. Valbert, "M. Savorgnan de Brazza et M. Stanley," *Revue des Deux Mondes* 54 (November 1, 1882): 205–216; *The Times* (London), October 21, 1882.

30. Berenson, *Heroes of Empire*, 70–81. The engraving from the *Almanach du Figaro* was reproduced as the frontispiece to Brazza, *Les Voyages de Savorgnan de Brazza*.

31. Brunschwig, *L'Avènement de l'Afrique Noire*, 159.

32. Assemblée Nationale, Chambre des Deputés, *Débats Parlementaires*, Année 14, 1882, Séance du Samedi, 18 Novembre, 1646–1647. Parts of Brazza's testimony before the committee were quoted during the Senate debate. See Assemblée Nationale, Sénat, *Débats Parlementaires*, Année 1882, Séance du Mardi, 28 Novembre, 1089–1091.

33. Chambre des Deputés, Séance du Mardi, 21 Novembre, 1696–1697; Brunschwig, *L'Avènement de l'Afrique Noire*, 161–162.

34. G. Charmes, "La Politique Coloniale," *Revue des Deux Mondes* 60 (November 1883): 60; *Le Temps*, November 23, 1882.

35. *The Times*, November 30, 1882.

36. Heinrich Brode, *Tippoo Tib: The Story of His Career in Central Africa Narrated from His Own Accounts* (London: Edward Arnold, 1907), 128–129.

37. Arthur Dodgshun, *From Zanzibar to Ujiji: The Journal of Arthur W. Dodgshun, 1877–1879*, ed. Norman Bennett (Boston University: African Studies Center, 1969), 69–70.

38. Norman R. Bennett, "Captain Storms in Tanganyika, 1882–1885," *Tanganyika Notes and Records* 54 (March 1960): 55; Jérôme Becker, *La Vie en Afrique, ou Trois Ans dans l'Afrique Centrale*, 2 vols. (Paris: J. Lebegue, 1887), vol. 2, 34.

39. Becker, *La Vie en Afrique*, vol. 2, 36.

40. Brode, *Tippoo Tib*, 133; Norman R. Bennett, "Mwinyi Kheri," in *Leadership in Eastern Africa: Six Political Biographies*, ed. Norman R. Bennett (Boston: Boston University Press, 1968), 139–164.

41. Dodgshun, *Zanzibar to Ujiji*, ix–xix; Stanley, *The Congo and the Founding*, vol. 1, 39–44; Becker, *La Vie en Afrique*, vol. 1, 403–454; François Bontinck, *Aux Origines de l'Etat Indépendant du Congo: Documents Tirés d'Archives Américaines* (Louvain: Editions Nauwelaerts, 1966), 98–99, n. 151.

42. Beverly Brown, "Muslim Influence on Trade and Politics in the Lake Tanganyika

Region," *African Historical Studies* 4, no. 3 (1971): 628; Tippu Tip, *Maisha ya Hamed bin Muhammed el Murjebi, yaani Tippu Tip, kwa maneno yake mwenyewe*, trans. W. H. Whitely (Nairobi: East African Literature Bureau, 1966), 93; Herbert Ward, *Five Years with the Congo Cannibals* (London: Chatto & Windus, 1890), 186–187.

43. Richard Burton, *The Lake Regions of Central Africa* (New York: Harper & Brothers, 1860), xiv, estimates the distance by the trade route as 276 miles, plus 20 percent to allow for detours; Henry M. Stanley, *How I Found Livingstone* (New York: Scribner, Armstrong & Co., 1872), 607.

44. Becker, *La Vie en Afrique*, vol. 2, 45–46.

45. Alfred J. Swann, *Fighting the Slave-Hunters in Central Africa* (London: Seeley, 1910, reprint London: Frank Cass, 1969), 48–49.

46. Norman R. Bennett, "Captain Storms in Tanganyika, 1882–1885," *Tanganyika Notes and Records* 54 (March 1960): 54–55.

47. Tippu Tip, *Maisha*, 109.

48. Notte, *Document Notte*, 52–53.

49. Stanley to Strauch, Second Station, June 12, 1881, in Letter Book: My Congo Letters, Henry M. Stanley Archives, Royal Museum of Central Africa, Tervuren, Belgium, no. 48, 234–236.

50. A. J. Mounteney Jephson, *The Diary of A. J. Mounteney Jephson, Emin Pasha Relief Expedition, 1887–1889* (London: Hakluyt Society, 1969), 79.

51. Tippu Tip, *Maisha*, 111. Becker was under the impression that Tippu Tip had been named the governor of Nyangwe. *La Vie en Afrique*, vol. 2, 448.

52. Brode, *Tippoo Tib*, 158; Philip Curtin, *Cross-Cultural Trade in World History* (Cambridge: Cambridge University Press, 1984), 137–148.

第五章　条约的洪流

1. Henri Brunschwig, *L'Avènement de l'Afrique Noire* (Paris: A. Colin, 1963), 159.

2. Pierre Savorgnan de Brazza, *Brazza et la Prise de Possession du Congo: La Mission l'Ouest-Africain, 1883–1885*, ed. Catherine Coquery-Vidrovitch, Documents pour Servir à l'Histoire de l'Afrique Equatoriale Française (Paris: Mouton, 1969), 225–226.

3. Henry M. Stanley, *H. M. Stanley: Unpublished Letters*, ed. Albert Maurice (London: W. & R. Chambers, 1957), 161; Banquet du Stanley-Club, October 19, 1882, Archives Nationles d'Outre-Mer (Aix-en-Provence), Papiers Brazza, PA 16 II 4.

4. Stanley, *Unpublished Letters*, 160.

5. Text reprinted in C. Denuit-Somerhausen, "Les Traités de Stanley et de ses Collaborateurs avec les chefs Africaines, 1880–1885," in *Le Centenaire de l'Etat Indépendant du Congo: Receuil d'Etudes* (Brussels: Académie Royale des Sciences d'Outre-Mer, 1988), 139.

6. Léon Guiral, *Le Congo Français du Gabon à Brazzaville* (Paris: E. Plon, 1889), 253.

7. Guiral, *Le Congo Français*, 231–233; Henry M. Stanley, *The Congo and the Founding of Its Free State*, 2 vols. (New York: Harper and Brothers, 1885), vol. 1, 495–496, vol. 2, 257–258.

8. Stanley, *The Congo and the Founding*, vol. 2, 197; Charles Notte, *Document Notte: Stanley au Congo, 1879–1884*, Archives, Doc. 1 (Brussels: Ministère du Congo Belge et du Ruanda-Urundi, 1960), 179–183, 193–195; J. L. Vellut, "Les Traités de l'Association Internationale du Congo dans le Bas-Fleuve Zaire (1882–1885)," in *Un Siècle de Documentation Africaine, 1885–1895*, ed. Charles Bils-Lambert (Brussels: Ministère des Affaires Etrangères, 1985), 25–34.

9. Stanley to Strauch, July 12, 1883, in Letter Book: My Congo Letters, Henry M. Stanley Archives, Royal Museum of Central Africa, Tervuren, Belgium, no. 48, 536–537.

10. Robert Harms, *River of Wealth, River of Sorrow: The Central Zaire Basin in the Era of the Slave and Ivory Trade, 1500–1891* (New Haven: Yale University Press, 1981), 157, 220–221.

11. Camille Coquilhat, *Sur le Haut-Congo* (Paris: J. Lebègue, 1888), 84; Charles Liebrechts, *Souvenirs d'Afrique: Congo, Léopoldville, Bolobo, Equateur, 1883–1889* (Brussels: J. Lebègue, 1909), 48–53; Stanley, *The Congo and the Founding*, vol. 2, 63–64; E. J. Glave, *Six Years of Adventure in Congo-Land* (London: S. Low, Marston & Co., 1893), 40–41; Frédéric Orban to Stanley, Bolobo, February 22, 1883, Royal Museum of Central Africa, Tervuren, Belgium, Archives Frédéric Orban, HA.01.0015, no, 7, Copie-Lettres, 362–363.

12. Coquilhat, *Haut-Congo*, 202, 505.

13. Stanley to Strauch, January 27, 1884, in Letter Book: My Congo Letters, 633; Stanley to Strauch, July 18, 1883, in Letter Book: My Congo Letters, 576.

14. Stanley, *The Congo and the Founding*, vol. 2, 166; Jean Stengers, "King Leopold and the Anglo-French Rivalry, 1882–1884," in *France and Britain in Africa*, ed. Prosser Gifford and William Roger Louis (New Haven: Yale University Press, 1971), 142–143.

15. Notte, *Document Notte*, 189; Stanley, *Unpublished Letters*, 161–162.

16. Both treaties are found in the Archives Africaines (Brussels), AI 1377. A version of

the New Confederacy treaty is published in Stanley, *The Congo and the Founding*, vol. 2, 197–204. It is roughly inserted into the text without proper explanation or context and appears to have been added at the last minute at the request of Leopold II. A model of the text is found in Notte, *Document Notte*, 190–195.

17. Vellut, "Les Traités," 31. Alexandre Delcommune, *Vingt Années de Vie Africaine*, 2 vols. (Brussels: Larcier, 1922), vol. 1, 165.

18. Vellut, "Les Traités," 32.

19. *The Times* (London), January 5, 1884, 8.

20. Brazza, *Prise de Possession*, 28, 225–226.

21. Modèle de Traité de Protectorat, Chavannes Papers, Archives Nationales de France (Paris), Nouvelles Acquisitions Françaises, 21.048.

22. Charles de Chavannes, *Avec Brazza: Souvenirs de la Mission de l'Ouest-Africaine, Mars 1883–Janvier 1886* (Paris: Librairie Plon, 1935), 120.

23. This is an estimate based on the drawing by Chavannes reprinted in *Avec Brazza*, 144–145. It first appeared in the Paris weekly newspaper *Illustration* on January 23, 1886.

24. Richard West, *Brazza of the Congo* (London: Cape, 1972), 128.

25. There are two eyewitness accounts of this ceremony, both written by Charles de Chavannes. The first is a letter he wrote from Brazzaville on May 4, 1884, reprinted in Brazza, *Prise de Possession*, 341–343. The second is the text of Chavannes's lecture at the annual public meeting of the Académie des Sciences Coloniales held in the Richelieu Amphitheatre at the Sorbonne on April 27, 1731, and published as Charles de Chavannes, "Cinquantenaire de Brazzaville," in Académie des Sciences Coloniales, *Comptes Rendus des Séances* 15 (1931): 39–59 (Paris: Société des Editions Géographiques, Maritimes, et Coloniales, 1932). Parts of the Sorbonne lecture were reprinted in Chavannes's book *Avec Brazza*, 157–162.

26. Chavannes, *Avec Brazza*, 153; Brazza, *Prise de Possession*, 344.

27. Prosper-Philippe Augouard, *Vingt-huit Années au Congo: Lettres de Mgr. Augouard*, 2 vols. (Poitiers: Société Française d'Imprimerie et de Librairie, 1905); Augouard quoted in Stanley, *Unpublished Letters*, 160–161.

28. Guiral, *Le Congo Français*, 228–229; Brazza, *Prise de Possession*, 114–115; Augouard quoted in Stanley, *Unpublished Letters*, 160–161.

29. The text of Valke's treaty was published in Chavannes, *Avec Brazza*, 376–377.

30. Stanley, *Unpublished Letters*, 159–160; Notte, *Document Notte*, 150–151, 182.

31. Chavannes, *Avec Brazza*, 371-375.

32. Chavannes, *Avec Brazza*, 181-184; Marcel Luwel, *Sir Francis de Winton: Administrateur Générale du Congo* (Tervuren, Belgium: Musée Royal d'Afrique Centrale, 1964), 167-170.

33. Luwel, *Francis de Winton*, 172-173.

34. Brazza, *Prise de Possession*, 438.

35. Chavannes, *Avec Brazza*, 241.

36. Chavannes, *Avec Brazza*, 192, 241.

37. Tippu Tip, *Maisha ya Hamed bin Muhammed el Murjebi, yaani Tippu Tip, kwa maneno yake mwenyewe*, trans. W. H. Whitely (Nairobi: East African Literature Bureau, 1966), 116; P. Möller, Georg Pagels, and Edvard Gleerup, *Tre Ar I Kongo* (Stockholm: P. A. Norstedt, 1887-1888), 384-385.

38. F. Bontinck, "La Station de Stanley Falls," *Bulletin des Séances, Académie Royale des Sciences d'Outre-Mer* (1979): 621-623; Tippu Tip, *L'Autobiographie de Hamed ben Mohammed el-Murjebi Tippu Tip*, trans. and ann. François Bontinck (Brussels: Académie Royale des Sciences d'Outre-Mer, 1974), 295-296; Henry M. Stanley, *Through the Dark Continent*, 2 vols. (New York: Harper & Brothers, 1878), vol. 2, 129. Katukama Island is shown on Edvard Gleerup's map of Stanley Falls in *Tre Ar I Kongo*, 288-289.

39. Stanley, *Dark Continent*, vol. 1, 46-53; George Hawker, *The Life of George Grenfell: Congo Missionary and Explorer* (London: Religious Tract Society, 1909), 228-229.

40. Abed bin Salim to Seyyid Barghash, May 16, 1884, UK National Archives (Kew) FO 84/1727, fo. 128-129.

41. Stanley to Strauch, January 27, 1884, in Letter Book: My Congo Letters, 631.

42. Quoted in Melvin E. Page, "The Manyema Hordes of Tippu Tip," *International Journal of African Historical Studies* 7 (1974): 72-73.

43. Delcommune, *Vingt Années*, vol. 1, 43; Stanley to Leopold, January 30, 1884, in Letter Book: My Congo Letters, 657.

44. Bontinck, "La Station des Stanley Falls," 615-630.

45. Kirk to Earl Granville, October 23, 1884, UK National Archives (Kew), FO 84/1679, fo. 85-90; Abed bin Salim to Seyyid Barghash May 16, 1884, UK National Archives (Kew), FO 84/1727, fo. 128-129.

46. Norman Bennett, *Arab versus European: Diplomacy and War in Nineteenth-Century East Central Africa* (New York: Africana Pub. Co., 1986), 217-219; Kirk to Earl

Granville, October 23, 1884, UK National Archives (Kew), FO 84/1679, fo. 85–90; P. Ceulemans, *La Question Arabe et le Congo, 1883–1892* (Brussels: Académie Royale des Sciences Coloniales, 1959), 63.

47. Quoted in Bennett, *Arab versus European*, 218–219; Kirk to Earl Granville, October 23, 1884, UK National Archives (Kew) FO 84/1679, fo. 87; Tippu Tip, *Maisha*, 117.

48. Traité d'amitié et de paix avec Moniamani, fils de Tipo-Tip, 10-18-1884, Archives Africaines (Brussels), AI 1377. A partial copy is reprinted in Coquilhat, *Haut-Congo*, 401–403, and in Tippu Tip, *L'Autobiographie de Hamed ben Mohammed el-Murjebi Tippu Tip (ca. 1840–1905)*, trans. and ann. François Bontinck (Brussels: Académie Royale des Sciences d'Outre-Mer, 1974), 159.

49. Tippu Tip, *Autobiographie*, 269, n. 417 fixes the date at December 13, 1884; Bontinck, "Station de Stanley Falls," 628, fn. 8.

50. Coquilhat, *Haut-Congo*, 404–406.

51. Tippu Tip, *Autobiographie*, 269–270, fn. 420; James S. Jameson, *The Story of the Rear Column of the Emin Pasha Relief Expedition* (New York: United States Books Co., 1891), 126, 204; Thomas Parke, *My Personal Experiences in Equatorial Africa, as a Medical Officer of the Emin Pasha Relief Expedition* (London: S. Low, Marston, 1891), 490–491; Herbert Ward, *Five Years with the Congo Cannibals* (London: Chatto & Windus, 1890), 173.

52. J. P. Cuypers, *Alphonse Vangele (1848–1939) d'après des Documents Inédites* (Brussels: Académie Royale des Sciences d'Outre-Mer, 1960), 27.

53. Cuypers, *Alphonse Vangele*, 26–32; Coquilhat, *Haut-Congo*, 404–411.

54. Coquilhat, *Haut-Congo*, 411.

55. Tippu Tip, *Autobiographie*, 136–137; Albert Chapaux, *Le Congo: Historique, Diplomatique, Physique, Politique, Economique, Humanitaire & Colonial* (Brussels: Charles Rozez, 1894), 137–139.

56. Chapaux, *Le Congo*, 137–139.

57. Coquilhat, *Haut-Congo*, 415–416; Tippu Tip, *Autobiographie*, 137.

58. The treaties are reprinted in Tippu Tip, *Autobiographie*, 159–162.

59. Coquilhat, *Haut-Congo*, 415; Tippu Tip, *Autobiographie*, 271, fn. 424.

60. Kirk to Salisbury, July 31, 1885, UK National Archives (Kew), FO 84/1727, fo. 127.

第六章　创造刚果

1. Charles Notte, *Document Notte: Stanley au Congo, 1879–1884*, Archives, Doc. 1

(Brussels: Ministère du Congo Belge et du Ruanda-Urundi, 1960), 178–179.

2.　Stanley to Strauch, Vivi, May 11, 1884, in Letter Book: My Congo Letters, Henry M. Stanley Archives, Royal Museum of Central Africa, Tervuren Belgium, no. 48, 690–691; Stanley to Strauch, January 27, 1884, in Letter Book: My Congo Letters, 631.

3.　Roger Anstey, *Britain and the Congo in the Nineteenth Century* (Oxford: Clarendon Press, 1962), 98.

4.　D'Antas and Serpa to Ministry for Foreign Affairs, November 8, 1882, UK National Archives (Kew), FO 84/1802, fo. 261–271.

5.　Granville to d'Antas, December 15, 1882, UK National Archives (Kew), FO 84/1802, fo. 393–399.

6.　Strauch to Foreign Office, February 5, 1883, UK National Archives (Kew), FO 84/1803, fo. 239–240; King of the Belgians to the Queen, February 22, 1883, UK National Archives (Kew), FO 84/1803, fo. 222–225.

7.　Kirk to Hill, February 18, 1883, UK National Archives (Kew), FO 84/1803, fo. 179–187; Kirk memo, February 25, 1883, UK National Archives (Kew), FO 84/1803, fo. 262–266.

8.　Anstey, *Britain and the Congo*, 106; Granville, February 24, 1883, UK National Archives (Kew), FO 84/1803, fo. 267–271.

9.　Robert Gibb, *Greater Manchester* (London: Myriad Books, 2005), 12–13; Roger Lloyd-Jones and M. J. Lewis, *Manchester and the Age of the Factory: The Business Structure of Cottonopolis in the Industrial Revolution* (London: Croom Helm, 1988), 1; *House of Commons Hansard*, Sitting of Tuesday, April 3, 1883, 3rd series, vol. 27, cols. 1284–1332.

10.　Memorial of the Directors of the Manchester Chamber of Commerce to Earl Granville, November 15, 1882, UK National Archives (Kew), FO 84, 1802, fo, 156–160.

11.　*House of Commons Hansard*, Sitting of Tuesday, April 3, 1883, 3rd series, vol. 27, cols. 1284–1332.

12.　Jean Stengers, "King Leopold and Anglo-French Rivalry, 1882–1884," in *France and Britain in Africa*, ed. Prosser Gifford and William Roger Louis (New Haven: Yale University Press, 1971), 150.

13.　Stengers, "Anglo-French Rivalry," 150; Pierre van Zuylen, *L'Echiquier Congolaia; ou, le Secret du Roi* (Brussels: C. Dessart, 1959), 70.

14.　"Stevens (Arthur)," in *Biographie Nationale* (Brussels: E. Bruylant, 1866), vol. 23, col. 850–854.

15. Stengers, "Anglo-French Rivalry," 155.

16. Geoffroy de Courcel, *L'Influence de la Conférence de Berlin de 1885 sur le Droit Colonial International* (Paris: Editions Internationales, 1935), 78–79, 98–99; Stengers, "Anglo-French Rivalry," 156–157; Roland Oliver, "Six Unpublished Letters of H. M. Stanley," *Bulletin des Séances, Académie Royale des Sciences Coloniales* 3 (1957): 354–358.

17. Letter printed in Edward Hertslet, ed., *The Map of Africa by Treaty*, 3 vols., 2nd ed. (London: Her Majesty's Stationery Office, 1896), vol. 1, 207–208.

18. Stengers, "Anglo-French Rivalry," 158, fn. 113, 114.

19. *The Times*, London, May 20, 1884.

20. James D. Richardson, *A Compilation of the Messages and Papers of the Presidents, 1789–1897*, vol. 8 (Washington: Government Printing Office, 1898), 170–188.

21. Leopold's letter is reprinted in Robert Stanley Thompson, "Léopold II et Henry S. Sanford: Papiers Inédits," *Congo*, 1930, vol. 2, 302–304. On the falsification of the Vivi treaty, see Stengers, "Anglo-French Rivalry," 128, n. 13. The falsified treaties were printed in *Compilation of Reports of the Committee on Foreign Relations, United States Senate, 1789–1901*, vol. 6 (Washington: Government Printing Office, 1901), 272–276.

22. François Bontinck, *Aux Origines de l'Etat Indépendant du Congo: Documents Tirés d'Archives Américaines* (Louvain: Editions Nauwelaerts, 1966), 143–145.

23. *New York Herald*, December 30, 1883.

24. *New York Times*, January 2, 1884; Bontinck, *Aux Origines*, 155–157.

25. Thomas Adams Upchurch, "Senator John Tyler Morgan and the Genesis of Jim Crow Ideology, 1889–1891," *The Alabama Review* 57, no. 2 (April 2004): 110–131; Joseph A. Fry, *John Tyler Morgan and the Search for Southern Autonomy* (Knoxville: University of Tennessee Press, 1992), 76–79; Joseph A. Fry, *Henry S. Sanford: Diplomacy and Business in Nineteenth-Century America* (Reno: University of Nevada Press, 1982), 144–145; Bontinck, *Aux Origines*, 171.

26. *Compilation of Reports*, 221–276; Thompson, "Léopold II et Henry S. Sanford," 304–307; Lysle Edward Meyer, "Henry Shelton Sanford and the Congo" (PhD diss., Ohio State University, 1967), 81; Bontinck, *Aux Origines*, 187–189.

27. Bontinck, *Aux Origines*, 196, 199–201; Fry, *Henry S. Sanford*, 146–147.

28. The declarations are printed in Hertslet, *Map of Africa by Treaty*, vol. 1, 244–246, and in Bontinck, Aux Origines, 200–201; Jean Stengers, "Leopold II et l'Association

Internationale du Congo," in *Centenaire de l'Etat Indépendent du Congo: Recueil d'Etudes* (Brussels: Académie Royal des Sciences d'Outre-Mer, 1988), 52. Tisdel is quoted in Fry, *Henry S. Sanford*, 147.

29. The text of the treaty is found in Roger Anstey, *Britain and the Congo*, 241-246, and in Hertslet, *Map of Africa by Treaty*, vol. 2, 713-714.

30. Anstey, *Britain and the Congo*, 157; H. Percy Anderson, Nature of the King of the Belgians' Co., March 2, 1884, UK National Archives (Kew), FO 84/1809, fo. 233-235.

31. Anderson, Nature of the King of the Belgians' Co., March 2, 1884, fo. 233-235; Anstey, *Britain and the Congo*, 157-158.

32. Bismarck to Granville, June 7, 1884, UK National Archives (Kew), FO 84/1811, fo. 341-345.

33. *House of Commons Hansard*, sitting of June 26, 1884.

34. Fritz Stern, *Gold and Iron: Bismarck, Bleichröder, and the Building of the German Empire* (New York: Knopf, 1977), 402-403.

35. Stern, *Gold and Iron*, 404-407; Marcel Luwel, "Gerson von Bleichröder, l'Ami Commun de Leopold II et Bismarck," *Africa-Tervuren* 11, no. 3-4: 96-97.

36. Jean Stengers, "Léopold II et la Fixation des Frontières du Congo," *Le Flambeau* 46 (1963): 169-170.

37. Henry M. Stanley, *The Congo and the Founding of Its Free State*, 2 vols. (New York: Harper and Brothers, 1885), vol. 2, 206-207.

38. Hertslet, *Map of Africa by Treaty*, vol. 1, map after 246 and reference to the map on 220; map 5 in Robert S. Thompson, *Fondation de l'Etat Indépendant du Congo* (Brussels: Office de Publicité, 1933), 298.

39. Stengers, "Anglo-French Rivalry," 163; Pierre Daye, *Léopold II* (Paris: A. Fayard et Cie., 1934), 212-214.

40. Henry M. Stanley, *Address of Mr. H. M. Stanley* (Manchester: A. Ireland, 1884), 39. Bismarck is quoted in Stengers, "Anglo-French Rivalry," 163.

41. Hertslet, *Map of Africa by Treaty*, vol. 1, 219-220.

42. Quoted in Sven Beckert, *Empire of Cotton: A Global History* (New York: Alfred A. Knopf, 2014), 81.

43. *The Times* (London), September 19, 1884.

44. *Manchester Courier*, October 22, 1884.

45. Stanley, *Address of Mr. H. M. Stanley*, 12-13.

46. *Manchester Courier*, October 22, 1884; Stanley, *Address of Mr. H. M. Stanley*, 35-39.

47. Stanley, *Address of Mr. H. M. Stanley*, 31; *Manchester Courier*, October 22, 1884.

48. Anti-Slavery Society, *Meeting of the British and Foreign Anti-Slavery Society in the Free Trade Hall, Manchester, on the 23rd October, 1884* (Moorgate: Abraham Kingdon & Co., 1884), 1–31.

49. Kwame Nkrumah, *Challenge of the Congo* (New York: International Publishers, 1970), x; William Roger Louis, "The Berlin Congo Conference," in *France and Britain in Africa: Imperial Rivalry and Colonial Rule*, ed. Prosser Gifford and William Roger Louis (New Haven: Yale University Press, 1971), 167–220.

50. Maurice Wynants, "His Majesty Is Out of Town: Les Relations Tendues entre Léopold II et Stanley après la Conférence de Berlin," in *La Mémoire du Congo: Le Temps Colonial*, ed. Jean-Luc Vellut (Tervuren: Musée Royal de l'Afrique Centrale, 2005), 69–70; Robert S. Thompson, "Léopold II et la Conférence de Berlin," Congo (1931): 329–330.

51. "Message from the President of the United States Transmitting a Report of the Secretary of State Relative to the Affairs of the Independent State of Congo" (Senate Executive Document no. 196, Serial Volume 2341, June 30, 1886), 23–27.

52. "Report of the Secretary of State," 34; Louis, "Berlin Congo Conference," 202.

53. General Act of the Conference of Berlin, 6.

54. Louis, "Berlin Congo Conference," 200–203; "Report of the Secretary of State," 262.

55. "Report of the Secretary of State," 295–296.

56. Arthur Berriedale Keith, *The Belgian Congo and the Berlin Act* (London: Oxford University Press, 1919), 65.

第七章　营救艾敏

1. Swinburne to Sanford, November 17, 1886, Henry Shelton Sanford Papers, Sanford Museum, Sanford, Florida, Box 27, folder 14.

2. E. Boelaert, "La Sanford Exploring Expedition," *Annales Aequatoria* 22 (1959): 126.

3. E. H. Taunt, "Report of Journey on River Congo, Central Africa," Senate Executive Document no. 77, 49th Congress, 2nd session, February 1, 1877, 31–35.

4. Taunt, "Report," 20, 36, 40.

5. François Bontinck, *Aux Origines de l'Etat Indépendant du Congo: Documents Tirés d'Archives Américaines* (Louvain: Editions Nauwelaerts, 1966), 349–353.

6. Joseph A. Fry, *Henry S. Sanford: Diplomacy and Business in Nineteenth-Century America* (Reno: University of Nevada Press, 1982), 157–159; Lysle Edward Meyer

Jr., "Henry Shelton Sanford and theCongo" (diss, Ohio State University, 1967), 174–182; Boelaert, "Sanford Exploring Expedition," 124–125.

7. Taunt to Sanford, July 11, 1886, Sanford Papers, Box 28, folder 1; J.–P. Cuypers, *Alphonse Vangele (1848–1939) d'après des Documents Inédits* (Brussels: Académie Royale des Sciences d'Outre-Mer, 1960), 37–51; Sanford Exploring Expedition, Confidential Memorandum, n.d. (ca. summer 1888), Sanford Papers, box 32, folder 5, 8.

8. Swinburne to Sanford, November 17, 1886, Sanford Papers, box 27, folder 14; Taunt to Sanford, November 26, 1886, Sanford Papers, box 28, folder 2; Taunt to Sanford, September 24, 1886, Sanford Papers, box 28, folder 2; Taunt, "Report," 31–32.

9. E. J. Glave, *Six Years of Adventure in Congo-Land* (London: S. Low, Marston & Co., 1893), 176–177.

10. Glave, *Six Years*, 200; Sanford, Exploring Expedition, Confidential Memorandum, Sanford Papers, box 32, folder 5, 8.

11. Charles Latrobe Bateman, *The First Ascent of the Kasai* (London: George Philip & Son, 1889), 81–90; Bateman to Sanford, June 1, 1887, and June 5, 1887, Sanford Papers, box 24, folder 2.

12. Taunt to Sanford, November 26, 1886, Sanford Papers, box 28, folder 2; Boston Rubber Shoe Company to Sanford, April 14, 1888, Sanford Papers, box 22, folder 4; Converse to Sanford, June 14, 1888, Sanford Papers, box 22, folder 4; Sanford Exploring Expedition, Confidential Memorandum, Sanford Papers, box 32, folder 5, 8.

13. Sanford Exploring Expedition, Confidential Memorandum, Sanford Papers, box 32, folder 5, 7, 10.

14. Camille Coquilhat, *Sur le Haut-Congo* (Paris: J. Lebègue & Co., 1888), 452; J. R. Werner, *A Visit to Stanley's Rear-Guard* (London: William Blackwood & Sons, 1889), 109–114.

15. The treaties are in Archives Africaines (Brussels), A. I. 1377; reprinted in Tippu Tip, *L'Autobiographie de Hamed ben Mohammed el-Murjebi Tippu Tip*, trans. and ann. François Bontinck (Brussels: Académie Royale des Sciences d'Outre-Mer, 1974), 159–163.

16. P. Ceulemans, *La Question Arabe et le Congo, 1883–1892* (Brussels: Académie Royale des Sciences Coloniales, 1959), 74–78.

17. George Hawker, *The Life of George Grenfell, Congo Missionary and Explorer* (London: Religious Tract Society, 1909), 233; Herbert Ward, *Five Years with the Congo Cannibals* (New York: Robert Bonner's Sons, 1890), 201; J. R. Werner, *A Visit to*

Stanley's Rear-Guard (London: William Blackwood & Sons, 1889), 95–96.

18. Ward, Congo Cannibals, 205–213; Coquilhat, Haut-Congo, 457–462.

19. Ward, Congo Cannibals, 221.

20. Iain R. Smith, The Emin Pasha Relief Expedition, 1886–1890 (Oxford: Clarendon Press, 1972), 42–44; The Times (London), October 29, 1886; British and Foreign Anti-Slavery Society, November 5, 1886, UK National Archives (Kew), FO 84/1793, fo. 98–99.

21. Emin Pasha, Emin Pasha: His Life and Work, Compiled from His Journals, Letters, Scientific Notes and from Official Documents by Georg Schweitzer, 2 vols. (Westminister: Archibald Constable and Co., 1898; reprinted New York: Negro Universities Press, 1969), vol. 1, 1–29.

22. Emin Pasha, Emin Pasha in Central Africa, Being a Collection of His Letters and Journals, ed. and ann. G. Schweinfurth (London: G. Philip & Son, 1888), 421–422.

23. Emin Pasha, Emin Pasha in Central Africa, 432.

24. Emin Pasha, Emin Pasha in Central Africa, 510–511.

25. Frank Hird, H. M. Stanley: The Authorized Life (London: Stanley Paul & Co., 1935), 222–223; Henry M. Stanley, In Darkest Africa: The Quest, Rescue, and Retreat of Emin, Governor of Equatoria, 2 vols. (New York: Charles Scribner's sons, 1890), vol. 1, 34–35, 391.

26. Smith, Emin Pasha Relief Expedition, 78–79.

27. Stanley, In Darkest Africa, vol. 1, 57.

28. Richard Huzzey, Freedom Burning: Anti-Slavery and Empire in Victorian Britain (Ithaca, NY: Cornell University Press, 2012), 156; Edward Hertslet, ed., The Map of Africa by Treaty, 2nd ed., 3 vols. (London: Her Majesty's Stationery Office, 1896), vol. 2, 615–621; Tippu Tip, Maisha ya Hamed bin Muhammed el Murjebi, yaani Tippu Tip, kwa maneno yake mwenyewe, trans. W. H. Whitely (Nairobi: East African Literature Bureau, 1966), 121.

29. Stanley, In Darkest Africa, vol. 1, 63–65; Tippu Tip, Autobiographie, 121–123.

30. Holmwood to Salisbury, February 25, 1887, and Holmwood to Salisbury, March 3, 1887, reprinted in UK Foreign Office, Confidential Print no. 5617, "Further Correspondence Respecting the Relief of Emin Pasha at Uganda, 1887" (May 1888), 32–34, in UK National Archives (Kew), FO 403/79.

31. The text is reprinted in "Further Correspondence," 34, and in Tippu Tip, Autobiographie, 164–165; Tippu Tip, Maisha, 121–123.

32. A signed copy of the treaty is in the Henry M. Stanley Archives, Royal Museum for Central Africa, Tervuren, Belgium, no. 4801. The text is reprinted in Tippu Tip, *Autobiographie*, 163–164; Wilhelm Junker, *Travels in Africa during the Years 1875-1886*, 3 vols. (London: Chapman & Hall, 1890–1892), vol. 3, 561–562, 566; Stanley, *In Darkest Africa*, vol. 1, 64.

33. Stanley *In Darkest Africa*, vol. 1, 75–76; Tippu Tip, *Autobiographie*, 276, notes 451–452.

34. Herbert Ward, *My Life with Stanley's Rear Guard* (London: Chatto & Windus, 1891), 12–13; Herbert Ward, *Congo Cannibals*, 33–35.

35. Charles Liebrechts, *Souvenirs d'Afrique: Congo, Léopoldville, Bolobo, Equateur, 1883-1889* (Brussels: J. Lebègue, 1909), 169–177.

36. Stanley, *In Darkest Africa*, vol. 1, 133, 498.

37. Stanley, "Mr. Stanley," *The Times* (London), May 3, 1890, 15; Thomas Heazle Parke, *My Personal Experiences of Equatorial Africa as Medical Officer of the Emin Pasha Relief Expedition* (New York: Charles Scribner's Sons, 1890), 497.

38. Stanley, "Mr. Stanley," 15; A. J. Mounteney Jephson, *The Diary of A. J. Mounteney Jephson*, ed. Dorothy Middleton (Cambridge: Cambridge University Press, 1969), 1–3.

39. Jephson, *Diary*, 128, 131.

40. Jephson, *Diary*, 122, 126, 128, 133, 135.

41. Stanley, *In Darkest Africa*, vol. 1, 199; Jephson, *Diary*, 144.

42. Tippu Tip, *Autobiographie*, 240–241; Jephson, *Diary*, 168, 171; Stanley, *In Darkest Africa*, vol. 1, 236–239; Parke, *Personal Experiences*, 124.

43. Jephson, *Diary*, 200–204.

44. Stanley, "Mr. Stanley," 15; Jephson, *Diary*, 206–207.

45. Jephson, *Diary*, 221.

46. Stanley, *In Darkest Africa*, vol. 1, 484–489; Stanley to Euan-Smith, December 28, 1889, UK National Archives (Kew), FO 84/1982, fo. 293–295.

47. Stanley, *In Darkest Africa*, vol. 1, 498.

48. Tippu Tip to Holmwood, July 21, 1887, UK National Archives (Kew), FO 84/1906, fo. 183–193; James S. Jameson, *The Story of the Rear Column of the Emin Pasha Relief Expedition* (New York: United States Books Co., 1891), 122–123; Jameson to Stanley, March 26, 1888, reprinted in Edmund Musgrave Barttelot, *The Life of Edmund Musgrave Barttelot* (London: Bentley & Son, 1890), 387–393.

49. Jameson, *Story of the Rear Column*, 111–123, 129, 141–142, 251; John Rose Troup, *With Stanley's Rear Column* (London: Chapman and Hall, 1890), 151–152, 174–176,

345; Jameson to Stanley, March 26, 1888, reprinted in Barttelot, *Life of Edmund Musgrave Barttelot*, 387–393; letter from Tippu Tip to Sef ben Hamed, reprinted in Tippu Tip, *Autobiographie*, 167–168; Ward, *Stanley's Rear Guard*, 62.

50. Werner, *A Visit to Stanley's Rear-Guard*, 229–235.
51. Ward, *Stanley's Rear Guard*, 84–85.
52. Jameson, *Story of the Rear Column*, 254; Barttelot, *Life of Edmund Musgrave Barttelot*, 239.
53. Jameson, *Story of the Rear Column*, 304–306; Werner, *A Visit to Stanley's Rear-Guard*, 269–273; *Le Mouvement Géographique*, 1888, 82; "Mr. Bonny's Official Report," *The Times*, November 15, 1890, 11; Barttelot, Life of *Edmund Musgrave Barttelot*, 336.
54. Ward, *Stanley's Rear Guard*, 140.
55. Stanley, *In Darkest Africa*, vol. 2, 14.
56. Stanley, *In Darkest Africa*, vol. 2, 121–124, 148; Jephson, *Diary*, 333.
57. Jephson, *Diary*, 343, 346–347; Parke, *Personal Experiences*, 408–409.
58. Parke, *Personal Experiences*, 409–410; Jephson, *Diary*, 343–351.
59. Stanley to Euan-Smith, December 19, 1889, reprinted as "Correspondence Respecting Mr. Stanley's Expedition for the Relief of Emin Pasha," UK Parliamentary Command Papers, Africa, no. 4, 1890 (London: HMSO, 1890), 14.
60. Stanley to Euan-Smith, December 19, 1889, Command Papers, Africa, no. 4 (1890), 15–16.
61. Stanley, *In Darkest Africa*, vol. 2, 453–457.
62. Emin Pasha, *Emin Pasha: His Life and Work*, vol. 2, 2–4; Parke, *Personal Experiences*, 503–507.
63. Parke, *Personal Experiences*, 504–505; Emin Pasha, *Emin Pasha: His Life and Work*, vol. 2, 6.
64. Stanley, *In Darkest Africa*, vol. 2, 473–474; Emin Pasha, *Emin Pasha: His Life and Work*, vol. 2, 16; Jephson, Diary, 411.
65. Stanley to Euan-Smith, December 19, 1889, Command Papers, Africa, no. 4 (1890), 16.
66. Jephson, *Diary*, 346–347.

第八章　分崩离析

1. John Rose Troup, *With Stanley's Rear Column* (London: Chapman and Hall, 1890), 212.
2. Pierre Salmon, *Le Voyage de Van Kerckhoven aux Stanley Falls et au Camp de Yambuya (1888)* (Brussels: Académie Royale des Sciences d'Outre-Mer, 1978), 70–71.
3. J. R. Werner, *A Visit to Stanley's Rear-Guard* (Edinburgh: William Blackwood & Sons,

1889), 322-324.

4. On Becker's mission, see P. Ceulemans, *La Question Arabe et le Congo, 1883-1892* (Brussels: Académie Royale des Sciences Coloniales, 1959), 153-162. On Greshoff, see François Bontinck, "Les Archives de la Nieuwe Afrikaanse Handelsvennootschap conserves à Schaarsbergen (Pays-Bas)," *Bulletin des Séances, Académie Royale des Sciences d'Outre-Mer* n.s., 16, no. 2 (1970): 178-194; Henry Morton Stanley, *In Darkest Africa: The Quest, Rescue, and Retreat of Emin, Governor of Equatoria*, 2 vols. (New York: Charles Scribner's Sons, 1890), vol. 2, 474.

5. Tippu Tip, *Maisha ya Hamed bin Muhammed el Murjebi, yaani Tippu Tip, kwa maneno yake mwenyewe*, trans. W. H. Whitely (Nairobi: East African Literature Bureau, 1966), 129. The quotation is here translated from the French version given by Bontinck because Whitely's English translation of this passage is inaccurate. See Tippu Tip, *L'Autobiographie de Hamed ben Mohammed el-Murjebi Tippu Tip (ca. 1840-1905)*, trans. and ann. François Bontinck (Brussels: Académie Royale des Sciences d'Outre-Mer, 1974), 146-147. On the companies, see Ceulemans, *La Question Arabe*, 196.

6. Tippu Tip to Muhammad bin Masud, undated, but received in Zanzibar on December 21, 1888, reprinted in Tippu Tip, *Autobiographie*, 165-167.

7. Tippu Tip to Muhammad bin Masud, received in Zanzibar on December 21, 1888.

8. François Renault, "The Structures of the Slave Trade in Central Africa in the Nineteenth Century," *Slavery and Abolition* 9, no. 3 (1988): 148.

9. James S. Jameson, *The Story of the Rear Column of the Emin Pasha Relief Expedition* (New York: United States Books Co., 1891), 234, 242.

10. Jameson, *Story of the Rear Column*, 234, 242, 248; Herbert Ward, *My Life with Stanley's Rear Guard* (New York: Charles L. Webster & Co., 1891), 63.

11. Tippu Tip to Holmwood, July 21, 1887, UK National Archives (Kew), FO 84/1906, fo. 183-193; Salmon, *Voyage de Van Kerckhoven*, 60-64.

12. Letter reprinted in Tippu Tip, *Autobiographie*, 169; Ceulemans, *La Question Arabe*, 170.

13. Ward, *My Life with Stanley's Rear Guard*, 134; Tippu Tip, *Maisha*, 129.

14. J. M. Gray, "Stanley versus Tippoo Tib," *Tanganyika Notes and Records* 18 (December 1944): 18-20; Tippu Tip, *Autobiographie*, 290, fn. 522.

15. Quoted in Tippu Tip, *Autobiographie*, 283, fn. 487.

16. Alfred J. Swann, *Fighting the Slave-Hunters in Central Africa*, 2nd ed. (London: Frank Cass & Co., 1969; 1st ed., 1910), 173-174; Swann's letter is quoted in Gray, "Stanley

versus Tippoo Tib," 17.

17. The British editions of Stanley's book, *In Darkest Africa*, of Barttelot's book, *The Life of Edmund Musgrave Barttelot*, and of Jameson's book, *The Story of the Rear Column of the Emin Pasha Relief Expedition*, were all published in 1890.

18. Tippu Tip, *Autobiographie*, 290, fn. 522; François Renault, *Tippo Tip: Un Potentat Arabe en Afrique Centrale au XIXe Siècle* (Paris: Harmattan, 1987), 300–301.

19. François Renault, *Le Cardinal Lavigerie, 1825–1892: L'Eglise, l'Afrique, et la France* (Paris: Librairie Arthème Fayard, 1992), 554–580; François Renault, *Lavigerie, l'Esclavage Africaine, et l'Europe, 1868–1892*, 2 vols. (Paris: E. de Boccard, 1971), vol. 1, 271–275.

20. Cardinal Lavigerie, "L'Esclavage Africain: Conférence Fait dans l'Eglise de Saint-Sulpice á Paris par le Cardinal Lavigerie," pamphlet issued by La Procure des Missions d'Afrique, Paris, 1888, 16.

21. Lavigerie, "L'Esclavage Africain," 20–22.

22. *Daily News* (London), August 1, 1888.

23. Cardinal Lavigerie, "Oration of Cardinal Lavigerie at a Meeting of the Anti-Slavery Society, held in Prince's Hall, London, Tuesday, July 31st, 1888," pamphlet issued by the Anti-Slavery Society, London, 1888.

24. Lavigerie, "Oration of Cardinal Lavigerie," 18–19; *Daily News* (London), August 1, 1888.

25. Quoted in Annelies Feron, "Colonial Enthusiasm and the Anti-Slavery Movement in Belgium during the Anti-Slavery Conference in Brussels in 1889/1890" (MA thesis, Essen University, 2001), English summary, 1.

26. Feron, "Anti-Slavery Movement in Belgium," English summary, 2; *Le Mouvement Antiesclavagiste*, vol. 1 (1889), 238–239.

27. Suzanne Miers, "The Brussels Conference of 1889–1890: The Place of the Slave Trade in the Policies of Great Britain and Germany," in *Britain and Germany in Africa: Imperial Rivalry and Colonial Rule*, ed. Prosser Gifford and William Roger Louis (New Haven: Yale University Press, 1967), 83–95.

28. Miers, "The Brussels Conference of 1889–1890," 102; "Translations of the Protocols and General Act of the Slave Trade Conference Held at Brussels, 1889–1890," UK Parliamentary Command Papers, Africa no. 8A (1890), 2.

29. *Bulletin Officiel de l'Etat Indépendant du Congo* no. 11 (November 1889): 197–209, 210–217.

30. *Le Mouvement Antiesclavagiste*, 1890, 24–25; Miers, "The Brussels Conference of

1889-1890," 108; "Translations and Protocols," 33.

31. "Translations and Protocols," 55-61.

32. "Translations and Protocols," 57, 190-191.

33. Tippu Tip, *Autobiographie*, 149, 216, fn. 177, 284, fn. 492, and 285, fn. 493; Jameson, *Story of the Rear Column*, 161; Ceulemans, *La Question Arabe*, 179, fn. 2; Troup, *With Stanley's Rear Column*, 236-237.

34. Troup, *With Stanley's Rear Column*, 236-237; Ceulemans, *La Question Arabe*, 179, fn. 2; Ceulemans, *La Question Arabe*, 179, fn. 2, 206, 326; Tobback to Muhammad bin Said and Muhammad bin Khalifan, April 2, 1891, UK National Archives (Kew), FO 84/2149, fo. 117-118.

35. Ceulemans, *La Question Arabe*, 283-288, 326-331; *Le Mouvement Géographique*, vol. 9 (1892), 101-103.

36. Chaltin is quoted in L. Lotar, "Souvenirs de l'Uele: Les Arabes des Falls (Deuxième Partie)," *Congo*, vol. 2 (1935): 681; letter from Ponthier in the *Bulletin du Comité de l'Afrique Française*, April 1892, 18.

37. Declaration of Henry Lewis and Davis Moses, Boma, December 24, 1893, UK National Archives, Kew, FO 629/3.

38. Sef bin Mohamed to Hamid bin Mohamed, February 3, 1892, UK National Archives (Kew), FO 84/2232, fo. 263-264; L. Lotar, "Souvenirs de l'Uele," 670.

39. *Le Mouvement Géographique*, vol. 9 (1892): 82, 96, 101.

40. *Le Mouvement Géographique*, vol. 9 (1892), 95, 97; François Renault, "The Structures of the Slave Trade in Central Africa in the Nineteenth Century," 149; Ceulemans, *La Question Arabe*, 329.

41. *Le Mouvement Géographique* vol. 9 (1892): 82.

42. Jameson, *Story of the Rear Column*, 334, 342; Renault, "Structures of the Slave Trade," 164, fn. 5; Tippu Tip, *Autobiographie*, 215, fn. 172; *Le Mouvement Géographique* vol. 9 (1892): 96, 101.

43. *Le Mouvement Géographique* vol. 9 (1892): 97, 101; Ceulemans, *La Question Arabe*, 311.

44. Emin Pasha, *Emin Pasha: His Life and Work, Compiled from His Journals, Letters, Scientific Notes and from Official Documents by Georg Schweitzer*, 2 vols. (Westminister: Archibald Constable and Co., 1898; reprinted New York: Negro Universities Press, 1969), vol. 2, 41-48, 148-151, 174-175; Edward Hertslet, ed., *Map of Africa by Treaty*, 2nd ed., 3 vols. (London: Her Majesty's Stationery Office, 1896), vol. 2, 615-618, 642-651.

45. Emin Pasha, *Emin Pasha: His Life and Work*, vol. 2, 280; Thomas Heazle Parke, *My Personal Experiences in Equatorial Africa as Medical Officer of the Emin Pasha Relief Expedition* (New York: Charles Scribner's Sons, 1891, reprinted New York: Negro Universities Press, 1969), 124; Renault, "The Structures of the Slave Trade," 149, 165, fn. 33; Tippu Tip, *Autobiographie*, 240–241, fn. 280; Jameson, *Story of the Rear Column*, 251.

46. Emin Pasha, *Emin Pasha: His Life and Work*, vol. 2, 294–295.

47. Baumann's article is reprinted in Emin Pasha, *Emin Pasha: His Life and Work*, vol. 2, 292–293.

48. Pratt, Read & Co. to Arnold, January 24, 1895; Arnold to Cheney, November 28, 1894, January 25, 1895, Cheney/Downing Collection, Connecticut River Museum, Essex, CT, box 1, folders 1–3.

49. Pratt, Read & Co. to Arnold, June 12, 1895, November 2, 1896, November 5, 1896, all in the Cheney/Downing Collection, Connecticut River Museum, box 1, folders 1–3; ivory purchase statistics, 1898–1902, in the Pratt-Read Collection, Connecticut River Museum, section G, shelf 6, box 74.

50. Diary of George Grenfell, 1885–1888, June 12, 1888, Baptist Missionary Society Archives, Regent's Park College, University of Oxford, A/18/1.

51. Donald Malcarne, "The Ivory Industry and Voluntary and Involuntary Migration in the Late Nineteenth Century," *North American Archaeologist* 22 (2001): 286–289.

52. David H. Shayt, "Elephant under Glass: The Piano Key Bleach House of Deep River, Connecticut," *IA: The Journal of the Society of Industrial Archaeology* 19 (1993): 48–55.

53. Price list of billiard balls manufactured by Comstock, Cheney & Co., n.d., Cheney/Downing Collection, Connecticut River Museum, Essex, CT, Section G, Shelf 3, Box 74; Shayt, "Elephant under Glass," 40.

54. Curtiss S. Johnson, "From Ivory Combs to Carnegie Hall and Today: The History of the Pratt-Read Corporation," unpublished manuscript in the Pratt-Read Collection, Connecticut River Museum, section G, shelf 6, box 74, 27–35; Malcarne, "Ivoryton: Introduction and History," 9; Nancy V. Kougeas, "Manufacturer and Merchant: Samuel M. Constock, George A. Cheney, and the Growth of the Ivory Industry in Essex Connecticut, 1827–1872" (MA thesis, Wesleyan University, Middletown, Connecticut, 1994), 38.

55. Quoted in Malcarne, "Ivory Industry and Migration," 284; Stanley to Euan-

Smith, December 19, 1889, reprinted in "Correspondence Respecting Mr. Stanley's Expedition for the Relief of Emin Pasha," UK Parliamentary Command Papers, Africa, no. 4 (1890), 9.

56. S. L. Hinde, "Three Years' Travel in the Congo Free State," *The Geographical Journal* 5 (1895): 434.

57. Sidney Langford Hinde, *The Fall of the Congo Arabs* (London: Methuen & Co, 1897), 156–157, 171, 180; Hinde, "Three Years' Travel," 434.

58. Dhanis to Governor-General, September 21, 1892, reprinted in Philippe Marechal, De *"Arabische" Campagne in het Maniema-Gebied, 1824–1894* (Tervuren: Musée Royal de l'Afrique Centrale, 1992),324–326; Tippu Tip, *Maisha,* 117; David M. Gordon, "Interpreting Documentary Sources on the Early History of the Congo Free State: The Case of Ngongo Luteta's Rise and Fall," *History in Africa* 14 (2014): 20–22.

59. Tippu Tip, *Maisha,* 119; Ceulemans, *La Question Arabe,* 348, fn. 3; Norman Bennett, *Arab vs. European: Diplomacy and War in Nineteenth-Century East and Central Africa* (New York: Africana Publishing Co., 1986), 238.

60. Ceulemans, *La Question Arabe,* 350–355; Hinde, "Three Years' Travel," 433; Hinde, *Fall of the Congo Arabs,* 128.

61. Hinde, *Fall of the Congo Arabs,* 124.

62. Hinde, *Fall of the Congo Arabs,* 184.

63. *Le Mouvement Géographique,* Année 1893, no. 16 (July 23), 70, and Année 1893, no. 18 (August 20), 77.

64. Leo Lejeune, *Lothaire* (Brussels: Editions de l'Expansion Coloniale, 1935), 50–62; "Ponthier," in *Biographie Coloniale Belge,* 8 vols. (Brussels: Librairie Falk, 1948), vol. 1, cols. 766–771.

65. Baron Dhanis, "La Campagne Arabe," in Le *Congo Belge,* 2 vols., ed. Louis Franck (Brussels: La Renaissance du Livre, 1929–1930), vol. 2, 82–89. On Rashid, see Renault, *Tippo Tip,* 297-298.

66. René Cambier, "L'Affaire Stokes," *Revue Belge de Philologie et d'Histoire* 30 (1952): 111–119; Josué Henry, "Souvenirs de la Guerre Contre les Arabes," in Le *Congo Belge,* 2 vols., ed. Louis Franck (Brussels: La Renaissance du Livre, 1929–1930), vol. 2, 98–101.

67. E. J. Glave, "New Conditions in Central Africa," *The Century Magazine* 53 (1895–1897): 915.

68. E. J. Glave, "Cruelty in the Congo Free State," *The Century Magazine* 54 (1897): 701–711.

69. Henry Wellington Wack, *The Story of the Congo Free State* (New York: G. P. Putnam's Sons, 1905), 195–196; Hinde, "Three Years' Travel," 442–446.

第九章　特许公司和殖民暴力

1. J. Plas and Victor Pourbaix, *Les Sociétés Commerciales Belges et le Régime Economique et Fiscal de l'Etat Indépendant du Congo* (Brussels: Van Assche, 1899), 72–75.

2. Quoted in P. Ceulemans, *La Question Arabe et le Congo, 1883–1892* (Brussels: Académie Royale des Sciences Coloniales, 1959), 194, fn. 1.

3. Alain Stenmans, *La Reprise du Congo par la Belgique* (Brussels: Editions Techniques et Scientifiques, 1949), 66–75; Plas and Pourbaix, *Sociétés Commerciales*, 72–75; Neal Ascherson, *The King Incorporated: Leopold II in the Age of Trusts* (London: George Allen & Unwin, 1963), 148.

4. Robert Thompson, *Fondation de l'Etat Indépendant du Congo* (Brussels: Office de Publicité, 1933), 290–295.

5. Jean Stengers, "Note sur l'Histoire des Finances Congolaises: Le 'Trésor' ou 'Fonds Spécial' du Roi-Souverain," *Bulletin des Séances, Instutut Royal Colonial Belge,* 1954, 155–195.

6. Henry Morton Stanley, *The Congo and the Founding of Its Free State*, 2 vols. (New York: Harper & Brothers, 1885), vol. 2, 355–356.

7. *Bulletin Officiel de l'Etat Indépendant du Congo*, 1885, 26; E. D. Morel, *Great Britain and the Congo: The Pillage of the Congo Basin* (London: Smith, Elder & Co., 1909), 97. For a critique of the State's position, see E. Boelaert, *L'Etat Indépendant et les Terres Indigènes* (Brussels: Académie Royale des Sciences Coloniales, 1956), 1–22.

8. Charles Lemaire, *Au Congo: Comment les Noirs Travaillent* (Brussels: Imprimerie Scientifique Ch. Bulens, 1895), 39.

9. Charles de Chavannes, *Le Congo Français* (Paris: Librairie Plon, 1937), 215–232.

10. *Bulletin Officiel de l'Etat Indépendant du Congo*, 1892, 307–312; Félicien Cattier, *Droit et Administration de l'Etat Indépendant du Congo* (Brussels: F. Larcier, 1898), 304–307; Félicien Cattier, *Etude sur la Situation de l'Etate Indépendant du Congo* (Brussels: F. Larcier, 1906), 111.

11. Howard Wolf and Ralph Wolf, *Rubber: A Story of Glory and Greed* (Shawbury, UK: Smithers Rapra Publishing, 2009), 318–331. Originally published by J. J. Little & Ives

Co., New York, 1936; Steve Love and David Griffels, *Wheels of Fortune: The Story of Rubber in Akron* (Akron, OH: The University of Akron Press, 1999), xiii; Hugh Allen, *Rubber's Home Town: The Real-Life Story of Akron* (New York: Stratford House, 1949), 116–159.

12. E. D. Morel, *King Leopold's Rule in Africa* (London: Heinemann, 1904), 127; Guy Burrows, *The Curse of Central Africa, with Which Is Incorporated 'A Campaign Amongst Cannibals,' by Edgar Canisius* (London: R. A. Everett & Co., 1903), 72; Viscount Mountmorres, *The Congo Independent State: A Report on a Voyage of Enquiry* (London: Williams and Northgate, 1906), 148.

13. William Edmundson, *The Nitrate King: A Biography of "Colonel" John Thomas North* (New York: Palgrave MacMillan, 2011), 99–101; *Bulletin Officiel*, 1893, 29–37; Plas and Pourbaix, *Sociétés Commerciales Belges*, 134–137; Cattier, *Etude*, 191–194; Heinrich Waltz, *Das Konzessionswesen im Belgischen Kongo*, 2 vols. (Jena: Verlag von Gustav Fischer, 1917), vol. 2, 351–354, 372–373.

14. Daniel Vangroenweghe, "Charles Lemaire à l'Equateur: Son Journal Inédit, 1891–1895," *Annales Aequatoria* 7 (1986): 7–8; Waltz, *Konzessionswesen*, vol. 1, 20–21.

15. Vangroenweghe, "Charles Lemaire à l'Equateur," 12–13, 45–46, 50.

16. Edmond Boelaert, "L'ABIR," typescript in the De Ryck Collection of Documents, Memorial Library, University of Wisconsin-Madison, file 6/1, 2–3.

17. Testimony from the Secteur Bolifa, Groupement Boilinga, De Ryck Collection, doc. 26/3/2, 1–2.

18. Jespersen's account was originally published as Knud Jespersen, *En Dansk Officers Kongofaerd*, ed. Kay Larsen (Copenhagen: C. A. Reitzel, 1930). It was translated into French and rendered in the third person by G. Hulstaert in "Le Voyage au Congo d'un Officier Danois: Notes et Commentaires sur les Séjours à l'Equateur de Knud Jespersen (1898–1908)," *Enquêtes et Documents d'Histoire Africaine* 4 (1980): 1–100. See Jesperson, "Voyage au Congo," 1–10.

19. Jespersen's Abir inspection is described in Jespersen, "Voyage au Congo," 10–24.

20. Edmond Boelaert, Honoré Vinck, and Charles Lonkama, "Arrivée des Blancs sur les Bords des Rivières Equatoriales," part 1, *Annales Aequatoria* 16 (1995): 13–20, part 2, *Annales Aequatoria* 17 (1996): 270–308. The testimonies were translated into French by E. Boelaert and Ch. Lonkama. The French texts are also available online as E. Boelaert, H. Vinck, and C. Lonkama, "African Testimonies of the Arrival of the First Whites on the Rivers in the Congolese Equateur Region," Centre

Aequatoria, accessed April 16, 2018, http://www.aequatoria.be/04engels/030themes_en/0331temoignages_en.htm.

21. Edgar Canisius, "A Campaign Amongst Cannibals," a special section incorporated in Guy Burrows, *The Curse of Central Africa*, 63–70. On the construction of the railroad, see Jules Marchal, *L'Etat Libre du Congo: Paradis Perdu*, 2 vols. (Borgloon, Belgium: Editions Paula Bellings, 1996), vol. 1, 311–318.

22. Marchal, *Paradis Perdu*, vol. 1, 381–382.

23. E. D. Morel, *King Leopold's Rule in Africa* (London: Heinemann, 1904), 129–130.

24. Morel, *King Leopold's Rule*, 129; Daniel Vangroenweghe, "Le Red Rubber de l'Anversoise, 1899–1900: Documents Inédits," *Annales Aequatoria* 6 (1985): 39–65; Marchal, *Paradis Perdu*, vol. 1, 382–385.

25. Canisius, "Campaign Amongst Cannibals," 72–80; Marchal, *Paradis Perdu*, vol. 1, 382.

26. Canisius, "Campaign Amongst Cannibals," 73–76.

27. Canisius, "Campaign Amongst Cannibals," 77–79.

28. Canisius, "Campaign Amongst Cannibals," 167–168.

29. Canisius, "Campaign Amongst Cannibals," 170–171.

30. Canisius, "Campaign Amongst Cannibals," xiv, 178

31. Morel, *King Leopold's Rule*, 128–133; Vangroenweghe, "Le Red Rubber de l'Anversoise," 39–65.

32. Morel, *King Leopold's Rule*, 132; Marchal, *Paradis Perdu*, vol. 2, 125, says that Lothaire arrived in Belgium in April 1900.

33. Quoted in "Roger Casement's Congo Report," as reprinted in *The Eyes of Another Race: Roger Casement's Congo Report and 1903 Diary*, ed. Seamas O'Siochain and Michael O'Sullivan (Dublin: University College Dublin Press, 2003), 105–106.

34. F. Waleffe, "La Verité sur les Accusations Portées Contra le Grand Roi Leopold II," *Journal des Tribunaux d'Outre-Mer*, 1929, 133.

35. Général de Chambrun, *Brazza* (Paris: Plon, 1930), 217–219.

36. Richard West, *Brazza of the Congo* (London: Jonathan Cape, 1972), 162–163; Isabelle Dion: *Pierre Savorgnan de Brazza: Au Coeur du Congo* (Aix-en-Provence: Archives Nationales d'Outre-Mer, 2007), 78–80.

37. "Assemblée Extraordinaire de la Société pour la Réception de M. P. Savorgnan de Brazza," *Séances de la Société de Géographie* (1886): 49–85; Chambrun, *Brazza*, 162.

38. Catherine Coquery-Vidrovitch, "Les Idées Economics de Brazza et les Premières Tentatives de Compagnies de Colonisation au Congo Francais, 1885–1898," *Cahiers*

d'Etudes Africaines 5 (1965): 57.

39. Elizabeth Rabut, *Brazza, Commissaire Générale: Le Congo Français, 1886-1897*, Documents pour Servir à l'Histoire de l'Afrique Equatoriale Française (Paris: Ecole des Hautes Etudes, 1989), 11-12; Maria Petringa, *Brazza: A Life for Africa* (Bloomington, IN: AuthorHouse, 2006), 169.

40. Marie-Antoinette Menier, "Conceptions Politiques et Administratives de Brazza, 1885-1898," *Cahiers d'Etudes Africaines* 5 (1965): 86; Rabut, *Commissaire Générale*, 20.

41. Rabut, *Commissaire Générale*, 23-24, 27-29, 65-68; Jules Lefébure, "Le Régime des Concessions au Congo" (doctoral thesis, University of Paris, Faculty of Law, 1904), 23-24; Menier, "Conceptions Politiques," 88.

42. Rabut, *Commissaire Générale*, 93; Coquery-Vidrovitch, "Idées Economiques," 77-78.

43. Rabut, *Commissaire Générale*, 371-375; Coquery-Vidrovitch, "Idées Economiques," 64-76.

44. Marc Michel, "Auteur de la Mission Marchand: Le Rappel de Brazza en 1897," *Cahiers d'Etudes Africaines* 7 (1967): 152-162.

45. Rabut, *Commissaire Générale*, 295-296, 363-366; Catherine Coquery-Vidrovitch, "L'Echec d'une Tentative Economique: L'Impôtde Capitation au Service des Compagnies Concessionnaires du Congo Français (1900-1909)," *Cahiers d'Etudes Africaines* 8 (1968): 97; *Bulletin Officiel de l'Etat Indépendant du Congo*, 1900, 41.

46. Rabut, *Commissaire Générale*, 27-28.

47. André Lebon, *La Politique de la France en Afrique, 1896-1898* (Paris: Plon-Nourrit, 1901), 19; Chambrun, *Brazza*, 219-220.

48. Abraham Ndinga-Mbo, *Savorgnan de Brazza, Les Frères Tréchot, et les Ngala du Congo-Brazzaville, 1878-1960* (Paris: L'Harmattan, 2006), 99; Capitaine Ulysse Marie Alexandre Renard, *La Colonisation au Congo Français: Etude sir les Concessions Acccordées au Congo* (Paris: Imprimerie Kugelmann, 1901), 99. On the French Colonial Party, see C. M. Andrew and A. S. Kanya-Forstner, "The French Colonial Party: Its Composition, Aims, and Influence, 1885-1914," *The Historical Journal* 14 (1971): 99-128.

49. Catherine Coquery-Vidrovitch, *Le Congo au Temps des Grandes Compagnies Concessionnaires, 1898-1930* (Paris: Mouton, 1972), 52; Rabut, *Commissaire Générale*, 27; Daniel Vangroenweghe, "The Leopold II Concession System Exported to the French Congo, with as Example, the Mpoko Company," *Revue Belge d'Histoire*

Contemporaine 36 (1906): 326; Jean Stengers, *Combien le Congo a-t-il Coûté à la Belgique?* (Brussels: Académie Royale des Sciences Coloniales, 1957), 278–280.

50. Albert Veistroffer, *Vingt Ans dans la Brousse Africaine* (Lille: Editions du Mercure de Flandre, 1931), 210–220; Coquery-Vidrovitch, "L'Impôt de Capitation," 101–103; Renard, *Etude sir les Concessions*, 119–120; Lefébure, "Régime des Concessions," 276–278.

51. Lefébure, "Régime des Concessions," 101–111.

52. Maurits Wynants, *Des Ducs de Brabant aux Villages Congolais: Tervuren et l'Exposition Coloniale, 1897* (Tervuren: Musée Royal de l'Afrique Centrale, 1997), 120–123.

53. Jean Stengers, *Combien le Congo a-t-il Coûté à la Belgique?* (Brussels: Académie Royale des Sciences Coloniales, 1957), 32–33; Waltz, *Konzessionswesen*, vol. 1, 8–9.

54. Matthew Stanard, *Selling the Congo: A History of European Pro-Empire Propaganda and the Making of Belgian Imperialism* (Lincoln: University of Nebraska Press, 2011), 36–37; *Le Congo à l'Exposition Universelle d'Anvers, 1994* (Brussels: O. de Rycker, 1894), 86.

55. Stanard, *Selling the Congo*, 38.

56. Pascal Dubois, *L'Educaion des Jeunes Congolais en Belgique* (Dessain, 1893), 54.

57. Th. Masui, *Guide de la Section L'Etat Indépendant du Congo a l'Exposition du Bruxelles-Tervuren en 1897* (Brussels: Veuve Monnom, 1897), 265–324.

58. Jean Stengers, "La Première Tentative de Reprise du Congo par la Belgique, 1894–1895," *Bulletin de la Société Royale Belge de Géographie* 73 (1949): 48–63.

59. Stengers, "Première Tentative," 48–63; The Antwerp *Précurseur* quotation was reported in *The Times* (London), January 10, 1895, 5.

60. Cattier, *Etude*, 213; *Bulletin Officiel de l'Etat Indépendant du Congo*, 1902, 151–152; Marchal, *Paradis Perdu*, vol. 1, 123.

61. *Bulletin Officiel de l'Etat Indépendant du Congo*, 1898, Annex, 1–8, 29–37; Cattier, *Etude*, 191–194; Plas and Pourbaix, *Sociétés Commerciales Belges*, 134–137; Burrows, *Curse of Central Africa*, 58, 60; Waltz, *Konzessionswesen*, vol. 2, 374–375.

62. The financial arrangements among the concession companies, the Congo Free State, and King Leopold are difficult to untangle because all the financial records of the Congo Free State were burned in the furnace of the king's palace in Brussels during the summer of 1908. See Stengers, "Note sur l'Histoire des Finances Congolaises," 155; Daniel Vangroenweghe, *Du Sang sur les Lianes: Léopold II et Son Congo* (Brussels: Didier Hatier, 1986), back cover notes.

63. Cattier, *Etude*, 191–194; *Mouvement Géographique*, 1900, 95; Burrows, *Curse of*

Central Africa, 58; Marchal, *Paradis Perdu*, vol. 1, 382.

64. Stengers, "Note sur l'Histoire des Finances Congolaises," 183.

第十章 "红橡胶"的丑闻

1. J. Plas and Victor Pourbaix, *Les Sociétés Commerciales Belges et le Régime Economique et Fiscal de l'Etat Indépendant du Congo* (Brussels: Van Assche, 1899), 136–137.

2. E. D. Morel, *Red Rubber: The Story of the Rubber Slave Trade Flourishing on the Congo in the Year of Grace 1906* (London: T. Fisher Unwin, 1906).

3. Paul Richards, "Africa: The Odd Man Out," in *Tropical Forest Ecosystems in Africa and South America*, ed. Betty Meggers, Edward Ayensu, and Donald Duckworth (Washington, DC: Smithsonian Institution Press, 1973), 22–23.

4. Edgar Canisius, "A Campaign Amongst Cannibals," a special section incorporated in Guy Burrows, *The Curse of Central Africa* (London: R. A. Everett & Co., 1903), 80.

5. *Bulletin Officiel de l'Etat Indépendant du Congo* (Brussels: Hayez, 1904), vol. 20, 1904, 277–281; letter reprinted in Roger Casement, "Le Rapport Casement," ed. and ann. D. Vangroenweghe and J. L. Vellut, *Enquêtes et Documents d'Histoire Africaine* no. 6 (1985): 147; Canisius, "Campaign Amongst Cannibals," 78–79.

6. Jules Marchal, *L'Etat Libre du Congo: Paradis Perdu*, 2 vols. (Borgloon, Belgium: Editions Paula Bellings, 1996), vol. 1, 391.

7. Heinrich Waltz, *Das Konzessionswesen im Belgischen Kongo*, 2 vols. (Jena: Verlag von Gustav Fischer, 1917), vol. 2, 366–368; *Verbatim Report of the Five Days' Debate in the Belgium House of Representatives*, trans. and ann. E. D. Morel (Liverpool: Congo Reform Association, 1906), 21; Viscount Mountmorres, *The Congo Independent State: A Report on a Voyage of Enquiry* (London: Williams and Northgate, 1906), 161; Canisius, "Campaign Amongst Cannibals," 178; Emile Vandervelde, *Les Derniers Jours de l'Etat du Congo: Journal de Voyage, Juillet-Octobre 1908* (Mons: Belgium: la Société Nouvelle, 1909), 119–121.

8. Robert Harms, "ABIR: The Rise and Fall of a Rubber Empire" (MA thesis, University of Wisconsin-Madison, 1973), 42; "Special Congo Supplement to the *West African Mail*," September 1904, 155; Abir Circular no. 38, Basankusu, September 29, 1903, reprinted in Pierre Mille, *Le Congo Léopoldien* (Paris, 1905), 166.

9. "Special Congo Supplement to the *West African Mail*," February 1905, 255–256; Edmond Boelaert, "L'ABIR," typescript in the De Ryck Collection of Documents, Memorial Library, University of Wisconsin-Madison, file 6/1, 10–14.

10. *Regions Beyond*, June 1901, 166; Morel, *Red Rubber*, 72.

11. International Rescue Committee, "Mortality in the Democratic Republic of Congo: Results from a Nationwide Survey Conducted April–July 2004," iv, 11.

12. *Regions Beyond*, March 1897, 128; E. D. Morel, *King Leopold's Rule in Africa* (London: Heinemann, 1904), 158–160; Boelaert, "L'ABIR," 12–14; "Special Congo Supplement to the *West African Mail*," February 1905, 256.

13. Paul Richards, *Indigenous Agricultural Revolution: Ecology and Food Production in West Africa* (Boulder, CO: Westview Press, 1985), 49–62; *Regions Beyond*, 1899, 116, and 1900, 197; "Special Congo Supplement to the *West African Mail*," February 1905, 257; René Philippe, *Inongo: Les Classes d'Age en Région de la Lwafa* (Tervuren: Musée Royal de l'Afrique Centrale, 1965), 24.

14. Kenneth D. Nworah, "The Aborigines' Protection Society, 1889–1909: A Pressure-Group in Colonial Policy," *Canadian Journal of African Studies* 5 (1971): 88–89; Dean Pavlakis, *British Humanitarianism and the Congo Reform Movement, 1896–1913* (Burlington, VT: Ashgate, 2015), 132–133.

15. House of Commons Hansard Sessional Papers, Commons Sitting of Wednesday, May 20, 1903, 4th series, vol. 122, 1289–1333.

16. William Roger Louis, "Roger Casement and the Congo," *Journal of African History* 1 (1964): 101–102.

17. Roger Anstey, "The Congo Rubber Atrocities: A Case Study," *African Historical Studies* 4 (1971): 62–64.

18. The unredacted version of Casement's report is reprinted in Roger Casement, *The Eyes of Another Race: Roger Casement's Congo Report and 1903 Diary*, ed. Seamas O'Siochain and Michael O'Sullivan (Dublin: University College of Dublin Press, 2003), 49–177.

19. "Correspondence and Report from His Majesty's Consul at Boma Respecting the Administration of the Independent State of the Congo," Parliamentary Command Paper, Africa, no. 1 (1904); Louis, "Roger Casement," 112; House of Commons Hansard Sessional Papers, Commons Sitting of Thursday, June 9, 1904, 4th series, vol. 135, 1289–1290.

20. S. J. S. Cookey, *Britain and the Congo Question, 1885–1913* (London: Longmans, 1968), 119–127; *The Congo: A Report of the Commission of Enquiry* (New York: G. P. Putnam's Sons, 1906), 1.

21. Robert Harms, *River of Wealth, River of Sorrow: The Central Zaire Basin in the Era of the Slave and Ivory Trade* (New Haven: Yale University Press, 1981), 231.

22. Karen Kiang and Michael Krathwohl, "Rates and Risks of Transmission of Smallpox

and Mechanisms of Prevention," *Journal of Laboratory and Clinical Medicine* 142 (2003): 229–238.

23. *The Congo: A Report of the Commission of Inquiry,* 115–119; on abortion, see Robert Harms, *River of Wealth,* 182–183.

24. Commons Sitting of Wednesday, May 20, 1903, 1297.

25. Canisius, "Campaign Amongst Cannibals," 72; Daniel Vangroenweghe, *Du Sang sur les Lianes: Léopold II et Son Congo* (Brussels: Didier Hattier, 1986), 97; Morel, *Red Rubber,* 173–174. The debate over the number of deaths was rekindled when Adam Hochschild wrote in *King Leopold's Ghost* (New York: Houghton Mifflin, 1998), 233, that "during the Leopoldian period and its immediate aftermath, the population of the territory dropped by nearly ten million people." He based that figure on the colonial government's 1924 estimate (based on an incomplete census) of the population as ten million, combined with the 1919 report of the Belgian Commission for the Protection of the Natives, which estimated that since the beginning of European occupation, the population of the Congo had been reduced by half. The Commission attributed the population decrease to smallpox, sleeping sickness, and venereal diseases, thus leaving the relationship between depopulation and the rubber regime ambiguous. See Congrès Colonial National, *La Question Sociale au Congo: Rapport au Comité du Congrès Colonial National* (Brussels: Goemaere, 1924), 7, 23, 172.

26. Judy Pollard Smith, *Don't Call Me Lady: The Journey of Lady Alice Seeley Harris* (Bloomington, IN: Abbott Press, 2014), 39.

27. Congo Reform Association, *Evidence Laid before the Congo Commission of Inquiry at Bwembu, Bolobo, Lulanga, Baringa, Bongandanga, Ikau, Bonginda, and Monsembe* (Liverpool: Congo Reform Association, 1905), 19–24, 28–29. On the role of missionaries in finding witnesses for the Commission, see Robert Burroughs, *African Testimony in the Movement for Congo Reform: The Burden of Proof* (New York: Routledge, 2019), 75–98.

28. Congo Reform Association, *Evidence,* 25–30.

29. Viscount Mountmorres, *The Congo Independent State: A Report on a Voyage of Enquiry* (London: Williams and Norgate, 1906), 5–161.

30. Congo Reform Association, *Evidence,* 72–75, 88.

31. "Special Congo Supplement to the *West African Mail,*" February 1905, 256–267, January 1906, 2.

32. *Official Organ of the Congo Reform Association,* December 1905, 19, January 1906, 2, 7–9, 11, February 1906, 7; *Regions Beyond,* 1906, 256; "Tableau des Impositions

Rentrées," De Ryck Collection, document 6/1/5.

33. *Bulletin Officiel de l'Etat Indépendant du Congo*, 1906, 345; *Mouvement Géographique*, 1907, 8. On the major concession and territorial companies, see *The Congo: A Report of the Commission of Inquiry*, 104.

34. Morel, *King Leopold's Rule*, 180.

35. In E. D. Morel, *Affairs of West Africa* (London: Heinemann, 1902), 184–185; Roger Anstey, "The Congo Rubber Atrocities—A Case Study," *African Historical Studies* 4 (1971): 67–68.

36. Congo Reform Association, *Evidence*, 10–12.

37. *The Spectator*, November 2, 1907, vol. 99, 650; E. D. Morel, *What Is Taking Place Now in King Leopold's 'Crown Domain' on the Congo?* (Liverpool: Congo Reform Association, 1907), 6–9, in Edmund Dene Morel Papers, 1892–1915, microfilm: Free University of Brussels, 1961, reel no. 2.

38. *Le Matin* (Paris), February 16, 1905; Paul Rendu, "L'Opinion Publique et la Mission d'Enquête de Brazza au Congo, 1905" (MA thesis, Paris, Sorbonne, 1950), 1–4.

39. Félicien Challaye, *Le Congo Français: La Question Internationale du Congo* (Paris: Félix Alcan, 1909), 121–123; Sophie Romeuf-Salomone, "La Mission d'Enquête de Brazza au Congo, 1905" (MA thesis, Université d'Aix-Marseille, 1984), 12–13.

40. Jean Martin, *Savorgnan de Brazza, 1852–1905* (Paris: Les Indes Savantes, 2005), 193; Henri Brunschwig, "Brazza et le Scandale du Congo Français," *Bulletin des Séances, Académie Royale des Sciences d'Outre-Mer*, n.s., 23 (1977): 119–120; Rendu, "Opinion Publique," 30–31.

41. Romeuf-Salomone, "Mission d'Enquête," 34–38; Michel Dreyfus, "Preface: Félicien Challaye: Un Pionnier de l'Anticolonialisme," in Félicien Challaye, *Un Livre Noir du Colonialisme: Souvenirs sur la Colonisation* (Paris: Les Nuits Rouges, 1998), 5–6 (originally published in 1935 under the title *Souvenirs sur la Colonisation*, by "Les Amis de l'Auteur"); Rendu, "Opinion Publique," 30.

42. *Le Rapport Brazza: Mission d'Enquête du Congo: Rapport et Documents, 1905–1907*, ed. and ann. Dominique Bellec (Neuvy-en-Champagne: Le Passager Clandestin, 2014), 253–256.

43. Amédée Britsch, *Pour le Congo Français: La Dernière Mission de Brazza* (Paris: L. de Soye, 1906), 5.

44. Challaye, *Congo Français*, 13–15.

45. Martin, *Savorgnan de Brazza*, 198–201; Jean Autin, *Pierre Savorgnan de Brazza: Un Prophète du Tiers Monde* (Paris: Librairie Perrin, 1985), 245–246; Brazza to Paul

Bourde, August 24, 1905, published in *Le Temps*, September 27, 1905.

46. Challaye, *Congo Français*, 56–57, 65–66.

47. The organization of porterage was reported in *Le Matin*, February 16, 1905, quoting a former colleague of Georges Toqué. Similar figures were given in the *Bulletin du Comité de l'Afrique Française*, January 1905, cited in Rendu, "Opinion Publique," 23–24.

48. Challaye, *Congo Français*, 92.

49. Britsch, *Dernière Mission*, 14.

50. Challaye, *Congo Français*, 100–101.

51. Challaye, *Congo Français*, 102–104.

52. Britsch, *Dernière Mission*, 13.

53. Challaye, *Congo Français*, 107.

54. Challaye, *Congo Français*, 108–144; Challaye, *Livre Noir*, 61–62.

55. Challaye, *Congo Français*, 146–147.

56. On the Congo Reform Association, see Pavlakis, *British Humanitarianism*, 67–129; Kevin Grant, *A Civilised Savagery: Britain and the New Slaveries in Africa, 1884–1926* (New York: Routledge, 2005), 39–78; E. D. Morel, *E. D. Morel's History of the Congo Reform Movement*, ed. William Roger Louis and Jean Stengers (Oxford: Clarendon Press, 1968), 111–124, 158–168.

57. Grant, *Civilised Savagery*, 60, 67. On missionary photography, see T. Jack Thompson, *Light on Darkness? Missionary Photography of Africa in the Nineteenth and Early Twentieth Centuries* (Grand Rapids, MI: Eerdmans, 2012), 165–206, 229–235; Robert M. Burroughs, *Travel Writingand Atrocities: Eyewitness Accounts of Colonialism in the Congo, Angola, and the Putumayo* (New York: Routledge, 2011), 86–94.

58. Alice Seeley Harris's voice was recorded in 1970, when she was one hundred years old. The recording is held by Autograph ABP, London ("Alice Seeley Harris, Brutal Exposure: The Congo," Autograph, accessed May 16, 2018, http://autograph-abp.co.uk/exhibitions/brutal-exposure). Smith, *Don't Call Me Lady!*, 105–106.

59. The list of the slides was reproduced in Thompson, *Light on Darkness?*, 232; the narration reproduced here was reenacted by Baroness Lola Young and recorded. The recording is held by Autograph ABP, London ("The Congo Atrocities Lecture, Read by Baroness Lola Young," SoundCloud, accessed June 10, 2018, https://soundcloud.com/autographabp/the-congo-atrocities-lecture).

60. Smith, *Don't Call Me Lady!*, 105.

61. Grant, *Civilised Savagery*, 71.

第十一章 终 结

1. See Tim Jeal, *Stanley: The Impossible Life of Africa's Greatest Explorer* (New Haven: Yale University Press, 2007); Stuart Laing, *Tippu Tip: Ivory, Slavery and Discovery in the Scramble for Africa* (Surrey: Medina Publishing Ltd., 2017); Idanna Pucci, ed., *Brazza in Congo: A Life and Legacy* (New York: Umbrage Editions, 2009); Florence Bernault, "Colonial Bones: The 2006 Burial of Savorgnan de Brazza in the Congo," *African Affairs* 109 (2010): 367–390.

2. Edward Berenson, *Heroes of Empire: Five Charismatic Men and the Conquest of Africa* (Berkeley: University of California Press, 2011), 122–165.

3. Jeal, *Stanley*, 464.

4. Jeal, *Stanley*, 443–452.

5. François Renault, *Tippo-Tip: Un Potentat Arabe en Afrique Centrale au XIXème Siècle* (Paris: l'Harmattan, 1987), 300–306. On the end of slavery in Zanzibar, see Frederick Cooper, *From Slaves to Squatters: Plantation Labor and Agriculture in Zanzibar and Coastal Kenya, 1890–1925* (New Haven: Yale University Press, 1980).

6. Heinrich Brode, *Autobiographie des Arabers Schech Hamed bin Muhammed el Murjebi genannt Tippu Tip* in the series Mitteilungen des Seminars für Orientalische Sprachen an der Königliche Friedrich-Wilhelms Universität zu Berlin, Dritte Abteilung: Afrikanische Studien, vol. 5 (1902), 175–277, and vol. 6 (1903), 1–35. Brode's Latinized version of the Swahili text was later translated into English by W. H. Whitely and published in Swahili and English as Tippu Tip, *Maisha ya Hamedbin Muhammed el Murjebi, yaani Tippu Tip, kwa maneno yake mwenyewe*, trans. W. H. Whitely (Nairobi: East African Literature Bureau, 1966). François Bontinck later produced an extensively annotated critical edition with a French translation based on Brode's Swahili text, as Tippu Tip, *L'Autobiographie de Hamed ben Mohammed el-Murjebi Tippu Tip (ca. 1840–1905)*, trans. and ann. François Bontinck (Brussels: Académie Royale des Sciences d'Outre-Mer, 1974). On the biography, see Heinrich Brode, *Tippu Tip: Lebensbild eines Zentralafrikanischen Despoten; nach Zinen Eigenen Angaben* (Berlin: Baensch, 1905); Heinrich Brode, *Tippoo Tib: The Story of His Career in Central Africa, Narrated from His Own Accounts*, trans. H. Havelock (London: E. Arnold, 1907).

7. Félicien Challaye, *Le Congo Français: La Question Internationale du Congo* (Paris: Félix Alcan, 1909), 148–149; Jean Autin, *Pierre Savorgnan de Brazza: Un Prophète du Tiers Monde* (Paris: Librairie Perrin, 1985), 256.

8. Charles de Chavannes, *Le Congo Français* (Paris: Librairie Plon, 1937), 385–391.

9. "Aux Obèsques de M. de Brazza," *Bulletin du Comité de l'Afrique Français*, 1905, no. 10, 176–177.

10. *Verbatim Report of the Five Days' Debate in the Belgium House of Representatives*, trans. and ann. E. D. Morel (Liverpool: Congo Reform Association, 1906), 9–35.

11. Jean Stengers, *Combien le Congo a-t-il Coûté à la Belgique*? (Brussels: Académie Royale des Sciences Coloniales, 1957), 169–170.

12. Félicien Cattier, *Etude sur la Situation de l'Etat Independent du Congo* (Brussels: F. Larcier, 1906), 217–218, 240–241; Stengers, *Combien le Congo?*, 173–174.

13. Cattier, *Etude*, 301–304, 310–311; Stengers, *Combien le Congo?*, 170–171.

14. *Five Days' Debate*, 200.

15. *Times* (London), November 21, 1906, 8.

16. Jean Stengers, "Vers la Reprise du Congo par la Belgique: La Décision," in Jean Stengers, *Congo Mythes et Réalités* (Louvain-la-Neuve, Belgium: Editions Duculot, 1989), 170–173.

17. *Traité de Cession de l'Etat Indépendant du Congo à la Belgique* (Belgium, Parlement: Chambre des Représentants, 1908), 21–23; Robert Senelle, *Léopold II et la Charte Coloniale* (Wavre, Belgium: Mols, 2009), 58, 66–67; Stenmans, *Reprise*, 380–454; Stengers, *Combien le Congo?*, 248–255; Daniel Vangroenweghe, *Du Sang sur les Lianes: Léopold II et Son Congo* (Brussels: Didier Hattier, 1986), back cover.

18. Rouanet's speech is in Assemblée Nationale, Chambre des Deputés, *Débats Parlementaires: Compte Rendu in Extenso*, Année 38 (Janv.–Juin, 1906), 860–867, 884–896. It was reprinted in Jules Saintoyant, *L'Affaire du Congo, 1905* (Paris: Epi, 1960), 139–157.

19. Paul Rendu, "L'Opinion Publique et la Mission d'Enquête de Brazza au Congo, 1905" (MA thesis, Paris, Sorbonne, 1950), 40–63; Saintoyant, *L'Affair du Congo*, 115–119.

20. Henri Brunschwig, "Brazza et le Scandale du Congo Français," *Bulletin des Séances, Académie Royale des Sciences d'Outre-Mer*, n.s., 23 (1977): 116, 124–125.

21. Saintoyant, *L'Affair du Congo*, 119–121.

22. Amédée Britsch, *Pour le Congo Français: La Dernière Mission de Brazza* (Paris: L. de Soye, 1906), 23; *Le Rapport Brazza: Mission d'Enquête du Congo: Rapport et Documents, 1905-1907*, ed. and ann. Dominique Bellec (Neuvy-en-Champagne: Le Passager Clandestin, 2014), 35–36.

23. *Le Rapport Brazza*, 131–132, 151–156, 165, 173.

24. *Journal Officiel de la République Français*, Année 38 (1906): 981–983.

25. *Journal Officiel*, 983–987.

26. *Débats Parlementaires*, 912–927.

27. Sophie Romeuf-Salomone, "La Mission d'Enquête de Brazza au Congo, 1905" (MA thesis, Université d'Aix-Marseille, 1984), 209; *Le Rapport Brazza*, 14, 34–37, 49.

28. The discussion of the Mpoko Company is based on Daniel Vangroenweghe, "The Leopold II Concession System Exported to the French Congo, with as Example, the Mpoko Company," *Revue Belge d'Histoire Contemporaine* 36 (1906): 323–372; Catherine Coquery-Vidrovitch, *Le Congo au Temps des Grandes Compagnies Concessionnaires* (Paris: Mouton, 1972), 177–184; Catherine Coquery-Vidrovitch, "Violences Coloniales au Congo," in *Colonisations et Répressions*, ed. Chantal Chanson-Jabeur, Alain Forest, and Patrice Morlat (Paris: Les Indes Savantes, 2015), 17–33.

29. *Le Rapport Brazza*, 38–39.

30. E. D. Morel, *Red Rubber: The Story of the Rubber Slave Trade Which Flourished on the Congo for Twenty Years, 1890–1910* (Manchester, UK: National Labour Press, 1919), 208–209.

31. *Regions Beyond*, 1909, 82; Marcel Van Den Abeele and René Vandenput, *Les Principales Cultures du Congo Belge* (Brussels: Ministère des Colonies, 1951), 384; *Mouvement Géographique*, 1910, 180, 1911,286–287, 350–351, 568; Waltz, *Konzessionswesen*, vol. 1, 279–287, vol. 2, 380–391; Morel, *Red Rubber*, 224.

32. Alexandre Delcommune, *L'Avenir du Congo Belge Menacé* (Brussels: J. Lebègue, 1919), 242–243, 250; *Mouvement Géographique*, 1913, 439; Jules Marchal, *Forced Labor in the Gold and Copper Mines: A History of the Congo Under Belgian Rule, 1910–1945*, trans. Ayi Kwei Armah (Popenguine, Senegal: Per Ankh, 1999), 29, 35, 38.

33. Coquery-Vidrovitch, *Grandes Compagnies Concessionnaires*, 368, 370, 439, 462; Georges Bruel, *L'Afrique Equatoriale Française* (Paris: Emile Larose, 1918), 362–363.

34. André Gide, *Travels in the Congo*, trans. Dorothy Bussy (New York: Modern Age Books, 1929, reprint 1937), 56–61; Coquery-Vidrovitch, *Grandes Compagnies Concessionnaires*, 268–269.

35. Jan Vansina, *Being Colonized: The Kuba Experience in Rural Congo, 1880–1960* (Madison: University of Wisconsin Press, 2010), 117; Jan Vansina, *Paths in the Rainforest: Toward a History of Political Tradition in Equatorial Africa* (Madison: University of Wisconsin Press, 1990), 246–248; Report on the Reorganization of the Circumscription Batekes-Alima, Mission Picanon, September 7, 1918, Archives Nationales d'Outre-Mer (Aix-en-Provence), AEF 3 D 4; Affaires Politiques, Réorganisation du Dept. Likouala Mossaka, December 1937, Archives Nationales d'Outre-Mer (Aix-en-Provence), AEF 5 D 37.